Friedrich H. Tenbruck

Perspektiven der
Kultursoziologie

Friedrich H. Tenbruck
Perspektiven der Kultursoziologie

Gesammelte Aufsätze

Herausgegeben von Clemens Albrecht,
Wilfried Dreyer und Harald Homann

Springer Fachmedien Wiesbaden GmbH

Die Deutsche Bibliothek – CIP-Einheitsaufnahme

Tenbruck, Friedrich H.:
Perspektiven der Kultursoziologie: gesammelte Aufsätze /
Friedrich H. Tenbruck. Hrsg. von Clemens Albrecht ...

    ISBN 978-3-531-12773-6   ISBN 978-3-663-11031-6 (eBook)
    DOI 10.1007/978-3-663-11031-6
NE: Albrecht, Clemens [Hrsg.]

ISBN 978-3-531-12773-6

Inhalt

Einleitung der Herausgeber 7

I. Zur Bedeutung der Kultursoziologie

Über Kultur im Zeitalter der Sozialwissenschaften 27
Die Aufgaben der Kultursoziologie 48
Gesellschaftsgeschichte oder Weltgeschichte? 75
Repräsentative Kultur 99

II. Kultursoziologische Studien

Zur Soziologie der Sophistik 127
Die Sophistik als Aufklärung 151
Fortschritt der Wissenschaft? [Auszüge] 158
Jugend und Gesellschaft. Soziologische Perspektiven [Auszüge] 195
Soziologie und Planung: Grenzen der Planung [Auszüge] 219
Arbeit – Existenzsicherung und Lebenswert: Schlußfolgerungen 235
Die Musik zwischen europäischer Kultur und globaler Zivilisation ... 251
Die Bedeutung der Medien für die gesellschaftliche
und kulturelle Entwicklung 263

Friedrich H. Tenbruck – vita academica
und ausgewählte Schriften 283

Einleitung der Herausgeber

Die Sozialwissenschaften des 20. Jahrhunderts kennen mancherlei Umbrüche, insbesondere in Deutschland. Nicht der geringste besteht im Aufkommen einer disziplinären Kultursoziologie seit den späten 70er Jahren, das für alle, die es aktiv erlebt und mitgestaltet haben, aber auch in der beobachtenden Rückschau, in erster Linie mit dem Namen Friedrich H. Tenbrucks verbunden ist. Wie immer man diese Entwicklung einschätzen mag, ob als kultursoziologische Wende oder als kulturalistische Vereinseitigung, ob als Wiederaufnahme älterer Theoriebestandteile oder als Vergegenwärtigung uneingelöster Versprechungen der soziologischen Theorie, nur selten wird gesehen, daß die Kultursoziologie, wie sie Tenbruck programmatisch entwickelt hat[1], sich vor allem als unverzichtbares Medium der Selbstverständigung und Selbstvergewisserung in den modernen Gesellschaften versteht. An der Zuweisung dieser spezifischen Aufgabe für die Sozialwissenschaften hat er seit ihrer frühen Formulierung im ersten Beitrag dieses Bandes von 1962 festgehalten. So belegen die hier versammelten Studien, daß diese Kultursoziologie weder eine Schwundstufe ehemals höhergesteckter sozialwissenschaftlicher Ambitionen noch eine kulturkritische Resignationsfrucht darstellt, sondern die dezidierte Alternative zur Anti-Soziologie derjenigen, die an der Dialektik sozialwissenschaftlicher Aufklärung irre geworden waren.

Verständlich wird diese konstitutive Kontinuität in den Arbeiten Tenbrucks allerdings erst, wenn geklärt ist, in welchem Sinne ihnen eine allgemeine kultursoziologische Orientierung zugrunde liegt. Diese Orientierung besteht weniger darin, daß sich Tenbruck von Beginn an vornehmlich Problemen der Kultur gewidmet hat. Bedeutsamer und grundsätzlicher ist, daß er die Soziologie selbst als Wissenschaft der Kultur begreift. Damit ist ihr die Doppelaufgabe gestellt, als Kultursoziologie die gesellschaftliche Wirklichkeit von ihren kulturellen Grundlagen her zu betrachten, und sie ist zweitens aufgerufen, ihre eigene eminente Rolle im Selbstverständigungsprozeß der Gesellschaft zu reflektieren und aufzuklären.[2]

Von dieser Aufgabenstellung her erklärt sich auch Tenbrucks theoretisches Interesse und seine Stellung zu den Versuchen, eine letztgültige Theorie der Gesellschaft zu entwickeln. Denn auch hier verfolgt er den vor allem von Weber überkommenen Gedanken, daß die sozialen Tatsachen sich nicht von

---

1 Vgl. dazu die ersten Beiträge dieses Bandes.
2 Vgl. im vorliegenden Band: S. 40ff.; S. 48ff.; v.a. S. 59f.; S. 68ff.

selbst empirisch erschließen, sondern von den handelnden Subjekten gedeutet werden müssen. Und dieses Deutungsbedürfnis läuft ins Leere, bleibt in Trivialitäten oder allgemeinen Richtigkeiten verfangen, wenn nicht die historischen und kulturellen Dimensionen der Realität erschlossen werden, die in der Lage sind, die Bedeutung der sozialen Tatsachen für uns zu demonstrieren. Tenbruck hat daher immer wieder unter dieser Perspektive die soziologische Theorie, ihre Konstruktionen und Versprechungen durchgemustert. Denn welche Gestalt die Theorien besitzen, auf welche Ziele hin sie erarbeitet werden, ist schlechthin entscheidend für den Auftrag, den sie sich zumessen.

Die Aufgabe der hier vorangestellten Einleitung besteht darin, zu umreißen, wie sich die allgemeine kultursoziologische Orientierung Tenbrucks herausgebildet hat, zu klären, inwieweit daraus ein Programm resultiert und die Auswahl und Ordnung der folgenden Beiträge zu erläutern.

Der Neubeginn der Kultursoziologie

Nimmt man A. Vierkandts „Handwörterbuch der Soziologie" als Maßstab für den Stand der deutschen Soziologie zu Beginn der 30er Jahre, so kann man einige Indizien gewinnen, um die Kontinuitätsbrüche durch den Nationalsozialismus und seine Aufarbeitung nach 1945 zu vermessen. Von den Bereichen der Soziologie, die 1931 durch einen eigenen Artikel mit „-soziologie" am Ende in ihrer besonderen Bedeutung hervorgehoben wurden, haben die meisten nach 1945 unmittelbare und nicht weiter problematisierte Fortsetzungen gefunden, wie etwa die Betriebssoziologie, die Rechts-, Religions- oder Wissenssoziologie, die heute meist als „spezielle Soziologien" weiter erforscht und gelehrt werden, ohne daß ihr Inhalt oder ihre Forschungstradition als wesentlich belastet gelten.

Im Gegensatz dazu haben nach 1945 zwei Richtungen in der jüngeren Generation zunächst keine Fortsetzung gefunden: die Beziehungssoziologie und die Kultursoziologie. Sieht man einmal von den besonderen Ursachen ab, die zum Abbruch der Beziehungslehre Leopold von Wieses geführt haben,[3] so ist die „Kultursoziologie" also eines der wenigen Hauptgebiete der deutschen Soziologie, das nach 1945 wenig Beachtung gefunden hat, obgleich ihre wichtigsten Vertreter, Alfred Weber und Alfred v. Martin, zumindest in den 50er Jahren noch aktiv waren.

---

3 Dieser Abbruch ist insofern erstaunlich, als in Köln die institutionellen und personellen Voraussetzungen für die Weiterführung der Lehre geradezu ideal bestanden hätten (Institut, bedeutende Stellung des „Schulhauptes", Schüler, Zeitschrift; vgl. dazu Heine von Alemann, Leopold von Wiese und das Forschungsinstitut für Sozialwissenschaften in Köln 1919 bis 1934, in: W. Lepenies (Hrsg.), Geschichte der Soziologie, Bd. 2, (1976), Frankfurt/M 1981, S. 349–389; Johannes Weyer, Westdeutsche Soziologie 1945–1960. Deutsche Kontinuitäten und nordamerikanischer Einfluß, Soziologische Schriften Bd. 41, Berlin 1984, S. 157ff.). Daß diese Theorie bis heute keinen Anschluß gefunden hat, scheint somit nur aus der Theoriegeschichte erklärbar zu sein.

Die Gründe dafür sind mannigfaltig. Sie lassen sich teils aus A. Webers Darstellung der „Kultursoziologie" in Vierkandts Handwörterbuch ermitteln: Die Kultursoziologie, so A. Weber 1931, schließe an die großen geschichts-philosophischen Theorien und Fragestellungen der soziologischen Klassiker an, vor allem von St. Simon, Comte und Marx. In direktem Anschluß an diese Klassiker fragt A. Weber weiter: „Ist eine Geschichtssoziologie als ein-heitliche Umfassung und Deutung des historischen Prozesses unter letzten kulturellen Wertgesichtspunkten möglich?"[4] Als Antwort entwarf A. Weber dann sein Konzept der „Kultursoziologie" im wesentlichen aus der Differenz zwischen der Kultur als der „seelisch-geistigen Ausdrucksform" und dem kul-turübergreifenden Zivilisationsprozeß.[5]

Dieser geschichtsphilosophische Anspruch erklärt, warum sich die jüngere Generation in der westdeutschen Soziologie zunächst nicht mit dem Begriff „Kultursoziologie" identifizieren konnte und wollte: Zum einen stand diese Bezeichnung für jene Restbestände geisteswissenschaftlicher Tradition, der man sich durch strikte Empirie und Anschluß an die amerikanischen Theorieent-wicklungen gerade entledigen wollte; zum anderen knüpfte diese Kultur-soziologie an die überkommenen Geschichtsphilosophien des 19. Jahrhunderts an, die jene weltanschauliche Spaltung in der Weimarer Soziologie bewirkt hatte, die man nun durch eine konsequente Professionalisierung des Faches zu überwinden hoffte. „Kultursoziologie" war eine Geisteswissenschaft, während man allenthalben eine Sozialwissenschaft zu sein anstrebte, unabhängig von der Frage, ob man weiterhin Geschichtsphilosophie betrieb wie die „Frankfurter Schule", sich der Mode als Gegenstand zuwandte wie René König oder das philosophische Reflexionspotential der Soziologie retten wollte wie Helmut Schelsky.

Die einhellige Ablehnung dessen, was man als spezifisch deutsche Traditionen in der Soziologie zu identifizieren glaubte, kennzeichnet jedenfalls die Lage in den 50er Jahren. „Die alte ‚deutsche Soziologie' ... bot uns allen keine Chance zu neuen Einsichten mehr",[6] wie es Schelsky rückblickend formulierte. Deshalb wurden 1959 auf der Tagung im Jagdschloß Niederwald „... die Ori-ginalität und Problemeinheit einer ‚deutschen Soziologie' seit Max Weber oder Simmel zu Grabe getragen"[7].

Von den jüngeren Soziologen brach nach Schelskys Erinnerung Friedrich H. Tenbruck aus diesem Konsens als erster aus, indem er die Suche nach

---

4 Alfred Weber, Kultursoziologie, in: A. Vierkandt (Hrsg.), Handwörterbuch der Soziologie; gekürzte Studienausgabe, (1931), Stuttgart 1982, S. 83.

5 Als unmittelbarste Fortsetzung dieser Theorie kann wohl der Schüler A. Webers Norbert Elias gelten, dessen Erfolg dann aber erst Ende der 60er Jahre einsetzte (vgl. Norbert Elias, Über den Prozeß der Zivilisation, 2 Bde., (1968), 13. Aufl., Frankfurt/M 1988).

6 Helmut Schelsky, Rückblicke eines ‚Anti-Soziologen', Opladen 1981, S. 17; auch wenn Schelsky aus diesem Konsens die ‚Frankfurter Schule' ausschließt, so galt in deren Selbstverständnis die ‚deutsche Soziologie' dezidiert nicht als ein Traditionsstrang, auf den man sich berufen wollte, ganz im Gegensatz zum deutschen Idealismus (Kant, Hegel, Schopenhauer).

7 Helmut Schelsky, Rückblicke eines ‚Anti-Soziologen', Opladen 1981, S. 65 (im Original kursiv).

einer einheitlichen Theorie der Gesellschaft zu einer Variante der Geschichtsphilosophie erklärte und einen ‚neuen Pluralismus' forderte, in dem dann
auch die deutschen Klassiker ihren legitimen Ort hätten.[8] Ungeachtet der
Tatsache, daß für die Wiedererrichtung der Kultursoziologie auch andere eine
wesentliche Rolle spielten,[9] so spiegelt doch die Entwicklung des Denkens
von F. H. Tenbruck in besonderer Weise die Lage des ganzen Faches, auf die
der Neubeginn der Kultursoziologie eine Antwort geben sollte. Entscheidend
dabei ist, daß sich dieser Neubeginn bei Tenbruck als ein Prozeß vollzog, der
nicht an einzelnen ‚Entdeckungen' oder gar als eine ‚Wende von der Struktur-
zur Kultursoziologie' festzumachen ist, sondern im philosophisch fundierten
Grundinteresse Tenbrucks von Beginn an angelegt war, das er ja mit vielen
Soziologen der 50er Jahre teilte (erinnert sei nur an Plessner, Schelsky, Bergstraesser, Horkheimer, Adorno, Gehlen), und das durch die Lage der Soziologie
im ganzen aktiviert, herausgefordert und geprägt wurde. In der Rekonstruktion
dieses Prozesses lassen sich gleichwohl einzelne Elemente ausmachen, die sich
schließlich zur programmatischen Neuformulierung der Kultursoziologie ver-
dichteten. Drei dieser Elemente seien im folgenden hervorgehoben: 1) Die
Rolle historischer Studien, 2) die Wiederentdeckung der Wissenschaftslehre
Max Webers und 3) der Anschluß an die amerikanische Kulturanthropologie.

1) Ein wichtiger Hintergrund der Kultursoziologie der 20er Jahre war das
besonders enge Verhältnis, das die deutsche Soziologie mit der Geschichtswissenschaft verbunden hatte.[10] War dieser Strang auch nach 1945 unter dem
doppelten Druck von empirischer Sozialforschung und ‚harter' Theorie deutlich
in den Hintergrund getreten, so daß er einer eigenen Vergegenwärtigung bedurfte,[11] so stand doch vor allem Alfred v. Martin auch nach 1945 für die
Kontinuität einer historisch arbeitenden Kultursoziologie.[12] Das prekäre und
weithin ungeklärte Verhältnis zwischen Geschichte und Gesellschaft im Lichte
und nach Maßgabe der neuen soziologischen Theorieentwicklung zu klären,
war das ambitionierte, weil zum Kern der Bedeutung der modernen Sozialwissenschaften vorstoßende Anliegen der Habilitationsschrift Tenbrucks.[13] Die-

8 Vgl. ebd., S. 68; diese Aussagen beziehen sich auf den Artikel von Friedrich H. Tenbruck,
  Deutsche Soziologie im internationalen Kontext. Ihre Ideengeschichte und ihr Gesellschafts-
  bezug, in: Kölner Zeitschrift für Soziologie und Sozialpsychologie, Sonderheft 21: Deutsche
  Soziologie seit 1945. Entwicklungsrichtungen und Praxisbezug, hrsg. von Günther Lüschen,
  Opladen 1979, S. 71–107.
9 Etwa Wolfgang Lipp oder Hans Peter Thurn, Soziologie der Kultur, Stuttgart 1976; einen
  Überblick gibt Heft 3 der Kölner Zeitschrift für Soziologie und Sozialpsychologie, 31, 1979,
  S. 393ff.
10 Vgl. dazu etwa die immer noch klassische Studie von Carlo Antoni, Vom Historismus zur
  Soziologie, Stuttgart 1950.
11 Vgl. Volker Kruse, Historisch-soziologische Zeitdiagnosen in Westdeutschland nach 1945.
  Eduard Heimann, Alfred von Martin, Hans Freyer, Frankfurt/M 1994.
12 Vgl. etwa Alfred von Martin, Geist und Gesellschaft. Soziologische Skizzen zur europäischen
  Kulturgeschichte, Frankfurt/M 1948; Soziologie der Renaissance. Physiognomik und Rhythmus einer Kultur des Bürgertums, (1932), 2. Aufl., Frankfurt/M 1949.
13 Vgl. Friedrich H. Tenbruck, Geschichte und Gesellschaft (Sozialwissenschaftliche Abhandlungen der Görres-Gesellschaft Bd. 14), Berlin 1986; auf die Bedeutung des Habilitations-

se, wie auch andere theoretische Arbeiten gingen bei Tenbruck immer parallel mit konkreten historischen Studien, deren Ergebnisse das Problem des Verhältnisses von Kultur und sozialer Struktur je besonders bestimmten und damit, wenn man will, historisierten.

Für den Neubeginn der Kultursoziologie spielte Anfang der 60er Jahre eine Studie über das Mönchstum eine wichtige Rolle, deren Manuskript verschollen ist. Die Bedeutung des Themas läßt sich aber aus Briefstellen rekonstruieren. Als Tenbruck 1962 von Helmut Schelsky zu einem Vortrag nach Dortmund eingeladen wurde, schlug er als Thema neben „Kultur im Zeitalter der Sozialwissenschaften" auch „Die Entstehung des Mönchstums" vor: „Es handelt sich um eine Hypothese über die Entstehung des Mönchtums, bei der es aber nicht um das geschichtliche Ereignis als solches sondern um eine systematische Hypothese über das Verhältnis von Individuum und Gesellschaft, bzw. den sozialen Wandel geht. Ich möchte zeigen, wie sich beim Abbau gesellschaftlicher Strukturen und der Zerfaserung der Kultur das Individuum erst in die Isolation rettet (vorpachomianisches Mönchstum) und dann im gesellschaftlichen Abseits sich selbst neue Gruppen, hier sogar künstlich mit Regeln, schafft, in denen eine neue Stabilisierung der Person gelingt, aus der ja dann im Abendland fast eine neue Gesellschaft, das Mittelalter, hervorgegangen ist. Ich möchte daran praktisch die Grenze des soziologischen Determinismus, und der soziologischen Begriffe überhaupt erläutern, also der Spontaneität und Kreativität des Individuums in gesellschaftlicher Hinsicht nachgehen. ... Ich will hinzusetzen, dass keine Arbeit über Erscheinungen der Gegenwartsgesellschaft mir so viel eingetragen hat wie diese anscheinend abliegende und antiquarische Hypothese. Ich würde sie gleichzeitig benutzen, um die grundlegende Bedeutung der historischen Dimension für die Soziologie zu vertreten. Ich würde endlich anhand der Theorie eine umfassende Hypothese über die Möglichkeiten und die gesellschaftliche Bedeutung der geistigen Gruppenbildung entwickeln."[14] Der Neubeginn der Kultursoziologie knüpfte an die historische Soziologie insofern an, als aus einem geschichtlich erweiterten Horizont der Stoff genommen werden konnte, um die Gültigkeit der Grundprämissen soziologischer Theorie überprüfen und ihren Geltungsraum (Gesetzescharakter) begrenzen zu können.

2) Für den Neubeginn der Kultursoziologie spielte die deutsche Wiederentdeckung der deutschen Klassiker (in den USA war ja das Gewicht Webers und auch Simmels kontinuierlich gewachsen, unter welchem Vorzeichen auch immer[15]) sicher eine wichtige Rolle. Gerade Schelsky, der die Klassiker der ‚deutschen Soziologie' begraben hatte, antwortete auf den Simmel-Aufsatz Ten-

---

themas für den Neubeginn der Kultursoziologie kann hier aus Platzmangel nicht eingegangen werden.

14 Brief von Friedrich H. Tenbruck an Helmut Schelsky vom 28.1.1962.

15 Vgl. dazu Reinhard Bendix/Günther Roth, Max Webers Einfluß auf die amerikanische Soziologie, in: Kölner Zeitschrift für Soziologie und Sozialpsychologie, 11, 1959, S. 38–53.

brucks[16] mit dem Kommentar: „Ich bin völlig Ihrer Meinung, daß die Generation Dilthey, Windelband, Rickert, Simmel bald zu einer Renaissance in unserer Disziplin heransteht. Ich würde allerdings noch Roscher hinzuzählen, dessen ‚Politik' zu den wesentlichsten Quellen von Max Weber zählt, was auch wenige wissen."[17] Jedenfalls verlief die Renaissance der Klassiker ungleichmäßig: während Weber und Simmel mehr und mehr an Bedeutung gewannen,[18] verschwanden Sombart, Oppenheimer, ja zunächst auch Tönnies gleichsam in der Versenkung.[19] Kein Zufall ist, daß die Wiederentdeckung Webers und Simmels Ende der 50er Jahre eingeleitet wurde; denn der Soziologentag von 1959 galt und gilt als eine Zäsur, bei der offensichtlich wurde, daß der in sich brüchige und der Sondersituation der Nachkriegszeit geschuldete Konsens der 50er Jahre auseinandergebrochen war und sich in der deutschen Soziologie verschiedene Lager bildeten, die mit den Orten Frankfurt, Köln und Dortmund zusammengefaßt wurden.[20] Dies öffnete den Raum für eine Neuorientierung, die nun auch anhand der Klassiker stattfinden konnte. Vor diesem Hintergrund schlug Tenbruck René König bereits 1961 vor, den 100. Geburtstag Webers mit einer Sonderpublikation zu gedenken: „1964 ist der 100jährige Geburtstag Max Webers. Es scheint mir, dass die deutsche Wissenschaft und insbesondere die deutsche Soziologie es sich selbst, der Welt, und gewiss Weber schuldet, des Tages zu gedenken. Sein Name gehört zu dem Restkapital, das wir im Ausland noch besitzen, und wir sollten nicht auch noch dies Stück Erbe allein der Pflege des Auslands überlassen."[21]

Daß es dabei nicht um die Hervorhebung eines ‚nationalen' Traditionsstranges ging, sondern um den Erhalt eines einmal erreichten Reflexionsniveaus, geht aus der frühen Beschäftigung Tenbrucks nicht so sehr mit den materialen Forschungsergebnissen Webers, mit der Herrschafts- und Religionssoziologie oder der ‚Rationalisierungsthese', sondern mit der Methodologie Webers hervor.[22] Unabhängig von der Frage, wie nun die Bedeutung dieser Methodologie

---

16 Friedrich H. Tenbruck, Georg Simmel (1858–1918), in: Kölner Zeitschrift für Soziologie und Sozialpsychologie, 10, 1958, S. 587–614.

17 Brief von Helmut Schelsky an Friedrich H. Tenbruck vom 11.7.1958.

18 Interessant ist hier vor allem die Weber-Rezeption, die insofern ungewöhnlich verlief, als sie nicht dem ‚normalen' Rezeptionsweg von der Schülerapologie zur Kritik folgte, sondern mit einer eher kritischen Haltung Weber gegenüber einsetzte (vgl. etwa das Ende von Friedrich H. Tenbruck, Die Genesis der Methodologie Max Webers, in: Kölner Zeitschrift für Soziologie und Sozialpsychologie, 11, 1959, S. 573–630 oder Wolfgang J. Mommsen, Max Weber und die deutsche Politik 1890–1920, Tübingen 1959) und dann eben diejenigen, die sich von Weber verabschiedet hatten, auf Dauer an ihn fesselte.

19 Zur Frage, wer in Deutschland Anfang der 30er Jahre als führender Soziologe gegolten hat, kann Eubanks Reise von 1934 Hinweise geben (vgl. Dirk Käsler, Soziologische Abenteuer. Earle Edward Eubank besucht europäische Soziologen im Sommer 1934, Opladen 1985).

20 Vgl. Verhandlungen des vierzehnten Deutschen Soziologentages vom 20. bis 24. Mai 1959 in Berlin, Stuttgart 1959; Johannes Weyer, Westdeutsche Soziologie 1945–1960. Deutsche Kontinuitäten und nordamerikanischer Einfluß, Soziologische Schriften Bd. 41, Berlin 1984, S. 103ff.

21 Brief von Friedrich H. Tenbruck an René König vom 17.8.1961; König antwortete, daß er selbst bereits eine Initiative in dieser Richtung gestartet habe.

22 Vgl. Friedrich H. Tenbruck, Die Genesis der Methodologie Max Webers, in: Kölner Zeitschrift für Soziologie und Sozialpsychologie, 11, 1959, S. 573–630.

für Webers ganzes Werk eingeschätzt wurde – ob als zu vernachlässigende Vorform der Soziologie oder als Formulierung ihrer Grundlagen –, entpuppten sich für Tenbruck doch zwei Elemente der Weberschen Wissenschaftslehre als Einsichten, hinter die nicht mehr zurückgegangen werden durfte, ohne in Geschichtsphilosophie oder Sozialmetaphysik zurückzufallen: Erstens die Beachtung des Verhältnisses zwischen Begriff und Wirklichkeit und zweitens die zugleich konstitutive und reflexive Verbindung und Verquickung von Sozialwissenschaft und ihrem sozialen Gegenstand.

Erstens war vor allem in der neukantianischen Begriffslehre die Warnung vor einer Verwechslung zwischen Begriff und Wirklichkeit formuliert. Vor exakt diesem Problem aber stand eine Strukturtheorie, die in ihrem Erkenntniswert universalisiert wurde und damit in der Gefahr stand, zu einer eigenen ‚soziologischen Weltanschauung‘ zu werden. „Der hohe Wert, den die Raster der Strukturtheorie als systematische Anleitung zur Entdeckung der strukturellen Eigenheiten des jeweiligen Objektes besaßen, verlor sich in dem Maße, wie man solche Strukturen für die Gesellschaft selbst zu nehmen und durch generelle Systembegriffe auszulegen bereit war."[23]

Zweitens spielt Webers Entdeckung der Wissenschaft als einer besonderen Deutungsmacht in der modernen Welt eine Rolle, die eben nicht vor allem, wie bei Durkheim, als funktionales Äquivalent für religiöse Formen der Weltdeutungen stand, sondern den Umgang mit dieser Welt wesentlich veränderte. Wissenschaftslehre war für Weber nicht nur Methodologie, also das Ringen um den ‚richtigen‘ Zugang zur Wahrheit, sondern auch Reflexion auf eine Glaubensmacht: „Das neuzeitliche Europa wuchs nicht nur, wie bekannt, mit der modernen Wissenschaft auf, sondern auch, wie heute gern übersehen wird, im Glauben an sie ... ."[24] Erst dadurch steht die Wissenschaft vor der Aufgabe, ihre eigene Wirkung gerade in ihrer kontingenten Deutungsmacht mitzureflektieren, da ihre nur unter der Prämisse der Vorläufigkeit legitimierbaren Erkenntnisse durch den Glauben an die Wissenschaft zu Weltanschauungen umgeschmolzen werden.

Diese beiden Probleme gingen nun in den Vortrag „Über Kultur im Zeitalter der Sozialwissenschaften" ein.[25] Gegenüber Helmut Schelsky präzisierte Tenbruck das Vorhaben dieses Vortrages folgendermaßen: „Ich habe einmal ... versucht, das Prinzip der Struktur der modernen Gesellschaft zu entwickeln, dem gegenüber unsere gewöhnlichen Charakterisierungen wie ‚Massengesellschaft‘ oder ‚industrielle Gesellschaft‘ usw. als partielle und noch nicht soziologische Verdichtungen erscheinen. Wie weit das bei Nichtsoziologen, und auch bei Soziologen, in der Bedeutung, die sich mir damit zu verbinden scheint, verständlich wird, ist eine andere Frage, aber mir scheint es etwas Neues, das auch in dieser Kürze von einiger Wichtigkeit sein möchte. Der zweite Haupt-

---

23 Wolfgang Lipp/Friedrich H. Tenbruck, Zum Neubeginn der Kultursoziologie, in: Kölner Zeitschrift für Soziologie und Sozialpsychologie, 31, 1979, S. 393.
24 Friedrich Tenbruck, Nachwort, in: Max Weber, Wissenschaft als Beruf, hrsg. von Harald Homann und Michael Sukale, Stuttgart 1995, S. 57.
25 In diesem Band S. 27ff.

pfeiler betrifft die Verquickung von Sozialwissenschaften und Wirklichkeit in der modernen Welt, wobei ich das Thema, das Sie ja in ‚Der Mensch in der technischen Zivilisation‘ angefasst haben, nun von der anderen Seite angehe, dabei zu zeigen versuche, dass diese wechselseitige Bedingtheit einem Maximum zustrebt, dass das für die Forschungslogik, wie für die Gesellschaft wesentliche Konsequenzen hat. ... Den Titel möchte ich gerne ändern, wohl in ‚Der Mensch im Zeitalter der Sozialwissenschaften‘ oder irgend etwas anderes, nur verführt das Wort ‚Kultur‘ im deutschen Sprachraum anscheinend noch immer zu Missverständnissen. Ich gebrauche es im Sinn der Kulturanthropologie."[26]

3) Die Entwicklung der amerikanischen Kulturanthropologie war für den Neubeginn der Kultursoziologie insofern wichtig, als sie einen theoretisierbaren Kulturbegriff bereitstellte, der dem Verdacht begegnete, die deutsche Bildungsphilosophie lediglich unter neuem Namen fortzuschreiben und sich auf die ‚Hochkultur‘ als Gegenstandsbereich zu beschränken. In den USA hatten sich, vorbereitet durch das gemeinsame Engagement von Kulturanthropologie und Soziologie im zweiten Weltkrieg,[27] vor allem durch die Arbeiten von Clyde Kluckhohn beide Disziplinen einander angenähert, indem sich auch die Kulturanthropologie um eine theoretische Klärung ihrer Grundbegriffe bemühte.[28]

Diese Annäherung wurde 1958 durch einen gemeinsamen Artikel der führenden Häupter der beiden Disziplinen, Talcott Parsons und Alfred Louis Kroeber, gleichsam amtlich bestätigt, in dem sie die prinzipielle Gleichwertigkeit der wissenschaftlichen Konzepte von ‚culture‘ und ‚social system‘ unterstrichen: „There are still some anthropologists and sociologists who do not even consider the distinction necessary on the ground that all phenomena of human behavior are sociocultural, with both societal and cultural aspects at the same time."[29] Während die Soziologen zu einer sozialen Determinierung der Kultur neigten, interpretierten die Anthropologen das Soziale als Ausdrucksform lediglich einer Kultur. Die Priorität eines der Konzepte könne aber gegenwärtig nicht wis-

---

26 Brief von Friedrich H. Tenbruck an Helmut Schelsky vom 10.6.1962.
27 Vgl. Uta Gerhardt, Talcott Parsons als Deutschlandexperte während des zweiten Weltkrieges, in: Kölner Zeitschrift für Soziologie und Sozialpsychologie, 43, 1991, S. 211–234, und als unmittelbare Fortsetzung dieser Arbeit im Kalten Krieg Clyde Kluckhohn/Raymond A. Bauer/ Alex Inkeles, How the Soviet System Works, Cambridge 1956.
28 Vgl. dazu etwa die Definitionssammlung und -systematisierung von Alfred Louis Kroeber/Clyde Kluckhohn, Culture. A Critical Review of Concepts and Definitions, Cambridge 1952 (Reprint Millwood 1978); wenn in der Kultursoziologie immer wieder betont wird, daß mit vorschnellen Definitionen des Kulturbegriffs wenig erreicht sei, so steht dieser Band mit seinen ca. 160 Definitionsversuchen im Hintergrund. Eine vergleichbare Begriffsarbeit steht übrigens beim Gesellschaftsbegriff noch aus! Vgl. auch Clyde Kluckhohn, Universal Categories of Culture, in: A. L. Kroeber (Hrsg.), Anthropology Today, Chicago 1953, S. 507–523; Clyde Kluckhohn, Culture and Behavior, New York 1962; zum Bestreben der Kulturanthropologie, auch die Geschichte der Hochkulturen in den theoretischen Rahmen einzubeziehen Alfred Louis Kroeber, Configurations of Culture Growth, Berkeley 1944; diese theoretischen Diskussionen um den Kulturbegriff wurden in Deutschland in den 60er Jahren vor allem durch den Sammelband von C. A. Schmitz bekannt (vgl. Carl August Schmitz (Hrsg.), Kultur, Frankfurt/M 1963).
29 Alfred Louis Kroeber/Talcott Parsons, The Concept of Culture and Social System, in: American Sociological Review, 23, 1958, S. 582.

14

senschaftlich bewiesen werden: „Our objective in the present joint statement is to point out, so far as methodological primacy is concerned, that, either of these assumptions is a preferential *a priori* and cannot be validated in today's state of knowledge. Separating cultural from societal aspects is not a classifying of concrete and empirically discrete sets of phenomena. They are distinct systems in that they abstract or select two analytically distinct sets of components from the same concrete phenomena."[30] Nachdem der Kulturbegriff präzisiert wurde als „transmitted and created content and patterns of values, ideas, and other symbolic-meaningful systems as factors in the shaping of human behavior and the artifacts produced through behavior",[31] resümieren sie eine analytische Differenz beider Konzepte, deren Fruchtbarkeit sich jeweils am Gegenstand erst erweisen müsse: „It is often profitable to hold constant either cultural or societal aspects of the same concrete phenomena while addressing attention to the other. Provided that the analytical distinction between them is maintained, it is therefore idle to quarrel over the rightness of either approach. Important work has been prosecuted under both of them. It will undoubtedly be most profitable to develop both lines of thinking and to judge them by how much each increases understanding."[32]

Legt man diesen Stand der amerikanischen Diskussion zugrunde, so wird die Parallele zum Neubeginn der Kultursoziologie deutlich, wenn etwa Lipp und Tenbruck sich darauf berufen, daß die Klassiker, ja selbst Parsons, immer davon ausgegangen seien, daß jede Gesellschaft auch kulturell gegründet ist.[33] Auch die Präzisierung des Kulturbegriffs auf „die Bedeutungsmuster, welche dem Handeln, explizit oder implizit, quer durch die Daseinsbereiche und Institutionen als Voraussetzungen und Intentionen Halt und Sinn geben",[34] läuft parallel zur amerikanischen Kulturanthropologie. Entscheidend für den Neubeginn der Kultursoziologie ist weiter, daß sie nicht als eine neue, mit der Strukturtheorie konkurrierende Großtheorie auftritt, sondern die Einlösung der Einsicht fordert und fördert, daß Struktur und Kultur Begriffe sind, die analytisch fruchtbare Differenzierungen der wissenschaftlichen Perspektiven bezeichnen, nicht aber reale Differenzen im Objekt. „Die Kultursoziologie unterstellt keine Dominanz der Kultur, aber sie akzeptiert auch nicht die Dominanz der Struktur als eine schlecht verborgene Voraussetzung soziologischer Arbeit. Als Wirklichkeitswissenschaft, die sich Struktur und Kultur nicht auseinander dividieren lassen darf, will sie die Gesellschaften in ihrer historischen und kulturellen Eigenart und nicht nur in ihrer strukturellen Allgemeinheit begreifen."[35]

Insofern ging es beim Neubeginn der Kultursoziologie nicht um die Restauration deutscher Wissenschaftstraditionen um ihrer selbst willen, sondern

---

30 Ebd.
31 Ebd., S. 583.
32 Ebd.
33 Vgl. Wolfgang Lipp/Friedrich H. Tenbruck, Zum Neubeginn der Kultursoziologie, in: Kölner Zeitschrift für Soziologie und Sozialpsychologie, 31, 1979, S. 393.
34 Ebd., S. 395.
35 Ebd., S. 397.

um Bewahrung des historischen Horizontes, die kritische Sichtung der Klassiker und den Anschluß an die amerikanische Theoriediskussion mit dem Ziel, die grundlegenden Intentionen des Neubeginns der Soziologie in Deutschland nach 1945 fortzuführen und aus der neuen Soziologie nicht wieder eine nun modernisierungstheoretisch verbrämte Geschichtsphilosophie oder eine empirizistisch legitimierte Strukturontologie entstehen zu lassen. „Mich interessierte nur, ob und inwieweit hier nicht der Entwicklung einer Wissenschaft von der Gesellschaft, die weder durch das Klappern der Untersuchungsmühlen noch durch die seelischen Rülpser eines wissenschaftsfremden und falschen (es gibt einen sehr richtigen und unendlich wichtigen!) Traditionalismus repräsentiert ist, ganz unnötig und blind Abbruch getan wird, einer Wissenschaft, und das ist meine Ueberzeugung, von der die Gesundung der deutschen Universitäten und Deutschlands selbst so wesentlich abhängt."[36]

Die kultursoziologische Orientierung

Tenbruck selbst hat in einem kurzen unpublizierten Text vom Mai 1989 „Zur Orientierung über meine Arbeiten und Pläne" in spiegelbildlicher Symmetrie zur Ablehnung der theoretischen Großprojekte einer ‚Theorie der Gesellschaft' geschrieben: „Ich werde je nach Gelegenheit meine verschiedenen Arbeiten zur ‚Kultursoziologie' fortführen, wobei dieser Begriff nur als nötiger Hinweis auf die vielfältige Aufgabe zu verstehen ist, diese oder jene Seite der Kultur in ihrer gesellschaftlichen Bedeutung und Bedingung wieder faßlich zu machen, also nicht die verfehlte Absicht enthält, eine ‚Theorie *der* Kultur' zu entwickeln."

Eine ausgearbeitete Theorie der Kultur hat Tenbruck daher weder angestrebt, noch vorgelegt. Im folgenden sollen nicht die einzelnen Befunde seiner Arbeiten, oder deren Programmatik ausführlich erläutert werden – diese erschließen sich jedem Leser dieses und des Bandes über ‚Die kulturellen Grundlagen der Gesellschaft' ohnehin aus der Lektüre –, sondern es sollen anschließend an den vorherigen Abschnitt die Motivkonstellationen erhellt werden, denen sich seit der Habilitationsschrift „Geschichte und Gesellschaft" von 1962 die zunehmende kultursoziologische Orientierung verdankt.

Tenbrucks Absage an alle Programme endgültiger Theorien, sei es der Gesellschaft, sei es der Kultur, verdankt sich mehreren systematisch und wissenschaftsgeschichtlich erarbeiteten Einsichten. Hier sei vor allem auf die frühe Beschäftigung mit Kant verwiesen, die bis zu den späten Arbeiten zum Neukantianismus anhält. Tenbruck nimmt Gedanken Kants auf, die dieser am Beginn der philosophischen Reflexion der modernen Wissenschaften in kritischer Absicht formuliert hat: wissenschaftliche Begriffe, wissenschaftliche Theoriebildung und wissenschaftliche Erkenntnis besitzen konstruktiven Charakter, sind Erzeugnisse der denkenden Ordnung der Wirklichkeit. Sie spiegeln weder die Wirklichkeit, noch bilden sie sie ab, sondern sie sind spezifische

---

36 Brief von Friedrich H. Tenbruck an René König vom 11.5.1962.

Erzeugnisse der Erfahrungsverarbeitung des denkenden Bewußtseins, nach Maßgabe der Anwendungsregeln, die die Anschauungsformen Raum und Zeit und die Kategorien der Wirklichkeitsbearbeitung aufprägen. Nichts weniger als dem Kern dieses philosophischen Programms, dem Abschnitt über die transzendentale Deduktion der Kategorien in Kants „Kritik der reinen Vernunft" ist Tenbrucks Dissertation gewidmet, die er bei dem Marburger Philosophen Julius Ebbinghaus, (dem, wie er sich nach Tenbrucks Bericht verstand: ‚ersten Kantianer' nach all den ‚Neukantianern') einem Schüler Wilhelm Windelbands, verfaßt hat.

Mit dieser unverzichtbaren Einsicht in den Status wissenschaftlicher Begriffs- und Theoriebildung versehen, ist zugleich ein sensibles Gespür für die den modernen Natur- und Kulturwissenschaften drohende Gefahr der Reifizierung ihrer theoretischen Konstrukte gegeben.

Das ist einer der Gründe für Tenbrucks immer reflektierend mitlaufende Beschäftigung mit Fragen der Wissenschaften und ihrer Geschichte. Es erklärt auch seinen primär kritischen Impuls, der die Aufklärung der Selbstverständnisse dieser Wissenschaften zum Ziel hat. So kann er überzeugend zeigen, daß auch die sich wertfrei verstehenden modernen Wissenschaften zur ‚Glaubensgeschichte der Moderne'[37] gehören und ihrerseits einem spezifischen ‚Trivialisierungsprozeß'[38] unterworfen sind, der ihre weltanschaulichen Bestandteile beständig verändert und umschmilzt. Diese Arbeiten gehören zum Kernbestand seines kultursoziologischen Anliegens[39], da sie die Wissenschaftsgeschichte aus der Frage nach der Deutungsmacht und -kompetenz gesellschaftlicher Akteure betreibt.

Bei der Beschäftigung mit einzelnen Wissenschaften oder Wissenschaftlern geht es Tenbruck nicht um Wissenschaftskritik oder die Denunziation einzelner, sondern um die genuin soziologische Frage, wie sich das Phänomen der Durchsetzung der modernen Wissenschaften und insbesondere der Sozialwissenschaften strukturell erklären und historisch rekonstruieren läßt. So gesehen gehören Wissenschaftler zur kulturellen Elite moderner Gesellschaften und sind insoweit Teil der ‚Intellektuellen', die ein Großteil der Selbst- und Weltdeutungsanstrengungen produzieren, distribuieren und auch rezipieren.

Die Analyse der Entstehungsbedingungen jener sozialen Sondergruppen, die wie die Intellektuellen zu gesellschaftlich akzeptierten Interpreten der Realität aufsteigen, verbindet die wissenschaftssoziologischen und -historischen Arbeiten mit den eher programmatischen kultursoziologischen, die am Anfang dieses Bandes stehen und die Konsequenzen aus den Befunden ziehen.

Die Verknüpfung von materialen und programmatischen Texten soll anhand des Aufsatzes „Zur deutschen Rezeption der Rollentheorie" (1961) und seiner Bedeutung für Tenbrucks Versuch einer eigenen „Integration der amerikani-

---

37 Vgl. Friedrich H. Tenbruck, Die kulturellen Grundlagen der Gesellschaft. Der Fall der Moderne, Opladen 1989, S. 126–142.
38 Vgl. ebd., S. 143–174.
39 Vgl. ebenso im vorliegenden Band: „Über Kultur im Zeitalter der Sozialwissenschaften" sowie die Beiträge über Sophistik und „Fortschritt der Wissenschaft?".

schen Strukturtheorie mit den aus der deutschen Tradition stammenden Einsichten in die Zusammenhänge und Bedingungsgefüge geschichtlichen Werdens"[40] erläutert werden. Denn dieser Text belegt die kritischen Perspektiven, in deren Mittelpunkt das Aufspüren von Reifizierungen steht, das positive Verständnis soziologischer Theorie, das Tenbruck sich während seiner Amerikaaufenthalte erarbeitet hatte, sowie die kultursoziologische Orientierung dieses Integrationsversuchs, wie er in der Habilitationsschrift „Geschichte und Gesellschaft" ausführlich entwickelt wird.

Tenbruck geht in seinem Aufsatz, der eine Kritik der Dahrendorfschen Schrift „Homo Sociologicus"[41] darstellt, von zwei Vorannahmen aus, von denen eine mehrfach explizit formuliert wird, die andere eher implizit bleibt.

Tenbruck betont zum einen, daß die amerikanische Soziologie eine sehr große Bandbreite besitze und daß sie nicht nur Strukturfragen thematisiere, sondern auch Kultur und Person zum „Gesellschaftsverständnis, das die Lehrbücher der Soziologie anbieten", gehören[42]. Zur amerikanischen Soziologie gehört ihr enger Bezug zur Kulturanthropologie[43], aber auch grundsätzlich eine Berücksichtigung der Bedeutung von Kultur, „symbolischen Bedeutungen" und Geschichtskenntnissen, die davor bewahren können, „Eigentümlichkeiten der modernen Gesellschaft für Charakteristika der Gesellschaft überhaupt zu halten"[44].

Die zweite Prämisse des Tenbruckschen Ansatzes hingegen bleibt eher impliziter: Einen ersten Hinweis erhält man, wenn beachtet wird, daß Tenbruck bei der Betonung der „kulturellen Geformtheit des Menschen" neben der Kulturanthropologie auch auf den deutschen Historismus und Arnold Gehlen hinweist[45]. Offensichtlich bezieht sich Tenbruck nicht nur auf die amerikanische cultural anthropology zurück, sondern orientiert sich auch an Beständen der deutschen Geistes- und Sozialwissenschaften. Die volle Bedeutung dieser Tatsache erschließt sich freilich erst, wenn sich der Leser nicht nur auf diesen Aufsatz stützt, sondern auch seinen bereits 1958 in der selben Zeitschrift erschienenen Aufsatz über Georg Simmel[46] mit einbezieht. Denn in dieser Arbeit zeigt Tenbruck, daß Georg Simmel die moderne Rollentheorie im Ansatz

40 So Alois Hahn, Friedrich Tenbruck. Eine biographische Skizze, in: Hans Braun/Alois Hahn (Hrsg.), Kultur im Zeitalter der Sozialwissenschaften. Friedrich H. Tenbruck zum 65. Geburtstag (Schriften zur Kultursoziologie 4), Berlin 1984, S. 270, über die etwa zeitgleich verfaßte Habilitationsschrift von Tenbruck.
41 Vgl. Ralf Dahrendorf: Homo Sociologicus, in: Kölner Zeitschrift für Soziologie und Sozialpsychologie, 10, 1958, S. 178–208 und 345–378. Ein Jahr später wurde diese Abhandlung als selbständige Schrift im Westdeutschen Verlag gedruckt, ab der vierten Auflage von 1964 mit dem Aufsatz „Soziologie und menschliche Natur" im Anhang, der erstmals 1963 erschienen war und in dem Dahrendorf zu seinen Kritikern Stellung nimmt.
42 Friedrich H. Tenbruck, Zur deutschen Rezeption der Rollentheorie, in: Kölner Zeitschrift für Soziologie und Sozialpsychologie, 13, 1961, S. 5.
43 Ebd., 7.
44 Ebd., 36.
45 Vgl. ebd., 31.
46 Friedrich H. Tenbruck, Georg Simmel (1858–1918), in: Kölner Zeitschrift für Soziologie und Sozialpsychologie, 10, 1958, S. 587–614.

bereits vorwegnimmt, wobei er freilich – im Unterschied zu den späteren rollentheoretischen Vereinnahmungen Simmels – eindringlich vor Mißdeutungen warnt: „Dabei ist Simmel jedoch gegen eine gedankenlose Theorie der sozialen Struktur in Schutz zu nehmen, die Rolle mechanisch als Imitation, Gewohnheitsbildung, sozialen Druck versteht und menschliches Sein sich in solchem Tun erschöpfen läßt. Selbstverständlich ist auch Rollenhandeln grundsätzlich Bedeutungshandeln ... ."[47]

Tenbruck arbeitet überzeugend heraus, daß Simmel aus Sorge, die Gesellschaft könne fälschlich substantialisiert werden, betone, daß die Gesellschaft „nicht ein substantielles Etwas, sondern eine Fülle von in sich verhakten Vergesellschaftungen" sei.[48]

Von hier aus aber erschließt sich die Deutung der Rollentheorie bei Tenbruck: Er hat nicht etwa Simmel von der Rollentheorie her gelesen, sondern die amerikanische Rollentheorie von Simmel her interpretiert, kritisiert und korrigiert. Zum anderen ist die bereits referierte explizite Vorannahme wohl in ihrer Bedeutung unterschätzt worden: Tenbruck ging damals von einer großen Offenheit der Diskussionslagen in der amerikanischen Soziologie aus, die er aus langem Amerika-Aufenthalt aus eigener Anschauung sehr gut kannte. Diese Einschätzung der Lagen der soziologischen Theoriebildung ließen es für ihn damals zunächst noch möglich erscheinen, eine Art Brückenschlag zwischen deutscher verstehender Soziologie und amerikanischer Rollentheorie zu unternehmen.[49]

Auf diesem Hintergrund ist die Kritik Tenbrucks an Dahrendorfs „Homo Sociologicus" zu lesen, von der hier zwei zentrale Aspekte näher erwähnt seien.

Tenbruck konstatiert bei Dahrendorf eine Verkennung der Bedeutung der Kulturfragen: „Der Strukturbegriff der Gesellschaft abstrahiert ... von einer Seite der gesellschaftlichen Wirklichkeit, nämlich der Bedeutung, die das Tun für den Handelnden kraft einer Beziehung auf jene gemeinsamen Ideen und Werte hat, die zusammen mit den Techniken die Kultur einer Gesellschaft *in sensu sociologico* ausmachen."[50] Daher gilt, „daß das soziale Handeln nur einseitig erfaßt wird durch Angaben über das beobachtbare Verhalten in seiner Tatsächlichkeit oder – was das gleiche ist – durch Beschreibung dieses Verhaltens in seiner Konformität mit den Erwartungen anderer."[51] Dieser Einseitigkeit der Strukturtheorie sei man sich aber in den USA durchweg bewußt, hingegen „beschränkt sich *Dahrendorf* nicht nur auf die Strukturfragen, sondern hält sie allein für soziologisch erheblich", kritisiert Tenbruck[52].

---

47 Ebd., 601.
48 Ebd., 604.
49 Zu Tenbrucks Einschätzung der Offenheit der damaligen Theoriebildung vgl. jetzt auch sein Vorwort in Friedrich H. Tenbruck, Geschichte und Gesellschaft, Berlin 1986 (Sozialwissenschaftliche Abhandlungen der Görres-Gesellschaft 14), Berlin 1986, S. 5–7.
50 Friedrich H. Tenbruck, Zur deutschen Rezeption der Rollentheorie, in: Kölner Zeitschrift für Soziologie und Sozialpsychologie, 13, 1961, S. 6.
51 Ebd.
52 Ebd., 7.

Wird aber solcherart die Kultur systematisch aus der Soziologie ausgeblendet, verengt sich notwendig auch das Verständnis von Sozialisation und damit das Menschenbild: „Wo ... die strukturelle Gliederung der Gesellschaft nicht nur pragmatisch und für bestimmte Zwecke der Analyse, sondern *realiter* von jener, wie immer differenzierten Gemeinsamkeit der Ideen, Werte und Techniken, die der Soziologe Kultur nennt, getrennt wird, wo die gesellschaftliche Struktur also verselbständigt und selbstgenügsam wird, da sinkt der Sozialisierungsprozeß zu einem bloßen Lernen von Rollen*fertigkeiten* und die Rolle zum bloßen *Anspruch* der Gesellschaft ab, so daß nun die Sanktionen zum Zentrum der Gesellschaft werden."[53]

Diese Folgen sind aber für Tenbruck dann zwangsläufig und unvermeidlich, wenn wie bei Dahrendorf die Soziologie ausschließlich auf Struktur- und Rollentheorie verengt werden soll: „Wo von den Begriffen der Rollentheorie gefordert wird, daß sie uns vollgültig die gesellschaftliche Wirklichkeit erklären, zeigen sie eine eigene Enge und Starre. Die Entfremdung von Mensch und Gesellschaft scheint uns ein Produkt dieser Einseitigkeit."[54]

Daneben weist Tenbruck dem Dahrendorfschen Essay aber auch eine Reifizierung seines nominal definierten Rollenbegriffs nach. Wenn man sich nämlich lediglich auf eine Nominaldefinition der „sozialen Rolle" beschränkt, gilt allerdings, „daß diese Abstraktion von der sozialen Wirklichkeit gewisse Probleme nicht aufgreifen darf und nicht lösen kann, weil sie eben auf einige Momente dieser Wirklichkeit verzichtet."[55] Als besondere Beispiele für dieses Defizit führt Tenbruck an: „So kann mit diesen Begriffen und dieser Theorie der soziale Wandel, sofern er in kulturellen und nicht in strukturellen Ursachen wurzelt, nicht erfaßt werden. Ferner kann der soziale Wandel, soweit er auf Änderungen des Verhaltens zurückgeht, nicht erfaßt werden, weil das Verhalten hier doch *nominal* als Produkt der Erwartungen verstanden wird, also ohne Änderungen der Erwartungen nicht erklärbar ist. Und soweit ein sozialer Wandel aus Änderungen der Erwartungen folgt, können jedenfalls diese Erwartungen, ohne weitere Zusätze der Theorie, ihrerseits auch nicht erklärt werden."[56]

Aber insbesondere ist es bei einer solchen nominalen Rollendefinition ausgeschlossen zu „fragen, wie sich der Einzelne zu *dieser* Rolle verhält."[57] Gerade diese Frage aber stellt Dahrendorf, so daß Tenbruck konstatiert: „Es liegt also bei *Dahrendorf* eine krasse Reifizierung des nominalen Rollenbegriffes vor."[58] Dahrendorf „schafft sich künstliche Probleme, indem er die Ebenen der Begriffe durcheinander mengt und eine pragmatisch-definitorische Festsetzung unbesehen für ein Stück soziale Wirklichkeit hält."[59]

---

53 Ebd., 7f.
54 Ebd., 8.
55 Ebd., 28.
56 Ebd., 28f.
57 Ebd., 29.
58 Ebd.
59 Ebd., 30.

Dies ist freilich um so bemerkenswerter, als Dahrendorf selbst bekanntlich ja sehr genau um den bloßen Konstruktcharakter seines Rollenbegriffs weiß. Tenbruck schreibt dazu: „*Dahrendorf* besteht emphatisch darauf, daß es sich bei wissenschaftlichen und insbesondere soziologischen Begriffen um eine Konstruktion des Verstandes handele, daß Wissenschaft allemalen eine zweite Wirklichkeit errichte. Er tut dann genau das, was unter diesen Voraussetzungen nicht mehr möglich ist: er fragt, wie sich diese Begriffe zum ganzen Menschen oder gar dieser Mensch zu jenen Begriffen verhält."[60]

Die Schärfe dieser Kritik, wie auch die vieler späterer Texte, mag überraschen und sogar unverständlich erscheinen. Denn das Beharren auf den Gefahren des naiven Gebrauchs der sozialwissenschaftlichen Begriffe, so berechtigt es ist, betrifft doch nur einen Aspekt sozialwissenschaftlicher Arbeit und ihrer Verwendung. Verständlich wird die nicht nachlassende kritische Energie erst, wenn ihr Impuls zutage liegt, wie in dem zeitgleich verfaßten Text „Über Kultur im Zeitalter der Sozialwissenschaften"[61]. Dabei wird deutlich, daß für Tenbruck die gesellschaftliche Bedeutung der Sozialwissenschaften zu wichtig ist, als daß sie ‚falsch' verstanden werden dürften. Denn „was unsere Gesellschaft ist und sein will und sein kann, das wird immer mehr und immer direkter eine Funktion dessen, was unsere Sozialwissenschaften sind."[62] Sowohl Theorieproduzenten wie auch -konsumenten stehen in der Gefahr, die soziologische Theorie für die Realität zu nehmen. Und die Dramatik dieser modernen Situation besteht darin, daß die modernen Gesellschaften auf die sozialwissenschaftlichen Deutungen angewiesen sind, um ein zureichendes Bewußtsein ihrer neuartigen Struktur zu entwickeln. Daher gibt es auch nicht die Lösung des Zurück hinter die Durchsetzung sozialwissenschaftlicher Aufklärung. „Die Sozialwissenschaften vermessen und vermitteln die Wirklichkeit – und eben deshalb ist es eine *vermittelte* Wirklichkeit. Zu sagen, was ist, dazu sind wir berufen, aber auch dazu verdammt, das, was ist, durch dieses Sagen zu verändern und zu zerstören. Die Wirklichkeit, die wir ans *Licht* holen, ist schon nicht mehr die Wirklichkeit, wie sie *vorher* bestand."[63] Die Aufgabe unter diesen Bedingungen muß daher auch in der Verschärfung der sozialwissenschaftlichen Reflexion auf sich als „das Organ der Selbstinduktion des Gegenstandes", der Gesellschaft, sein. „Welche Art von Sozialwissenschaften wir haben, entscheidet immer stärker darüber, welche Art von Gesellschaft wir haben werden."[64] Die Unhintergehbarkeit der modernen Sozialwissenschaften fordert diese selbst auf, sich ihrer Verantwortung in dieser Situation klar zu werden. Und diese besteht vordringlich darin, sich den konstruktiven Charakter ihrer Theorien und Begriffe immer wieder vorzuhalten, und somit den einzelnen Subjekten ihre „schöpferische Möglichkeit", zu ihren „gesellschaftlichen Verfallenheiten", die

---

60 Ebd., 36.
61 Vgl. im vorliegenden Band S. 27ff.
62 Ebd., S. 42.
63 Ebd., S. 45f.
64 Ebd., S. 42.

die Sozialwissenschaften notwendig aufdecken, selbstverantwortet Stellung zu nehmen.[65]

Ähnlich hatte Max Weber diese Aufgabe bestimmt, dessen Werk Tenbruck im Laufe seines Lebens immer wieder eindringliche und scharfsinnige Beiträge gewidmet hat, die jeweils auch Reflexionen seiner eigenen soziologischen Arbeiten und zugleich des Standes der soziologischen Selbstverständnisse sind.

Von hieraus entfaltet sich dann das Spektrum des Tenbruckschen Interesses, bis hin zu den empirischen und religionssoziologischen Studien. Eine Art Bilanz der jahrzehntelangen Beschäftigung mit Kultur und Gesellschaft zieht, unter dem Eindruck des inflationären Gebrauchs des Kulturbegriffs und einer zunehmenden Verunsicherung über dessen Bedeutung und Status in den Sozialwissenschaften, der Aufsatz „Repräsentative Kultur".[66] Damit weist er nicht nur die Konsequenz aus, mit der Tenbruck die grundlegenden Fragen von Struktur, Kultur und Gesellschaft bearbeitet hat, sondern bewährt zudem erneut, und nun bezogen auf den Begriff der Kultur und die Gefahr seiner naiven Reifizierung, seine kritischen Motive.

Zum vorliegenden Band

So gibt es denn bei Tenbruck noch vieles zu entdecken. Das liegt schon ganz einfach daran, daß viele seiner Arbeiten an mehr oder weniger entlegenen Stellen erschienen sind. Dies erklärt sich, neben den naturgemäß zu veranschlagenden äußeren Verumständungen, auch aus einem für Tenbrucks Wissenschaftsverständnis konstitutiven Grund heraus: Die Soziologie kann nur im Gespräch mit anderen Sozial- und Kulturwissenschaften einerseits, im Gespräch mit einer gebildeten Öffentlichkeit andererseits, ihrer eigenen Kulturbedeutung gerecht werden und muß sich deshalb auch außerhalb der Fachzeitschriften hören lassen.[67]

Nachdem Tenbruck im Jahre 1989 einen ersten Ertrag seiner einschlägigen kultursoziologischen Studien in seinem Buch „Die kulturellen Grundlagen der Gesellschaft. Der Fall der Moderne" vorgelegt hat, vereinigt der vorliegende Band unter dem Titel „Perspektiven der Kultursoziologie" bekannte und weniger bekannte Arbeiten Tenbrucks zu den Grundfragen der Soziologie als einer Kultursoziologie und Studien zu kultursoziologischen Sachthemen. Dabei konnte es natürlich nicht um Vollständigkeit gehen. Dies ließ weder die Fülle der einschlägigen Arbeiten Tenbrucks[68] noch die Länge einiger Originaltexte zu.

Im ersten Teil sind in chronologischer Reihenfolge vier grundlegende und programmatische Studien zusammengestellt, die Tenbrucks grundsätzliches Verständnis der Bedeutung von Kultur und Geschichte für die Sozialwissenschaften und den Menschen verdeutlichen.

---

65 Ebd., S. 47.
66 Vgl. im vorliegenden Band S. 99ff.
67 Hier liegt auch der Grund dafür, daß Tenbruck auf jedweden soziologischen „Jargon" verzichtet.
68 Vgl. dazu die Auswahlbibliographie am Ende des vorliegenden Bandes.

Im zweiten Teil folgen kultursoziologische Studien zu zentralen Sachfragen, die von Genese und Bedeutung der modernen Wissenschaft über Tenbrucks Jugend- und Planungssoziologie zu Arbeit, Musik und Medien reichen: So beginnt der zweite Teil mit einem für Tenbruck besonders zentralen Thema, der Wissenschaft. Tenbruck gelingt der Nachweis, inwiefern in der Sophistik soziokulturell die Grundlagen der Wissenschaft gelegt werden. Die beiden kleinen Studien über die Sophistik, die – obschon an verschiedenen Stellen erschienen – inhaltlich aufeinander aufbauen, werden durch Auszüge aus Tenbrucks Beitrag für die Tübinger Universitäts-Festschrift abgerundet, in denen die Bedeutung der Wissenschaft und der Universitäten seit dem Mittelalter kultursoziologisch in die Perspektive gerückt wird.

Die folgenden Beiträge, die sich mit weiteren zentralen Bereichen unserer modernen Kultur beschäftigen, sind chronologisch nach ihrem ersten Erscheinen geordnet: Tenbrucks (hier in Auszügen vorgeführte) Arbeit zur Jugendsoziologie ist noch immer überraschend aktuell. Sie zeigt, inwieweit die Jugend in modernen Industriestaaten strukturell nicht als eine statistische, sondern als eine soziale Gruppe anzusehen ist, die eine eigene Teilkultur darstellt. Die gesellschaftliche Freistellung altershomogener Gruppen erzeugt kulturelle Folgen, die sich in der Generationenfolge zuspitzen. Einige Kürzungen konnten bei diesem Beitrag auch deshalb vorgenommen werden, weil das hierin zugrundeliegende idealtypische Gesellschaftsmodell bereits im ersten Beitrag des vorliegenden Bandes „Über Kultur im Zeitalter der Sozialwissenschaften" näher ausgeführt worden ist. Auf diesen Zusammenhang sei hier ausdrücklich verwiesen.

Aus Tenbrucks vielfältigen Beiträgen zur Planungsdiskussion haben wir seinen 1970 auf dem Internationalen Soziologenkongreß in Varna (Bulgarien) gehaltenen Vortrag ausgewählt, der kultursoziologisch die Grenzen der Planung beschreibt.

Tenbrucks Aufsatz über „Arbeit" verdeutlicht, inwieweit Arbeit als kultureller Erwerb zu sehen ist, welche Bedeutung die Einstellung zur Arbeit hat und wie sich diese Einstellung vom Lebenswert der Arbeit hin zur rationalen Auffassung von Arbeit verschiebt. Sein Beitrag über die Musik analysiert, inwieweit Musik sowohl kulturabhängig wie auch kulturprägend ist und was dies angesichts der heutigen Globalisierungstendenzen bedeutet. Die Kulturbedeutung der Massenmedien und die selten gestellte Frage nach ihren langfristigen Wirkungen in Kultur und Gesellschaft behandelt Tenbrucks Vortrag aus dem Jahre 1990, der mit zwei Zitaten von Goethe und Emanuel Geibel in eine eindringliche Mahnung zu verantwortlichem Handeln mündet. In der anschließenden Diskussion stellt er sein Verständnis von kultursoziologischer empirischer Forschung im Gegensatz zum Monopolanspruch der Meinungs- und Sozialforschung dar.

So bunt dieser Strauß von Themen zunächst auch wirken mag: immer geht es Tenbruck um die soziologische Erhellung der Stellung des Menschen in der Gegenwart, die nie allein durch die Analyse gesellschaftlicher Strukturen, sondern nur unter Berücksichtigung der historischen und kultursoziologischen

Perspektive möglich ist. Dabei wird zugleich auch deutlich, wie Tenbruck den heute oft verengten Empiriebegriff durch Einbeziehung historischer Entwicklungen in seine soziologischen Gegenwartsanalysen vertieft und bereichert.

Weit davon entfernt, so etwas wie eine „Soziologie" Tenbrucks präsentieren zu wollen, erweisen diese Beiträge aus drei Jahrzehnten seines Schaffens, liest man sie zusammen, eine erstaunliche Geschlossenheit. Kultursoziologie steht für Tenbruck eben nicht nur als eine weitere Bindestrich-Soziologie neben anderen, sondern bezeichnet eine grundlegende Perspektive der Sozialwissenschaften, die neben Strukturfragen stets auch die Tatsache berücksichtigen müssen, daß der Mensch seine Welt deutet und in diesem Sinne ein Kulturwesen ist.

Zum Editorischen sei hier noch folgendes angemerkt: Offenkundige Setzfehler wurden stillschweigend beseitigt, die Textgestaltung bei Überschriften, Zwischentiteln, Hervorhebungen im Text und beim Satz der Anmerkungen als Fußnoten wurde vereinheitlicht. Zur Auffindung von Setzfehlern wurden auch Sonderdrucke nach Korrekturen Tenbrucks überprüft und im Falle des Beitrags „Die Aufgaben der Kultursoziologie" auch die ursprüngliche Fassung in der Kölner Zeitschrift für Soziologie und Sozialpsychologie 31 (1979) herangezogen.

Die bibliographischen Angaben der Erstveröffentlichung und die Copyright-Inhaber werden jeweils zu Beginn des jeweiligen Textes in einer Fußnote der Herausgeber genannt. Diese und alle anderen Hinweise der Herausgeber sind in eckige Klammern gesetzt. Das gilt auch für die Auslassungszeichen, die durch Kürzungen seitens der Herausgeber notwendig geworden sind. Im Falle von Kürzungen wurde die Zählung der Fußnoten den neuen Gegebenheiten angepaßt. Fußnoten, die mit einem Sternchen markiert sind, stammen hierbei wie auch sonst von den Herausgebern.

Der vorliegende Band folgt damit auch weitgehend den editorischen Prinzipien, die Tenbruck selbst bei seinem Buch „Die kulturellen Grundlagen der Gesellschaft. Der Fall der Moderne" (Opladen 1989; zweite Auflage 1990) verwandt hat, das ebenfalls im Westdeutschen Verlag erschienen ist.

An dieser Stelle sei schließlich aus der großen Zahl von Personen und Organisationen, ohne die dieses Buch nicht möglich gewesen wäre, an erster Stelle allen in den Quellenhinweisen verzeichneten Copyright-Inhabern für die Genehmigung des Abdrucks und ganz besonders Herrn Müller vom Westdeutschen Verlag für all seine Ermutigung und Hilfe gedankt.

Des weiteren gilt der Dank auch Frau Prof. Georgia Apostolopoulou, Ioannina (Griechenland) für alle Griechenland betreffenden Fragen, und der Rufer & Partner Seminare GmbH in Pulheim bei Köln für ihre mannigfaltige und dauerhafte Unterstützung sowie den Bibliothekaren der Universitäten Köln, Bonn, Tübingen und besonders der Technischen Universität Berlin.

Ein ganz besonderer Dank aber gebührt Frau Kora Tenbruck, der Witwe von Friedrich H. Tenbruck, nicht nur für die Unterstützung dieses Publikationsprojektes, sondern auch für die vielen Jahre, in denen sie für den Schülerkreis ihres Mannes so wichtig gewesen ist.

I. Zur Bedeutung der Kultursoziologie

Über Kultur im Zeitalter der Sozialwissenschaften[1]

Die Soziologie hat sich im vergangenen Jahrzehnt in Deutschland etabliert – oder auch reetabliert, und dieser Vorgang hat, zumindest für die Öffentlichkeit, im Zeichen der sogenannten empirischen Untersuchungen gestanden. Nun ist es keine Frage, daß unsere Gegenwart solcher konkreter Studien an allen Ecken und Enden bedarf, und es ist auch keine Frage, daß die saubere Beherrschung nicht etwa nur der Techniken und Methoden, sondern gerade auch der erforderlichen theoretischen Kenntnisse, ohne welche solche Studien ein Trümmerhaufen von Daten und ein Monument der Neugier bleiben müssen, heute zur Ausrüstung des Soziologen vom Fach gehört. Aber es ist auch wahr, daß mit solchen Arbeiten das Feld soziologischer Aufgaben noch nicht abgeschritten, geschweige denn gepflügt und gesät ist. Wie zahlreich und wie gut diese Präparierungen am lebenden Körper unserer Gesellschaft auch sein mögen, so antworten sie uns am Ende noch nicht auf die Frage, was nicht dieser oder jener *Teil* unserer Gesellschaft, sondern was unsere *Gesellschaft* sei. Und dieses Anliegen ist nicht Ausfluß einer müßigen Spekulation, dem keine Realität entspricht, wie das die Soziologie selbst wohl eine Weile geglaubt hat. Immer stärker hat sich in der Forschungslogik wie in der Praxis die Einsicht verbreitet, daß selbst das Einzelne und Konkrete nur in dem Maße erkennbar wird, wie die allgemeinen, aber nicht weniger wirklichen und wirksamen *Grundzüge* der Gesellschaft erkannt sind. Grundzüge sind nicht identisch mit den verbreiteten Phänomenen, die sich der Intuition unmittelbar und der Sozialforschung mittelbar darbieten. Grundzüge sind diejenigen, mit dem Instrument der soziologischen Analyse freizulegenden Grundstrukturen, aus denen die beobachtbaren Phänomene allererst abzuleiten und zu verstehen, ja überhaupt nach ihrer Bedeutung und Realität erst abzuschätzen sind. Bei allem Sinn und Hang also für die Beschreibung gesellschaftlicher Phänomene und die Enträtselung konkreter Details – sowie (und das ist etwas anderes) bei allem Verständnis dafür, daß unsere Gesellschaft praktisch auf empirische Untersuchungen angewiesen ist, bleibt der Soziologe auch, ja vordringlich, der Frage nach den Grundzügen verpflichtet.

Soviel zur Rechtfertigung des sehr allgemeinen Charakters des Themas, dessen sprachlich etwas eigenwillige Formulierung darauf hinweisen soll, daß ich nicht

---

1 Dieser Vortrag wurde im Mai 1962 im Rahmen des *Colloquium Politicum* in der Universität Freiburg i. Br. gehalten. [Anm. d. Hrsg.: Der Beitrag ist ursprünglich in „Saeculum" 14 (1963), S. 25–40, erschienen.]

ein soziologisches Tableau der gegenwärtigen Kultur vorlegen, sondern nur einige Grundzüge skizzieren will – und ich im übrigen wohl gleich darauf hinweisen sollte, daß der Ausdruck Kultur für den Soziologen mehr und anderes meint als in der Alltagssprache, nämlich die charakteristischen Lebensformen und Daseinsinhalte einer Gesellschaft.

Sodann scheint mir ein anderes Wort zur Einleitung am Platze. Wir Sozialwissenschaftler besitzen sowenig wie die übrigen Geisteswissenschaftler den Kredit und die Autorität, deren sich der Naturwissenschaftler erfreut, so daß wir über das rein Technische unseres Faches hinaus nicht *ex cathedra* reden können, wenn wir eine gewisse Sonderstellung des Volkswirtschaftlers einmal beiseite setzen. Nicht als ob ich beklagen wollte, was unvermeidlich aus der Natur unserer Fächer folgt. Wissenschaften, die so zerbrechlich (wiewohl nicht gebrechlich) sind wie die Geisteswissenschaften, müssen sich der freien Diskussion stellen. Aber die Soziologie ist doch in einer besonderen Lage. Während ihre Schwesternwissenschaften zumeist von Dingen und in einer Sprache reden dürfen, die in der Erlebniswelt der Menschen liegen und deshalb zu Kopf und Herz sprechen, muß sie es unternehmen, von dem Alltäglichsten, der Gesellschaft, in technischer Sprache und auf hoher Ebene der Allgemeinheit zu reden. Wohl ist diese Verlegenheit im Umkreis der Geisteswissenschaften auch anderswo anzutreffen. Aber dort ist gewöhnlich in Jahrzehnten oder auch Jahrhunderten der Verbreitung das grundlegende Gedankengut in die allgemeine Bildung eingesickert. Ich möchte also darauf aufmerksam machen, daß das Gespräch innerhalb der Geisteswissenschaften wie auch dieser mit der weiteren Öffentlichkeit eine lange Geschichte der mannigfaltigen Ausstrahlung dieser Wissenschaften in die Gesellschaft voraussetzt, in deren Folge sich erst das gebildet hat, was man mit Ch. S. Peirce als *universe of discourse* bezeichnen könnte. Wenn also der Philosoph, der Historiker, der Kunstwissenschaftler vorträgt, so kann er sich darauf verlassen, daß die zentralen Begriffe seiner Analyse für die anderen eben die Denotationen und Konnotationen besitzen wie für ihn, und er kann auf dieser Grundlage neue oder spezialistische Begriffe verhältnismäßig leicht und sicher einführen. In solchem *universe of discourse,* wo die Wörter über ihren unmittelbaren Formalsinn hinaus in ihrer vollen Bedeutung praktisch vorausgesetzt werden dürfen, übersetzt sich auch das anscheinend Ferne, Abstrakte und Formale mühelos in die Fülle des Gedankens und erscheint in der lebendigen Bedeutung, die es für das Dasein des Menschen als Individuum besitzt und doch auch besitzen muß, wenn es echte wissenschaftliche Erkenntnis irgendeiner der Wissenschaften vom Menschen sein will. Solchen Glücks und Vorteils genießt die Soziologie zumindest in Deutschland nicht. Das Gespräch, das zwischen ihr und den übrigen Wissenschaften zu beider Vorteil stattfinden sollte, fehlt und wird auch so lange nicht stattfinden können, wie man es hier und dort nicht für selbstverständlich hält, an grundsätzlichen wissenschaftlichen Fortschritten der anderen Fächer teilzunehmen. Ohne jene wissenschaftliche Neugier, welche die Welträtsel noch nicht für gelöst und Fremdes und Neues sich anzueignen für ein Grundgebot wissenschaftlicher Existenz hält, kann es keine fruchtbare Diskussion geben, weil hier wie dort die Barrieren verengender Vorurteile ein Hören erschweren.

Aus dieser Verlegenheit nun, in welcher sich die Soziologie befindet, gibt es wohl einen Ausweg, auf den die Situation den Soziologen geradezu hindrückt. Er kann über irgendeinen Ausschnitt aus dem, was der allgemeinen Meinung für „die Gesellschaft" und als Gegenstand der Soziologie gilt, sprechen, dabei einige Techniken ins Feld führen, die den Status wissenschaftlicher Methoden besitzen, und an Hand der Kommentare seinen guten Willen und die Beweglichkeit seines Geistes beweisen. *Probatum est*, weil es all den Schwierigkeiten, die sich mit der geschilderten Verlegenheit der Soziologie verbinden, aus dem Wege geht. Ich habe geglaubt, mir den Mut zur theoretischen Behandlung eines theoretischen Themas fassen zu sollen. Aber ich möchte doch nicht beginnen, ohne zuvor Wegemarken errichtet zu haben:

Ich werde zwei Hauptgedanken vortragen. Und zwar werde ich zuerst von der *lokalen* und *nichtlokalen Ordnung* des gesellschaftlichen Daseins sprechen. Das sind soziologische (und nicht historische) Kategorien, die an die Theorien von der *Struktur* der Gesellschaft und der *sozialen Identität* der Person anknüpfen. Ich kann diese Theorien nicht vor Ihnen ausbreiten und also nur hoffen, daß die eingestreuten Hinweise zureichen, um den Gedanken im Umriß hervortreten zu lassen. Ich werde dann zeigen, *welche Art von Folgen mit dem nichtlokalen Ordnungsprinzip der modernen Gesellschaft verbunden ist*, wobei ich auf die Eigenart sowohl der Kultur wie des Menschen dieser Gesellschaft abheben werde. Vor allem aber geht es mir in diesem zweiten Teil um die Verquickung, welche zwischen der nichtlokalen Organisation des gesellschaftlichen Daseins und den Sozialwissenschaften herrscht, und es ist diese wechselseitige Durchdringung und *Abhängigkeit von gesellschaftlicher Wirklichkeit und Sozialwissenschaften*, die die Rede von einem Zeitalter der Sozialwissenschaften rechtfertigt.

*

Vielleicht beginne ich nun am einfachsten mit der Feststellung, daß die moderne Gesellschaft und die Sozialwissenschaften der gleichen Wurzel entsprungen sind, nämlich einer fundamentalen Veränderung, die, soweit sich bei einem graduellen Prozeß überhaupt ein Anhaltspunkt geben läßt, vor zweihundert Jahren voll einsetzte und heute erstmalig ihre volle Wirkung erreicht – wobei die Tatsache, daß einige dieser Wissenschaften schon vorher bestanden haben, kein Einwand, sondern nur eine Erinnerung daran ist, daß sie in der modernen Gesellschaft und im Gesamtverband der Sozialwissenschaften in einem neuen Licht auftreten. *Sozialwissenschaften* ist hier ein der Kürze halber sehr weitgefaßter Begriff, worunter ich zuerst die mit dem gesellschaftlichen Zusammenleben oder mit bestimmten Sektoren desselben befaßten Wissenschaften, also die Wirtschafts-, Verwaltungs- und Rechtswissenschaften, die Wissenschaft von der Politik, die Soziologie und Sozialpsychologie, dann aber auch weitere verwandte Disziplinen verstehe. Bei der Veränderung, auf die ich anspielte, handelt es sich nicht, wie man meinen möchte und wie ich vielleicht gleich ausräumen sollte, um die Entwicklung der Naturwissenschaften; denn so ungeheuer und unübersehbar auch die Bedeutung der Naturwissenschaften und der Technik für unsere moderne Gesellschaft ist und so sehr unsere gesamte Lebenswelt von ihrem Wirken durchdrungen ist, so wenig ist dieser Einfluß eine automatische Folge des Erkenntnisfortschritts der Naturwissenschaften und der Technik. Nicht der Fortschritt im objektiven Erkenntnisstand dieser Fächer schafft schon das, was man das technische Zeitalter nennt, welches vielmehr konkret in der Entwicklung einer ungeheuren und vielschichtigen gesellschaftlichen Organisation beruht, in der die Verwendung, Verbreitung und Benutzung dieses Wissens institutionalisiert sind.

Damit irgendeine pharmakologische Entdeckung in der Form eines Heilmittels zu uns gelangt, dazu bedarf es des organisierten Kapitals, das in der Form einer Gesellschaft Betriebsstätten unterhält, dazu bedarf es vielfacher Nachrichtenkanäle und Mittelsmänner, die die Entdeckung vom Laboratorium zum Unternehmen und von dort zu den Ärzten und Krankenhäusern tragen, und das setzt wieder bestimmte Rechtsformen und Ausbildungswege voraus, und endlich bedarf es ja auch eines Kranken, der die notwendigen Einstellungen mitbringt, die ihm das Krankenhaus, den Arzt, das neue Präparat selbstverständlich machen, kurzum, dazu bedarf es einer großen Zahl festgelegter und sehr verschiedener, aber ineinandergreifender Berufe und anderer gesellschaftlicher Rollen, die zusammen aus dem Stück Naturwissenschaft eine Realität unserer Lebenswelt machen. Was hier vereinfacht an einem Beispiel erläutert worden ist, läßt sich entsprechend verallgemeinern. Nicht also bloß deshalb, weil die Erkenntnissysteme der Naturwissenschaften und der Technik bestehen, sondern weil wir bestimmte Rechtsformen, eine bestimmte Wirtschaft, Politik, Erziehung, Behörden und anderes geschaffen, d.h. weil wir unsere Gesellschaft auf eine bestimmte Weise organisiert haben, setzen sich Naturwissenschaften und Technik stetig in die technische Zivilisation um, und wie wenig sich ohne diese Organisation der Gesellschaft ausrichten läßt, das lehren die unterentwickelten Gebiete deutlich genug. Ich darf hinzusetzen, daß diese flüchtige Überlegung eine gewiß unscheinbare Probe der soziologischen Perspektive gibt, die nach Möglichkeit und Billigkeit Begriffe, also hier den Gedanken der Naturwissenschaften nach der Seite ihrer Wirkung, in ihre soziale Dimension versetzt, d.h. den Gegenstand so zu erfassen versucht, wie er im wirklichen Zusammenspiel der Menschen gegeben ist. Aus schwerwiegenden Gründen, die ich hier nicht auseinanderlegen kann, fragt der Soziologe im allgemeinen erst einmal, welche feststehenden, d.h. sozial standardisierten Handlungsweisen und Verständnisse bestehen, die ein Miteinanderhandeln von Menschen bedingen, das den fraglichen Gegenstand trägt. Er fragt also, welche beruflichen und nichtberuflichen sozialen Rollen gegeben und wie sie zu Institutionen zusammengefaßt sein müssen – oder, um nun den technischen Ausdruck zu benutzen, er fragt erst einmal nach der *Struktur* der Gesellschaft.

In der Struktur wurzelt denn auch die Veränderung, von der unsere Gesellschaft sich herschreibt, und sie gehört zu den ganz wenigen und fundamentalen Änderungen, welche die Geschichte der Menschheit aufzuweisen hat. Schematisch und simplifiziert läßt sie sich für unsere Zwecke als der Übergang von lokal bestimmten Daseinsformen zu nichtlokalen fassen, und das Wesen der letzteren ist die Organisation. Natürlich hat sich das Leben auch vorher nicht strikt auf lokale Beziehungen beschränkt. Schon in der primitiven Gesellschaft gehen Tausch und rudimentäre politische Organisation über das Lokale hinaus, und im letzten Fall rechnet sich das Individuum vielleicht sogar einem Stamm oder Volk als einer überlokalen sozialen Gruppe zu und sind bestimmte Lebensformen einheitlich über ein weites Gebiet verbreitet. Aber wenn es denn hier auch einige überlokale Klammern und Beziehungen gibt, so erfüllt sich das konkrete Dasein der Individuen doch praktisch in einer einzigen und identischen sozialen Einheit, nämlich der *lokalen Gruppe*, in die es eingebunden ist. *Vom Gesichtspunkt der sozialen Identität* aus sind jene über das Lokale hinausgehenden Beziehungen unwichtig. So bleibt denn auch faktisch schon die Loyalität gegenüber der größeren sozialen Einheit blaß und vermittelt im Vergleich mit der unmittelbaren Loyalität gegenüber der Lokalgruppe. Mit dieser ist der Mensch durch echte und stetige soziale Beziehungen verbunden, in denen sich sein Leben erfüllt. Zu jener führen nur wenige Beziehungen, die für die Individuen zumeist symbolisch bleiben, weil sie sich nur an ausgewählte Mitglieder der Gruppe, wie etwa den Häuptling, richten. Gewiß weist dann die Hochkultur stärkere Verklammerungen der lokalen Einheiten auf, ja ist geradezu von dieser Verklammerung her zu beschreiben. Doch was dabei zusammengefaßt und durch staatliche, rechtliche, religiöse Institutionen in Form der Verwaltung oder der Kirche sogar organisiert wird, das ist und bleibt wesentlich das, was lokale Gruppen im direkten Miteinanderhandeln sind und leisten. Ein regional beschränkter Markt, ein Gerichtshof, ein Verwaltungs- oder Bischofssitz, das sind die wenigen Plätze, die die gelegentlichen Außenbeziehungen symbolisieren, während sich das Leben weiterhin in der Übersichtlichkeit der lokalen Gruppe abspielt. Und wenn sich auch langsam Bevölkerungsgruppen herausbilden, für die erheblichere Außenbeziehungen, sei es geistiger, sei es persönlicher, sei es beruflicher Art, die Regel sind, wie das also für den Kreis der Gelehrsamkeit und für eine sich bildende literarische Öffentlichkeit oder für bestimmte Stände und Berufe gilt, so bleiben das zahlenmäßig geringfügige Gruppen, deren eigene Lebensformen selbst noch weitgehend lokal bestimmt bleiben und die, wie etwa bei der Verwaltung, für die restliche Bevölkerung in der Gestalt von einzelnen Vertretern innerhalb der lokalen sozialen Konfiguration erscheinen.

*

Ein anderes Prinzip der sozialen Beziehungen charakterisiert unsere Gesellschaft, nämlich die Zusammenfassung und das Zusammenarbeiten und *die Verbindung von Menschen wesentlich unabhängig von der Lokalität*. Es handelt sich hier um ein anderes *Prinzip* der gesellschaftlichen Struktur, also um Veränderungen von qualitativer Bedeutung. Denn jede zuletzt auf lokale Ordnungen zurückgreifende gesellschaftliche Struktur ist in ihrer Komplexität begrenzt. Es kann gewisse Überschneidungen, unterschiedliche Grade der Beziehungen zwischen lokalen Gruppen wie auch in der Hierarchisierung solcher Gruppen geben, aber das alles hat seine Grenzen. Erst bei dem Übergang zu einer Ordnung auf nichtlokaler Basis können Menschen einer praktisch unbeschränkten Zahl solchen Zusammenfassungen zugehören, und diese Zusammenfassungen lassen sich beliebig multiplizieren. Die Komplexität der modernen Gesellschaft also gründet in der neuen *Dimension der sozialen Bezüge*. Und die Bezüge in dieser Dimension zeichnen sich aus durch ihre hohe Zahl und prinzipielle Vermehrbarkeit, durch die große Zahl von Menschen, die sie umfassen, und endlich dadurch, daß sie nicht aus den auf Grund der lokalen Nähe notwendigen und möglichen Beziehungen hervorgehen, also direkt oder indirekt *organisiert* sein müssen. Damit hängt ein weiteres grundlegendes Charakteristikum zusammen: sie sind, im Gegensatz zu lokal fundierten sozialen Beziehungen, an einzelne *spezifische Funktionen* als ihre je besonderen Zwecke gebunden.

Nun mag man sich bei diesen unvermeidlich summarischen Andeutungen fragen, ob denn das nun des Pudels Kern sei, und wenn, ob ihm nicht einfacher beizukommen wäre. Hätte man nicht vielleicht sagen können, daß sich inzwischen die regionalen Märkte zu nationalen und internationalen ausgeweitet haben; daß Kapital, Produktion, Industrie, Wirtschaft und Handel aus jeweils sehr begrenzten Zusammenfassungen nun alle Menschen über weite Gebiete hinweg in vielfältige Zusammenfassungen und fein abgestimmte Verflechtungen bringen; daß die Arbeitsteiligkeit sich ins Ungeheure ausgeweitet hat; daß neben diese Bürokratien und Organisationen der Industrie, der Wirtschaft und des Handels noch diejenigen der Verwaltung treten; und daß endlich in diese Entwicklung alle Menschen unserer Gesellschaft in steigendem Maße einbezogen worden sind, und das heißt, daß immer mehr Funktionen des menschlichen Lebens aus der lokal basierten, unspezifischen und informellen Ordnung in nichtlokale und organisierte und damit funktionsspezifische Ordnungen überstellt worden sind? Nun – das sind willkommene Konkretisierungen, die das Gemeinte verdeutlichen helfen können. Aber wenn sie gewiß auch zentrale Prozesse treffen, in denen unsere Gesellschaft gewachsen ist, so sind sie quantitativ wie qualitativ begrenzt. Selbst wenn wir diesen Katalog um die Parteien und Gewerkschaften und tausend andere Verbände, Gruppen und Organisationen vermehren würden, hätten wir noch keine Vorstellung von dem Ausmaß und dem Charakter der Organisation des gesellschaftlichen Daseins. Denn die moderne Gesellschaft heißt uns hier nicht nur deshalb und insofern organisiert, als in ihr die verschiedensten Organisationen bestehen, also die großen Apparate der Verwaltung, der Industriebürokratie, der Produktionsstätten, der Gesellschaften und Verbände, in denen Menschen, sei es in arbeitsteiliger Verflechtung und Abhängigkeit, sei es in der Mobilisierung gleicher Interessen, Kräfte und Formen zusammengefaßt sind, sondern allgemeiner insofern, als hier *im Prinzip beliebige nichtlokale Klassen von Menschen unter irgendwelchen Merkmalen in irgendeiner Form erreichbar werden*. Nicht schon, daß solche Organisationen bestehen, sondern daß sie selbst sich wieder an bestimmte *Klassen* von Menschen richten können, daß die Werbung, das Industrieprodukt, die Rente, aber auch die Zeitung, das Buch, der Film, die

Schallplatte, das Radio, das Fernsehen oder ebensowohl das Schlagerfestival und das Reisebüro aus der abstrakten Gesamtheit der erreichbaren Menschen je eigene Klassen herausheben; und daß sie in der Fähigkeit, ihre jeweiligen Produkte zu differenzieren und somit auch bestimmte Klassen zu erreichen, immer vollkommener werden; und daß endlich alle diese verschiedenen, in der Sache sich überschneidenden und bekämpfenden Gruppierungen doch *formaliter* einander bedingen und ineinandergreifen –, das heißt uns hier, daß das gesellschaftliche Dasein organisiert sei, wobei sich der Ausdruck dadurch rechtfertigt, daß alle diese Vorgänge und Prozesse durch die Natur der Sache, nämlich als ein Erreichen von lokal nicht beschreibbaren Gruppen unter bestimmten herausgelösten Gesichtspunkten und Merkmalen, praktisch ohne irgendwelche Organisation als funktionsspezifische Institution nicht möglich sind. Und was wir hier nicht mit den Organisationen, die sich als bürokratische oder andere Apparate um uns herum befinden, sondern mit der *Organisierung des gesellschaftlichen Daseins* meinen, das hat wenig mit Beaufsichtigung und Zwang zu tun. In der Erfassung und Reglementierung des Gegebenen haben schon andere Völker früh Beachtliches geleistet, wie der Staat der Inka, Byzanz, Ägypten, das spätkaiserliche Rom. Organisation, im Sinne der Koordinierung und Verwaltung mittels irgendeines Apparates spezialisierter Funktionsträger, beginnt auch notwendig schon, wo sich die Vorformen irgendeines staatlichen Lebens regen. Organisierung des gesellschaftlichen Daseins aber beginnt erst dann, wenn es *im Prinzip* gelingt, beliebige Klassen von Menschen in beliebiger Weise und zu beliebigen Zwecken zu mobilisieren, und diesem Prinzip steht die Reglementierung insofern eher entgegen, als sie die freie Erreichbarkeit von Gruppen maximal nicht institutionalisieren kann. Vom Individuum her gesehen, bedeutet die Organisierung, daß es durch seinen Wohnplatz nicht mehr Teil einer sozialen Gruppe ist oder daß es sich doch nicht um eine eigentliche soziale Gruppe handelt, welche sein Tun erheblich beeinflußt und von echten Funktionen her stabilisiert. Vielmehr spielt sich sein Dasein weitgehend in der Beziehung zu nicht lokal organisierten Gruppen ab, und in diesen mit echten Funktionen ausgerüsteten Beziehungen ist folglich seine soziale Identität investiert.

So beruht unsere Gesellschaft auf einem spezifischen Organisationsprinzip, nämlich der Zugewinnung einer neuen und schier unerschöpflichen Dimension des Zusammenhandelns, das erst heute in seinen Wirkungen zum Zuge kommt, weil es erst jetzt alle Menschen unserer Gesellschaft und in fast allen ihren Funktionen direkt oder indirekt erfaßt hat. Diese Lebensform ist die strukturelle Matrix unserer Epoche, und so berechtigt es fallweise sein mag, *jetzt* von der industriellen Gesellschaft, *nun* von der wissenschaftlichen Zivilisation, *hier* vom technischen Zeitalter, *dort* von der Konsum- und Massengesellschaft zu sprechen, so sind das soziologisch alles Momente und nachgeordnete Phänomene, die ihren gemeinsamen Nenner in jener Matrix besitzen und auch nur von dorther voll verstehbar werden. Die Entstehung dieser Lebensform hat die großen Energien und Kräfte heraufgeführt, von denen das 19. und 20. Jahrhundert erdröhnten. Auch sie werden zuletzt nur in diesem Rahmen verständlich. Der Übergang von der Standes- zur Klassen- und von ihr zur offenen Klassengesellschaft ist nicht bloß ein Ausdruck der veränderten Besitz- und Produktionsverhältnisse im industriellen Zeitalter, sondern in ganz wesentlichen Momenten gerade auch der Übergang von einer lokal gebundenen zu einer nichtlokalen sozialen Schichtung, die erst jene sozialen Kräfte erzeugt, versammelt und freistellt, welche die Geschichte dieser Jahrhunderte so grundlegend beeinflußt haben und beeinflussen. Der Nationalismus ist nicht ein geistesgeschichtliches Proprium Europas, sondern ein Aspekt dieses Wandels der Gesellschaft, in dem sich mit den sozialen Beziehungen auch die soziale Identität des Menschen zunehmend von lokalen Ordnungen auf überlokale Gebilde verlagern muß, und die entsprechenden sozialen und nationalen Kräfte müssen, nur geprägt durch die spezifischen Traditionen des jeweiligen Landes und den sekundären, also am geleisteten Vorbild der westlichen Gesellschaft orientierten Charakter des Prozesses, unvermeidlich bei allen den Staaten auftreten, die sich heute zu diesem Sprung anschicken.

*

Hier nun scheint es mir geboten, für einige Erläuterungen innezuhalten. Denn diese These scheint manchen festen Anschauungen ins Gesicht zu schlagen. Man braucht nicht Historiker zu sein, um zu wissen, daß die moderne europäische Welt aus dem Zusammenbruch der übergreifenden Ordnungen hervorgegangen ist, welche das Mittelalter auszeichneten. Sind nicht Papsttum, Kaisertum und Feudalwesen die einheitlich tragenden Pfeiler der mittelalterlichen Ordnung, und sollten sie uns nicht überlokale Ordnungen heißen, da wir doch wissen, daß sie später in lokal begrenzte Gebilde auseinandertreten? Und wissen wir nicht gerade aus neueren Arbeiten, daß der Nationalismus sich in Verbindung mit diesen lokal begrenzten Gebilden der Nationalstaaten etabliert? Ist es also nicht genau umgekehrt so, daß die Entwicklung sich von den überlokalen zu den lokalen Gebilden vollzog? Und ist somit die vorstehende soziologische Analyse nicht nur ein Beispiel für jene souveräne Mißachtung der Tatsachen, deren sich der Historiker bei den Soziologen von altersher versehen zu müssen glaubt?

Die genannten Tatsachen sind weder geleugnet noch übergangen. Aber die soziologische Analyse liegt in einer anderen Schicht der Wirklichkeit als die historische, und das ist gut so, weil sonst die Soziologie jene unnütze Wissenschaft wäre, die nur noch einmal ermitteln müßte, was der Historiker bereits festgestellt hat. So recht der Historiker hat, die obigen Tatsachen festzuhalten und in ihrem Zusammenhang die europäische Geschichte als den Übergang von einer übergreifenden Ordnung zu nationalstaatlichen Gebilden zu beschreiben, sowenig konkurriert das mit der soziologischen These, die einen Wandel von der lokalen Organisation des gesellschaftlichen Daseins zu einer überlokalen feststellt. Denn lokal und überlokal sind zuerst einmal Ausdrücke, die sich nicht auf die relative Größe des Territoriums beziehen. Die Nationalstaaten können nicht deshalb lokale Organisationen genannt werden, weil sie im Vergleich zur mittelalterlichen Ordnung beschränkte Territorien umfassen. Auf einem kleinen Territorium kann eine überlokale, auf einem großen eine lokale gesellschaftliche Ordnung bestehen, wie auch umgekehrt, und das heißt, daß wir die mittelalterliche Ordnung und die modernen Staaten ganz unabhängig von ihrer territorialen Ausdehnung und nur nach ihrer inneren Organisation vergleichen müssen. Weiterhin geht es hier auch nicht darum, wie die verschiedenen Gesellschaften ihre Ordnung konzipieren und begründen, obschon das bei einer ausführlichen Analyse einzubeziehen wäre. Sicher verfügt die mittelalterliche Welt über eine transzendente Begründung ihrer Ordnung, und offenbar mangelt dem modernen Staat solcher Ausweis. Es gibt auch ausgezeichnete soziologische Gründe für die Annahme, daß das nicht zufällig ist und eine nicht lokal organisierte Gesellschaft zu einem säkularisierten Selbstverständnis kommen muß. Aber in jedem Falle ist die werthafte Begründung der Ordnung etwas anderes als die gesellschaftliche Organisation selbst. Und so gewiß also der Übergang vom Mittelalter zur Moderne auch den Prozeß der Säkularisierung meint, sowenig kann man deshalb jenes eine überlokale und diese eine lokale Ordnung nennen, sofern man den Begriffen nicht einen ganz anderen (und auch neuen) Sinn unterlegen will als den, den sie hier besitzen.

Denn mit der lokalen oder nichtlokalen Ordnung der Gesellschaft, oder besser des gesellschaftlichen Daseins, beziehen wir uns auf den *relativen Grad der sozialen Isolierung,* in der das Dasein verläuft. Wir wollen wissen, zwischen welchen Menschen in einer Gesellschaft welche Beziehungen herrschen, oder auch, welche Gruppen denn bestehen. Dabei gilt uns schematisch als das extreme Beispiel einer rein lokalen Ordnung die kleine und isolierte primitive Gesellschaft, in der keine nennenswerten Außenkontakte bestehen, alle miteinander auf einem lokal begrenzten Territorium in Verbindung treten, also mit ihrem ganzen Dasein in das Leben dieser lokalen Gruppe eingeschlossen sind. Und ich sollte doch hier wenigstens einen Grund vielleicht andeuten, denn um mehr kann es sich wiederum nicht handeln, warum wir Soziologen auf den lokalen oder nichtlokalen Charakter des Daseins so großen Wert legen müssen. Das hat nämlich auch damit zu tun, daß der Mensch von der sozialen Gruppe geprägt wird. Uns allen ist geläufig, welche eigenartige Starre und zugleich Tiefe der personalen Durchformung die einfachen Gesellschaften bei ihren Mitgliedern erzielen, und das hängt eben damit zusammen, daß dort der Mensch vollständig in eine lokale Gruppe eingeschlossen ist.

Nun – wenn die primitive Gesellschaft das Beispiel für eine lokale Ordnung ist, so sind doch offenbar Staaten und Hochkulturen keine lokalen Ordnungen mehr? So viel ist natürlich richtig, daß zur Hochkultur und zum Staat ein größeres Gebiet gehört, aus dem der erforderliche Ernährungsüberschuß und all die übrigen Dienste stammen, mit denen Beamte, Priester, Militär (und was sonst noch zu dem erforderlichen Apparat gehört) unterhalten werden können. Aber wenn sich damit auch ein überlokaler Apparat über das Land erstreckt und mit Anweisungen und Forderungen in das Leben der zugrunde liegenden lokalen Einheiten, also der einzelnen Dörfer und Siedlungen, eingreift, so ist damit, aufs Ganze gesehen, das Dasein noch nicht aus seinen lokalen Verhaftungen gerissen, und das ist es, was ich oben meinte, wenn ich sagte, daß das, was hier zusammengefaßt wird, doch Leistungen von lokal organisierten Gruppen bleiben. In der Hochkultur hat sich also eine überlokale Klammer – und das heißt ja: ein Verband von trotz lokaler Trennungen abgestimmt miteinander arbeitenden Menschen – um die bestehende Vielheit von lokalen Gruppen gelegt. Keine Frage, daß das sehr weit gehen und tief in das Leben eingreifen kann mit Abgaben, Wegefron und Militärdienst, ja sogar mit Verschleppung, Umsiedlung, Eingriffen in Recht und Kultus. Aber auch bei ausgebildeter überlokaler Apparatur wird noch nicht der lokale Charakter des Daseins aufgebrochen. Immer müssen hier Menschen in lokalen Gruppen zusammengefaßt werden, immer werden hier die gleichen Menschen, die zusammen arbeiten, auch zusammen wohnen, beten, fürchten, hoffen, spielen (und was immer man sonst will). Immer also werden die Menschen hier von ihren lokalen Gruppen geprägt, und das geht so weit, daß das, was ihnen von außen auferlegt wird, eben auch im Sinne ihrer sozialen Identität ein Äußeres bleibt. Sie sind mit der Welt jenseits der lokalen Gruppe nur an wenigen Stellen wie durch ein Gelenk indirekt verbunden, durch den Gemeindevorsteher etwa, den Grundherren und den Priester, die für sie jenen überlokalen Verband repräsentieren mögen, zu dem sie sonst keine direkten Beziehungen haben. Und wenn diese Hinweise auch kurz und schematisch sind und wir je nach Gegenstand auf Besonderheiten Rücksicht nehmen müssen, es ja auch nicht mit starr voneinander abzusetzenden Gesellschaftstypen, sondern mit einem von der lokalen bis zur nichtlokalen Daseinsorganisation reichenden Kontinuum zu tun haben, so bürgt für die Richtigkeit der Analyse doch ein überwältigendes Material. Wir wissen, daß die lokale Daseinsorganisation und die ihr zugeordnete lokale soziale Identifikation noch nicht deshalb aufgebrochen wird, weil lokale Elemente mittels eines überlokalen Apparates zusammengefaßt werden. Wir wissen, daß anfänglich selbst die in dem überlokalen Apparat zu lozierenden Personen, soweit sie nicht zum innersten Kern dieses Apparates gehören, ihrerseits noch tief geprägt bleiben von den jeweils lokalen Gruppen, in denen sich noch ihr Dasein abspielt, daß sie also selbst nur punktuell in den größeren Apparat einbezogen sind. Wir wissen, daß sich unter diesen Umständen noch keine gemeinsame soziale Identität aller Mitglieder der Gesellschaft einstellt oder doch nur am Symbolraum von Einverständnissen über die richtige Ordnung des Daseins orientiert. Mit der direkten Verbindung und dem unmittelbaren Austausch fehlt auch noch die Möglichkeit, wechselweise und allseitig am stetigen Geschehen teilzunehmen, gemeinsam betroffen zu werden, *in corpore* zu empfinden, zu wollen, zu handeln.

Alle diese Aussagen sind freilich mit Diskretion zu machen wie aufzunehmen. Denn noch einmal: wir trennen zwar begrifflich zwei Gesellschaftstypen, begegnen aber in der Wirklichkeit einem Kontinuum, auf dem die primitive und isolierte Gesellschaft an dem einen Ende und unsere moderne Gesellschaft an dem anderen Ende stehen müssen. Den kritischen Punkt zwischen diesen Extremen aber haben wir dort anzusetzen, wo eine genügend große Anzahl von Menschen *als Einzelne* und in *direkter* Weise in die überlokale Organisation des Daseins einbezogen wird. Wenn nicht mehr gelegentlich und in beschränkten Gruppen wirtschaftliche Objekte ausgetauscht, sondern alle in einen gemeinsamen und also nationalen Markt einbezogen werden; wenn die Informations- und Bildungskanäle so ausgeweitet und multipliziert werden, daß im Prinzip jeder als Individuum unabhängig und direkt mit den geistigen Zentren verbunden ist, ihm also der Priester oder Grundherr oder Gemeindevorsteher nicht mit seinem Wort und Dasein für jene weitere Gesellschaft einsteht, die er nur repräsentiert, sondern jeder selbst mit ihr verbunden ist; wenn sich eine genugsame Mobilität als Norm einstellt, die im Prinzip aus der lokalen Ordnung gar physisch sich zu entfernen erlaubt; wenn mit der quantitativen und qualitativen Erweiterung des überlokalen Apparates immer mehr Menschen und diese immer stärker in ihn einbezogen und durch ihn geprägt werden; wenn also die beruflichen, wirtschaftlichen, geistigen und anderen Funktionskreise immer umfassender werden, weil sie immer mehr Menschen in überlokale Abhängigkeit, Zusammenarbeit und Austausch bringen; wenn die lokalen Gruppen ihre Funktionen an überlokale Gebilde abtreten; wenn Erziehung, Wirtschaft, Verwaltung, Verteidigung, Religion, Bildung immer weniger von Familien und Gemeinden getragen werden; wenn also die lokalen Gruppen nicht mehr vollgültig die Ordnung der Gesellschaft repräsentieren; und wenn die Menschen des Territoriums einer Gesellschaft, die bis dahin mehr durch identische oder ähnliche geistige und seelische Inhalte – d.h. durch symbolische Identitäten, welche aber jeweils von lokalen Gruppen getragen wurden – als durch wirkliche soziale Beziehungen verbunden waren, nun in ungezählte direkte Verbindungen und Abhängigkeiten treten, also jeder im Prinzip direkt an allem teilnimmt, was andernorts anderen begegnet: dann verlagert sich die soziale Identität von den lokalen Gruppen auf die Gesamtgesellschaft.

*

Ich weiß nicht, ob damit deutlich geworden ist, wie wenig sich die hier vertretene These mit der üblichen Analyse des Historikers stößt, ja wie sehr sich beide eigentlich als Analysen aus verschiedenen Schichten der Vorgänge ergänzen. Es ließe sich natürlich mit neuen Momenten und Wendungen fortfahren, aber wirklich überzeugen könnten die Ausführungen doch wohl nur, wenn man sie im Zusammenhang der soziologischen Theorien der Struktur und der sozialen Identität entwickelte, welche hier nur angedeutet werden konnten. Und so werde ich es mit dem Gesagten bewenden lassen müssen, um fortzuschreiten, wobei ich wieder bei dem Prinzip der nichtlokalen Organisation unserer Gesellschaft ansetze.

Aus dieser Matrix nämlich können wir die Grundzüge unserer Kultur entwickeln. Dahin gehört vor allem ihre *Unübersichtlichkeit*. Das bedeutet einmal, daß immer geringere Teile der gesellschaftlichen Wirklichkeit in unsere Erfahrung fallen – wovon später zu sprechen sein wird. Es bedeutet aber auch, daß die Vielheit der sich überschneidenden Vorgänge und Gruppierungen immer schwerer zu überblicken, also z.B. immer schwerer zu ersehen ist, wo etwa die Zentren der Macht liegen, oder besser, wo bei der Vielheit solcher Zentren denn gesellschaftliche Macht liegt, ja worin Macht heute besteht – und wo und wie in dem Gewirr der Vorgänge die Entscheidungen fallen. Es bedeutet auch, daß Gruppen, die noch in hohem Maße auf allseitige und relativ ausschließliche Beziehungen ihrer Mitglieder zurückgehen und die deshalb auch umfassende und tiefgehende Prägungen eines Lebensstils verkörpern, wenn nicht ihrerseits zerrieben oder gelockert, so doch gesellschaftlich unsichtbar und irrelevant werden und sich ein Stück gesellschaftlichen Einflusses nur durch eigene Organisation und Einschaltung in die organisierten Kanäle gesellschaftlicher Beziehungen – und schon deshalb nur um den Preis der Funktionsspezialisierung – erkaufen können, so daß eine Art Gesellschaftspolitik nahezu zum Medium gesellschaftlicher Tatsachen wird. Was die Kultur unserer Gesellschaft (das Wort jetzt im gewöhnlichen Wortsinn genommen) sei, das läßt sich immer weniger durch das Hinweisen auf eine oder wenige soziale Gruppen erläutern, die diese Kultur exemplarisch und umfassend leben und repräsentieren. Die Träger, an welche die Kultur herkömmlich geknüpft war, verschwinden in der neuen Dimension unserer Gesellschaft, und auch die Kultur selbst, sich aus unbestimmbar verzweigten einzelnen Leistungen, Organisationen und Funktionen zusammensetzend und damit auch selbst kaum noch bestimmbar, schwebt ortlos und kaum faßbar im Raum – eine ungegliederte, unübersichtliche Gesellschaft also, in der dem Menschen nicht leicht die Führung geprägter Kultur wird, weil sie ihm nicht von Gruppen her erlebbar, sondern in einzelnes aufgesplittert und durch abstrakte Vermittlung auf tausend Wegen in lehrhafter Form oder völliger Beliebigkeit zur Verfügung gestellt werden muß.

Mit diesen Andeutungen und Beispielen der Folgen, welche die Veränderung der gesellschaftlichen Struktur bewirkt, könnten wir es sein Bewenden haben lassen, wenn diese Folgen bloß ein Außen blieben. Sie gehen jedoch tiefer. Zwar hängt die Soziologie nicht jener Gedankenfaulheit an, die den Menschen als Produkt seiner Umwelt versteht, aber sie lehrt doch, daß er sich in der Verschränkung mit seiner Umwelt versteht. Für sie gehören nicht nur zum arbeitsteiligen Wirtschaften und Handeln mindestens zwei, sondern auch zum Glauben und Denken, Fühlen und Wollen. Wirklich ist für den Menschen *erst einmal* nur das, was in der Verbindung mit anderen verläßlich austauschbar ist und als wirklich gilt – und was er selbst ist, das erfährt der Mensch in der Beziehung zu anderen. Eben deshalb fließen aus Veränderungen der sozialen Bezüge auch neue Formen und Inhalte des Glaubens, Fühlens, Wollens, Denkens – und es verändern sich die Landschaft der Seele, das Reich des Geistes und der Aufbau der Person, wenn jene Bezüge sich grundlegend wandeln. Nehmen wir die menschliche Identität, also das Bewußtsein, daß einerseits Handlungen und Regungen einem gleichen Selbst zugerechnet werden müssen und damit andererseits feste Eigenschaften dieses Selbst in seinem Kern charakterisieren. Doch was man für eine fixe menschliche Anlage halten mag, ist weitgehend Produkt der sozialen Situation des Menschen. Wenn der Mensch einer lokalen Gruppe angehört, so kennt diese Gruppe nicht nur seine Handlungen; sie hält sie ihm vor und rechnet sie ihm zu. Und indem die Gruppe ihm permanent sein Handeln imputiert und zurückstrahlt, lernt er sich als identisch Handelnder begreifen und rechnet sich selbst seine Handlungen zu. Es ist der Spiegel einer festen Gruppe, der hier die Identität der Person erzeugt, und Scham, Reue, Verantwortungsgefühl u.ä. beruhen auf diesem Verhältnis des Einzelnen zu der Gruppe oder dem imaginativen Rückgriff darauf. In der nichtlokalen Gesellschaft wird dieser Spiegel trübe, mindert sich die Identität der Person, verblassen die genannten Sekundärphänomene. Wenn die Abenteuer der Schulzeit, der Studentenzeit, des Urlaubs immer gleich hinter uns liegen, weil nichts diese sozialen Räume miteinander verbindet und wir immer gewissermaßen noch einmal von vorne anfangen können; wenn Arbeit, Ehe, Vergnügen in ganz getrennte soziale Gruppen fallen; wenn wir jederzeit mit dem Beruf, dem Ort unsere soziale Gruppe ändern können, so verschwimmt uns die Identität unseres Daseins, rücken unsere Handlungen in die Ferne des Geschehenden und Geschehenen, das sich wie von außen betrachten läßt – und die Belege für dieses Phänomen sind viele und mannigfaltige.

*

Mit solchen Beispielen ließe sich fortfahren, und dabei würden die Reichweite und die Macht der Grundstrukturen deutlich. Doch von dieser verlockenden Aufgabe weist uns unser Thema einen besonderen Ausschnitt zu. Nicht über die Kultur im Zeitalter der gesellschaftlichen Organisierung, sondern über die Kultur im Zeitalter der Sozialwissenschaften ist zu reden. Eine ganz spezielle (und wohl gerne übersehene) Tatsache, nämlich *die Verschränkung von Sozialwissenschaften und gesellschaftlicher Organisierung,* weist uns die Perspektive, und nur unter diesem Blickwinkel wollen wir hier die Kultur der Gegenwart betrachten. Das soll zuerst nur an die Tatsache erinnern, daß sich die Sozialwissenschaften und diese soziale Wirklichkeit gemeinsam und im Gleichschritt entwickelt haben, und das wiederum meint ursprünglich zwei Trivialitäten. Zum einen hat sich das spezifische Objekt, die moderne Gesellschaft, in dem diese Wissenschaften heute ihren Schwerpunkt haben, ja erst entwickelt, und bevor es in die Wirklichkeit trat, konnte es keine Wissenschaft von ihm geben. Die Volkswirtschaftslehre etwa, so wie sie sich herausgebildet hat, betrachtet ja nicht das wirtschaftliche Handeln des Menschen schlechthin, sondern betrachtet es unter dem Gesichtspunkt einer bestimmten wirtschaftlichen Freizügigkeit, nämlich unter jenen speziellen Marktbedingungen, die sich erst und nur in dem Maße einstellen, wie die gesellschaftliche Organisation ihre lokale Basis verläßt und damit einmal die freie Erreichbarkeit und Zusammenfaßbarkeit von Menschen unter dem Gesichtspunkt der Produktion, der Verteilung, des Absatzes, der Konsumtion ermöglicht *und* gleichzeitig – auch das ist ein Aspekt dieser Veränderung der gesellschaftlichen Organisation und eine Voraussetzung jeder Marktwirtschaft – die relative Verselbständigung und Isolierung des wirtschaftlichen Verhaltens als eines wirtschaftlichen und eigengesetzlichen schafft. In diesem Sinne also sind die Sozialwissenschaften in ihrer modernen Form alle Kinder unserer Zeit, welche ihnen nicht nur subjektiv und wissenschaftsgeschichtlich aufgeholfen, sondern ihnen überhaupt erst ihr spezifisches Objekt geliefert hat, nämlich als ein Produkt der Strukturänderung und Organisation der Gesellschaft, wobei ich anfügen darf, daß die Proliferation der Sozialwissenschaften in diesen anderthalb Jahrhunderten kaum als Folge einer Spezialisierung der Wissenschaftler, sondern als eine Folge der angeführten Differenzierung ihres Objekts, der gesellschaftlichen Wirklichkeit, verstanden werden muß. Und wenn dies denn auch eine Platitude ist, so wird, wenn nicht sie selbst, so doch ihre Bedeutung gerne übersehen. Das trifft auch für die andere Tatsache zu, die besagt, daß auch umgekehrt die soziale Wirklichkeit durch die Sozialwissenschaften mitbedingt ist. Sie hätte *so* gar nicht wachsen können, wenn ihr nicht bei jedem Schritt neue Rechtsformen, neue Erkenntnisse der Nationalökonomie und der Verwaltungswissenschaften zur Verfügung gestanden hätten, wenn diese also nicht erworben, fixiert, verbreitet und der Gesellschaft endlich in Gestalt entsprechend ausgebildeter Fachleute übermacht worden wären. Die Art der Verquickung von Wirklichkeit und Wissenschaft, welche sich hier meldet, ist gewiß nicht für alle diese Wissenschaften und alle ihre Erkenntnisse gleich. Bisweilen handelt es sich um ein eigentliches Vorausnehmen und Vorausdenken von Möglichkeiten. Aber selbst dort, wo die Leistung nur darin besteht, daß ein Ausschnitt der gegebenen Wirklichkeit auf Regeln und Begriffe gebracht und als ein Allgemeines ins Bewußtsein gehoben wird, geht sie schon über die bloße Bestandsaufnahme hinaus. Wo zur Wirklichkeit das Bewußtsein ihrer Verfassung tritt, da tritt etwas zur Wirklichkeit hinzu. Und selbst wenn wir uns die Leistung der Sozialwissenschaften bloß als solche Registration des Gegebenen vorstellen wollten, bliebe diese Leistung für die Entwicklung der sozialen Wirklichkeit unerläßlich. Daß die rechtliche oder die wirtschaftliche Wirklichkeit wissenschaftlich festgestellt wird, erlaubt den Menschen, einzeln wie gemeinsam, sich wieder zu ihr zu verhalten, sie neu zu entwerfen, zu benutzen, zu organisieren, erlaubt kurzum dem Rad der Wirklichkeit, sich um die nächste Drehung zu bewegen. Die Entwicklung der sozialen Wirklichkeit hätte sich weder ohne die produktiven Leistungen der Sozialwissenschaften noch ohne diese stufenweise Bestandsaufnahme der Wirklichkeit durch die Sozialwissenschaften auch und genau so vollziehen können.

*

Die Sozialwissenschaften stellen nicht schlicht einen ihnen je zufallenden Ausschnitt der Wirklichkeit wissenschaftlich fest. Sie schließen Handlungsräume auf. Wenngleich das in unterschiedlichen Graden und Formen der Fall ist, gehört es dennoch zu ihrem Charakter. Es kann so geschehen, daß nicht so sehr, wie die Menschen handeln, sondern wie sie unter gewissen Bedingungen handeln *könnten,* den Gegenstand abgibt, wie das, wenn ich noch einmal die Nationalökonomie nennen darf, klar in der Konstruktion von Modellen zum Ausdruck kommt. Und in der Tendenz ist das nicht einmal neu. Schon „*The Wealth of Nations*" ist nicht einfach ein Buch, das sagt, wie Menschen wirtschaftlich handeln, sondern auch – und darauf beruht doch nicht zuletzt sein

Rang – wie sie handeln könnten. Oder, falls diese Formulierung verfänglich erscheint, wollen wir es anders ausdrücken: indem man uns sagt, wie wir und andere handeln, handeln wir im *Prinzip* schon anders. Indem Wirklichkeit uns im Spiegel der Wissenschaft gegenübertritt, rücken Motiv, Mittel und Zweck in die Distanz der Reflexion, werden wir ihnen gegenüber frei (wenn das das richtige Wort ist), werden wir in der Konfrontation mit dieser neuen Wirklichkeit zu neuer Determination gedrängt. Die Welt *vor* „*The Wealth of Nations*" und die Welt *nach* „*The Wealth of Nations*" sind nicht dieselbe, sowenig wie die Jugend, welche „*Die skeptische Generation*" gelesen hat, noch eben genau *diese* skeptische Generation sein kann. Der Lehrer, der die Klasse mittels eines Soziogramms vermißt, *faßt* eine *Wirklichkeit*, aber er *verändert* sie für sich und die Schüler. Das Absatzforschungsinstitut erfaßt Wirklichkeit, wenn es eine neue Gruppierung von Menschen ermittelt, die sich durch irgendein gemeinsames Merkmal auszeichnen. Aber es schafft damit nicht erst insofern eine neue soziale Realität, als die so vermittelte Gruppe nun ansprechbar wird, sondern schon einfach deshalb, weil die Betroffenen sich jetzt als einer Gruppe bewußt werden können. Mit solchen und ähnlichen Beispielen ließe sich fast unbegrenzt fortfahren. Uns jedoch kann es nur noch darauf ankommen, diesen allgemein skizzierten Tatbestand in seiner *extremen* Möglichkeit zu erwägen, wo es nämlich um nichts weniger als dieses geht: daß sich unter einem bestimmten Gesichtspunkt die Frage richtig-unrichtig für die Sozialwissenschaften gar nicht oder ganz anders stellt – und das Unrichtige gar wirklich und insofern auch richtig *werden* kann, nur weil es ausgesprochen wird. Das gilt vor allem für die allgemeinen Aussagen über den Menschen, für all das, wie er sich selbst, die Gesellschaft, andere, die Umwelt versteht. Eine Theorie (nehmen wir als – ich betone – *beliebiges* Beispiel den Freudianismus) *könnte ursprünglich* durchaus unrichtig sein – und doch in dem Maße, wie Menschen sich selbst und andere durch sie zu sehen beginnen (und der Mensch wird sich ja selbst Realität in der Weise, wie er sich versteht) *richtig* und *real werden*.

Aber kommen wir zum Allgemeinen zurück! Von den Aussagen der Sozialwissenschaften geht ein *unmittelbarer* Handlungszwang aus, d.h. sie haben die Kraft, die Wirklichkeit zu verändern bloß schon deshalb, weil sie aufgestellt werden. Die Umsetzung der Leistung der Sozialwissenschaften in Wirklichkeit geht also nicht nur, wie wir oben bereits gesehen haben, auf dem Wege ihrer sozialen Institutionalisierung, d.h. durch bestimmte damit befaßte *berufliche* Positionen, also Industriesoziologen, Absatzforscher, Meinungsforscher, Stadtplaner usw., vor sich, wie das für die Naturwissenschaften zutrifft. Sie verändern die Wirklichkeit auch schon unabhängig von dieser Institutionalisierung und bloß im Maße ihrer (gewiß auch institutionalisiert zu denkenden) Verbreitung. Deshalb stehen wir ihren Erkenntnissen gegenüber auch nur sehr bedingt in der Distanz der Mittel-Zweck-Beziehung, d.h. wir sind ihnen gegenüber in der Anwendung nicht frei, wie wir das gegenüber den Ergebnissen der Naturwissenschaft doch sind. Es ist bei Sozialwissenschaften eben nicht nur so, wie Max Weber, wohl nur die *opinio communis* formulierend, meinte, als er ihnen die Aufgabe zuwies, aus der Wirklichkeit regelmäßige Zusammenhänge herauszulösen und sie in der Form von Aussagen wie: „*Dies hängt von jenem ab, und wenn du dies willst, so mußt du jenes tun*", der Gesellschaft zur Realisierung ihrer Zwecke zu vermitteln. Es ist nicht so, daß die Sozialwissenschaften sich auf diese reine Dienststellung zurückziehen können, bei der der Gesellschaft die eindeutige Wahl der Zwecke überlassen bleibt. Tatsache ist vielmehr, daß die Sozialwissenschaften im Maße ihrer Diffusion in die Gesellschaft schon durch ihre bloße Erkenntnis unser Handlungsfeld definieren. Und das heißt, daß wir bloß deshalb, weil wir Sozialwissenschaften haben, unsere gesellschaftliche Wirklichkeit auf eine bestimmte Weise betrachtend verändern. Dieses Verhältnis muß sich notwendig verstärken, d.h. was unsere Gesellschaft ist und sein will und sein kann, das wird immer mehr und immer direkter eine Funktion dessen, was unsere Sozialwissenschaften sind. Welche Art von Sozialwissenschaften wir haben, entscheidet immer stärker darüber, welche Art von Gesellschaft wir haben werden.

Wir sagen also, daß die Sozialwissenschaften nicht ein von der sozialen Wirklichkeit trennbares Instrument der Bestandsaufnahme sind, daß sie vielmehr Handlungsräume aufschließen (und übrigens ja auch versperren) können. Nun mag man entgegenhalten, daß das doch ein in der Theorie der Gesellschaftswissenschaften vielleicht nicht sehr gebrauchter, aber doch auch nicht ganz unbekannter Tatbestand ist, der zuletzt eben darauf beruht, daß hier Subjekt und Objekt zusammenfallen (übrigens genauer: je nach *gesellschaftlicher* Struktur zusammenfallen *können),* während in den Naturwissenschaften das Objekt gegen jede Feststellung über sich gleichgültig ist. Das beruht zuallerletzt darauf, daß in den Gesellschaftswissenschaften das Objekt – also die menschliche Welt oder irgendwelche besonderen Teile derselben – überhaupt nur deshalb und insofern besteht, als menschliches Handeln sinn- und bedeutungshaft ist. Das ist natürlich richtig, und insofern heißen uns die Sozialwissenschaften eben auch Geisteswissenschaften (im weiteren Sinn des Wortes) und haben sich erst jüngst als eine besondere Gruppe gegen den jetzt im engeren Sinne als Geisteswissenschaften bezeichneten Rest abgesetzt. In *beiden* Fällen stehen Wissenschaft und Wirklichkeit in einem Verhältnis der Rückkopplung oder, wenn man will, des *feedback;* fließt die Leistung der Wissenschaft auf ihren Gegenstand automatisch zurück; ist die Wissenschaft (möchte ich fast sagen) das Organ der Selbstinduktion des Gegenstandes. Aber diese wissenschaftslogische Gleichheit verblaßt vor der Besonderheit der Beziehung in diesen beiden Gruppen. Das liegt auch nicht nur daran, daß es keine nennenswerte organisierte Umsetzung der Geisteswissenschaften in soziale Wirklichkeit gibt, wie in stets wachsendem Maße bei Naturwissenschaften und Sozialwissenschaften, sondern *diese* Tatsache ist *ihrerseits* Folge eines anderen Unterschiedes. Der Bereich des Geistigen (im engen Sinne) läßt sich nicht eindeutig zweckvoll ordnen. Auch wenn sich der Geist im Spiegel der Wissenschaft betrachtet, ist sein wesentliches Produkt Geist, der Gedanke gesellt sich dem Gedanken, das Gefühl dem Gefühl, das Erlebnis dem Erlebnis. Man mag sich darüber streiten, ob auch vielleicht hier ein geschichtlicher Prozeß, sei es der Rationalisierung, sei es der Steigerung der Bewußtheit mit der Selbstbetrachtung, verbunden ist. Sicher aber wird dabei nicht *das* ausgefällt, was bei der Spiegelung der *sozialen* Wirklichkeit durch die *Wissenschaft* als Produkt anfällt, nämlich die zweckhafte und eindeutige Haltung zur Wirklichkeit, welche Haltung Organisation und Beherrschung zuläßt, ja zwangsläufig macht, wobei es ganz offenbleibt, wie weit diese Beherrschung am Ende wirklich reicht.

*

Doch es wird Zeit, auf nähere Einzelheiten unserer Kultur zu kommen, und wir setzen noch einmal bei der *Unübersichtlichkeit* an. Sie ist in ihren beiden Aspekten ein Produkt der nichtlokalen Organisation unserer Wirklichkeit. In der lokalen Gruppe oder der noch lokal basierten Kultur kennt jeder die soziale Wirklichkeit in ihrem ganzen Umfang. Er weiß, was jeweils Wirtschaften, Jagen, Heiraten heißt, was Religion, Erziehung, Tugend sind, welche Lebenswelt der Bauer oder Handwerker darstellt. Bei nichtlokaler Organisation multiplizieren sich diese Positionen und rücken in die Distanz. Immer geringere Ausschnitte fallen in die eigene Erfahrung. Es ist denn auch bezeichnend, daß eine erste Wurzel der Soziologie einfach aus dem Bedürfnis hervorwuchs, diese immer unübersichtlichere und verschwimmende Wirklichkeit zurückzuholen. Seltsam nah und vertraut muten uns deshalb diese frühen Fragestellungen an: Wie sieht es in den Slums aus? Was geht unter den Bauern und Landarbeitern vor? Wie denken und fühlen die Industriearbeiter? Sie unterscheiden sich von den heutigen Fragen nur dadurch, daß die Entfremdung der Teile der sozialen Wirklichkeit, welche in ihnen aufbrach, inzwischen bis zu dem Punkt gewachsen ist, wo sogar die jeweils noch und berufsmäßig in unseren Gesichtskreis fallenden komplementären Rollen uns unverständlich zu werden drohen, und der Professor (so wie der Pfarrer, so wie der Betriebs- oder Personaldirektor, so wie der Lehrer, so wie der Mediziner, so wie die Eltern) den Soziologen zu Hilfe ruft, um zu erfahren, wie es wirklich mit seinen Studenten (seiner Gemeinde, seinen Arbeitern, seinen Angestellten, seinen Schülern, seinen Patienten, ihren Kindern) steht. In immer stärkerem Maße muß uns die *Kenntnis der sozialen Wirklichkeit vermittelt* werden, und wenn auch die Sozialwissenschaften gewiß nicht die einzigen Vermittler dieser Wirklichkeit sind, so werden sie, auf direkte und indirekte Weise, doch immer wichtigere Vermittler.

Nun gibt es eine gewisse Naivität und Wissenschaftsgläubigkeit, die aus der Tatsache, daß wir die soziale Wirklichkeit heute wissenschaftlich vermessen, insgeheim auf den Anbruch des Millenniums schließt, wo uns die Stunde der völligen Beherrschung dieser Wirklichkeit und somit die Erfüllung irgendwelcher und aller Wünsche schlägt. Wie, wird man dort sagen, kannte denn der Mensch in der lokal basierten Gesellschaft die soziale Wirklichkeit? Wußten denn die Eltern, was die Kinder – die Erzieher, was die Jugend – der Feudalherr, was die Sassen und Hintersassen waren? Offenbart nicht der Gang der Geschichte, in welcher Täuschung sich diese und andere Gruppen jeweils übereinander befanden? Und kann man überhaupt von einer Kenntnis der Gesellschaft sprechen, bevor die Wissenschaft, und eben vor allem die Soziologie, die doch grotesk unsachlichen Vorurteile und Vorstellungen jener Zeiten zerteilt und uns ein wirkliches Verständnis der Gesellschaft beschert hat? Nun, soviel Wahres im einzelnen in diesem Argument steckt, ich kenne nichts, was in Ansatz und Haltung unsoziologischer sein könnte als dies. Der Mensch in der herkömmlichen Gesellschaft kennt die soziale Wirklichkeit nämlich nicht nur deshalb, weil sie zu hohen Teilen in seine persönliche Erfahrung fällt, sondern weil relativ fest umrissene soziale Rollen bestehen, also weil er z.B. „weiß", was es heißen soll, Vater oder Ehemann oder Liebhaber oder Jugendlicher oder sonst irgend etwas zu sein, und weil das die anderen so auch „wissen", d.h., weil es rundherum als selbstverständlich gilt, und die Menschen sich selbst so verstehen. Und weil das so ist, kann die Frage, wie es denn *in Wirklichkeit* sei, gar nicht aufkommen. Wo die Wirklichkeit von dem gemeinsamen Bewußtsein des Richtigen und Angezeigten, also von der Rolle abweicht (und natürlich tut sie das immer mehr oder weniger, weil es abweichendes Verhalten und individuelle Unterschiede gibt und weil die kulturelle Definition der Rolle im übrigen als ein Selbstverständnis gewisse Tatsachen der eigenen Gesellschaft geflissentlich übersieht und rationalisiert), da richtet sich das Interesse auf das durch die Rolle ausgedrückte Seinsollende, nicht auf das, was ist. Das Interesse an dem, was ist, in seiner Tatsächlichkeit und seinen Ursachen, setzt schon voraus, daß die soziale Überformung der Wirklichkeit minimal und indirekt ist, wie das in der Gegenwart für den Bereich der privaten Rollen sicher zutrifft. Dabei ist es auch nicht so, daß nur der Zwang in der herkömmlichen Gesellschaft die höhere Annäherung der Wirklichkeit an die fest konturierten Rollen bewirkte, sondern im Normalfall ist es so, daß dasjenige Stück Wirklichkeit, das nicht in die sozial standardisierte und sinnhaft verstandene Situation hineinpaßt, sich gar nicht im Sinne fester Eigenschaften, Gefühle, Vorstellungen, Bedeutungen und Ziele *formieren* kann. Weil diese Wirklichkeit das Niveau der sozialen Kommunikation, auf dem für den Menschen Inhalte erst umrissen und bleibend wirklich werden, nicht erreicht, ist sie nur das unbestimmt andere.

Die herkömmliche Gesellschaft hatte für eine wissenschaftliche Vermittlung der sozialen Wirklichkeit kein Bedürfnis. *Wie dies* und *jenes*, in Abweichung von der Rolle, wirklich *ist*, und *warum* es vielleicht so ist, ist ohne Interesse. Man kann sich dafür auch die Bestätigung aus der Geschichte holen, wo die Frage nach der sozialen Wirklichkeit (Wie ist die Jugend? Wie ist der Arbeiter? Wie ist der Familienvater?) nur in dem Maße auftaucht, wie die Wirklichkeit unübersichtlich wird. Bleibend unübersichtlich aber wird sie erst im Übergang zu nichtlokalen Ordnungen. *Wir* aber bedürfen der stetigen Vermittlung der Wirklichkeit durch die Sozialwissenschaften nicht nur deshalb, weil ganze Teile derselben schlechthin außer unserem Blickfeld liegen, sondern gerade auch deshalb, weil in unserer Gesellschaft die sozialen Rollen, soweit sie nicht in die Organisationen fallen, an Umriß verlieren und diffus sind. Plump gesprochen: Unsere Gesellschaft hat kein gemeinsames Wissen davon, was es heißen soll, ein Vater, ein Liebhaber, ein Freund, ein Jugendlicher, ein Bürger, ein Arbeiter, ein Gläubiger (und vieles andere mehr) zu sein. Sie beschränkt sich auf immer weniger konturierte Bestimmungen. Die Unsicherheit des Verhaltens, die Schwierigkeiten z.B. gerade des Heranwachsenden beruhen auf dieser Diffusität der privaten Rollen. Und drehen wir noch einmal zurück: wir haben zwar Sozialwissenschaften, die uns eine wissenschaftliche Kenntnis der sozialen Wirklichkeit vermitteln, aber wir *bedürfen* ihrer eben auch erstmalig, weil wir ohne sie von dieser Wirklichkeit keine rechte Kunde mehr hätten, und das gilt nicht nur für den Bereich der organisierten Rollen, wo uns erst wissenschaftliche Bemühung zu sagen vermag, was Wirtschaft, was Recht hier und dort und im ganzen sind, sondern es gilt auch für die anderen Bereiche, wo Wissenschaft uns erst lehrt, was im einzelnen ist und vor sich geht und worauf das im allgemeinen beruht. Und nun wieder vorwärts zu dem allgemeinen Charakter der sozialen Rollen in unserer Gesellschaft: sie sind nicht nur relativ unbestimmt in dem Sinne, daß sie eine weit größere Bandbreite erlauben, d.h. daß der Mensch kaum je soviel Wahl- und Handlungs- und Seinsmöglichkeiten zur freien Verfügung besaß. Sie sind auch notwendig flacher und äußerlicher, weil sie nicht *eng und direkt verbundenen Lebensgruppen*, sondern (nur) indirekten *Gesamtheiten* zugeordnet sind, von *ihnen* gelernt und durch *ihre* Erwartungen getragen werden. Wenn heute allerorts die Rede vom Konformismus ist, so kann das sinnvollerweise gar nicht meinen, daß unsere Gesellschaft besonders *scharfe* Ansprüche an uns stellte und uns auch jenseits der Welt der Organisationen wenige und eng definierte Rollen erfolgreich aufzuzwängen versuchte, sondern es heißt vielmehr, daß in einer Gesellschaft, in der mit der Zerfaserung der sozialen Rollen das Gerüst und der Leitstern des profilierten Handelns und auch des eindeutigen Selbstverständnisses verschwinden, das Handeln sich auf die Ebene der Massenerscheinungen zu verlagern und dem flüchtigen Gesetz von Moden zu folgen neigt. Und dadurch scheint ein weiteres Bild hindurch: der Mensch versteht sich selbst und die soziale Wirklichkeit unmittelbar durch seine Rollen und mittelbar durch seine Kultur, die ihm nämlich *konkret* in seinen Rollen gegeben ist. Rollen können so eng und so fest sein, daß sie dem Menschen, ihm selbst unbemerkt, keine Entfaltung erlauben. Aber Rollen können auch so diffus werden, daß dem Menschen die Realität der Wirklichkeit verschwimmt und die Welt und sein Selbst ihm ein Rätsel werden. Ein *psychologisches* Interesse an sich selbst und anderen als an *Einzelnen* kann es in der *einfachen* Gesellschaft *nicht geben*, weil feste und verbundene Rollenverständnisse eine je eindeutige Wirklichkeit schaffen; aber es tritt dort auf, wo die Mannigfaltigkeit und Unbestimmtheit der sozialen Rollen den Menschen dies und jenes und anderes zu sein erlaubt und ihnen mit der Entscheidung auch die Frage zuschiebt, was sie in dieser ungegliederten Wirklichkeit ihrer selbst eigentlich sind.

*

Doch wir müssen noch einmal zurückgehen zu der Aufgabe, die immer stärker den Sozialwissenschaften zufallen muß, nämlich uns die soziale Wirklichkeit zu vermitteln, die organisierte wie die nicht-organisierte, ihre einzelnen Ausschnitte wie auch die allgemeinen Grundverständnisse über diese soziale Wirklichkeit als Ganzes. Die Sozialwissenschaften vermessen und vermitteln die

Wirklichkeit – und eben deshalb ist es eine *vermittelte* Wirklichkeit. Zu sagen, was ist, dazu sind wir berufen, aber auch dazu verdammt, das, was ist, durch dieses Sagen zu verändern und zu zerstören. Die Wirklichkeit, die wir ans *Licht* holen, ist schon nicht mehr die Wirklichkeit, wie sie *vorher* bestand. Das ist aus mancherlei Gründen so, von denen uns hier nur einer beschäftigen soll, die Tatsache nämlich, daß wir Sozialwissenschaftler alle – und tausende andere, auf allen möglichen Stufen und in näherer oder fernerer Verbindung mit der originären Wissenschaft – damit befaßt sind, die latenten Funktionen aller unserer gesellschaftlichen Institutionen in manifeste zu verwandeln. Denn erst indem wir das tun, erkennen wir die Wirklichkeit und verändern sie auch schon. Manifeste Funktionen – das sind die Aufgaben und Zwecke einer Institution, welche die Gesellschaft bekennt und als Zweck ihres Tuns weiß. Die manifeste Funktion des Regenzaubers – wenn ich es an einem entlegenen Beispiel verdeutlichen darf – ist es, Regen herbeizubringen. Aufklärung hat diese und ähnliche Vorgänge als bloße Akte des Unsinns und Aberglaubens betrachten wollen, weil sie nicht die latenten und sehr sinnvollen Funktionen des Zaubers verstand. Der Soziologe holt sie ans Licht, wenn er begreifen lernt, daß diese Einrichtung es den Menschen in Zeiten der inneren und äußeren Not erlaubt, ihre Hoffnung aufrechtzuerhalten und die Stammesgemeinschaft vor dem Auseinanderbrechen zu bewahren. Aber es ist klar, daß die Erkenntnis der Wirklichkeit, wenn sie in jenem Stamme verbreitet werden könnte, aus der verborgenen eine manifeste Funktion gemacht und damit zugleich die Einrichtung zu Fall gebracht hätte. In unserer Gesellschaft gibt es keinen Regenzauber, aber unsere Einrichtungen und unser Tun haben doch alle latente Funktionen. Moral und Sitte, Brauch und Gewohnheit, Glaube und Religion, Freundschaft und Liebe, Ehre und Gewissen, die Einrichtungen im engeren Sinne, Schulen und Universitäten, Parlamente und Verbände, unser tägliches Handeln, die Moden und Zeitphänomene, alle die Trivia des gesellschaftlichen Daseins – das alles hat neben den manifesten auch latente Funktionen, und diese latenten Funktionen gehören wesentlich hinzu, ja sie sind oft wesentlicher als die (manchmal und wie in unserem obigen Beispiel sogar falschen) manifesten Funktionen. Bisher wissen wir von keiner Gesellschaft, die ohne latente Funktionen ihrer Einrichtungen hätte bestehen können. Aber dem Zustand einer Gesellschaft mit nur manifesten und freilich insoweit auch „richtigen" und wirksamen Funktionen streben wir dadurch zu, daß die Sozialwissenschaften unvermeidlich bei ihrem Studium der sozialen Wirklichkeit alle latenten Funktionen, soweit sie bestehen und wo immer sie sich auch neu bilden, sogleich in manifeste verwandeln. Was heißt es, für die Gesellschaft wie für den Menschen, daß alles, was wir tun, sind und haben, sich in diesem Mikroskop enthüllen muß? Von woher soll bei dieser grundsätzlichen Verhaltensunsicherheit und Gebrochenheit diejenige Festigkeit und Führung kommen, ohne welche keine Gesellschaft leben kann, wenn andererseits die Wissenschaft grundsätzlich nicht aufhören kann oder darf, sich der Wirklichkeit zu bemächtigen, und wenn auch die Gesellschaft ihrer so dringend bedarf?

Wenn ich an diesem Punkt mit einer Frage ende, so deshalb, weil die Behandlung dieser Frage unser jetziges Vorhaben überschreiten würde. Wohl mögen die Bilder zu schnell aufeinandergefolgt sein, als daß immer hätte sichtbar werden können, wie sie aus der *einheitlichen* Bestimmung ihres *Gegenstandes* mittels einer *einheitlichen Theorie* folgen und an den *Tatsachen* der modernen Gesellschaft ihre Bestätigung finden. Aber wie sollte das anders sein bei einer Wissenschaft, die über die scheinbar bekanntesten und selbstverständlichsten Dinge der Welt in einer fernen Begriffssprache redet, die nicht schon deshalb falsch sein muß, weil sie so leicht in einen manipulierbaren Jargon ausarten kann, und deren ich, soweit möglich, zu entraten versucht habe, ohne denn freilich der systematischen *Begriffsinhalte* entraten zu können, die zu solcher Theorie gehören. Und wenn ich nicht so sehr über die Kultur der modernen Gesellschaft als solche, sondern vorzüglich unter einem bestimmten Blickwinkel, dem der Verquickung mit den Sozialwissenschaften, gesprochen habe, so beruht das zuletzt auf der Erkenntnis, daß in dieser unserer Kultur diese Koppelung einem Maximum zustreben muß, daß zunehmend die Erkenntnisse der Sozialwissenschaften mittelbar oder unmittelbar unser Verhältnis zur sozialen Wirklichkeit, ja unsere Wahrnehmung derselben, ja diese selbst bestimmen und gestalten müssen. Der Probleme, die damit zusammenhängen, sind viele, und sie zu durchdenken ist schwierig. Aber der Leitstern, der uns dabei leuchtet, ist das Wissen darum, daß auch hinter diesen Wissenschaften, was immer ihr besonderer und einzelner Gegenstand sei, am Ende der *Mensch* steht, der aller Aufteilung in einzelne und organisierbare Funktionen am Ende spottet. Das nicht zu vergessen – und das heißt: zu bedenken, daß der Mensch, wo immer und wie immer er lebt, am Ende mit sich in der ganzen Möglichkeit und Erfüllung seines Daseins ins reine kommen muß –, scheint mir in einer Zeit, in der unser aller Schicksal, als Einzelne wie als Volk, zunehmend von dem abhängen wird, was die Sozialwissenschaften sind, für eben diese Wissenschaften vordringlich. Bei ihnen liegt wachsend die Verantwortung dafür, daß der freie Raum, in dem sich echtes Menschentum entfalten kann, nicht durch die erworbene Fähigkeit, Teile der Wirklichkeit nach vereinzelten Zwecken zu gestalten und zu organisieren, verlorengeht. Hinter all den gesellschaftlichen Verfallenheiten die bleibende schöpferische Möglichkeit des Menschen freizulegen, ist ein Gebot. Aber gerecht kann ihm nur werden, wer der gesellschaftlichen Verfallenheit des Menschen in der ganzen Tiefe, in der sie sich vor den Sozialwissenschaften auftut, ins Gesicht zu blicken vermag. Wenig ist mit Deklamationen zu gewinnen in einer Zeit, in der sich die Bedingungen menschlicher Wirksamkeit und Daseinsführung so tief geändert haben.

Die Aufgaben der Kultursoziologie*

Der folgende Artikel eröffnete 1979 das der „Kultursoziologie" gewidmete Heft 3 (Jahrgang XXXI) der Kölner Zeitschrift für Soziologie und Sozialpsychologie. Er wollte keine neue Spezialsoziologie gründen, sondern vor der durchgängigen Verengung des Faches auf die „Strukturen" der Gesellschaft warnen. Sein Wiederabdruck verlangt um so mehr eine Vorbemerkung, als er nun italienischen Kollegen in Übersetzung zugänglich wird und so der gemeinsamen Besinnung auf Lage und Aufgabe des Faches dienen kann.

Stets muß die Soziologie mit Strukturen rechnen. Aber mit Parsons' Theorie – wie immer sie gemeint war – avancierten die „Strukturen" zur Gesellschaft selbst, so daß alle sonstigen Tatsachen entweder ganz übergangen oder aus ihnen abgeleitet werden mußten. Ähnlich wie der Marxismus glaubte die Soziologie jenen entscheidenden Unterbau gefunden zu haben, der alles übrige bestimme, und implizierte damit eine reduktive Anthropologie, welche die „Strukturen" zu den alleinigen Ursachen und Zielen menschlichen Handelns erhob. Auf diesem Konzept gründete ihre Zuversicht, die gesellschaftliche Wirklichkeit aus ihrer Struktur vollständig erklären, vorhersagen und entsprechend planen zu können. Als diese hochfliegenden Hoffnungen scheiterten, war die Krise der Soziologie fällig.

In dieser Lage erinnert der Artikel daran, daß auch die Strukturen Konstruktionen und Abstraktionen aus dem Geflecht der Wirklichkeit sind, die nicht naturalistisch zu selbständigen Entitäten verdinglicht werden dürfen. Sie sind sowenig schon „die Gesellschaft", daß sie vielmehr selbst in andere Zusammenhänge eingelassen und durch diese erst konkretisiert sind. Um die Soziologie wieder näher an die Wirklichkeit heranzuführen, gilt es also, über die verengten Strukturen hinauszublicken auf jene anderen Tatsachen, für die sich herkömmlich der Sammelbegriff „Kultur" in jenem weiteren Sinn anbietet, der auf die symbolischen Gehalte und sinnhaften Bedeutungen unseres Handelns abhebt. Diese können sich diffus im Alltag finden; in einem Bereich verdichten (Beispiel: „technische" oder „politische Kultur"); in Ideen, Weltanschauungen, Ideologien und Glaubenssystemen formulieren; oder auch in

---

* [Anm. d. Hrsg.: Der Beitrag ist ursprünglich erschienen in „Annali di Sociologia/Soziologisches Jahrbuch" 1 (1985), S. 45–70 (italienische Übersetzung: ebd., S. 71–95) und stellt eine durch eine Vorrede erweiterte Fassung des gleichnamigen Aufsatzes in der „Kölner Zeitschrift für Soziologie und Sozialpsychologie" 31 (1979), S. 399–421, dar. Der Abdruck erfolgt mit freundlicher Genehmigung des Verlages Duncker & Humblot, Berlin.]

den Werken der Kunst und Literatur, Philosophie und Wissenschaft ausdrücken. Ob solche (und welche) Traditionen und Innovationen für die Soziologie erheblich sind, wird immer von der besonderen Frage abhängen. Doch es widerspricht der Methode und dem Erkenntnisstand einer empirischen Wissenschaft, die „Kultur" a priori zum Überbau zu erklären.

Was wir als „Struktur" und „Kultur" aus der Wirklichkeit herauslösen, ist in ihr, ist insbesondere in unserem Handeln mannigfach und oft kaum unterscheidbar verflochten. Wie die Einflüsse und Bedingtheiten in beiden Richtungen spielen, ist nur von Fall zu Fall zu ermitteln. Und das ist nur möglich, wenn die Soziologie in beiden Richtungen fragt, anstatt sich nur nach der Bedingtheit der „Kultur" durch die „Struktur" zu erkundigen. Im Gebrauch unserer Strukturbegriffe können wir nur sicherer werden, wenn wir ihre kulturellen Offenheiten und Bedingtheiten kennen.

Das alles hat eine eminent praktische, eine berufspolitische Seite. Die Verengung auf Strukturkonzepte ging nicht zufällig Hand in Hand mit der Professionalisierung der Soziologie. Denn jene bot, was diese verlangte: Standardisierung der Probleme im Dienst der akademischen Verselbständigung des Faches, das hiermit auf das öffentliche Expertenmonopol in gesellschaftlichen Fragen zielte, sowohl in der öffentlichen Meinung wie in der politischen Ratgebung. Das wiederum entsprach den gesteigerten Bedürfnissen planender Gesellschaftspolitik, die sich anscheinend am ehesten und einfachsten an strukturellen Konzepten festmachen und durchführen ließ.

So erklärte sich die Soziologie zu einer autarken Theorie. Selbst auf dem Boden anderer Fächer groß geworden und lange von deren Kenntnissen zehrend, zerschnitt sie mit der Professionalisierung diese Verbindungen. Das Streben nach akademischer Selbständigkeit und professioneller Qualifikation ging zu Lasten der empirischen Fundierung des Faches. Mit der Erklärung ihrer Autarkie schob die Soziologie, die sich selbst emphatisch als „empirisch" deklarierte, alle gesellschaftlichen Tatsachen, die von anderen Fächern ermittelt wurden, als wesenlos beiseite. Überall verbargen sich diese tiefgreifenden Veränderungen hinter Studienplänen, die die Soziologie zu einem autarken Ausbildungsgang machen und mit einem eigenen Diplom krönen sollten. So erwuchs eine neue Generation von Soziologen, die nichts anderes studiert hatten als Soziologie.

Wo immer diese Professionalisierung stattgriff, führte sie bald zu tiefgreifenden Veränderungen. In der Wissenschaft währte der Triumph des Monopolanspruchs nicht lange und führte bald in die Isolation. Auch in der öffentlichen Meinung liefen bald andere Disziplinen der Soziologie den Rang ab. Im Fach selbst meldeten sich angesichts der Unzulänglichkeit der Strukturkonzepte nun die verschiedensten Alternativen unter Stichworten wie „Alltag", „Phänomenologie", „Symbolischer Interaktionismus". Stets aber blieb die Soziologie nach ihrer Professionalisierung von dem Fundus der Tatsachen abgeschnitten, die andere Fächer erarbeiten. Daran hat der Ruf nach „interdisziplinärer" Arbeit nichts geändert. Denn diese ist nur dort möglich, wo es gemeinsame Kenntnisse gibt.

So führte die Professionalisierung der Soziologie zu ihrer Verengung und schließlich Isolation. Der Gewinn an methodischer Kompetenz verbraucht sich in einer Sozialforschung, die sich ganz an die Gegenwart hält und entwickelt sich zu einer Mechanik der Strukturen.

So behält Max Weber recht, der (nicht allein) mit aller Entschiedenheit vor der Verselbständigung der Soziologie gewarnt hat. Das Fach hat seine Kraft und Lebendigkeit daraus gezogen, daß ihm die Erkenntnisse aller Fächer, die sich mit der gesellschaftlichen Wirklichkeit befassen, zur Verfügung standen. Das aber war nur deshalb und nur so lange der Fall, wie das Studium der Soziologie sich an das Studium anderer Fächer anschloß oder sich mit einem solchen Studium kombinieren konnte und mußte. Je mehr die Soziologie diese Grundlage preisgibt, desto dringender wird in dieser oder jener Form der Ruf nach der Kultursoziologie.

* * *

Seit einigen Jahrzehnten wird die Soziologie von der Vorstellung beherrscht, daß die Gesellschaft durch jene äußeren Gliederungen bestimmbar sei, die überall am sozialen Leben ins Auge springen und heute summarisch als Struktur bezeichnet werden. Dieses Konzept der Gesellschaft ist, wie noch zu zeigen sein wird, eher das Ergebnis verschiedener Umstände als einer grundsätzlichen Entscheidung oder empirischer Beweise gewesen. So oder so aber läuft es praktisch darauf hinaus, daß die Gesellschaft mit ihrer Struktur gleichgesetzt, die Soziologie folglich auf deren Analyse eingeengt wird. In dieser Auffassung von Gesellschaft ist für die Kultur als eigenständige Größe kein Platz, und bliebe deshalb für die Kultursoziologie bestenfalls ein Gnadenbrot übrig.

Demgegenüber ist grundsätzlich daran zu erinnern, daß die soziale Wirklichkeit nun einmal Struktur und Kultur in stets ungeschiedener, nur analytisch trennbarer Einheit enthält. Alle Kultur ist in Strukturen eingelagert, alle Struktur durch Kultur erfüllt. Die bloß durch Strukturen festgestellte und wiederum aus ihnen erklärte Gesellschaft ist deshalb kein hinreichend selbständiger, aus sich selbst bestimmter, alles Übrige bestimmender, und sie ist deshalb auch kein hinreichend wissenschaftsfähiger Gegenstand. Welchen, eben wechselnden Anteil Kultur und Struktur jeweils an gesellschaftlichen Erscheinungen haben, ist keine grundsätzlich und ein für allemal entscheidbare Frage; sie muß stets am Fall und Problem empirisch geprüft werden. Eine Soziologie, die sich grundsätzlich auf die Untersuchungen von Strukturtatsachen beschränkt und sonstige Erscheinungen aus ihnen abzuleiten trachtet, treibt deshalb in die Gefahr unwirklicher Theorien hinein. Die vielberufene Krise der Soziologie, in der die Interessen über reine Strukturerörterungen hinauszudrängen beginnen, ist denn auch ein Ausdruck der wachsenden Enttäuschung über den mangelnden Wirklichkeitsgehalt ihrer Theorien.

In dieser Lage entsteht die Aufgabe, die Soziologie aus der reduktiven Verkümmerung ihres Gesellschaftsbegriffs zu befreien, d.h. eine Kultursoziologie zu entwerfen und zu entwickeln, um die von der Fixierung auf Strukturen unterschlagene Wirklichkeit wieder in Sicht zu bringen.

Damit ist der allgemeine Ausgangspunkt einer Kultursoziologie bezeichnet.

Sie hat es nicht mit einem abtrennbaren Sonderbereich zu tun, der neben der Gesellschaft steht; vielmehr sind Gesellschaft und Kultur nötige Scheidungen einer Wirklichkeit, in der sich beide ständig durchdringen. Eine Kultursoziologie kann deshalb auch „das Gesellschaftliche" nicht als einen autarken Eigenbereich stehen lassen, sie muß gerade auch zeigen, wo eine Theorie der Gesellschaft ohne Rekurs auf kulturelle Tatsachen zu kurz greift. Die Kultursoziologie darf bei gegebener Lage des Faches nicht ein neues Sondergebiet sein, sie muß ihre Tatsachen und Perspektiven in die allgemeine Soziologie einbringen. Sie kann deshalb auch nicht eine weitere Bindestrich-Soziologie sein, welche die geläufigen Schemata der Soziologie auf ein anderes Feld, hier: die Kultur überträgt, ohne daß bei solchen Versuchen etwas anderes herausgekommen wäre als die Schemata, die man vorher hineingesteckt hatte. Aus der endlosen soziologischen Befingerung der kulturellen Tatsachen entsteht noch keine Kultursoziologie, ansonsten wäre sie schon vorhanden. Nicht die soziale Bedingtheit der Kultur, die stets im Auge zu behalten bleibt, darf heute im Vordergrund stehen, sondern die kulturelle Bedingtheit und Bedeutung des sozialen Geschehens. Die Kultursoziologie kann nicht von der grundsätzlichen Dominanz der Kultur ausgehen, aber sie darf nicht in der Auffassung beharren, daß „die Gesellschaft" das eigentlich Reale sei.

1. Der Zusammenhang der Kulturerscheinungen

Mangels einer eindeutigen und lebendigen Tradition steht die kultursoziologische Arbeit vor dem Problem, wie ihre vielfältigen Aufgaben und Themen zusammenhängen. Wer mit „Kultur" noch eine Vorstellung zu verbinden vermag, wird unschwer Probleme zu nennen wissen, die es wert wären, soziologisch behandelt zu werden. Niemand vermöchte all diese Themen aufzuführen, dazu ist der Ausdruck „Kultur" zu vieldeutig, die Sache zu vielschichtig. Aber die Aufzählung von Problemen, wie wichtig diese auch immer sein mögen, ergibt ja nicht schon jenen Zusammenhang, der durch die Bezeichnung „Kultursoziologie" doch unterstellt wird.

Und eben hier liegt die erste Schwierigkeit. Die Frage, welchen Zusammenhang so vielfältige Themen besitzen, drängt sich wegen ihrer offenbaren Verschiedenheit auf, selbst wenn man sich auf den Umkreis der Sozialwissenschaften beschränkt. Es ist eben kaum zu erkennen, durch welche Gemeinsamkeit denn die Behandlung von so disparaten Erscheinungen wie Primitivkultur, Kulturkreis, Subkultur, Politische Kultur, Kulturbetrieb oder Enkulturation in einer Disziplin verbunden sein könnten. Und wie stellt man sich gar zu Kulturepochen und zum Kulturmenschen, oder zur Alltagskultur und Kulturpolitik? Fehlt es am Recht, solche Themen aus einer Kultursoziologie auszuschließen, so mangelt es, wie die Dinge liegen, auch am Recht, sie in ihr zu vereinigen.

Dringendste Aufgabe einer Kultursoziologie ist es also, den gemeinsamen Ort ihrer Probleme sichtbar zu machen. Einzig in diesem Sinn ist hier von ihren Aufgaben die Rede, nicht um einzelne Aufgaben zu nennen oder zu wägen, sondern um behutsam einen Bezugspunkt zu finden für ihren Zusammenhang, und allerdings denn auch für ihre Bedeutung.

Daß man in dieser Hinsicht an der Sprache keinen Halt findet, ist oft beklagt worden, liegt aber in der Natur der Sache. Denn es ist natürlich selbst ein kultursoziologisches Datum ersten Ranges, daß Gesellschaften erst spät in den Zwang geraten, sich mittels eines objektivierenden Begriffes als „Kultur" zu verstehen, worüber später noch einiges zu sagen sein wird. Jedenfalls ist der Begriff (oder ein unmittelbares Äquivalent) ein spezifisch europäisches Produkt der letzten Jahrhunderte, in jedem Land vieldeutig, dazu von Land zu Land recht verschieden und schließlich einem erheblichen Bedeutungswandel ausgesetzt.

Hier führt auch eine wissenschaftliche Definition, selbst wenn sie befriedigend gelänge, nicht weiter, weil der Zusammenhang zwischen den so verschiedenen Erscheinungen, welche wir als kulturelle klassifizieren, nicht schon durch Beschreibung jener generellen Qualität, weswegen wir sie so klassifizieren, einsichtig wird. Die Frage ist gar nicht, was allen diesen Erscheinungen gemeinsam ist, sondern warum die Kultur in so viele Erscheinungen auseinandertritt. Nicht als substantielles Wesen, vielmehr als lebendige Erscheinung ist Kultur zu begreifen. Der Umriß dieser Logik, mit der sich die Kultur auseinanderfaltet, läßt sich in einer groben Skizze angeben, und die Kultursoziologie bedarf vorweg dieser Topologie, um den Zusammenhang ihrer Probleme im Auge zu halten.

1. Die Vielheit der Kulturerscheinungen entspringt aus einer gemeinsamen Wurzel. Sie sind alle Verumständungen jener Eigenart des Handelns, welche den Menschen zum Kulturwesen macht, das weder durch Naturanlagen hinreichend gesteuert wird noch etwa durch seinen Verstand bloß auf die optimale Adaptation an äußere Gegebenheiten festgelegt ist. In ihrer allgemeinen Fassung hat sich diese Vorstellung, die von Herder bis Cassirer, Plessner und Gehlen ausgearbeitet worden ist, trotz mancher nationaler Einfärbungen überall durchgesetzt. Als kulturell gilt heute das gesamte Handeln, also auch das nur zweckdienliche und bloß äußere Tun, die ebenfalls in die Welt der symbolischen Bedeutungen eingeschlossen sind, in der der Mensch lebt und handelt[1]. Mit diesem anthropologischen Begriff des Menschen als Kulturwesen wurde hinter die älteren „Anlagen", „Vermögen" und „Triebe", es seien nun Verstand, Wille oder Begierde, auf das Handeln zurückgegriffen, welches Innen und Außen, Geist und Körper mittels Bedeutungen verklammert. Erst durch solche Bedeutungen, die der Mensch sich schaffen muß, konstituieren sich für ihn Welt, Selbst und Gesellschaft. Doch diese Bedeutungen sind nur begrenzt in den Rang der ausdrücklichen, etwa mimischen, rituellen oder kultischen Artikulation zu erheben oder gar in verbaler Fassung von Handeln zu lösen und ihm vorzugeben. Obschon

---

1 Ungeachtet dieser Tatsache gewinnt die symbolische Welt der Kultur erst dort ihren besonderen Charakter, wo sie über die unmittelbare Bewältigung der äußeren Welt hinauszielt.

also alle Kultur durch symbolische Bedeutungen konstituiert wird, stecken diese vielfach implizit im Tun und dessen Gegenständen. Der Mensch kann deshalb auch nur bedingt Klarheit über die sein Handeln tragenden Bedeutungen, und noch weniger Macht über sie gewinnen. Weil ihm alles etwas bedeutet, entstehen im Handeln auch immer neue Bedeutungen. Aus allen diesen Gründen darf die Kultur nicht als ein reines Reich der Bedeutungen vom Tun und dessen Gegenständen abgetrennt und diesen nur vorgegeben werden.

Irrte das vorige Jahrhundert in dieser Richtung, so vergißt man heute, daß das Handeln sich stets über das zweckdienliche und äußere Tun erhebt mittels Bedeutungen, die, von allem Gegenständlichen gelöst, wiewohl dadurch bedingt, selbst zur Wirklichkeit für Menschen werden. Dieser Punkt, die Trennlinie zwischen der „materiellen" und „immateriellen" Kultur, muß deshalb markiert bleiben, weil hier die Bedeutungen über das Mittel der Anpassung, der Mensch über die Befriedigung der Bedürfnisse hinausreicht. Als Kulturwesen ist der Mensch auch ein kulturfähiges, kulturwilliges und kulturbedürftiges Wesen. Er hat Kultur, weil sie ihm Bedürfnis ist. Die Herstellung seiner inneren Lebensordnung ist ihm zwar ein meist weniger dringliches, deshalb aber noch kein geringeres Problem als die Herstellung seiner äußeren Daseinsverhältnisse. Die Ordnung des äußeren Handelns hängt von der Ordnung des inneren ab, und diese verlangt eine Ordnung und Objektivation der Bedeutungen. In dieser zwanghaften Fähigkeit, sich eine eigene Wirklichkeit aus Ideen und Werten zu schaffen, ist sich der Mensch stets zum eigenen Rätsel geworden, und für sie bleibt die klassische Formel, daß der Mensch auch ein, wie immer bedingtes, geistig-sittliches Wesen ist, unentbehrlich, weil treffend. Denn in allen Gesellschaften tritt uns der Mensch nicht nur als Schöpfer und Geschöpf sozialer Einrichtungen und Regelungen, sondern eben so sehr geistiger und sittlicher Bedeutungen entgegen, mit denen, und wegen derer, er die sozialen Einrichtungen und Regelungen sogar zu durchbrechen und zu verändern pflegt, und zwar auf allen „Stufen" der gesellschaftlichen und kulturellen Entwicklung.

2. Das führt zum zweiten, zum gesellschaftlichen Kulturbegriff. Denn faßlich wird uns Kultur ja erst dort, wo Menschen zusammenleben. Die Gesellschaft ist der Ort, wo die Kulturfähigkeit des Menschen verwirklicht, seine Kulturbedürftigkeit befriedigt wird, anders eine Gesellschaft auch nicht bestehen könnte. Weil und insofern der Mensch Kulturwesen ist, müssen soziale Beziehungen auch immer Kultur werden, also für das individuelle und soziale Handeln Bedeutungen entwickeln, die es tragen. Ihre unverwechselbare Eigenart in Wirtschaft, Gesellschaft, Sitte, Religion und Recht, die in den tragenden Ideen und Werten einer Gesellschaft den Charakter eines Weltbildes annimmt, gehört denn auch zum uralten Wissen der Völker voneinander und von sich selbst. Die mit der Gesellschaft befaßten Wissenschaften haben sich über die Gesellschaft als Kultur in wechselnder Weise Rechenschaft zu geben versucht, aber stets mit der Einsicht, daß jede Gesellschaft über eine eigene Kultur verfügt, die über die Zeit weitergegeben

wird[2]. Kultur meint hier die charakteristischen Muster der Gesamtgesellschaft, ihre Gesamtkultur in der Selbstverständlichkeit sozialer Überlieferung. Dabei wird sich die soziologische Erfassung dieser Muster gewiß nicht in der Nachzeichnung ihres Ideengehaltes erschöpfen dürfen, die vielmehr „in action", also ihren kultischen und rituellen Darstellungen, in ihren sozialen Verankerungen, in der Problematik ihrer vielfältigen und auch gegenläufigen Elemente und in der nie zu überwindenden Differenz zur Wirklichkeit vorgeführt werden müssen. Andererseits läßt sich das Handeln nicht in seiner sozialen Unmittelbarkeit und ohne Rekurs auf die tragenden Kulturmuster verstehen.

Es ist daran zu erinnern, daß dieser allgemeine gesellschaftliche Kulturbegriff seit Herders großen Einsichten besonders von der deutschen Geisteswissenschaft ausgearbeitet und an die Sozialwissenschaften weitergegeben wurde, für die Gesellschaft und Kultur lange Wechselbegriffe waren. Er ist über die amerikanische Kulturanthropologie auch in das Gesellschaftskonzept von Talcott Parsons eingegangen, doch eben nur in jener allgemeinen Form, die ihm die Kulturanthropologie gegeben hatte. Deren Formeln finden sich denn auch heute noch in der soziologischen Literatur, wenn von „culture patterns" und „cultural heritage", einem Bestand von allgemeinen „Werten und Normen" oder kurz vom „Wertkonsens" die Rede ist. Mit diesen durch die Kulturanthropologie gefilterten Begriffen kann aber die Soziologie nur bedingt arbeiten, weil das kulturanthropologische Verständnis an einfachen Gesellschaften entwickelt worden ist und deshalb in seinem begrifflichen und methodischen Instrumentarium nicht ausreicht, um andersartige Gesellschaften soziologisch hinreichend als Kulturen zu erfassen. Es ist wohl generell richtig, daß alle Gesellschaften besondere Kulturmuster aufweisen. Es ist auch richtig, daß teilnehmende Beobachtung, wo immer sie in die subjektiven Bedeutungswelten des sozialen Handelns einzudringen versucht, irgendwelche Kulturmuster ans Licht bringt, wie auch die phänomenologischen und interaktionistischen Arbeiten bestätigen. Auf all das kann die Kultursoziologie nicht verzichten, aber sie darf sich darin nicht erschöpfen. Die Kulturanthropologie geht von der Annahme aus, daß die Kultur über die Gesellschaft gleich verteilt ist und überall implizit im Handeln steckt, also Gesamtkultur und Alltagskultur identisch sind. Das gilt jedoch nur für einfache Gesellschaften. Verfährt man anderswo nach diesem Konzept, so bekommt man nur die Alltags-, Sub- und Gruppenkulturen zu fassen, aber nicht schon die Kultur solcher Gesellschaften.

3. Denn wie in der sozialen Differenzierung, und teilweise parallel dazu, treten auch in der Kulturentwicklung qualitative Sprünge auf. Jeder universale Kulturbegriff findet seine Grenze an dem Gestaltwandel der Kultur, die verschiedene Aggregatzustände annehmen kann. In der Hochkultur endet die Gleichverteilung zugunsten einer repräsentativen Kultur mit sozialer

---

2 Noch vor wenigen Jahrzehnten pflegten Einführungen in die Soziologie die Gesellschaft auch als „shared cultural heritage" zu erläutern. Dieser Befund kann heute über den Begriff der „Sozialisation" nicht mehr in den Blick kommen. Vgl. hier Anm. 6.

Differenzierung des Kulturbesitzes. Die Kultur soll nun in expliziten Lehren und Objektivationen systematisch dargestellt und muß insofern einer neuen Gruppe, der Intelligenz, anvertraut werden, deren Einfluß teils institutionell, gelegentlich aus eigener, sonst in Verbindung mit anderer Herrschaft, abgesichert ist, teils auf ihrer geistigen Zuständigkeit und Überlegenheit beruht.

Damit wird die Kultur einerseits in expliziten Lehren und eigenen Institutionen faßbar, was Anlaß zu einem sektoralen Kulturbegriff gibt. Kultursoziologie kann dann also bedeuten: Studium der verselbständigten Kulturbereiche. Doch ob man sich dabei mehr an die Lehren und Gehalte oder an die Einrichtungen und deren Funktionieren hält, stets bleibt die kultursoziologische Frage, welche Rolle diese kulturproduzierenden und kulturverwaltenden Sektoren denn für die Gesellschaft im ganzen gespielt, welche kulturellen Muster die Gesellschaft im ganzen getragen und tatsächlich in ihrem Handeln geprägt haben. Denn andererseits tritt die Kultur, indem ihre Auslegung und Fortentwicklung einer besonderen Intelligenz anvertraut wird, auch auseinander. Zwischen Intellektuellen und Oberschicht pflegt sich in wechselnden Verhältnissen eine repräsentative Kultur auszubilden, welche in Graden auch die Volkskultur überformt, zu schweigen von weiteren Differenzierungen. Man braucht nur an Max Webers religionsgeschichtliche Untersuchungen zu erinnern, um zu verdeutlichen, wie schwierig es ist, in diesem hier nur so grob angedeuteten Dreieck jene tragenden Muster zu entdecken, welche solche Gesellschaften als Kulturen charakterisieren. Stets ist auch hier, wie oben gesagt, die Kultur „in action" zu betrachten. Es gilt, die sozialen Halterungen der kulturproduzierenden oder kulturtragenden Intelligenz, die Reichweite ihrer Ideen und Normen im Handeln, die Vielheit und Unbestimmtheit der Kulturelemente angesichts der Verumständungen des Handelns, und nicht zuletzt auch die sozialen Gegenbewegungen oder charismatischen Durchbrechungen zu veranschlagen. Aber es kann keine Frage sein, daß die Kultur, in dem Maße, wie sie aus dem Zusammenleben herausgenommen und einer besonderen Kulturintelligenz anvertraut, dadurch auch in objektivierte Formen gebracht wird, eine vorher ungekannte Kraft und Dynamik gewinnen kann, welche nicht zuletzt auf der potentiellen Macht von Ideen beruht. Mit bloßer Überlieferung ist es nicht mehr getan. Kultur wird selbst Aufgabe und Problem. Ob Ideen bewegende Kräfte werden, hängt von vielen Momenten ab. Ihnen aber a priori die Möglichkeit abzusprechen, sollte angesichts der Tatsache, daß die Religionsstiftungen, aber auch die griechische Wissenschaft, die Aufklärung oder der Marxismus weltgeschichtliche Bewegungen in Gang gebracht haben, für absurd gelten. Aber zu dieser Unsinnigkeit bekennt sich praktisch die Soziologie, wenn sie die Geschichte als bloß gesellschaftliche Bewegung darzustellen unternimmt und die Ideen durch Benennung ihrer sozialen Einschüsse erklären zu können vermeint. Gegenüber keinem anderen Moment der Kultur ist der Widerstand der Soziologie so groß wie eben an dieser Stelle. Das hat viele Gründe, nicht zuletzt aber auch den Vorteil, daß sie sich selbst keine Rechenschaft über die Kulturmacht ab-

zulegen gezwungen ist, die sie selbst durch die Idee ausübt, daß die Gesellschaft die Matrix der Wirklichkeit sei.

4. Wo die Kultur in eigenen Institutionen und Objektivationen Gestalt gewinnt, geht sie aus dem Zustand der bloßen Überlieferung in eine andere
Verfassung über, indem sie zur Aufgabe und zum Problem wird, und zwar
subjektiv und objektiv. Aus der Gemeinsamkeit des sozialen Lebens her-
ausgetreten, bedarf die Kultur der Vermittlung und Weitergabe durch eigene
institutionelle Vorkehrungen. Sie wird ein objektives und subjektives Bil-
dungsproblem. Die Gesellschaft wird nun durch den Anfall kultureller Bestände gezwungen zum Gesetz „erwirb sie, um sie zu besitzen". Denn soweit
die kulturellen Objektivationen nicht zu einem rein fachmännischen, also
vor allem zu einem rein technischen Wissen werden, was wiederum bloß
an einige Spezialisten weitergegeben werden muß, d.h. soweit die kulturellen
Objektivationen zu einem, mindestens für eine öffentlich wichtige Schicht
nötigen allgemeinen, eben repräsentativen Wissen werden, muß es in Bil-
dungseinrichtungen weitergegeben werden. Die Form der Weitergabe dieses
Wissens (im weitesten Sinne ein schulisches Lernen) gerät damit in einen
Gegensatz zu der Rolle dieses Wissens, das sich als ein vom Handeln ab-
gelöstes, aber doch für es unentbehrlich gewordenes Reich über tradierte
und gelebte Handlungsmuster geschoben hat. Nur durch persönliche An-
eignung in der Anstrengung geistiger Internalisierung, die das Wissen zum
eigenen Handlungsraum macht, kann die in kulturellen Objektivationen
ausgeformte Gesellschaft sich erhalten. Kultur als subjektive Aufgabe, und
damit auch jener Prozeß, den Simmel in seinem Aufsatz über die Tragödie
der Kultur geschildert hat, entstehen hier.

Es wäre nun leicht, anhand dieser allgemeinen Topologie eine Fülle von kultursoziologischen Aufgaben zu entwickeln. Allein die Skizze sollte nur zeigen,
in welchem Sachzusammenhang die vielen Begriffe und Erscheinungen der
Kultur stehen. Überall geht es um die in der Eigenart des Menschen angelegte
Fähigkeit und Nötigung, das Handeln in einer Bedeutungswelt zu sichern,
welche über die bloße Berechenbarkeit der äußeren und inneren Wirklichkeit
hinausgeht. Für die Kultursoziologie, welche es mit den gemeinsamen Bedeutungsmustern des sozialen Handelns zu tun hat, bricht sich dieses Problem
im Gestaltwandel von Gesellschaft und Kultur in vielfacher Weise. Die Kultur
kann bald in impliziter, bald in expliziter Form, bald gleich verteilt und bald
geschichtet auftreten, sie drängt sich hier als Gesamt- und doch als Grup-
penkultur auf, bei unterschiedlicher Institutionalisierung und Differenzierung;
hier ist Kultur festgeschriebene Überlieferung, dort wird sie Problem und
Aufgabe. Die Kultursoziologie muß sich dieses Gestaltwandels ihres Gegenstandes bewußt sein; sie darf kein einzelnes Problem, keine einzelne Perspektive,
kein einzelnes Gebiet kanonisieren; sie kann nicht an einer Erscheinung eine
verpflichtende Theorie und Methode entwickeln. Wie immer man sich den
Gegenstand seiner Arbeit wählt, sollte die Topologie der Probleme in Sicht
bleiben.

2. Zur Geschichte des Problems

Die Gewöhnung an das strukturelle Konzept der Gesellschaft ist so umfassend, daß dessen reduktiver Charakter kaum noch empfunden wird. Deshalb sei zuerst daran erinnert, daß die Soziologie sich keineswegs allein an Strukturtatsachen entfaltet hat. Daneben standen von Anfang an die Kulturtatsachen, welche ebenfalls auf das Spiel überindividueller Mächte hinzuweisen schienen. Teils wurde die Sozialwissenschaft, und nicht nur im bekannten Fall der Völkerkunde, geradezu als Kulturwissenschaft betrieben, das Wort „Gesellschaft" behielt noch bis in dieses Jahrhundert hinein eine weite Bedeutung als bloßer Inbegriff aller in einem Land sichtbaren Erscheinungen – gewissermaßen noch identisch mit all dem, was die Menschen, insoweit sie Gesellschaft bildeten, taten. In dieser weiten Bedeutung schloß die Gesellschaft die Kultur ein, welche sogar als Wechselbegriff der Gesellschaft galt. Daneben konnte von der Gesellschaft im engeren Sinn, also von ihren Gruppen, Einrichtungen und Regelungen gesprochen werden. Auch bei diesem strukturellen Wortgebrauch blieben die Kulturtatsachen als eigene Größen im Spiel, selbst wenn sie nicht ausdrücklich unter diesem Namen auftraten[3]. Erst im Laufe des 19. Jahrhunderts verengte sich der Gesellschaftsbegriff auf bestimmte Erscheinungen, die nun vorzüglich als das eigentlich Gesellschaftliche an der Gesellschaft galten und dann zum Gegenstand einer eigenen Wissenschaft wurden. Dieses nähere Objekt, das sich wesentlich an die gesellschaftliche Gliederung und Organisation hielt, also an Beziehungen, Gruppen und Institutionen mit ihren äußeren und inneren Über-, Unter- und Zuordnungen, wurde dann in einem weiteren Abstraktionsprozeß mittels einer generellen Analytik aufbereitet. Der soziologische Gesellschaftsbegriff ist also ein mittels doppelter Abstraktion gewonnenes Konstrukt, auch wenn er unter Soziologen wie eine unmittelbare Wirklichkeit gehandelt wird. Nun ist Abstraktion noch kein Einwand. Alle Wissenschaften und selbst unser alltägliches Denken beruhen auf Abstraktion, also auf dem Absehen von anderen Gegenständen und Merkmalen, das es uns erst erlaubt, aus der Wirklichkeit etwas Wichtiges herauszuziehen. Einen Gegenstandsbereich aus der Wirklichkeit zu abstrahieren, ist jedoch stets nur in dem Maße sinnvoll, wie dieser Bereich relativ geordnet, zusammenhängend und autonom ist. Niemand wird den gesellschaftlichen Strukturen allen Zusammenhang, niemand der Soziologie das Verdienst der Einsicht in solche Zusammenhänge absprechen. Aber wie weit dieser Zusammenhang geht und trägt, bleibt doch eine Frage empirischer Befunde. Doch die Soziologie setzt nachgerade voraus, daß die Strukturen einen autonomen Eigenbereich bilden. Ohne je ernsthafte Gegenproben zu machen, gibt man sich mit der banalen Tatsache zufrieden, daß alles sozial bedingt ist, so als ob nicht ebenso alles kulturell bedingt wäre. Anstatt die Analytik der Strukturtheorien als einen vorzüglichen Schlüssel zur Abfragung der jeweiligen sozialen Bedingungen und Gegebenheiten zu nehmen, hat man sie zur substantiellen Soziologie erklärt. Auf diese Weise ist der an-

---

3 Durkheims représentations collectives bieten ein Beispiel.

fängliche Gewinn zunehmend zu einem Verlust, die Bereicherung zur Verarmung, die Erweiterung zur Begrenzung geworden. Denn mit der konsequenten Radikalisierung des doppelten Abstraktionsprozesses tendierte das Konstrukt soziologischer Arbeit – „die Gesellschaft" – dazu, zur eigentlichen und einzigen Wirklichkeit zu werden. Was als Entdeckung eines neuen Einschusses in die Wirklichkeit begonnen hatte, endete mit einer Verabsolutierung dieses Moments. Das „Gesellschaftliche" wurde zum Kern der Realität, das Konstrukt avancierte zur Wirklichkeit, andere Wirklichkeitsbereiche wurden ausgeblendet und zu Epiphänomenen erklärt, und es blieb nur noch „die Gesellschaft" – und der Streit, wie man sie bestimmen solle, übrig. Die Soziologie hat sich und uns in die Mauern der Welt als Gesellschaft eingesperrt.

In welchem Maße das der Fall ist, wird erst deutlich, wenn man die Entwicklung der Soziologie im Zusammenhang mit dem gesamten Wissensstock betrachtet. Wäre die Soziologie eine enge Spezialdisziplin im Gefüge der Wissenschaften geblieben, in der einige Kenner den Versuch unternommen hätten, das rein Soziale zu erforschen, so wäre die Grenze ihrer einseitigen Abstraktionen sichtbar geblieben, wenn nicht bewußt und theoretisch, so doch unbewußt und praktisch. Solange die übrigen Wissenschaften vom Menschen, die sogenannten Geisteswissenschaften blühten, solange sie zum öffentlichen Bildungsstock gehörten, solange Soziologen ihr Fach durch das Studium dieser Geisteswissenschaften erreichten, und solange sie ihre Daten dem Wissensbestand der Geisteswissenschaften entnahmen, konnte sich „das Soziale" nicht leicht zur eigenen Wirklichkeit stilisieren, wie unsere Klassiker uns bei jeder Begegnung lehren. Als aber die Geisteswissenschaften an sich selbst unsicher wurden, als Soziologen bloß mittels des Studiums der Soziologie rekrutiert wurden, und als die Soziologie sich mit der Sozialforschung eigene Instrumente der Datenerhebung besorgte, um sich von den Wissensbeständen der Geisteswissenschaften abzunabeln, und als sie mittels dieser Instrumente aus der Wirklichkeit sozusagen das rein Gesellschaftliche herausholen wollte – da begann sich die Abstraktion der Soziologie zur Wirklichkeit selbst umzufälschen. Was unser Wissen von der menschlichen Wirklichkeit hatte bereichern sollen, gab sich nun als einzig wesentliches Wissen von der „eigentlichen" Wirklichkeit aus.

Besonders deutlich wird das dort, wo die Soziologie versucht hat, aus dem Glashaus „des Sozialen" herauszukommen und jene weiten Bereiche, die sie vorher abgestoßen hatte, nachträglich mittels Bindestrich-Soziologien zurückzuerobern. Denn herausgekommen ist dabei, von Ausnahmen und Einsprengseln abgesehen, im ganzen doch kaum etwas anderes als eine Metastasenbildung, durch welche die soziologischen Schemata, in alle außersozialen Bereiche hineingetragen, sich dort überwuchernd zur eigentlichen Wirklichkeit auswachsen und die ursprüngliche außersoziale Wirklichkeit vernichten. Denn alle diese aus dem Boden schießenden Bindestrich-Soziologien, die endlos vermehrbar sind, folgen ja dem gleichen Schema. Stets beginnt es mit dem vagen Programm, daß man die Beziehungen zwischen Gesellschaft und, sagen wir Literatur, untersuchen müsse, und stets werden dann die sozialen Voraussetzungen, Be-

58

dingungen und Formen der Erscheinung so ausführlich überzogen, daß von ihr, hier also der Literatur, in ihrem Eigenrecht und Eigensinn nichts übrig bleibt. Die Religion verschwindet hinter ihrer Organisation und Funktion, die Literatur hinter den sozialen Bedingungen und Zielen, die Wissenschaft hinter ihren äußeren Strukturen. In einer, aufs ganze gesehen nur total zu nennenden Soziologisierung versinken alle Wissensbestände, welche zumindest in früheren Zeiten als wirklich gegolten haben, bis nur „das Gesellschaftliche" übrig bleibt. Der Rest wird belanglos, Epiphänomen, Ideologie, Reflex, Überbau. Alles ist sozial erklärbar und hat daran seine Realität. Jeder Ausflug in ein neues Gebiet endet nur bei der Bestätigung der allbekannten soziologischen Schemata.

Bei all dem ist zu bedenken, daß jede Interpretation der Gesellschaft unvermeidlich zugleich eine Auslegung des Menschen ist. Schlägt man die Wirklichkeit über den Leisten der heutigen Soziologie, so erhält man auch einen Menschen, der nur aus gesellschaftlichen Motivationen und Determinationen handelt; denn nur wenn der Mensch solcherweise in die Strukturen verspannt, an ihnen interessiert und durch sie determiniert ist, können ja die Strukturen einen autarken Gegenstand abgeben. Es fehlt das, was Max Webers Werk den kultursoziologischen Stempel selbst dann noch aufdrücken würde, wenn es nicht an kultursoziologischen Fragestellungen orientiert gewesen wäre: das Gefühl für die Vieldimensionalität der menschlichen Motivations- und Verständnislagen, die von der heutigen Soziologie auf „das Gesellschaftliche" zurückgeschnitten werden müssen. Stets ist Max Weber sich darüber im klaren, daß der Sinn des Handelns sich ins Unendliche verzweigt und unvermeidlich über „das Gesellschaftliche" hinausreicht. Die Verengung, welche hier in der Soziologie Platz gegriffen hat, ist nun aber nicht das Ergebnis eines begründeten Entschlusses; sie folgt indirekt aus dem Ansatz, braucht also auch nirgends angekündigt und gerechtfertigt zu werden.

Und ganz entsprechend hat sich ja die Soziologie auch nie zu einer grundsätzlichen und ausdrücklichen Absage an die gesellschaftliche Bedeutung der Kultur verstanden. Dazu ist es nur im Umkreis des Marxismus gekommen, der die Gesellschaft radikal am Unterbau ihrer Produktionsverhältnisse festmachte und den Rest zum bloßen Überbau erklärte. Obschon sich daran bald die vielfachen Kontroversen über Real- und Idealfaktoren anschlossen, also über Ideen und Interessen, um mit Max Weber zu sprechen, ist die Soziologie Marx nicht gefolgt. Sie vergaß die Kultur eher, ohne sich darüber deutlich Rechenschaft zu geben. Oder besser: sie entwickelte auf kaltem Wege ihre eigene Überbau-Unterbautheorie, in der nicht mehr die rein ökonomischen, wohl aber die an den Strukturen festgemachten Interessen und Determinationen den Ausschlag gaben, und damit „die Gesellschaft" zur eigentlichen Wirklichkeit avancierte, die Kultur zum Schein und Überbau wurde. Insoweit ist die heutige Soziologie in ihren Hauptsträngen ein generalisierter Marxismus, der seine Überbau-Unterbau-Theorie praktiziert, ohne sie zu bekennen. Die Verdrängung der Kultur aus dem Umkreis der Soziologie ist auf stille Weise erfolgt. Und noch das ungemein einflußreiche Werk von Parsons bestätigt die Vermutung, daß das reduktive Gesellschaftsverständnis der heutigen Soziologie nicht durch eine klar verantwortete Entscheidung über die gesellschaftliche Macht der Kultur zustandegekommen ist.

Es gehört zu den wissenschaftsgeschichtlichen Paradoxien, daß die Strukturtheorie von Parsons entscheidend durch die amerikanische Kulturanthropologie geformt worden ist, die aus deutschen geisteswissenschaftlichen Traditionen die allgemeine Vorstellung gebildet hatte, daß im menschlichen Zusammenleben stets die Kultur als funktionale Bedeutungseinheit vorgegeben und überwiegend absichtslos, aber kunstvoll durch Sozialisation weitergegeben würde, welche die Einheit des Verständnisses und Handelns sichere. Diese Überzeugung, welche sich damals, unterstützt durch die Psychoanalyse, vorzüglich um das Thema *Culture and Personality* scharte, hat Parsons seinerseits in der Auffassung festgeschrieben, daß jede Gesellschaft über einen Grundstock allgemeiner Werte und Normen verfüge, welche sich integrierend über die Besonderungen der Rollen, Gruppen und Institutionen wölbten. Die Kultur wurde für Parsons eine fraglose Vorgegebenheit, welche die Gesellschaft erzeugte und folglich bei Störungen auch angemessen wiederherstellte. Sie bedurfte deshalb keiner soziologischen Behandlung. So liegt auch keinerlei Widerspruch darin, daß Parsons seinen Schülern ins Gewissen redete, die Kultur als eigene Größe, neben den Systemen von Mensch und Gesellschaft, nicht zu übersehen, obschon er selbst über die Kultur weiter nichts zu sagen wußte[4]. Daß man von der, ja auch nur bedingten, problemlosen Vorgegebenheit der Kultur in Primitivgesellschaften nicht generell auf die Problemlosigkeit der Kultur schließen durfte, fiel ihm nicht auf. Die strukturelle Theorie wurde im Vertrauen darauf entwickelt, daß jede Gesellschaft sich eine integrative Kultur erzeuge. Und der funktionale Einklang der Teile der Struktur war im Grunde die Übertragung des funktionalen Einheitskonzeptes, das die Kulturanthropologie für den Bedeutungskosmos der Kultur entwickelt hatte, auf die Struktur. Die als selbstverständlich vorausgesetzten integrativen Normen und Werte konnte es in der Tat nur geben, wenn auch die Struktur funktional stimmig war. Auf wunderlichen Wegen war der an Primitivgesellschaften entwickelte Kulturbegriff auf alle Gesellschaften übertragen, diese Annahme jedoch gründlich verdeckt worden. Ein Verständnis für die spezifischen Kulturprozesse, insbesondere deren Problematik in Hochkulturen und modernen Säkulargesellschaften konnte sich hier überhaupt nicht entwickeln[5].

Auf diese Weise ist aus dem ursprünglichen Gewinn einer Abstraktion das bedrückende Gehäuse eines Weltbildes geworden, das in steigendem Maße an der Wirklichkeit vorbeigeht. Besonders deutlich wird das dort, wo die Soziologie historisch oder prospektiv mit gesellschaftlichen Entwicklungen befaßt ist, also

---

4 Vgl. A.L. Kroeber und T. Parsons, The Concepts of Culture and of Social System, in: American Sociological Review, 23, 1958, S. 582ff.

5 Ungeachtet seiner historischen Kenntnisse ließ der Soziologe Parsons die zu „Normen und Werten" verblaßte Kultur als Geist über allen Gesellschaften schweben. Die Systemvorstellung seines evolutionären Optimismus verlangte die Versicherung, daß diese Werte sich angemessen von selbst bilden.

vergangene oder zukünftige Geschichte ansteht. Was leistet ein Fach zur Erklärung geschichtlicher Prozesse, das aus sozialen Strukturen mittels einer deskriptiven Erkennungsgröße, nämlich der sozialen Strukturierung und Differenzierung, einen eigenen und selbsttragenden Prozeß wie eine bloße Geschichtsautomatik entwickelt, in welcher die großen kulturellen Ereignisse – sagen wir die griechische Wissenschaft und Philosophie, die Religionsstifter und Reformatoren, wie Buddha, Christus, Mohammed, Luther, und ebenso die Aufklärung, der Marxismus und der Nationalismus – wie unwesentliches Beiwerk wegfallen oder die von ihnen ausgelösten und mitunter Jahrtausende bestimmenden Entwicklungen, welche vielfach noch heute unsere Wirklichkeit prägen, als Ausfluß sozialer Situationen abgeleitet werden? Der Glaube an die Selbstdetermination der Gesellschaft, die sich in Jungfernzeugung fortschreibt, führt dazu, daß sich die Soziologie Geschichte ersinnt, weil sie von den Einbruchsstellen, in denen ganz andere Realitäten umformend und umstürzend in die Gesellschaft eindringen, keine Vorstellung besitzt. Kein Wunder also, daß auch ihre Vorausblicke mangels Einbeziehung der nicht im engeren Sinne sozialen Wirklichkeitsschichten so oft an der Wirklichkeit vorbeigreifen, wie bei der jüngsten Kulturrevolution. In allen Entwicklungen stecken eben zugleich kulturelle und sonstige Tatsachen neben den sozialen.

Im Zuge ihrer Entwicklung sind somit die kulturellen Ansätze, Einschlüsse und Verständnisse der Soziologie zerrieben worden. Diltheys Plädoyer für eine Berücksichtigung der Kultursysteme gilt der heutigen Soziologie als Anathema. Von Simmel, einem eminenten Doctor utriusque der Wirklichkeit, sind nur jene Ansätze einer formalen Soziologie übriggeblieben, die sich bei ihm erst durch die Beherrschung und Berücksichtigung historisch-kultureller Realitäten belebten. Max Scheler ist es ähnlich ergangen, von Alfred Webers Versuch einer Kultursoziologie zu schweigen. In Max Weber sieht die Mehrzahl der Soziologen noch immer den Propheten der Strukturtheorie, dessen Werk testbare Hypothesen liefern soll. Aus dem Impetus, den die Kulturanthropologie der amerikanischen Soziologie gebracht hat, sind Platitüden, entschärft und eingeordnet, übrig geblieben, wie „shared social heritage", „culture traits and patterns" und ein mißverstandener Begriff der „Sozialisation"[6]. Überall wird der Bereich der Kultur, teils auf Einzelrollen aufgeteilt, teils als vage Sphäre allgemeiner Werte vorgegeben. Kultur wird zu einem sozialen Faktum, das einzig dem Funktionieren der Gesellschaft dient. In dieser kastrierten Form gehört der Rückgriff auf „Kultur" zur salvatorischen Klausel mancher Einführungen in die Soziologie, um dann um so gründlicher vergessen werden zu

---

6 Die „Sozialisation" war ursprünglich die Einführung in die Kultur und wurde von T. Parsons und R.F. Bales, Family: Socialization and Interaction Process, Glencoe, Ill., 1955 ausdrücklich so beschrieben. Die Sozialpsychologie beförderte die Bedeutung des „sozialen Lernens", das in der Folge in rollen- und gruppenspezifische Vorgänge aufgelöst wurde und mit der Renaissance des Marxismus den Charakter der gesellschaftlichen Dressur annahm. In seiner heruntergekommenen Form wurde der Begriff von den Erziehungswissenschaften bei ihrer Bekehrung zur Sozialwissenschaft ahnungslos übernommen und zum Grundstein ihrer Theorien und Reformen gemacht, ohne jeden Versuch, sich der problematischen Bedeutung des Begriffs zu versichern. Man muß das wohl Wissenschaft aus dritter Hand nennen.

können. Die interessanten Ansätze sind meist in soziologischen Langweiligkeiten erstickt worden, so etwa Alvin Gouldners „Enter Plato", und gute soziologische Arbeiten über Kultur findet man am ehesten bei Autoren, die von der Soziologie nichts wissen, wie Auerbach oder Snell, bei Literaturwissenschaftlern, Theologen, Historikern, allenfalls noch bei soziologischen Außenseitern.

Das sind keine Zufälle und Pannen, es ist der Zug der Soziologie, in deren Segel der Wind der Zeit bläst. Bei dieser Lage der Dinge läßt sich kaum die Frage vermeiden, welche Umstände denn die inzwischen zur Selbstverständlichkeit eingeschliffene Verengung der Gesellschaft auf ihre Struktur, und damit ja doch auch die Erhebung dieser Struktur zur eigentlichen gesellschaftlichen Wirklichkeit bewirkt haben.

3. Die Gründe für die Ausblendung der Kultur

Die Reduktion der Gesellschaft auf ihre Struktur ist das Ergebnis verschiedener Hemmungen und Schwierigkeiten gewesen, welche die vielfachen Ansätze zu einer Kultursoziologie zunichte gemacht haben. Eine wichtige Rolle hat das methodische Konzept einer streng empirischen und systematischen Wissenschaft gespielt, wie es sich vor allem in der amerikanischen Vorstellung einer „social science" durchsetzte. Der empirische Charakter des Faches ließ sich leichter an den anscheinend objektiv faßbaren strukturellen Tatsachen als an der Luftigkeit der Kulturtatsachen festmachen, die nirgends eindeutig bestimmbar zu sein schienen, also auch keine isolierbaren Variablen für die ersehnte Systematik einer Gesetzeswissenschaft in Aussicht stellten[7]. Die Kulturtatsachen setzten durch ihre auffällige Individualität ferner dem Entwicklungsgedanken und dem Vergleich Widerstand entgegen. Die Kulturtatsachen präsentierten sich historisch in einer Vielzahl unvergleichbarer Ordnungen, wo die Gesellschaftsstrukturen sich in die Kontinuität einer Entwicklungsreihe zu ordnen schienen. Die Kultur sperrte sich gegen das Konzept der Gesetzeswissenschaft, und die gelegentlichen Versuche in dieser Richtung endeten kläglich. Dem methodischen Zugriff auf die äußeren Tatsachen, wie ihn Naturalismus und Behaviorismus forderten, Positivismus und Sozialforschung mindestens förderten, mußten gerade die Kulturtatsachen entgehen, ja überhaupt die Ideen und Bedeutungen, die ganze Innenseite des Handelns, woran die Kultur so oder so hängt, ein Greuel sein. Zu all dem kam endlich noch der zur akademischen Legitimation gehörige Wunsch, einen unverwechselbaren Gegen-

---

7 Die verschiedenen Wellen des älteren Positivismus haben stets Versuche ausgelöst, „ein natürliches System geschichtlicher Perioden" (Ottokar Lorenz, Die Geschichtswissenschaft in Hauptrichtungen und Aufgaben, Leipzig 1880) im Sinne äußerer Regelmäßigkeiten zu finden. Auch spätere Versuche wie A.L. Kroeber, Configurations of Culture Growth, Berkeley and Los Angeles 1944, endeten kläglich oder beeinträchtigten, wie bei P.A. Sorokin, vernünftige Ansätze. Mit der Erwartung äußerer Regel- oder Gesetzmäßigkeiten konnte die Soziologie den Kulturtatsachen nirgends beikommen und ließ sie deshalb aus dem Spiel.

stand zu besitzen, den man nicht mit anderen Disziplinen teilen mußte. Die Struktur kam allen diesen Wünschen entgegen.

In die gleiche Richtung mußten alsdann die praktischen Zwänge, Interessen und Pflichten wirken. In dem Maße auf Abnehmer angewiesen, wie sie eine öffentliche Rolle als wissenschaftlicher Ratgeber spielen wollte, mußte die Soziologie sich auf die nächstliegenden Interessen ihrer potentiellen Abnehmer einlassen, die ein möglichst verwaltungsmäßig einsetzbares Wissen benötigten. Der Druck der sozialen und politischen Probleme, die entweder selbst Strukturprobleme waren oder unter gegebenen Bedingungen nur Strukturmaßnahmen als Lösungsversuche zuließen, verlieh dieser Arbeit der Soziologie das Gewissen sozialer Verantwortung.

Aus diesen, methodischen und praktischen, sachlich also äußerlichen Gründen gerieten die Kulturtatsachen in dem Maße aus dem Bewußtsein, wie sich die soziologische Arbeit auf Strukturfragen verengte. Diese Verdrängung wurde schließlich institutionell befestigt, als die Soziologie zu einem Fach professionalisiert wurde, das seinen eigenen Nachwuchs auf eine rein soziologische, und das hieß eben: strukturelle Ausbildung einengte. Von nun ab fehlte den Soziologen die schlichte Kenntnis der empirischen Kulturtatsachen, die nun einmal von den Geisteswissenschaften festgehalten werden. Diese Ignoranz verhalf der Beschränkung auf die Struktur zu einem guten Gewissen und entzog dem Kulturbegriff jenes Fundament von Tatsachen, die ihm Kredibilität verleihen.

Der Rückzug auf die Gesellschaft fand allerdings Halt in anderen Tatsachen, und zuerst einmal in mächtigen Zeitströmungen. Die Sache der Soziologie war von vornherein verkettet mit den Perplexitäten der Industrialisierung und Modernisierung, die dem Menschen die Gesellschaft als die entscheidende Matrix seines Daseins aufdrängte. In der Tat rückte in der Massendemokratie der geistige Lebensraum der Kultur als scheinbar folgenloses Beiwerk an den Rand. Unter dem Druck dieser Tatsachen und befördert vom nun wirksamen Marxismus, setzte sich um die Jahrhundertwende die Tendenz einer neuen Geschichtsauffassung durch, die ihren simpelsten Ausdruck in der Polemik gegen die bisherige Ideengeschichte fand. Was eine heilsame Korrektur hätte sein können, verstieg sich oft genug zu der grundsätzlichen Überzeugung, daß die Geschichte – und so wurde es ausgedrückt – die Geschichte des kleinen Mannes und der Massen sei – wobei mit gemeint war: und dies auch sein solle. So nahm die Kultur, welche früheren Generationen wie eine greifbare Realität erschien, den Zug des Irrealen und Suspekten an. Und in der Tat geriet in dieser Entwicklung ja die Kultur, in der Figur, welche das 19. Jahrhundert ihr gegeben hatte, ins Abseits. Schon von Goebbels ging das Wort um: „Wenn ich Kultur höre, ziehe ich meinen Revolver". Aber man müßte blind sein, um zu übersehen, daß dem Nationalsozialismus die kulturelle Herrschaft mindestens ebenso wichtig war, und auch sein mußte, wie die soziale und politische. Wenn die Kultur im Sinne und in der Gestalt des 19. Jahrhunderts verschwunden ist, so sollte man das feststellen. Dann aber erhebt sich sofort die Frage, welcher Gestaltwandel vor sich gegangen ist, in welcher neuen Figur – und in welcher Lage – die Kultur heute ist. Aber die Soziologie, anstatt diese doch tiefgehende Verschiebung der allgemeinen Wirklichkeitskoordinaten festzustellen, hat sie nur festgeschrieben. Anstatt ihrer Zeit das Maß zu nehmen, hat sie ihr Maß von der Zeit genommen.

4. Aufstieg und Niedergang des Kulturbegriffs als Ausdruck des Kulturwandels

Erst das 19. Jahrhundert hat den gesellschaftlichen Kulturbegriff geschaffen, in dem die Kultur zu einer eigenen Macht mit eigenem Inhalt wurde[8]. Herder, in Deutschland fast vergessen und nun im Ausland als revolutionärer Denker wieder entdeckt[9], hat die universalistische Fortschrittsidee der Aufklärung mit der folgenreichen Erkenntnis durchbrochen, daß die Völker geschichtlich gewordene Kulturen von unverwechselbarer Eigenart seien, und die Geisteswissenschaften haben diesen Kulturbegriff durch ihre historische und systematische Arbeit vertieft.

Allein der Kulturbegriff des 19. Jahrhunderts war nicht bloß das Ergebnis und Werkzeug der wissenschaftlichen Forschung. Er gehört zwar der Dogmengeschichte, aber ebenfalls der Gesellschaftsgeschichte an, weil er bekanntlich zu einem zentralen Selbstverständnis der damaligen Gesellschaft wurde. Vor dieser bedeutenden Tatsache steht die heutige Soziologie mit ein paar strukturellen Kommentaren – Bildung als Mittel des Aufstiegs, Herrschaftssicherung durch Kulturpflege, Ideen als Flucht aus der Politik – hilflos. Daß der Kulturbegriff in diesem Jahrhundert aus dem Selbstverständnis verschwindet, zur gesellschaftlichen Nebensache des Kulturbetriebs herabsinkt und einem reinen Gesellschaftsbegriff Platz macht, fällt dann als erwartbare Normalisierung erst gar nicht auf. Hingegen muß man in dem Aufstieg und Zerfall des Begriffes einen bedeutenden Vorgang der Gesellschaftsgeschichte sehen, einen Wandel des kulturellen Selbstverständnisses und der kulturellen Lage, der einschneidende Folgen für das gesamte gesellschaftliche Dasein hat. Gewiß gingen in den Kulturbegriff des 19. Jahrhunderts die Erkenntnisse der Geisteswissenschaften ein. Doch erst die eigenartige Kulturlage trug den Begriff in den Rang eines gesellschaftlichen Selbstverständnisses und reicherte ihn entsprechend mit weiteren Elementen an. Und ebenso ist der Niedergang des Begriffs in diesem Jahrhundert das Ergebnis einer neuen Kulturlage.

Die ursprünglichen Kulturmächte traten stets als selbstverständliche Wirk-

---

8 Bis in das 18. Jahrhundert hinein war der Ausdruck in allen Sprachen an einen Genitiv, der das zu kultivierende Objekt anzeigte, gebunden und blieb es in Frankreich, das an Stelle der Kultur die Zivilisation zum tragenden Begriff machte, bis vor kurzem, während sich in Deutschland, England, Rußland und anderen Ländern, mit diesen oder jenen Maßgaben, der Kulturbegriff durchsetzte. Für England verfügen wir über eine zwar einseitige Studie, die aber doch als ein Versuch, den Wortgebrauch nicht nur begriffsgeschichtlich abzuhandeln, sondern auch soziologisch zu untersuchen, Beachtung und Nachahmung verdient hätte. Es handelt sich um Raymond Williams, Culture and Society 1780-1950, Harmondsworth 1958.
9 Und zwar von niemand Geringerem als Isaiah Berlin, Vico and Herder, London 1976.

lichkeit auf, für die erst aus einer problematischen Distanz heraus Allgemein-
begriffe wie Religion oder Mythos nötig und möglich wurden. Nicht anders
steht es mit dem Kulturbegriff, der erst gebildet werden konnte, als die überlieferten Kulturmächte in eine neuartige Distanz traten, hier aber auch entstehen
mußte. Als Selbstverständnis war der Kulturbegriff die treffende Beschreibung
der Mächte, welche mit der Säkularisierung das Erbe der geistigen Autorität
der Religion angetreten hatten.

Trotz Not und Streit fand das Mittelalter Verlaß in der Religion, die, von
der Kirche institutionell gehütet, dem Menschen einen festen Platz in der
Weltordnung und damit einen Fixpunkt geistiger und moralischer Orientierung
gab. Die Erschütterung der Reformation drängte auf den säkularen Staat, der
Rechte und Pflichten in weltlicher Argumentation aus der Natur und Vernunft
des Menschen als Gattungswesen begründen und die Religion zur Privatsache
erklären mußte. So traten Philosophie und Wissenschaft als unbeschränkt un-
abhängige Mächte mit dem Anspruch auf geistige und sittliche Führung neben
den Glauben. Auch sie stellten sich anfangs als die nun offenbar gewordene
Selbstverständlichkeit vor, teilten sich aber in verschiedene Ideenströme. Der
Mensch stand zwischen Kulturmächten, den alten, die ihm nahe waren, und
den neuen, die unter sich uneins waren. Neu an dieser Situation war auch,
daß es keine Instanz mehr gab, die den Streit hätte entscheiden können. Und
neu war ferner, daß die modernen Mächte sich nicht endgültig auf eine feste
Botschaft eingrenzen ließen, vielmehr unaufhaltsam Erkenntnisse und Ideen
produzierten, ja doch sogar die Modernisierung der überlieferten Religion
zum Thema machten. Es war diese radikal neuartige Lage, in der der Streit
und die Produktion der Kulturmächte selbst Instanz der geistigen Verortung
geworden war, welche den Begriff der Kultur als treffende Bestimmung hervortrieb. Als Nachfolger trat an die Stelle der Überlieferungen und der Religion
die „Kultur", von der man sich nun Orientierung erwartete, sei es objektiv
als Weltanschauung oder subjektiv als Bildung. Durchaus folgerichtig waren
insofern die zahllosen Versuche, aus den neuen Mächten neue Religionen zu
entwickeln, die Wissenschaftsreligionen, die Bildungs- und Humanitätsreli-
gionen oder die politischen Religionen. Die Kultur, – das war die neue geistige
Autorität der Gesellschaft, und es bedurfte der Bildung, überhaupt der Teilnahme an der Kultur, um geistigen Grund und praktische Orientierung zu
finden, wie gerade auch die Arbeiterbildungsvereine zeigen[10].

Freilich sind in den Kulturbegriff noch manche andere Momente eingegangen. In doppelter Hinsicht wichtig waren die Nationalkulturen, die sich
aus der Überformung überlieferter Eigenheiten, Sitten und Einrichtungen durch
die neuzeitliche Religionsgeschichte, den säkularen Staat und die (oft in einer

---

10 Die Arbeiterbildungsvereine, keineswegs beschränkt auf praktisches Berufswissen, entwickelten
sich wesentlich aus dem Bedürfnis, die drei großen Bereiche der neuen säkularen Kulturbestände, nämlich zuerst die Ideen der Aufklärung und das nationale Bildungsgut, dann auch
das Weltbild der Naturwissenschaften nachzuholen. Die Formierung der Arbeiterschaft läuft
in hohem Maße über diese kulturellen Prozesse, welche die ökonomischen und politischen
Interessen erst schaffen, frei setzen oder richten.

„Klassik" kulminierenden) Formen eines weltlichen, durch Philosophie, Literatur und Kunst bezeichneten Wissens bildeten, das jeweils traditionsbestimmend wurde. Diese eigenmächtigen, schwer zu übersehenden Gebilde gingen einerseits als besondere Belege für die Macht der überlieferten Kultur in den Kulturbegriff ein. Andererseits formten diese säkularen Nationalkulturen überall die Vorstellung vom Verhältnis der kulturellen Mächte, dem Zweck ihres Wirkens und dem Ziel ihres Streits. So bildeten sich die europäischen Völker verschiedene Vorstellungen von der Kulturlage der säkularen Gesellschaft, die sich in den verschiedenen Färbungen des Ausdrucks, oder, wie in Frankreich, in der Wahl eines anderen Ausdrucks (civilisation) zur Beschreibung der Kulturlage niederschlugen[11].

Wie immer der Begriff oder seine Färbung, das Selbstverständnis der Gesellschaft des 19. Jahrhunderts als Kultur verdankte sich objektiv einer neuen Kulturlage. Die vormodernen Gesellschaften bieten sich dem Beobachter unübersehbar als Kulturen dar mit ihrem in Religion oder Mythos investierten Weltbild, das in Kulten und Riten vollzogen und in Sitten und Bräuchen Verhalten wird. Soziale Instanzen sorgen für die Aufrechterhaltung der inhaltlich fixierten Kultur. Die moderne Gesellschaft erfaßt ihre Lage durch den Kulturbegriff, der vor allem die Beweglichkeit und Flüssigkeit der Kultur festhält, die nicht mehr an die Autorität fester Instanzen und Überlieferungen gebunden, fortlaufend geschaffen und festgestellt wird. Es entspricht dieser neuen Lage, daß der Begriff offen wird für die Berücksichtigung aller möglichen Mächte. Er gibt sich vor allem janusköpfig, indem er die Macht der Überlieferungen, der Ideen und Sitten, einbezieht und gleichzeitig die Kultur als Aufgabe in die Gegenwart stellt und als Prozeß in die Zukunft verlängert. In allen diesen Stücken brachte der Kulturbegriff mit seinen Varianten die Erfahrung der neuzeitlichen Gesellschaft exakt auf ihren Nenner. In ihm steckten die religiösen Umschichtungen und Verschiebungen, die Entstehung einer weltlichen Intelligenz als neuer Instanz und Öffentlichkeit, der Rang der alten und der Anspruch der neuen Mächte. Und die gesellschaftliche Realität dieses Selbstverständnisses schlug sich sichtbar nieder in der Existenz einer neuen Bildungsschicht, in dem Streit der großen Ideenbewegungen, in dem Anspruch der Kulturproduzenten und in den Erwartungen ihrer Klientel, das alles im Rahmen des Kulturstaates.

Wenn der vormodernen Gesellschaft der Kulturcharakter an die Stirn geschrieben war, so ist dieser auch an der neuzeitlichen Gesellschaft sichtbar. Die Soziologie mag ihre Versicherungen über die durch einen unaufhaltsamen Differenzierungsprozeß regulierte Ordnung des Weltlaufs verbreiten oder die Entstehung der neuzeitlichen Gesellschaft als Resultat sozialer Umschichtungen erläutern; sobald man die Neuzeit ohne vorgefaßte Theorien realistisch in den

---

11 Der in dem Rationalismus wurzelnde Fortschrittsbegriff der französischen Aufklärung, der eine streng gesetzmäßige universelle Entwicklung aufgrund des äußeren Fortschritts der Wissenschaften und Künste postulierte, bot keinen Raum für den Kulturbegriff, an dessen Stelle folgerichtig der Zivilisationsbegriff trat, der aber die gleiche Funktion des säkularen gesellschaftlichen Selbstverständnisses erfüllte.

Blick nimmt, wird die Rolle der Kulturmächte – der Reformationen und der Gegenbewegungen, der Wissenschaft, der Aufklärung und den folgenden Ideenströmungen, ohne die es keine säkulare Gesellschaft gäbe – unübersehbar. Die moderne Gesellschaft hat sich nicht in reinen Sozialprozessen formiert, die es auch vorher schon gegeben hatte. Sie ist in einem radikalen Wandel entstanden, der nicht bloß die Inhalte, sondern auch die Struktur der Kultur veränderte. Dieser Wandel fand teils an den sozialen Umschichtungen Halt, verlieh diesen jedoch erst jene charakteristische Eigenart, welche sie über bloße Umschichtungen zu Trägern der säkularen Gesellschaft hinauswachsen ließ. Anstatt die Wirklichkeit in eine anderen Disziplinen anvertraute Geistesgeschichte und eine soziale Strukturgeschichte auseinanderfallen zu lassen, müßte es entsprechend die Aufgabe der Soziologie sein, die ständige Verwebung dieser untrennbaren Bewegungen in der wirklichen Gesellschaftsgeschichte zu erfassen, die ihren Kulturcharakter nicht verleugnen kann. Man wird da auch über Max Webers Versuch, in diesem Sinne die Genese der Moderne zu erfassen, hinausgehen müssen, nicht nur, weil er nicht ausgeführt wurde, sondern auch, weil Lage und Frage sich inzwischen verschoben haben.

Denn jene neuartige Kulturgestalt, welche die westeuropäischen Gesellschaften im Vorgang ihrer Säkularisierung aus reformatorischen Bewegungen und aus der in die Aufklärung verlängerten Wissenschaft komponiert hatten, ist ja in der besonderen Form, in der das 19. Jahrhundert sie zu stabilisieren trachtete, erkennbar vergangen. Die Traditionen, ob sie nun aus der gemeinsamen abendländischen Überlieferung oder aus den Eigenbeständen der Nationalkulturen stammten, sind aufgezehrt oder abgeblaßt. Der Glaube, daß die Gesellschaft in einem durch die Arbeit der Kulturintelligenz getragenen Kulturprozeß auf einem vorgezeichneten Wege zur Lösung ihrer Fragen und Aufgaben kommen würde, existiert nicht mehr[12]; auch die zugehörigen sozialen Lagerungen, das Bildungsbürgertum und der Kulturstaat sind vergangen, und die Kulturintelligenz steht heute ganz anders in der Gesellschaft und versteht sich auch anders, so daß die literarische, künstlerische und geistige Kultur, wo nicht zum politischen Einsatz, zum Luxus oder Betrieb geworden ist. Die sozial formierte und politisch organisierte Massendemokratie sieht sich nicht mehr als eine Gemeinschaft, die ihre Aufgaben als Kultur und durch Kultur lösen kann und soll. Es sind soziale und politische Probleme, Kräfte und Entscheidungen mittels Meinungsbildung, Interessenausgleich und technischer Überlegung, die gebieterisch die Szene einnehmen. Dieser offenkundige Wandel hat zur Verdrängung der Kulturfragen aus den Sozialwissenschaften beigetragen. Kultur, wie das 19. Jahrhundert sie verstand, ist inzwischen randständig geworden[13]. Aber es wäre töricht, daraus zu schließen, die Kultur sei verschwunden. Sie hat ihre Gestalt, gewiß auch ihre Inhalte verändert, und es ist die

---

12 Obschon man weitgehend noch wie selbstverständlich mit technischen, wirtschaftlichen und sozialen Fortschritten rechnet, ist der Fortschrittsbegriff zweifelhaft geworden, und gerade das Vertrauen in die Wissenschaft und den Kulturfortschritt hat sich verloren.

13 Sprachliche Neuerungen wie „Kulturbetrieb", „Freizeitkultur", „Alltagskultur" u.ä. registrieren diese Verschiebung.

Aufgabe der Soziologie, die neue Gestalt der Kultur zu entdecken, um die heutige Gesellschaft in ihrer Kulturdimension zu begreifen. Die Kultursoziologie, wenn sie die Gegenwart nicht aussparen will, darf sich also nicht am Kulturbegriff und Kulturverständnis des 19. Jahrhunderts, überhaupt nicht an früheren Gestalten der Kultur orientieren, ansonsten sie auf randständige Erscheinungen und schiefe Fragestellungen gelenkt würde. Ihre Hauptfrage muß vielmehr sein, wie sich die heutige Gesellschaft als Kultur konstituiert. Wenn die Kultur in ihren früheren Gestalten verschwunden ist, so ist die neue Gestalt, in die sie sich verwandelt, aufzuspüren. Das aber ist wie stets die Frage, wie, wo und von wem die Ideen produziert, befördert und verbreitet werden, die den wechselnden und schwankenden Interessen erst Richtung und dem Handeln erst Ziel und Legitimation geben. Das 19. Jahrhundert fand sich in dieser Hinsicht an eine umschriebene Kulturintelligenz verwiesen, die Th. Geiger noch einmal zu bestimmen versuchte. Aber im Zeitalter der Massenmedien, der Erziehungsgesellschaft, der Verbände, des Pluralismus und des politisch verwalteten Kultur- und Bildungsbetriebs ist die Intelligenz nicht mehr einfach mit der Kulturintelligenz im alten Sinn gleichzusetzen. Was ist und wie bildet sich die Intelligenz dieser Gesellschaft? Wie ist diese Intelligenz sozial verortet? In welchen Ideenströmen steht sie und welche produziert sie? Welche ideellen Loyalitäten und sozialen Identitäten bewegen sie? Welche Rolle und Aufgabe beansprucht sie? Welche Macht besitzt sie aus eigener Kraft, welche durch die Verbindung mit sozialen und politischen Kräften? Welche Ideen, Probleme und Alternativen sind überhaupt im Spiel, und um welche Achsen ordnen sie sich?

Diese Art Fragen muß die Kultursoziologie in den Mittelpunkt rücken. Das Feld ihrer Probleme dehnt sich, wie die obige Topologie gezeigt hat, ins Endlose. Wenn sie nicht zersplittern will, muß sie sich stets an ihrer zentralen Aufgabe orientieren, die Gesellschaft als Kultur zu bestimmen, was unvermeidlich zu der Frage nach der jeweiligen Intelligenz, deren sozialer Stellung und geistigen Produktion führt. Das bietet bei den vormodernen Gesellschaften kaum grundsätzliche Schwierigkeiten, wird aber diffizil, sobald man zu der säkularen Gesellschaft der Neuzeit, und vollends, wenn man zur heutigen Gesellschaft kommt. Diese Gesellschaft in der Eigenart und Problematik ihrer neuartigen Kulturgestalt zu entdecken, und damit auch erst angemessen zu begreifen, gehört zu den großen Herausforderungen einer realistischen Soziologie.

5. Die praktische Bedeutung der Kultur

Die Frage, welche Rolle der Kultur in der Gesellschaft zufällt, ist nicht bloß akademischer Natur; sie hat im Gegenteil eine wesentlich praktische Bedeutung. Denn jede Gesellschaft muß mit Schwierigkeiten rechnen, die nur kulturell gelöst werden können. Wenn die Gesellschaft eine Urtatsache ist, so ist es die Kultur nicht minder, deren praktische Bedeutung sich daran erweist, daß es keine Gesellschaft ohne Kultur gibt. Nirgends haben Menschen sich mit strukturellen Gliederungen, Einrichtungen und Regelungen zufrieden gegeben, wie wirtschaftlich erfolgreich und sozial befriedigend diese auch sein mochten. Die Universalität der Religion macht aufs deutlichste klar, daß die menschlichen Bedürfnisse über die gesellschaftliche Selbstbehauptung hinausgehen. Nirgends tritt der Mensch als reines Gesellschaftswesen auf. Überall finden wir ihn als Kulturwesen, das sich eine Welt von Bedeutungen erzeugt, welche jenseits der gesellschaftlichen Tatsachen liegen, wie immer sie auch mit diesen verflochten oder durch diese bedingt sein mögen. Lebensfähig ist die Gesellschaft, wie die Geschichte ausnahmslos und eindringlich lehrt, weil sie als Kultur die Grenze ihrer eigenen Wirksamkeit anerkennt. Sie ist ohne eine taugliche Kultur so wenig lebensfähig wie ohne eine taugliche Struktur. Wenn sie im Wandel der Verhältnisse an strukturellen Problemen scheitern kann, so muß sie auch mit kulturellen Problemen rechnen, die eben nur durch kulturelle Lösungen bewältigt werden können. Ihre Existenz ist grundsätzlich nicht weniger ein kulturelles als ein strukturelles Problem.

Die Kultursoziologie kann und sollte denn auch ihre praktische Bedeutung an den Fragen erweisen, die für die Soziologie drängend im Raum stehen. Daß die Probleme der Entwicklungsländer weitgehend kultureller Natur sind, liegt nachgerade zu Tage, ohne daß deshalb schon die Konsequenzen gezogen wären. Und ähnlich geht es mit anderen Problemen. Die Einwanderer, vor allem die im Land verbleibenden Gastarbeiter, werden als ein Problem der sozialen Eingliederung betrachtet, ohne die schweren kulturellen Probleme in Rechnung zu stellen, die der Vorgang für beide Seiten aufwerfen wird. Noch dringlicher wird der kultursoziologische Beitrag bei anderen Problemen, wo die sozialwissenschaftlichen Erklärungen oft nur als Meisterleistungen in der Kunst angesprochen werden können, die zu erklärenden Phänomene beiseitezuschieben. Der Terrorismus jedenfalls ist durch die Erforschung des Herkunftmilieus der Täter oder durch Rekurs auf soziale Konstellationen überhaupt nicht in Sicht zu bekommen, geschweige denn zu erklären. Denn alle diese „Ursachen" könnten zu hundert anderen und völlig verschiedenen Reaktionen führen und haben das ja auch getan. Warum sie zum Terrorismus führen, und warum es überhaupt wieder Terrorismus gibt, diese doch eben entscheidende Frage wird dabei übergangen. Ähnlich abwegig sind überwiegend die nachträglichen Erklärungen des Studentenprotestes, der Kulturrevolution oder der neuen Jugendsekten gewesen. Das gilt gerade auch dort, wo man die gar nicht zu schließende Kluft zwischen den angeblichen sozialen Konstellationen, als Ursachen, und den Erscheinungen, als Wirkungen, mit so nichtssagenden Begriffen wie „mangelnde Identität" oder gar „fehlender Sinn" zu kaschieren versucht. Solange man im Gehäuse dieser strukturellen Erklärungen verbleibt, kann man weder die Erscheinungen noch deren Ursachen angemessen erfassen, und das eben, weil man die inhaltlichen und geistigen, also die kulturellen Phänomene einfach ausklammert und damit den Charakter der Probleme verkennt.

Erst wenn die Gesellschaft wieder als Kultur sichtbar wird, vermöchte die

Soziologie auch neuartige Tatsachen und Veränderungen zu entdecken, die durch ihre bloß strukturellen Raster durchfallen. Der Realismus müßte schon bei dem Gesellschaftsbegriff beginnen, dem die Soziologie in ihren gängigen Argumentationen eine selbstverständliche Wirklichkeit unterstellt, obschon ihm die wesentliche Eigenschaft eines Begriffs, nämlich Kriterien zur Identifizierung seiner Objekte, fehlt. Unverkennbar ist der Begriff der vormodernen Welt verschuldet, in der Stämme, Völker, Staaten überwiegend als erkennbar getrennte Einheiten bestanden, in denen politische Selbständigkeit und kulturelle Geschlossenheit in der Regel übereinstimmten. Nicht zufällig ging Talcott Parsons ja auch davon aus, daß jeder Gesellschaft eine Kultur entspreche; aber nicht zufällig auch haben Simmel und Max Weber einen solchen schematisch reifizierten Gesellschaftsbegriff abgelehnt, weil sie die verschiedenen Dimensionen der Vergesellschaftung, und folglich die Überschneidungen und Verwerfungen sozialer Gebilde, die nur in Sonderfällen eine Zerlegung in getrennte Einheiten erlauben, klar vor Augen hielten[14]. Der Soziologie wäre gedient, wenn sie wieder zwischen politischer und kultureller Vergesellschaftung (von anderen Dimensionen hier zu schweigen) zu unterscheiden lernte. Offenbar macht ja die staatliche Selbständigkeit noch nicht eine Gesellschaft, ansonsten man gar die Slowakei von Hitlers Gnaden für die paar Jahre ihrer Existenz als Gesellschaft ansprechen müßte. Aber war das Habsburger Reich eine Gesellschaft? Sein Bestand scheiterte jedenfalls nicht zuletzt an seiner national-kulturellen Vielfalt. Wenn die Soziologie einerseits Gruppen wie die Eskimos, die Navajos oder die Zigeuner wegen ihrer kulturellen Identität als Gesellschaften anspricht, so müßte sie eben auch nach der kulturellen Identität, als einer konstituierenden Dimension von Gesellschaften, fragen, wenn sie andererseits Staaten wegen ihrer politischen Selbständigkeit als Gesellschaften klassifiziert[15].

---

14 Simmel weigerte sich ausdrücklich, in der Gesellschaft etwas anderes zu sehen als eine Vielzahl verschiedener Vergesellschaftungen. Das war auch Max Webers Auffassung.

15 Es gehört zu dem evolutionären Inventar der Soziologie, daß sie die soziale Wirklichkeit in „Gesellschaften" als Untersuchungseinheiten aufteilt, diesem Begriff aber absichtsvoll keine Kriterien beifügt. Es wird höchste Zeit, wieder zu den Vorstellungen Simmels und Webers zurückzukehren, für die sich nicht nur innerhalb einer Gesellschaft verschiedene Vergesellschaftungen in- und übereinander schoben, sondern grundsätzlich verschiedene Einheiten bestanden, die nicht zur Deckung gebracht werden konnten, also kulturelle, politische, staatliche, ethnische usw. Vergesellschaftungen durcheinanderliefen, welche die Soziologie im Spiel halten oder je nach Fragestellung auswählen muß. So hat Max Weber beispielsweise für seine universalgeschichtlichen Studien die Kulturkreise der Weltreligionen für die entscheidenden Einheiten gehalten, die nach gängigem Gesellschaftsbegriff gar nicht existieren dürften. Der soziologische Gesellschaftsbegriff schottet das Dach denn auch gegen wesentliche Entwicklungen ab. Die grenzüberschreitenden Prozesse, Gebilde und Vergesellschaftungen sozialer, politischer oder kultureller Natur kommen nicht in den Blick, weil sie durch die Brille dieses Gesellschaftsbegriffs nicht gesehen werden können, und selbst die Eigenarten der „Gesellschaften" drohen stets hinter dem Gesellschaftsmodell zu verschwinden. Schon die Konstruktion der gesellschaftlichen Entwicklung als einer Differenzierung oder Modernisierung, die, sieht man einmal von speziellen Übertragungs- und Imitationsprozessen ab, im Grunde in einer Gesellschaft abgelaufen ist, zeigt, wie tief die Soziologie in die Ansätze des evolutionären Denkens des 18. Jahrhunderts verstrickt geblieben ist. Sie arbeitet im Grunde noch immer

Wo der Gesellschaftsbegriff so vage und nebulös wird, fallen wichtige Tatsachen und Entwicklungen aus der Wahrnehmung heraus. Das Verblassen der Nationalkulturen, die die Gesellschaften der Neuzeit getragen, geprägt und verändert haben, ist bisher von der Soziologie kaum zur Kenntnis genommen, geschweige denn in seiner Bedeutung erkannt worden. Für die Entwicklung noch folgenreicher ist es jedoch, daß damit eine Internationalisierung der Intelligenz Hand in Hand geht, die in dem internationalen Wissenschaftsbetrieb und in den internationalen Organisationen ihren strukturellen Ausdruck findet. Die Loyalitäten und Identitäten der heutigen Intelligenz sind auf der soziologischen Weltkarte der „Gesellschaften" gar nicht zu verorten. Die Produktion einer internationalen Einheitskultur, deren Erfolg dahingestellt bleibt, ist ja ersichtlich im Gange. Es gibt eben nicht nur die zwischenstaatlichen Abmachungen, die internationalen Organe und die politischen Blockbildungen, welche sich im Gebiet der politischen und wirtschaftlichen Fragen über die Souveränität der Gesellschaften schieben; es treten auch überstaatliche, übergesellschaftliche kulturelle Gruppierungen auf, sei es in der Form der Renaissance alter religiöser Kulturkreise, wie etwa im Islam, sei es in der Form der großen internationalen politischen Ideenströme, sei es eben in der Form einer internationalen Kulturintelligenz, die in der Internationalisierung des Wissenschafts- und des Kulturbetriebs an der Produktion eines einheitlichen geistigen Weltbildes arbeitet und für dessen praktische Durchsetzung zahlreiche Instrumente in der Hand hat, unter denen die UNESCO oder der PEN nur die offensichtlichsten sind. Daß die Kulturintelligenz in den meisten Ländern heute nach außen blickt, ihre Maßstäbe und Probleme, und weitgehend ja auch ihre Anerkennung und Unterstützung, von außen erhält, insofern zu ihrer eigenen Gesellschaft, die sie nur noch als Fall eines universalen Modells zu betrachten vermag, in eine Distanz gerät, ist eine tiefgreifende Veränderung, die durch die Brille eines bloß strukturellen Gesellschaftsbegriffs gar nicht wahrgenommen werden kann. Die Gesellschaften haben ihre kulturelle Immunität verloren, und weltweit wandern und mischen sich Bestandteile und Überlieferungen der verschiedensten Kulturen. Eine Soziologie, die diese hier nur angedeuteten fundamentalen Veränderungen in ihrem Ausmaß gar nicht wahrnehmen kann oder im unübersehbaren Einzelfall, wie bei den Jugendreligionen, mit strukturellen Ursachen erklären und strukturellen Maßnahmen heilen will, bietet wenig Aussicht auf eine realistische Einschätzung der gesellschaftlichen Wirklichkeit und Entwicklung.

Schließlich soll noch auf den vielleicht wichtigsten Dienst wenigstens hingewiesen werden, den die Kultursoziologie, wenn sie ihre Aufgabe ernst nimmt, der Soziologie und damit der Gesellschaft leisten könnte. Die Wiederentdeckung der Gesellschaft als Kultur könnte uns nämlich wieder die Augen öffnen für die einfache Tatsache, daß die Kultur mit der Säkularisierung nicht nur als Überlieferung, sondern als Aufgabe existiert. Sie ist nicht mehr nur

mit einem evolutionären Ein-Gesellschaft-Modell. Vgl. dazu meine Ausführungen, F.H. Tenbruck, Die Soziologie vor der Geschichte, in: P.C. Ludz (Hrsg.), Soziologie und Sozialgeschichte, Sonderheft 16 der KZfSS, Opladen 1972, S. 29-58.

etwas Feststellbares, sondern ein Problem, das jede Gesellschaft vor die Frage zwingt, wie sie sein will. Diese einfache und grundlegende Tatsache ist durch die Entwicklung der Sozialwissenschaften zunehmend verdunkelt worden. Insbesondere ist die Sozialwissenschaft durch eine verhängnisvolle Auslegung des Postulats der Werturteilsfreiheit in ein Dilemma mit gesellschaftlichen Folgen geraten. Das rüde Erwachen aus dem Traum, daß sich mit dem Fortschritt der Wissenschaft und Kultur die wahren Werte immer deutlicher manifestieren müßten, hat stets zu Versuchen geführt, die Wertfragen nicht nur aus der Wissenschaft, sondern aus der Gesellschaft auszuklammern[16]. Das gelang, wo ein ungebrochener Glaube an die soziale Evolution herrschte, wie bei Parsons, durch die Annahme, daß die Gesellschaft allemalen die ihr und ihrer Entwicklung angemessenen Werte erzeugen werde. Wo die kulturelle Überlieferung der Nation weniger sicher war als in Amerika, so in Deutschland seit dem Ersten Weltkrieg, da drängt das Axiom zu einer Konstruktion, welche die Wertfragen aus den gesellschaftlichen Prozessen, und jedenfalls aus den gesellschaftlichen Steuerungen und Entscheidungen möglichst ausklammerte. Und das lief auf die Idee hinaus, die „Wertfragen" zu privaten Angelegenheiten zu machen, die von Kirchen und ähnlichen Gruppierungen zu beantworten oder im persönlichen Leben zu lösen und zu verwirklichen seien[17]. Das wiederum kam einer bloß strukturellen Konzeption der Gesellschaft entgegen, welche in „Werten" kaum mehr als Verlängerungen von Interessen zu sehen vermochte. Beschränkung der gesellschaftlichen Meinungs- und Entscheidungsprozesse auf die dafür bereitgestellten politischen Organisationen und Mechanismen; rationaler Interessenausgleich bei wirtschaftlicher, sozialer und politischer Mitbeteiligung; Beschränkung dieser Prozesse auf Fragen der äußeren Daseinsumstände, denen man allenfalls noch eine mysteriöse „Lebensqualität" anzuhängen vermochte; Lieferung der für rationale Entscheidungen nötigen Informationen durch die Sozialwissenschaft; das war das Konzept, mit dem die Sozialwissenschaft die Gesellschaft aus der Gefahrenzone der „Wertfragen" heraushalten wollte, je mehr sich ein Pluralismus breit machte, an dem die Sozialwissenschaft mehr als kräftig dadurch mitgewirkt hatte, daß sie das Axiom der Werturteilsfreiheit der *Wissenschaft* stillschweigend auf die *Gesellschaft* überwälzte, deren Werte sie, weil wissenschaftlich unbeweisbar, als bloß subjektives oder soziales Belieben charakterisierte.

In der Tat hatte Max Weber – nur soviel sei hier gesagt – die Werturteilsfreiheit nicht nur als sachlogisches Gebot der Wissenschaft aufgestellt, vielmehr zugleich als Bollwerk gegen jene „Götterdämmerung der Werte" angesehen, welche jede als Gesetzeswissenschaft betriebene Soziologie dadurch beförderte, daß

---

16 Man hat, wie ich demnächst darstellen werde, versucht, die von Max Weber der Wissenschaft verordnete Werturteilsfreiheit auf die Gesellschaft zu überwälzen.

17 Diese Konstruktion geht irrigerweise von der Annahme aus, daß alle Orientierungs- und Wertfragen nur durch Auskunft über einen letzten Sinn von Welt und Leben beantwortet werden können und deshalb unter Bedingungen geistiger Freiheit in der Tat dem Glauben des Einzelnen oder besonderer Gemeinschaften zu überlassen sind, welche, indem sie Orientierungsbedürfnisse absättigen, die Gesellschaft von störenden Sinnfragen entlasten.

sie, indem sie die Wirklichkeit als einen vermeintlich gesetzmäßigen Zusammenhang von Tatsachen und deren wiederum gesetzmäßiger Entwicklung darstellte − alle Wertfragen auf Entscheidungen über äußere Daseinsumstände reduzierte. Mit dem Gebot der Werturteilsfreiheit wollte Max Weber nicht nur die Wissenschaft von der Korruption ihrer Wertprätentionen, sondern zugleich den Menschen aus der Korruption seiner Wertungen befreien, welche dann eintritt, wenn die Wissenschaft nurmehr der Frage Raum zu geben weiß, wie die Menschen sich befinden, aber nicht mehr der Frage, wie sie sein werden, d.h. welche Art Kultur sie bilden wollen[18]. Deshalb führte ihn das Axiom der Werturteilsfreiheit eben nicht zu der empirischen Sozialforschung als politischer Informationsstelle, sondern zur kultursoziologischen Durchleuchtung, welche aus der geschichtlichen Genese der Situation das Verständnis für den Charakter und die Bedeutung der Alternativen liefern sollte[19]. Dahinter verbarg sich kein moralischer Dezisionismus, sondern die Achtung vor der Würde des Menschen, die er gerade an der moralisch unüberholbaren Stellungnahme zu den Kulturwerten festmachte. Er hätte die Hoffnung, daß sich „Werte" aus rationalen Diskursen ergäben, für einen gefährlichen Traum gehalten, aber auch den Glauben, daß eine Gesellschaft sich durch politische Entscheidungen über äußere Daseinsumstände erhalten, also die Wert- und Sinnfragen restlos ins Private abschieben könne, als intellektuelle Phantasie beiseitegeschoben.

Auch die säkulare Gesellschaft, welche nicht nur letzte Sinndeutungen freistellt, sondern überhaupt dem Pluralismus Raum gibt, bedarf dennoch der öffentlichen Werte, die nicht durch politische Abstimmung erzeugt werden können. Auch eine säkulare Gesellschaft erzeugt ihre Zukunft wesentlich über ihre Kultur, also in dem geistigen Bedeutungsraum, wo Traditionen weitergegeben, gesellschaftliche und geschichtliche Erfahrungen verarbeitet und neue Bedeutungen geschaffen werden, woran Erziehung, Bildung, Wissenschaft, Parteien, Kirchen und Massenmedien nur als die sichtbarsten, aber keineswegs als die einzigen Mächte beteiligt sind. Die Entwicklung läßt sich nicht rein als Strukturvorgang erfassen; überschießende Erscheinungen, so die vielberu-

18 Ich halte mich hier an die Formulierung, die Max Weber in der Freiburger Antrittsvorlesung (Gesammelte Politische Schriften, Tübingen 1958, S. 12) benutzt hat. Sie ist, soweit ich sehe, die früheste Fassung jenes bleibenden Motives (also: jener allgemeinsten „theoretischen Wertbeziehung"), das Max Weber in seinen Fragen leitete.
19 Schon Chr. v. Ferber, Der Werturteilsstreit 1909/1959, in: KZfSS, Jg. 11, 1959, S. 30, hat richtig „der verbreiteten und naheliegenden Ansicht" widersprochen, die Werturteilsfreiheit im Sinne Max Webers stelle die Geburtsurkunde der Soziologie als empirische Gegenwartswissenschaft dar. Es bedarf aber noch der Einsicht, warum Max Weber von der Werturteilsfreiheit zu seinem universalgeschichtlichen und kultursoziologischen Konzept fortschritt, und genauer: warum er dieser Art von verstehender Soziologie eine überlegene Gegenwartsbedeutung zusprach. J. Weiß, Max Webers Grundlegung der Soziologie, München 1975, hat das in einem lebensweltlichen Kontext herausgearbeitet. Es bleibt aber noch grundsätzlicher festzustellen, daß Max Weber, fernab von jedem Dezisionismus, die Aufschlüsselung der Kulturlage durch die verstehende Soziologie als Hilfe für ihre angemessen verantwortbare Bewältigung verstand. Gerade die unter das Gebot der Werturteilsfreiheit gestellte Soziologie sollte durch die objektive Darstellung der Kulturgenese Klarheit über die Kulturlage schaffen.

fenen Normen und Werte, lassen sich nicht als Abhub aus Strukturen ableiten. Stets erhalten die immer mehrdeutigen Tatsachen ihre Bedeutung erst durch Auslegung und Stellungnahme, die, wo sie nicht durch Traditionen geformt sind, kulturelle Innovationen darstellen, – vom alltäglichen Verhalten bis zu den großen Ideen. Die jüngste Kulturrevolution hat deutlich gemacht, daß solche Werte sich nicht als blinde Konsequenz der stets vieldeutigen sozialen Lagen ergeben, sondern in erheblichem Maße durch kulturelle Prozesse der verschiedensten Art erzeugt werden, die vom täglichen Austausch sozialer Erfahrung über den Bildungs- und Kulturbetrieb bis zu den öffentlichen Wertdiskussionen und bis zum Wissenschaftsbetrieb laufen. Auch diese Gesellschaft hat nicht nur von Fall zu Fall über äußere Daseinsumstände zu entscheiden, sondern muß sich immer wieder über die Kultur einigen, die sie sein will. Wer an diesem Punkte auf den „Polytheismus der Werte" und die Werturteilsfreiheit der Wissenschaft verweist, verfälscht Problem und Tatsachen. Denn so wie wir als Einzelne gezwungen sind, ungeachtet der Werturteilsfreiheit Stellung zu beziehen, so produziert auch die heutige Gesellschaft ungeachtet des sachlogisch unaufhebbaren Polytheismus gemeinsame, jedenfalls herrschende Werte und Bedeutungen, die in einer säkularen Gesellschaft keine totale Sinnauslegung der Welt beinhalten, aber doch kulturelle Einverständnisse artikulieren. Wenn wir, bei Strafe der Folgen, über die Daseinsumstände nicht ohne den nötigen Respekt vor den Tatsachen entscheiden dürfen, so können wir es auch nicht über die Kulturfragen unseres gesellschaftlichen Daseins. Nachdem die Soziologie die gesellschaftlichen Probleme auf Strukturfragen reduziert hat, benötigen wir deshalb eine Kultursoziologie, die uns wieder verständlich macht, um welche Art von Problemen es geht, in welchen Prozessen darüber entschieden wird und welche kulturellen Eigenbedingungen dabei im Spiel sind. Aus diesen Gründen bedürfen wir heute einer Kultursoziologie.

Gesellschaftsgeschichte oder Weltgeschichte?*

Vorbemerkung

1972 veröffentlichte ich im Sonderheft 16 dieser Zeitschrift, das dem Thema „Soziologie und Sozialgeschichte" gewidmet war, meinen Beitrag „Die Soziologie vor der Geschichte". Damit ging es mir wie mit manchen anderen Arbeiten. Ich wollte ein grundsätzliches Problem anmahnen, das vom Fach seit jeher verdrängt worden war, nämlich die Geschichte oder besser: ihren ständigen Einschlag in die gesellschaftliche Wirklichkeit, die einzig in Gestalt einmalig-besonderer Lagen und Vorgänge konkret existiert. Darauf hinzuweisen schien mir damals höchst nötig, weil sich das Fach in seinen stürmischen Entwicklungen und Parteiungen über alle Fronten hinweg immer entschiedener zu der Auffassung bekannte, die gesellschaftliche Wirklichkeit sei aus generellen Regelmäßigkeiten zu ermitteln, worauf ja auch die neue Begeisterung für die Sozialgeschichte schließlich hinauslief.

Da ich für das offene Problem keine Lösung anzubieten hatte, konnte ich nur die Aufgabe und vielleicht die Richtung anzeigen. Selbst da war ich mir der Mängel meines Beitrages wohl bewußt, zumal wenig Zeit für die Ausführung blieb. Dennoch entschloß ich mich hier, wie auch sonst öfters, zur Veröffentlichung in der Überzeugung, es sei wichtiger, auf grundsätzliche Fehlentwicklungen wenigstens hinzuweisen, als sie durch Einzelforschung zu befestigen. Darin fühlte ich mich durch die Überlegung bestärkt, daß eine brauchbare Lösung der Aufgabe, wenn sie nicht zur Lebensarbeit wird, sowieso die Kräfte des einzelnen übersteigt, der eben deshalb gehalten ist, das verdrängte Problem, wie unvollkommen auch immer, anzumahnen, damit sich das Fach, wie nötig, der Aufgabe annimmt.

Das Ergebnis war hier wie in ähnlichen Fällen enttäuschend. Eingeklemmt zwischen die Zeugnisse und Programme für das neue Paradigma der Sozialgeschichte, fand mein Beitrag wenig Widerhall. Selbst meine grundsätzliche Kritik, daß die soziologische Theorie sich an einem unwirklichen „Ein-Gesellschafts-Modell" orientiere, das dringend durch ein „Mehr-Gesellschaft-Modell" zu ersetzen sei, ist zwar hier oder da einmal erwähnt worden und hat wohl auch, ohne genannt zu werden, einige Anstöße gegeben, aber doch keine Debatte über – um Max Webers Formel zu benutzen – das Verhältnis von Theorie und Geschichte ausgelöst.

Ich selbst fand mich jedoch durch weitere Studien immer mehr in der Einsicht bestärkt, daß Ansatz und Begriffsapparat der Soziologie die Wirklichkeit spezifisch verkürzen und verzerren.[1] Dabei führten vor allem historische und ethnologische Stu-

---

* [Anm. d. Hrsg.: Der Beitrag ist ursprünglich in der „Kölner Zeitschrift für Soziologie und Sozialpsychologie" 41 (1989), S. 417–439 erschienen.]

1 Dazu haben auch meine Studien zur Geschichte der Sozialwissenschaften beigetragen, von denen ich hier nur nenne: „Emile Durkheim oder die Geburt der Gesellschaft aus dem Geist der Soziologie", in: Zeitschrift für Soziologie, 10, 1981 [jetzt auch in: Friedrich H. Tenbruck:

dien über das Entstehen und Vergehen von Völkern, Staaten, Reichen und Kulturen weit über die alte These hinaus. Denn diese Vorgänge zeigen, wie fast alle einigermaßen belangvollen Entwicklungen in Gesellschaften durch zwischengesellschaftliche Beziehungen bedingt sind und zwar insbesondere durch Wanderungen, Migrationen, Asylbewegungen oder sonstige Formen der militärischen, ökonomischen oder kulturellen Expansion. Daraus ergab sich ein neues Grundverständnis der Geschichte in ihrer zentralen Rolle für die gesellschaftliche Entwicklung, wobei sich die universalhistorische Perspektive als unumgänglich erwies, wie ich demnächst andernorts ausführlich darstellen werde.[2]

Hier jedoch mache ich davon nur insoweit Gebrauch, wie es nötig ist, um auf die Einseitigkeit des die Soziologie beherrschenden Konzepts aufmerksam zu machen. Die praktische Dringlichkeit einer Korrektur wächst in dem Maße, wie die wechselseitigen Verflechtungen und Bedingtheiten der Gesellschaften, die seit eh und je vorhanden und grundlegend waren, mit den neuen Globalisierungsvorgängen sichtbar ein Maß und Tempo angenommen haben, denen der soziologische Begriffsapparat immer weniger gerecht werden kann. Dennoch handelt es sich bei der Frage „Gesellschaftsgeschichte oder Weltgeschichte" um ein ganz grundsätzliches Problem der soziologischen Begriffsbildung, wie im folgenden gezeigt werden soll.

Der Titel soll eine Alternative ins Bewußtsein heben, die heute als nötige Grundfrage nach dem Realitätsgehalt und Realitätsanspruch der Soziologie und der sonst an ihr orientierten Fächer dringlich ansteht. Das Problem ist dennoch grundsätzlicher Art und stand sachlich von vornherein an. Es wurde und wird jedoch beharrlich übersehen, weil es sich nämlich weniger aus der Sache selbst als aus dem Gang des Faches ergeben hat.

Denn die Soziologie hat sich aus dem Konzept der Gesellschaftsgeschichte entfaltet, also aus dem Gedanken einer in jeder Gesellschaft angelegten Entwicklung, worüber sich schon Comte, Spencer, Durkheim oder Parsons völlig einig waren. Das war auch Freund wie Feind anfangs wohl bewußt, weil das neue Fach sein Ziel so grob wie entschieden als den „Fortschritt" oder die „Entwicklung" bezeichnete, die es zu erklären gälte. Als man für diese Aufgaben eigene Begriffe entwickelte, konzentrierte sich die Arbeit auf die Ausführung des Konzeptes, das nun selbst in den Hintergrund des Bewußtseins trat. Indem es wirksam in die Begriffe, Probleme und Ergebnisse des Faches einging, brauchte es nicht länger ausdrücklich formuliert, konnte aber auch kaum noch über-

---

Die kulturellen Grundlagen der Gesellschaft. Der Fall der Moderne, Opladen 1989, S. 187–211; d. Hrsg.]; Die unbewältigten Sozialwissenschaften oder Die Abschaffung des Menschen, Graz/Wien/Köln 1984; George Herbert Mead und die Ursprünge der Soziologie in Amerika, in: Hans Joas (Hrsg.), Das Problem der Intersubjektivität, Frankfurt a.M. 1985; Das Werk Max Webers: Methodologie und Sozialwissenschaften, KZfSS, 38, 1986. Immer deutlicher stellte sich dabei heraus, wie sehr die Geschichte der Soziologie ein Streit um den Begriff der Gesellschaft gewesen und geblieben ist, in dem Durkheim und Weber zu den Protagonisten gegensätzlicher Konzepte wurden.

2 Insofern ist dieser Beitrag der programmatische Auftakt für zwei Serien von vorbereiteten Studien, die einerseits die Realgeschichte der gesellschaftlichen Entwicklung als das Ergebnis einer Kette raumgreifender Vorgänge behandeln und andererseits diesen Wandel der zwischengesellschaftlichen Konstellationen als die Erfahrungsbasis darstellen werden, welche eine fortlaufende Entwicklung der „Ideen" über Mensch, Gesellschaft und Welt ermöglichte und erzwang.

prüft werden. So wurde das Konzept der Gesellschaftsgeschichte zur überlieferten, eingeübten, plausiblen und selbstverständlichen Perspektive, die alle Sachfragen generiert, ohne selbst reflektiert zu werden. Nur auf die nähere Ausführung zielen alle Bemühungen, nur darüber streiten alle Theorien. Deshalb können die Einseitigkeiten und Vorannahmen des Konzeptes nicht ins Bewußtsein dringen.

Eine solche Lage ist in der Wissenschaft eher die Regel als die Ausnahme, wie Max Weber bereits 1904 am Ende seines „Objektivitätsaufsatzes" dargelegt hat. Denn jede Wissenschaft muß, sobald sie ihren Stoff und ihre Methode bestimmt hat, „die Bearbeitung dieses Stoffes als Selbstzweck betrachten". Eben deshalb gilt dann jedoch: „Aber irgendwann wechselt die Farbe: die Bedeutung der unreflektiert verwerteten Gesichtspunkte wird unsicher, der Weg verliert sich in der Dämmerung. Das Licht der großen Kulturprobleme ist weiter gezogen."[3] Demgegenüber zeigt die Soziologie in diesem Punkt eine nach Dauer und Intensität so ungewöhnliche wie folgenreiche Selbstbefangenheit, weil sie unbeirrt an ihrem Konzept der Gesellschaftsgeschichte festhält, das vielleicht dem fortschrittsgläubigen 19. Jahrhundert mit seinen souveränen Staaten als das A und O der Geschichte gelten konnte, aber seither Schritt für Schritt durch die Tatsachen und Zwänge weltgeschichtlicher Vorgänge und Zusammenhänge überholt worden ist, wie noch näher zu zeigen sein wird. Darum steht hier die Alternative des Titels nicht etwa bloß für eine aktuelle Sonderfrage, sondern für die Mahnung, es müsse sich auch die Soziologie rüsten, „ihren Standort und ihren Begriffsapparat zu wechseln". Sie hat das in den letzten Jahrzehnten auch mit jenen neuen Ansätzen versucht, die erfolgreich den subjektiven Wirklichkeitsgehalt soziologischer Aussagen eingeklagt haben. Aber der Preis für diesen Gewinn war doch entweder der Verzicht auf die weitere Bedeutung der Befunde oder sonst die friedliche Koexistenz mit dem alten Begriffsapparat der Gesellschaftsgeschichte, der für alle größeren Zusammenhänge als selbstverständlich bestehen blieb. Eben dieser Begriffsapparat und Standort der Gesellschaftsgeschichte steht aber hier zur Debatte.

Dabei handelt es sich um Probleme, die zwar unmittelbar nur die Grundlagen der Kultur- und Sozialwissenschaften betreffen, aber im Effekt doch darüber entscheiden, welches Bild die Menschen sich von der gesellschaftlichen Wirklichkeit machen, und so selbst diese Wirklichkeit beeinflussen. Denn damit haben wir doch zu rechnen – und glauben praktisch ja auch alle daran – daß Geschichte und Gesellschaft, anstatt „von selbst abzulaufen", durch die Vorstellungen bedingt werden, die die Handelnden sich von diesen „Abläufen" machen. So soll die im Titel angedeutete Alternative die Wahl des Standorts und des Begriffsapparates nicht nur als eine wissenschaftlich dringliche Entscheidung ins Bewußtsein heben, sondern auch als eine folgenträchtige ins Gewissen rücken, da sie selbst auf den Fortgang der Dinge Einfluß nimmt,

---

3 Max Weber, Die Objektivität sozialwissenschaftlicher und sozialpolitischer Erkenntnis, in: Ders., Gesammelte Aufsätze zur Wissenschaftslehre, Tübingen, 4. Aufl. 1973, S. 146–214, hier S. 214.

so wie es schon Max Weber für die damals anstehenden Entscheidungen immer wieder betont hat.[4]

Soweit vorweg über den Zweck der folgenden Ausführungen, die zeigen sollen, wie die Soziologie sich von Anfang an beharrlich und einseitig an der inneren Entwicklung der Gesellschaft orientiert hat. „Gesellschaftsgeschichte" ist deshalb die treffende Bezeichnung für dieses durchgängige soziologische Konzept, das von den verschiedenen Theorien nur verschieden ausgeführt wurde. Der Begriff darf also hier mit keiner bestimmten Theorie identifiziert und erst recht nicht auf jene neuen historischen Forschungsrichtungen eingeschränkt werden, die sich selbst unter dieser Bezeichnung formiert haben oder zu ihr bekennen. Diese neuen Versionen der Sozialgeschichte sind insbesondere von Reinhart Koselleck, Hans-Ulrich Wehler und Jürgen Kocka mittels Anleihen bei der Soziologie geschaffen worden, haben dann auf diese zurückgewirkt, mit ihrer Hilfe weitere Fächer beeinflußt oder sich mit verwandten Strömungen vermischt, die sich auf Randgruppen, Alltag und Mentalitäten konzentrieren.[5] So interessant das alles im Hinblick auf die heutige Ausstrahlung soziologischer Ansätze ist, so wenig steht es hier zur Debatte, wo es allein darum geht, das dominierende soziologische Grundkonzept der Gesellschaftsgeschichte als innerer Entwicklung so genau zu erfassen, daß der Wirklichkeitsverzicht dieses Konzeptes in seiner Einseitigkeit sichtbar wird und dadurch schließlich von selbst, wie sich zeigen wird, die Perspektive der „Weltgeschichte" ins Spiel bringt.

---

4 Die „Wissenschaftslehre" gründet in dem Gedanken (und Problem), daß die Soziologie „logisch" entweder als „Gesetzes-" oder als „Wirklichkeitswissenschaft" konzipiert werden kann. Die Wahl des Konzeptes läßt sich sachlich nicht erzwingen, weil sie letztlich von den gewünschten und erwarteten Leistungen des gewählten Konzeptes für die Gesellschaft und damit von den jeweiligen menschlich-gesellschaftlichen Zielvorstellungen, also von den „Werten" des Autors abhängt. Deshalb redet Weber schon in der „Wissenschaftslehre" (a.a.O., S. 170) von der „Sozialwissenschaft, die *wir* betreiben wollen" und führt die „verstehende Soziologie" – sein späterer Ausdruck für „Wirklichkeitswissenschaft" – im ersten Satz von „Wirtschaft und Gesellschaft" mit „Soziologie soll heißen" ein, um kurz danach (S. 6) ganz klar zu stellen, daß diese Soziologie „niemandem aufgenötigt werden kann". Die Leidenschaft, mit der er dennoch sein Konzept gegen jede bloß auf äußere Gesetzmäßigkeiten zielende Soziologie vertritt, gründet in der Überzeugung, daß die Wahl des Konzeptes gesellschaftliche Weichen stellt. Denn damit kommen jeweils gegensätzliche Begriffssysteme mit gegensätzlichen Grundverständnissen, was für den Menschen an der Gesellschaft wesentlich ist, zum Zug, die, einmal öffentlich eingeschliffen, unvermeidlich zu Selbstverständnissen werden und alsdann das Denken und Handeln lenken. Man kann Webers Werk nicht angemessen begreifen, solange man nicht zur Kenntnis nimmt, welche gesellschaftliche Bedeutung er den „Intellektuellen" nicht allein in der Religionssoziologie, sondern nachfolgend auch der „Wissenschaft" und für die Gegenwart den Sozialwissenschaften zuerkennt.

5 Schon deshalb scheint es mir wenig glücklich, daß Wolfgang Schluchter Max Webers Soziologie als „Gesellschaftsgeschichte" deutet, worauf ich hier nicht weiter eingehen kann.

1. „Gesellschaftsgeschichte"

Als „Wissenschaft von der Gesellschaft" zielte die Soziologie von Anfang an auf den „Fortschritt", jedenfalls auf die „Entwicklung" oder den „Wandel". Unerschüttert vom Wechsel dieser Begriffe blieb der Grundsatz, wonach jeder Zustand einer Gesellschaft das Resultat ihres früheren Zustandes sei. Von Durkheim am klarsten formuliert, bestimmte diese Annahme die Theorien von Comte, Spencer oder Parsons. Alle Ausführungen über „Statik", „Morphologie" oder „Struktur" waren nur Mittel zur näheren Berechnung der „Dynamik", also vor allem zur Vorhersage. Es wurden sogar die „Struktur"-Begriffe zunehmend selbst als Systemvariable nach ihrer Entwicklungsfunktion bestimmt und sorgten so alsbald für die Einhaltung des Grundsatzes der internen Verursachung, der eben deshalb meist gar nicht mehr ausdrücklich formuliert werden mußte. Es hat daran auch gar nichts geändert, daß der einlinige „Fortschritt" auf den vielgestaltigen „Wandel" zurückgenommen wurde. Denn bestehen blieb die Annahme, daß jede Gesellschaft in ihrem Sein und Werden aus ihren inneren Lagen ursächlich erklärt werden könne und müsse. Eben dies ist das Konzept der Gesellschaftsgeschichte, aus dem sich die Soziologie entfaltet hat.

Die Kehrseite davon war die Überzeugung, daß die Verhältnisse zwischen Gesellschaften zwar nicht unbedingt folgenlos, aber für die Soziologie grundsätzlich unerheblich, weil für die wesentlichen Vorgänge nebensächlich seien. Denn in ihrem Konzept ist die Gesellschaft in der Lage, ja sogar genötigt, aus sich selbst heraus längere Entwicklungen in Gang zu setzen, ohne dafür auf zwischengesellschaftliche Verhältnisse angewiesen zu sein, die in der Regel nur förderliche oder hinderliche Verumständungen und Komplizierungen ihrer eigenen Entwicklung darstellen. Es zählen deshalb nur die jeweils in einer Gesellschaft gegebenen und als „sozial" definierten Verhältnisse. Die Geschichte reduziert sich deshalb auf die „Gesellschaftsgeschichte" als das eigentlich erhebliche Geschehen, so daß die Historiker sich im Meer beiläufiger Tatsachen zu verlieren scheinen, zu denen man auch die zwischenstaatlichen Beziehungen rechnet.

An die Ursprünge dieses Konzepts darf hier bloß erinnert werden. Es wurzelte geistesgeschichtlich im Fortschrittsbegriff der Aufklärung und im Entwicklungsdenken des 19. Jahrhunderts; politisch in den modernen Fortschrittsideologien; „real-soziologisch" in den Fortschrittserlebnissen und Fortschrittserfahrungen der Neuzeit. In der Abwertung der äußeren Beziehungen zwischen Gesellschaften wirkte noch Voltaires Kritik nach, daß es in der Geschichte nicht auf die „Haupt- und Staatsaktionen", vielmehr einzig auf die zivilen, auf die gesellschaftlichen Errungenschaften ankäme. Wissenssoziologisch war (und ist) das Konzept in den Kreisen verortet, die – aus diesen oder jenen Gründen – das Interesse an den internen Verhältnissen zu ihrem akuten Daueranliegen machten, also zumal auf die politische Mobilisierung der Bevölkerung zwecks Gestaltung der inneren Verhältnisse abzielten. In diesem Sinne stand das Konzept für den Primat der Gesellschaftspolitik, ja letztlich für die Umwandlung der Politik in Gesellschaftspolitik durch Ausstieg aus zwischenstaatlichen Verwicklungen. Dazu gehört es auch, daß „Gesellschaft" – das Wort ist keine 200 Jahre alt – ein politischer Kampfbegriff war, der den Vorrang vor den staatlichen Belangen, zumal vor außenpolitischen Machtbelangen durchsetzen sollte.[6]

Ungeachtet solcher ursprünglichen Wurzeln entfaltete sich das soziologische Konzept der Gesellschaftsgeschichte nach seiner eigenen Logik, um die es hier geht.

2. Zur Logik der „Gesellschaftsgeschichte". Die Vorannahmen und Konsequenzen des soziologischen Begriffs „Gesellschaft"

Das Konzept der „Gesellschaftsgeschichte" wurde, wenn nicht geboren, so doch festgeschrieben, als „die Gesellschaft" zum Objekt einer eigenen Wissenschaft erklärt wurde. Denn dieser soziologische Begriff entfaltete eine eigene Logik, die teils durch Erwartungen in ihn hineingetragen worden war, teils alsbald von ihm selbst ausging. In diesem Begriff hat sich die Soziologie verfangen und von ihm bleibt sie solange beherrscht, wie sie sich an ihn klammert, was auch sonst bemerkt zu werden beginnt.[7]

Mit der Ausrufung einer „Wissenschaft von der Gesellschaft" avancierte der neue Begriff „Gesellschaft" von einem Hinweis auf die sozialen Erscheinungen zu deren Erklärungsgrund. Dies zuerst einmal durch die stille Unterstellung, daß die sozialen Erscheinungen als eine Vielfalt eigener Gesellschaften existierten, also jeweils einer bestimmten Gesellschaft zuzurechnen und folglich aus dieser zu erklären seien. Unvermerkt war damit den Tatsachen schon ein Deutungsschema aufgepreßt, das mit jeder Benutzung des Begriffs zur immer unbefragteren Selbstverständlichkeit wurde. Hier wie sonst erwiesen sich die Vorannahmen um so langlebiger und wirkungsvoller, je weniger sie aus bewußter Reflexion hervorgingen. In dieser Weise war die Sicht der „Gesellschaftsgeschichte" von vornherein in den Begriff „Gesellschaft" eingebaut.

Daß man auch anders ansetzen konnte, bezeugte nicht allein, aber doch vor allem die deutsche Sozialwissenschaft, die, statt von eigenen „Gesellschaften", vielmehr von „Vergesellschaftungen" ausging und deshalb auch nicht im

---

6 Das wurde damals bereits oft genug vermerkt und seither von der Forschung immer wieder bestätigt, so daß es für Kenner keiner weiteren Belege bedarf, für die ich sonst auf meine in Fn. 1 genannten Arbeiten verweise.

7 Neuerdings mehren sich die Versuche, eine Soziologie unter ausdrücklichem Protest gegen den Begriff – d.h. gegen die Vorannahme – einer „Gesellschaft" zu konzipieren. 1986 begann Michael Mann den 1. Band seiner groß angelegten „The Sources of Social Power" (Cambridge University Press) mit einer entschiedenen Absage an diesen Begriff. Jetzt kritisiert R.M. Unger, der in Harvard den Lehrstuhl für Recht und Gesellschaftstheorie innehat, in seinem dreibändigen Werk „Politics, a Work in Constructive Social Theory" (Cambridge 1987) die herkömmliche Soziologie als eine Theorie der „False Necessity" – so der Titel des 1. Bandes. Praktisch ähnlich rücken auch andere Arbeiten neuerdings von dem Konzept der „Gesellschaft" ab.

Konzept der Gesellschaftsgeschichte aufging.[8] Schon im Ansatz differieren die beiden Konzepte in ihren Bausteinen, Fragen und Zielen. Dort bilden „Gesellschaften" als letzte Einheiten das Objekt der Soziologie. Hier können die „Vergesellschaftungen" auch quer durch die „Gesellschaften" laufen, die folglich nicht als letzte Einheiten und Objekte der Soziologie gelten können. Deswegen besteht hier auch schon im Ansatz ein Interesse an den Beziehungen zwischen „Gesellschaften", die in der „Gesellschaftsgeschichte" ausgeklammert sind, weil der Blick an der inneren Entwicklung der Gesellschaften als Einheiten haftet. Die Bedingtheiten der Gesellschaften durch einander, ihre Verhältnisse zueinander sind im soziologischen Begriff der Gesellschaft grundsätzlich ausgeblendet und bleiben für die „Gesellschaftsgeschichte" unnötige Störungen.

Setzt man einmal als letzte Einheiten die „Gesellschaften" an, so werden sie alle zu Exemplaren eines Genus. Diese Auffassung ist durch das Vorbild der Naturwissenschaften gefestigt, vielleicht sogar geschaffen worden, – mit all den weitreichenden Folgen, die eine rein generalisierende Betrachtung der Kulturerscheinungen nach sich zieht, wie Max Weber in der „Wissenschaftslehre" unermüdlich eingeschärft hat.[9] Sie ließ sich aber kaum vermeiden, wenn man einmal von Gesellschaften als Einheiten ausging, und wurde jedenfalls logisch festgeschrieben, als man die Soziologie zur Wissenschaft von „der" Gesellschaft erklärte. In dieser Umdeutung der vielen Gesellschaften zu einem generellen Objekt verraten sich noch heute die Vorannahmen, die unvermerkt in den Begriff „Gesellschaft" eingingen und so den Gang des Faches bestimmten. Denn die gattungsmäßige Gleichartigkeit verlangte nun, daß im Prinzip alle Gesellschaften zur gleichen Entwicklung befähigt seien, weil sonst keine dazu befähigt wäre, und befestigte so den Glauben an vorgegebene Richtungen und Ziele einer überall angelegten inneren Entwicklung der Gesellschaft.

Dies ist im groben Umriß das Konzept der Gesellschaftsgeschichte, das mit den genannten Vorgaben wortlos im Begriff der Gesellschaft verankert wurde. Eben deshalb war es zwar im Einzelfall höchst flexibel, im ganzen aber um so wirksamer, weil es die Bemühungen immer wieder auf eine Theorie lenkte,

---

8 Seit Herder ging man in Deutschland von individuellen Völkern oder Kulturen aus, die später auch „Gesellschaften" genannt, aber nicht in Fälle einer Gattung umgedeutet wurden. Hier wuchs die Soziologie auf dem Boden der historischen Forschung, die ohne den Begriff „Gesellschaft" auskam, der bei Th. Mommsen auch fehlt. In Deutschland rechnete man, auch wenn man von „Gesellschaften" sprach, stets mit „Außenlagen", wie ein Blick in A. Vierkandts „Handwörterbuch der Soziologie", 1931, beweist. Ganz anders gründete die Soziologie in Amerika im evolutionären Konzept einer inneren Gesellschaftsgeschichte, das über das Interesse an der eigenen sozialen Entwicklung nicht hinausging. Erst durch die Weltmachtrolle wurde die amerikanische Soziologie aus ihrem selbstbefangenen Provinzialismus aufgeschreckt und reagierte mit ihren Theorien der „Modernisierung". „It marks in many respects the coming of age of American social science, ending its parochial interests in exclusively domestic issues" (J. Casanova, „Legitimacy and the Sociology of Modernization", in: A.J. Vidich und R.M. Glassman (Hrsg.), Conflict and Control, London/Beverly Hills 1979.

9 Die „Wissenschaftslehre" entfaltet sich aus der Behauptung, daß eine generalisierende Sozialwissenschaft die Erscheinungen auf ihre Regelmäßigkeiten reduziert und deshalb nichts über deren Kulturbedeutung sagt, also eine „technische" Wissenschaft bliebe. Vgl. etwa: „Gesammelte Aufsätze zur Wissenschaftslehre", a.a.O., S. 174ff.

in der „die Gesellschaft" durch sich selbst konstituiert und aus sich selbst erklärt werden mußte, also von der Geschichte nur eine soziale Entwicklung übrig blieb. Es war diese Perspektive, die beharrlich die Fragen der Soziologie generiert und dadurch andere Fragen ausgeblendet hat. Gewisse Tatsachen konnten deshalb kaum wahrgenommen, jedenfalls nicht zu beharrlichen Fragestellungen werden. Dazu gehören, worauf es hier jedenfalls ankommt, alle jene Tatsachen, die die Bedingtheit der Gesellschaften durch einander, ihre Verhältnisse zueinander, also ihre „Außenlagen" betreffen, aber ferner alle jene Vorgänge, die als – religiöse, politische, wirtschaftliche oder kulturelle – Vergesellschaftungen quer durch mehrere Gesellschaften und über sie hinweglaufen, oder dann unterhalb dieser Ebene – etwa als Wanderungen, Asylbewegungen oder sonstige Migrationen – vor sich gehen, wie schließlich auch alle Formen der militärischen, kulturellen oder ökonomischen Expansion. Es wird hier nun keineswegs behauptet, die Soziologie habe diesen weiten Tatsachenkreis, der die Gesellschaftsgeschichte sprengt, ganz übersehen; es liegen dazu sogar höchst eindringliche und gehaltvolle soziologische Untersuchungen vor. Aber nirgends sind diese Fragen und Tatsachen in den grundsätzlichen Ansatz der Soziologie eingegangen, stets blieben sie Zusatzüberlegungen, wie noch näher zu zeigen sein wird. Mit der Alternative „Gesellschaftsgeschichte oder Weltgeschichte" steht deshalb hier die Frage an, ob man von der Gesellschaft und ihrer Entwicklung überhaupt reden kann und darf, ohne im Ansatz bereits jene Tatsachen zu veranschlagen, die dazu ganz quer stehen, weil sie erst aus dem Verhältnis zwischen Gesellschaften entstehen. Ob sich auf diese Weise eine realistische Betrachtung der sozialen Erscheinungen ergibt, das ist die Frage, die hier mit der Alternative „Gesellschaftsgeschichte oder Weltgeschichte" gestellt wird.

Diese Frage ist nämlich inzwischen noch nicht überholt, obschon die Soziologie den geradlinigen „Fortschritt" zugunsten der multilinearen Evolution oder gar des vielgestaltigen „Wandels" aufgegeben und ihre Aufmerksamkeit mehr auf die vielen Gruppen als auf die Gesellschaft gerichtet hat. Denn bei näherem Hinsehen zeigt es sich, wie doch alles an langfristige Prozesse der Differenzierung gebunden bleibt, die die „richtigen" Stufen und Richtungen der „normalen" Entwicklung benennen, wofür die zwischengesellschaftlichen Verhältnisse zufällige und unnötige Komplikationen bleiben. In diesem Sinne bleibt die Soziologie auch heute noch in der „Gesellschaftsgeschichte" befangen, wie die nähere Betrachtung lehrt.

3. Gesellschaftsgeschichte – Hypothese oder Dogma?

Trotz seiner Vorannahmen bot das Konzept anfangs eine naheliegende und berechtigte Fragestellung an. Sowieso ist jeder zuerst betroffen von den Fragen und Vorgängen in der eigenen Gesellschaft. Ansonsten führte die Geschichte in unübersehbarer Vielfalt soziale Gebilde von deutlicher Eigenart und erkennbarer Selbständigkeit vor, die sich als primitive Gesellschaften, Hochkulturen, aber auch noch als moderne Staaten mit ihren Ansprüchen auf nationale und kulturelle Autonomie darboten. Es war also die Frage, wie Gesellschaften in sich beharren oder sich aus sich selbst wandeln, gar nicht zu umgehen. Auch alle historischen Wissenschaften haben so angesetzt. Es genügt, an die Rolle zu erinnern, die der „Volksgeist" als eine Hypothese gespielt hat, um die offenkundige Kontinuität und Eigenbestimmtheit der Völker zu erklären.[10]

In diesem Sinne bot das Konzept eine nicht nur damals naheliegende, sondern auch bleibend nötige Fragestellung an. Soziale Erscheinungen treten uns eben in ihren räumlich und zeitlich nächsten Verstrebungen und Grenzen entgegen, wo sie als Teil oder Aspekt einer Gesellschaft erscheinen. Insoweit liefert die Gesellschaftsgeschichte die normale Perspektive und den gegebenen Ansatz der empirischen Soziologie und wird das auch in Zukunft tun. Für die Mehrzahl ihrer einfachen Probleme reicht sie – so darf man unterstellen – auch mehr oder weniger aus. Sie war und bleibt stets ein wichtiger Zugang zu den sozialen Tatsachen und hat das durch Ergebnisse bewiesen. Dennoch stellt sich die Frage, ob nicht eine fruchtbare Hypothese, so nötig und ergiebig sie bleibt, zu einem das Fach beherrschenden Konzept festgeschrieben wurde und dadurch dazu geführt hat, daß gewisse soziale Tatsachen und Fragestellungen nicht in den Blick kamen. Denn während die historischen Wissenschaften sich zwar auch an dem inneren Wandel von Gesellschaften orientierten, rechneten sie doch damit, daß die Innenlagen durch Außenlagen bedingt und durchkreuzt werden. Hingegen definierte die Soziologie, wo sie sich an dem generalisierenden Objekt „Gesellschaft" orientierte, alle sozialen Tatsachen als Teile einer Gesellschaft und erhob deren interne Verursachung und Entwicklung praktisch zum Dogma. Daran haben auch Versuche, die Gesellschaften in ihrer Verflechtung zu sehen, nichts geändert. Selbst Karl Marx, der hier wohl zuerst zu nennen wäre, sah die ökonomischen Zusammenhänge – von der „Sklavenhalter-Gesellschaft" bis zum kolonialen Imperialismus – letztlich als Stufen, die in der gesellschaftlichen Seinsweise angelegt waren. Soweit der Marxismus zu einer Versuchung und Herausforderung der Soziologie wurde, erschütterte er doch nicht das Konzept der Gesellschaftsgeschichte, an dem das Fach unbeirrt festhielt.

Auch die Soziologie konnte allerdings die vielfältigen Verklammerungen zwischen Gesellschaften nicht völlig übersehen. Je nach Zeit und Lage nahm man von den „Fremden", von „Immigranten" oder „Gastarbeitern" Kenntnis, stellte äußere Lagen und Einflüsse in Rechnung oder wies sogar auf Vergesellschaftungen hin, die quer über die Gesellschaften hinwegliefen. Auch darüber wurden gehaltvolle Untersuchungen vorgelegt, blieben aber stets, wenn nicht Sonderinteressen, so doch in der Frage befangen, wie diese Vorgänge von der betroffenen Aufnahmegesellschaft assimiliert und integriert werden können,

---

10 Der „Volksgeist" war eine Erfindung, mit der die deutsche historische Rechtsschule den sinnhaften Zusammenhang erklären wollte, in dem die Kulturgüter eines Volkes verschränkt sind, eben den „Geist" seiner Kultur. In diesem Sinne ist der Gedanke – seltener das Wort – in englischen und französischen Arbeiten immer wieder aufgegriffen worden und sollte deshalb nicht als eine bloß deutsche Vorstellung verschrien werden.

oder welche „Subkulturen" und „Minoritäten" andernfalls in ihr entstehen. Es blieben ad hoc zu betrachtende Sonderlagen, die als jeweilige Verumständungen der Gesellschaftsgeschichte, wo nötig, zu berücksichtigen und mittels ihres Begriffsapparates zu betrachten waren. Hier wie sonst fehlen der Soziologie eigene Grundbegriffe für diejenigen Tatsachen, die nicht als Teile von Gesellschaften konstruiert werden können.

Genauso verfährt man bei der summarischen Betrachtung des „Wandels". Man kennt zwar die Kategorie des „externen Wandels", nimmt davon wohl auch in Einzelfällen Kenntnis, aber das bleibt die Berücksichtigung von gelegentlichen Sonderfällen. So versucht man der Tatsache Rechnung zu tragen, daß eine Gesellschaft kein völlig geschlossenes System ist, hält aber daran fest, daß sie ein sich aus sich selbst entwickelndes System sei. Solange der gesamte Begriffsapparat der Soziologie an der Struktur, ihrer Differenzierung und folglich auch Entwicklung aufgehängt ist, bietet er für eine systematische Berücksichtigung des externen Wandels überhaupt keinen Anhaltspunkt. Alsdann bleibt auch die geschichtliche Darstellung stets auf die innere gesellschaftliche Entwicklung gerichtet.

Entsprechend verfahren auch die Theorien der Modernisierung, die sich am Modell einer inneren Entwicklung orientieren. Unterschiede zwischen Ländern werden als verschiedene Zeitstufen einer im Grunde überall angelegten Entwicklung begriffen, deren Richtung feststeht. Schlagen Länder andere Wege ein, so müssen sie für den Schritt vom Wege der Moderne angeblich am Ende zahlen und wieder in die „normale" Entwicklung einscheren. Daß diese erst durch „Außenlagen", nämlich durch die Vorherrschaft einer Gesellschaft – oder von einigen – geprägt und bestimmt sein kann, also sonst auch ganz anders verlaufen könnte, wird nicht veranschlagt. Die europäische Modernisierung wird aufgelöst in parallele Entwicklungen einzelner Gesellschaften, wobei zwar einige vorangehen, doch alle aus der gleichen inneren Notwendigkeit folgen. Daß diese „Modernisierung" ein gesamteuropäischer, ja teils schon globaler Vorgang war, der nur im Beziehungsgeflecht der europäischen Gesellschaften in Gang kommen und weiterlaufen konnte, wird trotz gelegentlicher Warnungen und Hinweise übersehen. Auch die breiteren Perspektiven mit multilinearen Möglichkeiten, wie sie etwa S.N. Eisenstadt vorführt, kommen, so begrüßenswert sie sind, letztlich nicht von der Vorstellung einer in der Gesellschaft angelegten, gerichteten und richtigen Entwicklung los.

Diese ersten Hinweise sollen nur den Blick dafür schärfen, daß die „Gesellschaftsgeschichte" zwar den selbstverständlichen ersten Zugang zu den sozialen Tatsachen bietet, aber, wenn das Konzept festgeschrieben wird, einen fruchtbaren Ansatz in einen zwanghaften Zugriff verwandelt, der wichtige soziale Tatsachen grundsätzlich ausklammert. Über die Art und Bedeutung dieser Tatsachen müssen wir uns jetzt näher unterrichten.

4. Gesellschaften, Außenlagen und Vergesellschaftungen

Die Struktur einer Gesellschaft ist zwar ihr in der sozialen Arbeitsteilung wurzelnder Binnenaufbau, aber keineswegs eine bloße Binnenerscheinung, sondern selbst durch das Verhältnis zu anderen Gesellschaften bedingt und oft erst dadurch entstanden. Die Bedeutung dieser „Außenlagen" für die Binnengliederung kann nach Art und Grad sehr verschieden sein, beginnt aber schon dort, wo regelmäßige Verflechtungen noch so gut wie fehlen.

Selbst die räumliche Isolation einfacher Gesellschaften ist ja in aller Regel nicht, wie dem Betrachter scheint, ein Zufall der natürlichen Lage, sondern das Ergebnis der Meidung anderer Völker und des Rückzuges in die erwünschte Abgeschiedenheit. Am Anfang der Isolation standen Abspaltungen von anderen Stämmen, Verdrängungen durch diese, vorsätzliche Wanderungen oder zufällige Verschmelzungen von mehreren Splittergruppen, also jedenfalls Vorgänge, die eine Mehrheit von Gesellschaften voraussetzen. Mögen die Gründe dafür meist in den wirtschaftlichen Zwängen und Chancen des tragfähigen Lebensraumes liegen, so beruht ihr Resultat, die Isolation, doch auf der bewußten Meidung von Fremdberührungen und nicht auf dem Zufall der natürlichen Lage. Hinter den unmittelbaren Zwängen, die von der Isolation selbst ausgehen, stecken bereits hier überall Hinsichten und Bezogenheiten auf andere Gesellschaften. Am deutlichsten zeigt sich das daran, daß auch sehr isolierte Stämme Einrichtungen zur Überwachung ihres Gebietes und kriegerische Vorkehrungen zu dessen Sicherung besitzen, die, mögen sie noch so kümmerlich sein, doch die eigene soziale Organisation durch den Hinblick auf andere Gesellschaften mitbestimmen. Das außenorientierte Territorialdenken begleitet das Handeln und schlägt sich in den eifrig tradierten Berichten über Nachbarvölker nieder, die ebenso als nötiges Gegenbild der Sicherung der eigenen Identität wie der Einschärfung der räumlichen Kontiguität dienen. Dazu gehören differenzierte Regelungen für das Verhalten bei Begegnungen mit fremden Personen, Gruppen oder Stämmen, die die Fälle und Formen der Gastfreundschaft, der Adoption, der Neutralität, des Austausches oder des Kampfes spezifizieren. Zumal die Verwandtschaftssysteme – man denke nur an Frauentausch, Exogamie, Inzestverbot, Heiratsregeln und Deszendenzlinien – sind aus der Regelung der Beziehungen zwischen selbständigen Gruppen entstanden, die oft erst dadurch zu einem Stamm zusammenwuchsen. Ähnliches gilt für die Gegenseitigkeitsregelungen auf anderen Gebieten.

So zeigt sich, wie sogar bei isolierter Lage die Struktur einer Gesellschaft, statt ein Binnenvorgang zu sein, durch Außenlagen mitbestimmt wird oder allererst dadurch entstanden ist. Erst recht gilt das, wenn die Abschließung nicht mehr durch räumliche Isolation begünstigt oder durch Abwanderung erreichbar ist, so daß nun die Außenlagen Zwänge der Selbstverteidigung durch ständige Überwachung, Befestigung und Verteidigung der Grenzen – oder dann auch Chancen der gewaltsamen Expansion, Bereicherung und Eroberung – schaffen. Damit entsteht eine dauernde Wehrverfassung mit durchgängigen Folgen für die innere Gliederung einer Gesellschaft, worin schon Max Weber eine entscheidende Tatsache aller weiteren Soziogenese von Gesellschaften erkannt hat. Aber ähnliche Wirkungen auf die Struktur einer Gesellschaft gehen auch von ihren wirtschaftlichen, politischen, religiösen oder kulturellen Verflechtungen mit anderen Gesellschaften aus. Auf die verschiedenste Weise begründen solche Beziehungen nach außen Stellung, Prestige und Einfluß in der eigenen Gesellschaft und verändern deren Struktur oft radikal. Dabei zählen keineswegs nur die realen wirtschaftlichen, politischen oder militärischen Erfolge oder zumindest Verbindungen. Vielfach genügen Kenntnis der Sprache und Sitte einer wichtigen Nachbarkultur, ja sogar die Übernahme ihrer Symbole und Insignien, um in der eigenen Gesellschaft Stellung und Prestige oder sogar politischen Anhang mit entsprechenden Folgen für die gesellschaftliche Struktur zu gewinnen. Die Fülle und Mannigfaltigkeit der realistischen Beispiele und Belege kann hier nicht einmal angedeutet werden, reicht aber von Urzeiten bis zur Gegenwart, zumal in den Entwicklungsländern.

Einen weiteren großen und schwer abgrenzbaren Tatsachenkreis bilden die vielfältigen Vergesellschaftungen, die quer durch mehrere Gesellschaften oder über sie hinweg verlaufen. Dazu gehören herkömmlich Verwandtschafts- und Sippensysteme, Standes- und Kulturgemeinschaften, die oft einst selbst Herrschaftsrechte besaßen, aber nach deren Verlust genügend Eigenständigkeit besitzen, um Kräfte und Loyalitäten darzustellen, die keiner bestimmten Gesellschaft zuzuordnen sind. In manchen Fällen bestimmen sie sogar die „Außenlagen" einer Gesellschaft und hierdurch deren Struktur. So spielt etwa bei Gesellschaften, die sich durch Abspaltungen von einem gemeinsamen Urstamm ergeben haben, der Fundus einer Sprach-, Glaubens- und Kulturgemeinschaft eine bedeutende Rolle. Die vielen griechischen Einzelstämme, Königtümer oder Stadtstaaten bildeten ebenso wie die zahllosen Eskimogruppen eine Kommunität, die über große Entfernungen hinweg für einen durchgängigen Zusammenhang und bei äußerer Bedrohung auch für die Gemeinsamkeit gegenüber fremden Völkern und Kulturen sorgte. Ähnliche, quer zu den Gesellschaften stehende Vergesellschaftungen haben sich aber auch zu allen Zeiten neu formiert durch Zusammenschlüsse von Einwanderern, Bündnisse von Faktionen oder missionarische Bewegungen von Kulten, Religionen, Weltanschauungen oder Ideologien, wobei solche querläufigen Vergesellschaftungen oftmals die Struktur der Gesellschaften tief verändert, ja sogar die alten Gesellschaften selbst aufgelöst haben. So wenig wie die universalistischen Weltreligionen sich einem Staat oder einer Gesellschaft zuordnen lassen, so wenig auch die zahlreichen wirtschaftlichen, politischen, sozialen, weltanschaulichen oder kulturellen Vergesellschaftungen, die sich zu allen Zeiten immer wieder quer zu bestehenden Gesellschaften gebildet haben.

Die vorstehend nur generell umschriebenen umfänglichen Tatsachenkreise zeigen eindringlich, wie die innere Gliederung von Gesellschaften überall durch Außenlagen bedingt, bestimmt oder sogar entstanden ist, so daß jede Gesellschaft auf andere bezogen, mit ihnen verspannt oder sogar von Vergesellschaftungen durchzogen ist, die zu allen querstehen. Anstatt diesen massiven Tatsachen Rechnung zu tragen, unterstellt die Soziologie die Existenz von Gesellschaften als Einheiten, fordert deren generische Betrachtung und versteht und erklärt deren Struktur als bloße Binnengliederung. In dieser Weise schafft sie sich ein künstliches Objekt, das nur eine einseitige Auswahl, Betrachtung und Erklärung der Tatsachen zuläßt. Diese Voreingenommenheit wird auch nicht dadurch ausgeglichen, daß die Forschung sich mehr auf einzelne Gruppen oder Institutionen als auf die ganze Gesellschaft konzentriert und dabei auch gelegentlich Außenlagen berücksichtigt. Denn die Verarbeitung dieser Einzelbefunde bedient sich doch stets der Begriffsmuster, die aus dem soziologischen Konzept der Gesellschaft stammen. Typisch ist es, daß etwa die großen Wanderungs- und Asylbewegungen, wie schon oben angedeutet, in Integrations- und Adaptationsprobleme der einzelnen Gesellschaften aufgelöst, also gar nicht als Ansätze neuer Gruppen, Vergesellschaftungen und vielleicht späterer Gesellschaften erkannt werden. Auch mit der Einführung von „Subsystemen", „Subkulturen", „Ebenen" und „Dimensionen" bleibt man ganz in der Künstlichkeit des Gesellschaftsbegriffs befangen.

Als Hinweisformel mag der Begriff „Gesellschaft" unentbehrlich sein, bleibt aber ein Unding, wenn er als Ziel der Soziologie zum Gegenstand einer Theorie gemacht wird, die stets ein unrealistisches Modellkonstrukt bleiben wird; auch hier gilt Max Webers Wort von den Begriffen, die eine Zeitlang als „Nothäfen" dienen können, bis sie durch eindringlichere Empirie überholt werden.[11] Die Vorannahme, daß alle Vergesellschaftungen sich jeweils konzentrisch zu eigenen Gesellschaften addieren, die als eigene Systeme betrachtet werden dürfen, ist evident falsch. Die „Gesellschaft", wie sie die Soziologie als selbständige Einheit versteht, ist eher ein seltener Grenzfall und selbst dann noch außenbedingt. Die Wirklichkeit zeigt uns meist eine Fülle von sich kreuzenden, komplementierenden oder konkurrierenden Vergesellschaftungen, die selten auch nur annähernd geschlossene, jedenfalls stets außenbedingte Gesellschaften bilden. So allgemein dieser Befund hier bleiben muß, genügen die Fülle und Evidenz der Tatsachen, um die Einseitigkeit und Künstlichkeit des soziologischen Konzeptes der Gesellschaft zu erkennen. Aufgrund dieser Einsicht haben manche Soziologen – und nicht nur Georg Simmel und Max Weber – dieses Konzept sorgfältig gemieden oder kommen heute zu dieser Entscheidung.[12] Wir benötigen deshalb dringend eine Revision der soziologischen Begriffe und Theorien, die nicht länger vom Konzept der selbständigen „Gesellschaft" ausgehen dürfen, sondern von einer Vielheit von Gesellschaften mit ihren zwischengesellschaftlichen Verhältnissen, Außenlagen, Außenbedingtheiten und sonstigen grenzüberschreitenden Vergesellschaftungen, so daß Grade und Arten ihrer Verflochtenheit in den Begriffsapparat und die Problemstellungen eingehen.

11 Vgl. dazu „Gesammelte Aufsätze zur Wissenschaftslehre", a.a.O., S. 206.

12 In Webers Werk sucht man vergeblich eine „Theorie der Gesellschaft". Entsprechend wählte er für seine Soziologie den Titel „Die Wirtschaft und die gesellschaftlichen Ordnungen und Mächte" und vermied sorgfältig den Singular „Gesellschaft". Erst durch die Umstände der postumen Herausgabe erhielt das Werk den Titel „Wirtschaft und Gesellschaft", unter dem es überall bekannt wurde. Dieser falsche Titel hat immer wieder dazu eingeladen, das Werk als eine „Theorie der Gesellschaft" zu verstehen und im Sinne einer „Gesellschaftsgeschichte" zu deuten.

Anstatt die Existenz der „Gesellschaft" definitorisch vorauszusetzen, ist es die Aufgabe der Soziologie zu prüfen, ob, wann, wie und warum aus vielen Vergesellschaftungen eine Gesellschaft entsteht. Insofern ist die Gesellschaft nicht der gegebene Ausgangspunkt, sondern das aufgegebene Rätsel der Soziologie.

Hinter allem liegt aber eine noch tiefere Problematik, die erst sichtbar wird, wenn man die Dinge nicht kurzfristig synchron, sondern langfristig historisch betrachtet. Dann nämlich tritt die große Tatsache ans Licht, daß Gesellschaften entstehen und vergehen. Ihr Ende mag auf den verschiedensten innergesellschaftlichen Ursachen und Auseinandersetzungen beruhen, die aber wiederum häufig durch Außenlagen entstehen. Auf der geschichtlichen Tagesordnung stehen aber auch die verschiedensten Formen der Überfremdung, Unterwerfung und Eroberung, in denen Gesellschaften erst ihre Selbständigkeit verlieren und schließlich völlig aufgesogen werden. Auf der anderen Seite sind immer wieder neue Völker und Gesellschaften auf den verschiedensten Wegen entstanden, so durch Abspaltungen und Vermischungen, am häufigsten aber wohl durch den allmählichen Zusammenschluß von Asylanten, Kolonisten oder anderen Wanderungsgruppen, die zuerst als willkommene Hilfskräfte, Berater, Leibgarden oder Hilfstruppen ins Land kamen, aber mit der Zeit durch Koalitionen zur Vormacht aufrückten und durch allseitige Vermischung ein neues Volk, meist mit einer neuen Religion und Kultur, schufen. Das römische Volk ist so entstanden und ähnlich ja auch die amerikanische Gesellschaft.[13] Aber hier soll nur summarisch daran erinnert werden, daß Völker, Gesellschaften, Kulturen, Sprachen oder Religionen entstehen und vergehen, und daß diese Vorgänge sich auch heute wie zu aller Zeit abspielen – und zwar nicht nur weltweit, sondern mitten unter uns –, wobei der Aufstieg der einen oft das Ende der anderen bedeutet.

Mit allen diesen Vorgängen, die doch stets und vor allem Geschichte gemacht haben und noch immer machen, befaßt sich die heutige Soziologie nicht. So viel sie über „Gesellschaften" zu sagen weiß, scheinen diese unzerstörbare Dauergebilde zu sein, nach deren Entstehen und Vergehen sie jedenfalls nicht fragt. Sowohl in ihren Hand- und Lehrbüchern, wie auch in ihren vielbändigen Summen oder Theorien werden diese Fragen nicht einmal erwähnt, geschweige behandelt. Auch in der Forschung fehlen einschlägige Studien, mit wenigen Ausnahmen, die entweder unbeachtet bleiben oder dem Thema nur einen

---

13 Alle Geschichtsschreibung – und erst recht das nationale Geschichtsbewußtsein – neigt dazu, Völker, wenn sie in der Geschichte auftreten, für ursprüngliche Einheiten zu halten, obschon sie alle aus der Verschmelzung früherer Einheiten entstanden. Die eindringlichste Schilderung, wie das römische Volk erst aus Stammeskonstellationen entstand, liefert A. Alföldi: Das frühe Rom und die Latiner, Darmstadt 1977. Für die Anfänge Chinas hat seinerzeit W. Eberhard: Kultur und Siedlung der Randvölker Chinas, Leiden 1942, den Weg gewiesen. Aber so war es überall. Die Erkenntnis, daß neue Völker meist mit der Zuwanderung und Aufnahme von Fremden, zumal Asylanten, beginnen, verdanken wir der Arbeit „Colluvies Gentium. Volksentstehung aus Asylen" (jetzt in: W.E. Mühlmann, Homo Creator, Wiesbaden 1962). Daß auch die USA als Volk und Nation so entstanden sind, ist bekannt. Die neue Gesellschaft entstand, als sich die verschiedenen Einwanderer als „Amerikaner" zu bezeichnen, d.h. als ein Volk und eine Nation zu verstehen begannen.

soziologischen Teilaspekt abgewinnen. Das liegt auch nicht an dem überwiegenden Interesse an modernen oder zumal heutigen Lagen; schließlich durchziehen die erwähnten Vorgänge ja das 19. Jahrhundert und sogar die Gegenwart. Es fehlen vielmehr der Soziologie mit ihrem künstlichen Gesellschaftsmodell die Begriffe und Perspektiven, um die fraglichen Vorgänge zu sehen und zu behandeln.

Denn sie geht von der Gegebenheit von Gesellschaften aus, deren Kontinuität im Wandel sie stipuliert, so daß für deren Entstehen und Vergehen kein Platz bleibt. Sie arbeitet mit generellen Grundbegriffen wie Struktur, Differenzierung, Komplexität u.ä., die immer und überall anwendbar sind, und muß deshalb alle historischen Gebilde darin aufzulösen trachten, wodurch die Illusion einer Kontinuität der Gesellschaft entsteht, die sich nur wandelt. So verschwinden konkrete historische Gebilde wie Völker, Staaten, Nationen oder Kulturen nebst Sprachen und Religionen zugunsten genereller Strukturbestimmungen und kommen auch meist in Lehr- und Handbüchern gar nicht vor.[14] Folglich fehlt auch hier das Interesse für die Soziogenese und Auflösung solcher Gebilde, obschon sie doch erst die Eigenart und Selbständigkeit, die Grenzen und Unterschiede der „Gesellschaften" markieren, ja oft sogar erst die dominanten Vergesellschaftungen abgeben, durch die bestimmte Gesellschaften entstehen und mit denen sie dann auch vergehen können. Entsprechend blaß bleibt der Begriff der Gesellschaft, durch generelle Variablen bestimmt, kaum an eine konkrete Zeit, geschweige an einen konkreten Raum gebunden, ohne Angaben über die räumlichen Grenzen, die eine Identifizierung und Zählung der Gesellschaften erlaubten, und ohne Angaben über zeitliche Grenzen, die nach dem Entstehen und Vergehen von Gesellschaften zu fragen erlaubten.

Hinzu kommt weiter, daß die Orientierung an diesem Gesellschaftsbegriff die Struktur und den Wandel als interne Bestimmungen deutet, weil Außenlagen grundsätzlich ausgeklammert bleiben. Wie einseitig und unrealistisch dieser Zugang ist, wurde vorstehend gezeigt. Wiederum schlägt das besonders bei der Frage nach dem Entstehen und Vergehen von Gesellschaften zu Buch. Denn die großen historischen Vorgänge, in denen das geschah und geschieht, gingen fast immer aus zwischengesellschaftlichen Entwicklungen wie Wanderungen, Eroberungen, Überfremdungen u.ä. hervor, in denen bisherige „Gesellschaften" umkamen und neue entstanden. Eben diese Vorgänge werden im Gesellschaftsbegriff grundsätzlich ausgespart, der auf die Permanenz irgendwelcher sozialer Strukturen abhebt und deshalb im ewigen Wandel kein Entstehen und Vergehen identifizierbarer „Gesellschaften" kennt.

Insgesamt ergibt sich, daß das an einer allgemeinen Theorie orientierte Konzept der „Gesellschaft" eine höchst einseitige Auswahl und eine höchst

---

14 In den heutigen Handbüchern sind die konkreten Gebilde – wie Volk, Nation, Sprache, Kultur, die sich noch in A. Vierkandts „Handwörterbuch" fanden – zugunsten genereller Klassifikationen – wie „primitive", „komplexe", „moderne", „Entwicklungs"-Gesellschaft – verdrängt worden, die nur noch ubiquitäre Differenzierungs- und Entwicklungsmerkmale enthalten. Alsdann läßt sich nach dem Entstehen und Vergehen konkreter Gesellschaften nicht mehr fragen.

eigenwillige Verarbeitung der Tatsachen verlangt, also jedenfalls nicht den einzig möglichen und grundsätzlich richtigen Zugang zur sozialen Wirklichkeit darstellt. Man muß im Gegenteil zweifeln, ob ein mit so vielen Vorannahmen belastetes Konzept je in der Lage sein wird, Gesellschaften richtig zu erfassen, ja überhaupt „Gesellschaften" zu erfassen. Diese Kritik trifft nicht nur die ausdrücklich mit der ganzen Gesellschaft befaßte Theorie und Forschung, sondern ebenfalls die nur auf Einzelphänomene gerichtete Arbeit, weil auch dort das Konzept der Gesellschaft stets im Hintergrund steht. Das Konzept „Gesellschaft" ist also so wenig selbstverständlich, daß es vielmehr der ausdrücklichen Rechtfertigung bedarf. Es verlangt eine Begründung durch Abwägung der Vor- und Nachteile, welche sich aus der durchgängigen Verdrängung und Mißachtung so großer und wichtiger Tatsachenkreise ergeben.

5. Gesellschaft, Entwicklung und Weltgeschichte

An diesem Punkt ist es nun möglich, jene Überlegung anzustellen, die der Tragfähigkeit des soziologischen Gesellschaftskonzeptes auf den Grund geht und dadurch alsbald unerwartet, aber zwangsläufig die „Weltgeschichte" ins Spiel bringt.

Zu diesem Zweck sei zuerst daran erinnert, daß die Soziologie aus dem Konzept der Gesellschaftsgeschichte entstanden ist, das sie beharrlich mit gewissen Varianten ausgebaut, angewendet und gegen andere Ansätze durchgesetzt hat. Den Kern bildete der Gedanke, daß die Gesellschaft – also grundsätzlich jede – in sich selbst auf Fortschritt angelegt sei; er gründete in der Vorannahme, daß die Wirklichkeit aus einer Anzahl eigener Gesellschaften in verschiedenen, teils auch blockierten Stadien und Wegen der Entwicklung bestehe. Obschon der „Fortschritt" später durch den „Wandel" und die „Gesellschaft" durch ihre Bestandteile ersetzt wurden, gründet die Soziologie nach wie vor im Konzept der Gesellschaftsgeschichte als einer Entwicklung, auf die hin jede Gesellschaft angelegt ist. Trotz gewisser Variationen handelt es sich vermeintlich um einen langfristigen und gerichteten Prozeß, dessen jeweilige Etappen, wenn sie nicht im Gange sind, doch überall potentiell anstehen.

Obschon sich die Bewertungen und Bezeichnungen verschoben und verfeinert haben, ist das Grundkonzept gleich geblieben. Darüber kann auch der verharmlosende Ausdruck „sozialer Wandel" nicht hinwegtäuschen.[15] Er suggeriert zwar, daß die Soziologie neutral allen und jeden Wandel untersucht; aber das ist evident so unmöglich wie unsinnig. Sie sucht vielmehr die Gesetze oder Regeln, nach denen sich der Wandel vollzieht. Und sie glaubt ferner, daß es sich dabei nicht um ein ewiges Hin und Her, sondern um langfristige und dauerhafte Entwicklungen handelt. Aus dem alten Fortschritt ist die Dif-

---

15 Der „soziale Wandel" verharmlost die Geschichte zur Veränderung der inneren sozialen Verhältnisse, die regelmäßig als Moment der inneren Gesellschaftsgeschichte begriffen wird, in der für Geburt und Tod von Völkern, Sprachen, Kulturen, Staaten oder Nationen kein Platz ist.

ferenzierung oder die Komplexität nebst der Modernisierung und ähnlichen Hilfsbegriffen geworden. Der alte Entwicklungsgedanke versteckt sich hinter scheinbar neutralen Begriffen, die logisch nur als variable und soziologisch nur als historisch wachsende Größen einen Sinn haben. Ohne diese neue Einkleidung der alten Gesellschaftsgeschichte kommt selbst die Sozialforschung, die sich nur auf Einzelnes richtet, nicht aus.[16] So beherrscht das alte Konzept in dieser oder jener Weise die Arbeit der Soziologie und ist fest in den nur scheinbar statischen Strukturbegriff eingebaut.

Daß es solche Entwicklungsvorgänge mit wachsender Differenzierung und Komplexität gegeben haben muß und gibt, steht außer Frage. Daß diese Vorgänge, weil sie mit höchst generellen, ahistorischen, unräumlichen und einseitigen Begriffen beschrieben werden, wichtige gesellschaftliche und geschichtliche Tatsachenkreise teils überhaupt nicht, teils nur entstellt erfassen, ist bereits gezeigt worden. Jetzt handelt es sich um die Frage, ob solche Vorgänge langfristig durch innergesellschaftliche Entwicklungen zustande kommen.

Da lautet der erste schlichte Befund, daß eine beharrliche Entwicklung nirgends insgesamt in *einer* Gesellschaft stattgefunden hat. Vielmehr hat jede Gesellschaft für sich nur irgendeinen Abschnitt der Differenzierung geleistet und kam dann zur Stagnation, falls sie nicht überhaupt verschwand. Solche Arretierungen nach einer kürzeren oder längeren Entwicklung sind offenbar auf allen „Stufen" der Differenzierung möglich und nicht etwa nur bei Zivilisationen wie China oder Ägypten eingetreten, die von einem gewissen Punkt ab für Jahrtausende verharrten.

Auch der zweite Befund ist einfach, aber für den Charakter aller „Entwicklung" entscheidend. Er lautet, daß die gesellschaftliche Entwicklung im Grunde kein Binnenvorgang in einer Gesellschaft ist, sondern aus raumgreifenden Expansionen und zwischengesellschaftlichen Verbindungen hervorgeht, wie sie sich durch Eroberung, Unterwerfung, Kolonisierung, Vereinigung, Verflechtung oder andere Formen der Ausdehnung einschließlich religiöser oder kultureller Missionen ergeben. Gewiß hängt der mögliche Expansionskreis vom jeweiligen Stand der Daseinstechniken ab und vergrößert sich mit deren Fortschritten. Aber die gesellschaftliche Entwicklung ist auf den raumgreifenden Einsatz dieser Techniken angewiesen, der es erlaubt, mehr Menschen in neuen Gebieten durch die Koordination ihres sozialen Handelns in die sozialen Gebilde einzubeziehen, welche sich durch irgendwelche Formen der im weitesten Sinn zu verstehenden Herrschaft bilden. Dabei kann es mit neuen Techniken auch zu Schüben einer „inneren Expansion" kommen, wodurch mehr Menschen und abseitige Gebiete im eigenen Herrschaftsbereich effektiv einbezogen werden. Auch das sind raumgreifende Vorgänge, die in der Regel mit Selbständigkeitseinbußen einhergehen und oftmals die Reste von einst selbständigen Gesellschaften auflösen. Aber anhaltende Differenzierung ist nur auf der Grundlage der äußeren Expansion in irgendeiner der oben vermerkten Formen möglich

---

16 Schon bei der einfachsten Sozialforschung stehen im Hintergrund, wenn man genau hinsieht, Vorstellungen und Begriffe, die dem „Entwicklungs"- und „Differenzierungs"-Konzept der internen Gesellschaftsgeschichte entnommen sind.

und deshalb in aller Regel ein zwischengesellschaftlicher Vorgang, durch den allein größere Gebilde entstehen können: So ja schon in den einfachsten Fällen wie etwa beim Bund der Irokesen oder den griechischen Amphiktyonien und sowieso bei den frühen Stadtbildungen, die den Selbständigkeitsverlust bäuerlicher Völker erfordern. Ähnlich sind alle kleinen und großen Staaten und Reiche erst durch eine Kette immer neuer Eroberungen, Unterwerfungen oder Verbündungen aus alsbald vergessenen kleineren Gesellschaften entstanden. Wo immer diese raumgreifenden Vorgänge aufhörten, stagnieren Entwicklung, Differenzierung und Komplexität, wie China und Ägypten demonstrieren.

Am besten stellt man das Problem grundsätzlich: Wie konnte überhaupt gesellschaftliche Entwicklung in Gang kommen, wenn die Geschichte mit kleinen und höchst zerstreuten Horden und Gruppen begonnen hat? Immer wieder hat man den Mangel an technischem Wissen für die Verspätung der Entwicklung verantwortlich gemacht. Doch selbst neue Daseinstechniken konnten erst dann wirken, wenn sie zur expansiven Erweiterung der Gruppe und des Gebiets benutzt wurden und setzten sich meist erst durch, wo diese Möglichkeit in Sicht kam. Von Anfang an ist die Bildung größerer Einheiten aus mehreren Gesellschaften die Grundlage und der Motor aller Entwicklung gewesen. So verschieden die Arten solcher Verbindung sein mochten, setzten sie stets eine Mehrheit von Gesellschaften in räumlicher Nähe voraus, die alsbald solche Verbindungen ermöglichte oder erzwang. Diese Lage entstand, wenn verstreute Gesellschaften durch Wanderung aufeinander stießen, und wurde in den Räumen zur Regel, wo viele Gesellschaften dauernd aneinander grenzten. Das mag gelegentlich eine Folge zufälligen Zusammentreffens oder der Daseinsvorteile des Gebietes gewesen sein, war aber in der Regel selbst schon Ergebnis zwischengesellschaftlicher Verhältnisse, die bereits früher durch die expansive Bildung größerer Einheiten entstanden waren.

Generell ist dabei zu bedenken, daß eine Verdichtung vieler Gesellschaften auf einem Gebiet erst eintreten konnte, nachdem die Zahl der kleinen Gruppen gewachsen war und durch Bildung größerer Einheiten mehr Raum beanspruchte, so daß schließlich die Freiräume verschwanden und das Gebiet aufgeteilt war. Das aber hatte dann meist zur Folge, daß sich der Druck auf andere Gebiete ausdehnte und dort die gleichen Verhältnisse schuf. Im einzelnen konnte das geschehen, wenn eine überlegene Gesellschaft die übrigen in einen Rückzugsraum abdrängte oder auch umgekehrt anzog und Zuwanderer einzeln oder in Gruppen aufnahm, als Kolonisten Raum gewährte oder sonst mit Spezialdiensten betraute. Wo reiche Kulturen sich gegen solchen Zustrom abschirmten, siedelten sich im Umland einzelne Zuwanderer, kleinere Völker oder Absplitterungen von solchen an, um teils die Chancen dieser Lage friedlich wahrzunehmen, teils sie durch Druck und Erpressung der Hegemonialkultur zu vergrößern, und teils durch Raubzüge und Eroberungen zu steigern. Fast immer formierten sich in diesen Gemengelagen neue Gesellschaften.[17] In ei-

---

17 China bietet ein Musterbeispiel für die Entstehung und Bedingtheit von Gesellschaften – Völkern, Staaten, Sprachen, Kulturen – aus zwischengesellschaftlichen Gemengelagen. Neuerlich dazu Wolfgang Bauer, China und die Fremden, München 1980.

nigen Fällen trat die Verdichtung in einem Raum durch Segmentationen der ursprünglichen Stämme ein, wodurch sich die Zahl der Gesellschaften vermehrte und zumal bei räumlicher Expansion zur Ausfüllung des nutzbaren Lebensraumes führte. So entstanden etwa bei den Eskimos wie bei den Griechen homogene Sprach- und Kulturräume, die die zwischengesellschaftlichen Verhältnisse erheblich zu beeinflussen vermochten. Sie haben zwar in Griechenland nicht die Kriege der Heerkönige und Stadtstaaten verhindert, wohl aber rechtlich ritualisiert; und sie ermöglichten die verschiedenen Ansätze und Einrichtungen einer nationalen Gesamtkultur, die sich gegenüber Dritten zur geschichtlichen Kraft und Leistung formierte.

Unverkennbar ist demnach alle gesellschaftliche Entwicklung von Anfang an durch raumgreifende Vorgänge möglich geworden, die aus mehreren Einheiten jeweils größere schufen. Die oft behandelte Bildung von „Staaten" ist dabei eine späte Etappe gewesen, welche meist die frühere Bildung von „staatstragenden" Eroberervölkern wie die Verdichtung und Verflechtung der Substratbevölkerung voraussetzte. Überdies haben die größeren Staaten alle mit kleinen Regionalherrschaften begonnen, die sich durch Unterwerfung umliegender Völker oder rivalisierender Herrschaften Zug um Zug vergrößerten. Dauerhafte Unterwerfung und Eroberung sind, solange die Gesellschaften klein sind, gar nicht möglich. Sie sind aber auch – das gilt es zu beachten – zwar oft die gewöhnlichen und direkten, aber keineswegs die einzigen Mittel und Formen der raumgreifenden Vorgänge und der Bildung größerer Gesellschaften gewesen. Sonstige Wanderungen, Kolonisierungen, Vereinigungen, Asyl- und Missionsbewegungen gehören ebenfalls zu den fraglichen Vorgängen, ohne daß sie hier alle auch nur weiter aufgezählt werden könnten oder müßten. Denn hier sollte ja nur gezeigt werden, daß alle Entwicklung – wie immer sie sonst noch bedingt sein mag – doch aus zwischengesellschaftlichen Verhältnissen und raumgreifenden Vorgängen hervorgeht, die erst bei entsprechender Verdichtung von Räumen anfangs zur möglichen und später geradezu zur nötigen Regel werden.

Das alles manifestiert sich in den bekannten großen Tatsachen. Alle wichtigen gesellschaftlichen Entwicklungen haben sich in Gebieten hoher Verdichtung mit einer großen Zahl von nahe aneinander gerückten Gesellschaften abgespielt, aus denen Zug um Zug größere hervorgehen konnten. Durch solche Vorgänge und in solchen Verdichtungsräumen von Völkerschaften sind die Reiche Chinas und Ägyptens entstanden. Bei ihnen kam die Entwicklung zum Stillstand, als schließlich die Grenzen des Naturraums erreicht oder sonst politisch und militärisch gegen unterlegene Randvölker gezogen waren. Anders im Vorderen Orient und später in Griechenland oder Rom, wo sich eine solche Abschließung durch eine einzige Hegemonialmacht als unmöglich erwies wegen der Vielheit der Völker, weshalb sich immer neue Gesellschaften bilden und die früheren Entwicklungen fortführen konnten. Die Anwendung auf den späteren Verlauf bleibe hier beiseite bis auf den Hinweis, daß die neuzeitliche Beschleunigung der gesellschaftlichen Entwicklung sich in dem westeuropäischen Verdichtungs- und Begegnungsraum abgespielt hat, wo verschiedene Gesellschaften sich selbst erst durch Unterwerfung oder Vereinnahmung kleinerer bildeten, untereinander verflochten und nach außen durch Kolonisation und sonstwie ausgriffen.

Stets und überall sind es zwischengesellschaftliche Verhältnisse und Veränderungen durch raumgreifende Vorgänge gewesen, die eine gesellschaftliche Entwicklung mittels Bildung jeweils größerer Einheiten ermöglicht haben. Selbst bei räumlicher Isolierung wird das Leben in einer Gesellschaft durch die Orientierung an ihren Außenlagen bestimmt, die als wichtiger Teil der Umwelt bewußt sind und die Binnenstruktur beeinflussen. Das gilt erst recht, wo sich die Berührungen vermehren, die Verflechtungen ergeben und die Herausforderungen einstellen. Unvermeidlich vollzieht sich diese gesellschaftliche Entwicklung einerseits durch das Entstehen immer neuer Gesellschaften mit eigenen Sprachen, Religionen und Kulturen, und deshalb andererseits durch das Vergehen von Gesellschaften mit ihren Sprachen, Religionen und Kulturen, die ihre Selbständigkeit verlieren, bis sie ganz aus der Geschichte verschwinden.

Daraus ergibt sich, daß die gesellschaftliche Entwicklung nie das Ergebnis einer inneren Gesellschaftsgeschichte war. Sowieso hat keine einzige Gesellschaft den ganzen Weg der Entwicklung selbst durchlaufen. Eine nachhaltige Differenzierung und Komplexierung konnte sich nur dort ereignen, wo bisherige soziale Gebilde neuen und größeren Platz machen mußten. Es gibt kein beharrliches Wachstum dieser Größen außer durch raumgreifende Vorgänge zwischen einer Vielzahl von Gesellschaften. Steigende Differenzierung und Komplexität sind nicht das Ergebnis innerer Evolutionen einzelner Gesellschaften, sondern der Verflechtungen und Konfrontationen mehrerer Gesellschaften, aus denen neue und größere Gebilde hervorgehen. Eine fortlaufende gesellschaftliche Entwicklung konnte sich deshalb nirgends beharrlich in einer Gesellschaft abspielen, sondern nur in einer Kette raumgreifender Vorgänge zwischen Gesellschaften, wodurch immer neue und größere Gebilde entstanden, in denen die Differenzierung fortlaufen konnte, bis sie jeweils auf noch größere Gebilde überging. Die gesellschaftliche Entwicklung vollzog sich also, statt parallel in einzelnen Gesellschaften, in einer räumlich-zeitlichen Folge von Gesellschaften, welche jeweils auf Zeit zu ihrem Träger und dann wieder von anderen abgelöst wurden. Das vermeintliche Gesetz der fortschreitenden Differenzierung und Komplexität der Gesellschaften ist also in Wahrheit der lange geschichtliche Prozeß, welcher durch raumgreifende Vorgänge aus einer Vielheit kleiner und verstreuter Horden zuerst in einzelnen Verdichtungsräumen größere Gebilde und durchgängige Verflechtungen schuf, um daraus durch weitere raumgreifende Vorgänge noch größere Verdichtungsräume mit noch größeren Gebilden und Verflechtungen entstehen zu lassen.

Es ist dieser Prozeß, durch den Weltgeschichte entsteht, wie ich andernorts näher ausführen werde. Denn die Weltgeschichte kann aus der heutigen Warte definiert werden als jene zeitliche Kette raumgreifender Vorgänge, durch die sich nach und nach eine Vielheit selbständiger Gesellschaften mit je eigener Geschichte in einen durchgängigen Zusammenhang mit einer potentiell gemeinsamen Geschichte verwandeln.[18] Die großen Etappen dieser Entwicklung

---

18 So groß das Interesse an der neuzeitlichen europäischen Expansion ist, wodurch die Staaten

sind jene Epochen gewesen, in denen dieser durchgängige Zusammenhang in einer Region kraft Entmachtung der vielen Gesellschaften durch eine Hegemonialmacht erreicht zu sein schien.

Dann hat sich auch stets der Gedanke einer Universalgeschichte in der Überzeugung eingestellt, der Rest der Erde sei unbewohnt oder nur mit unwichtigen Randgruppen bevölkert. Als klassisches Beispiel sei der griechische Historiker Polybios zitiert, der ca. 130 v. Chr. sein großes Werk mit Blick auf das römische Reich so einleitet: „In den vorangehenden Zeiten lagen die Ereignisse der Welt gleichsam verstreut auseinander ... [Dann] aber wird die Geschichte ein Ganzes, gleichsam ein einziger Körper, es verflechten sich die Ereignisse in Italien und Libyen mit denen in Asien und Griechenland, und alles richtet sich auf ein einziges Ziel".[19] Es sind jene Zeiten, in denen die Welt bekannt und ausgemessen zu sein scheint und die vereinheitlichte Region als „Ökumene", als die „bewohnte Erde" gilt, so daß sich nun universalistische Vorstellungen von einer Menschheit, einem Recht, einer Religion usw. für alle einstellen, bis sich aus dem Verkehrskreis doch wieder neue selbständige Gebilde hervorarbeiten oder jenseits der Region neue bewohnte Räume auftauchen, die weitere raumgreifende Expansionen erlauben.

Dabei ist zu beachten, daß die zeitliche Kette raumgreifender Vorgänge, aus denen zuletzt Weltgeschichte entsteht, kein unbedingt notwendiger, kein gesetzmäßiger und erst recht kein vorhersehbarer, sondern eben ein historischer Prozeß ist. Ob, wo und wie sich jeweils neue und größere Einheiten bilden, auf welchen Wegen das geschieht, und welche Art sozialer Gebilde dabei entstehen und vergehen, steht jeweils offen. Es ist sowohl mit Ausnahmen und Abbrüchen wie mit gegenläufigen Vorgängen zu rechnen. Und ausdrücklich muß davor gewarnt werden, aus der Kette der Vorgänge eine inhaltliche Bestimmtheit der dabei entstehenden sozialen Gebilde herauszulesen, deren jeweiliger Charakter vielmehr trotz allem historische Individualität bleibt; ihre jeweils höhere Komplexität und Differenzierung sagt über deren näheren Charakter wenig genug aus. Insofern sind es auch die jeweiligen, nicht unbedingt bloß politischen Hegemonialmächte, die durch die individuelle Eigenart ihrer raumgreifenden Expansionen einer Epoche ihren Stempel aufdrücken, weil sie für die zwischen- und übergesellschaftliche Verbindung sorgen. Gezeigt werden sollte bloß, daß Weltgeschichte, soweit sie überhaupt entsteht, nur aus einer Vielheit von Gesellschaften durch eine Kette raumgreifender Vorgänge ent-

---

und Völker der Erde in einen globalen Zusammenhang gesetzt wurden, so wenig wird dabei bedacht, daß dieser Vorgang selbst nur das letzte Glied einer Kette raumgreifender Vorgänge sein konnte, durch die aus anfänglichen kleinen Horden immer größere Gebilde wurden. Die Frage, wie und warum es zu dieser Kette von zwischengesellschaftlichen Entwicklungen gekommen ist, wird noch nirgends systematisch, jedenfalls nicht soziologisch gestellt. Selbst Niklas Luhmann, der die heutige Gesellschaft ausdrücklich als Weltgesellschaft begreift, begnügt sich mit dieser Feststellung, für deren Erklärung er nur generell auf die Komplexitätsreduktion und Differenzierungsleistung des sozialen Systems verweisen kann. In seiner „Weltgesellschaft" sind die vielen „Gesellschaftsgeschichten" zum globalen Systemvorgang geworden und bekräftigen noch einmal das Konzept der „Gesellschaftsgeschichte", nach dem schon die einzelnen Gesellschaften behandelt wurden.

19 Polybios: Geschichte. Gesamtausgabe in zwei Bänden, Zürich 1961, Bd. 1, S. 3.

stehen konnte, welche erst Gebilde von wachsender Differenzierung und Komplexität ermöglichten. Denn jede gesellschaftliche Entwicklung, die sich irgendwo vollzogen hat, bleibt für die Geschichte gleichgültig, wenn sie nicht weitergegeben und übernommen wird und zur Basis der nächsten Etappe wird. Auch die indianischen Großreiche, die sich in Meso-Amerika bildeten, entstanden alle aus kleinsten Anfängen durch eine Folge raumgreifender Expansionen. Darauf, und nicht auf einer inneren Evolution, beruhte jene gesellschaftliche Entwicklung, die sie erreichten. Aber auf die Geschichte hat das keinen Einfluß gehabt, weil es nirgends weitergeführt wurde.[20] Deshalb setzt sich die Weltgeschichte nicht aus allen Völkern, Kulturen und Gebilden mit allen ihren eigenen Geschichten und nicht einmal aus allen in ihrer Zeit wichtigen raumgreifenden Vorgängen, sondern nur aus jenen zusammen, die in zeitlicher Kette weitergegeben werden konnten und ursächlich die heutige Lage mitbestimmt haben. Desgleichen vollzog sich die gesellschaftliche Entwicklung zur Differenzierung und Komplexität nicht durch alle einschlägigen Vorgänge, sondern nur durch diejenigen, welche in dieser Kette ein Glied zum nächsten Glied bildeten. In diesem Sinn ist die gesellschaftliche Entwicklung mit ihrer wachsenden Differenzierung und Komplexität das Ergebnis jener raumgreifenden Vorgänge in einer Vielheit von Gesellschaften, die sich zur Weltgeschichte verketteten. Das allein sollte hier gesagt werden und darauf allein kommt es hier an.

Denn im Konzept der Gesellschaftsgeschichte wird dieser weltgeschichtliche Prozeß in ein inneres Entwicklungsgesetz der einzelnen Gesellschaften umgedeutet, das schon im Begriff „Gesellschaft" angelegt ist. Dabei werden die „Gesellschaften" als selbständige Exemplare einer Gattung und deshalb als eigene Systeme gedacht, die nach generellen Regeln funktionieren. Zugleich werden folgerichtig die zwischengesellschaftlichen Verhältnisse, die raumgreifenden Vorgänge und die konkret-historischen Gebilde zugunsten genereller Strukturvariablen eliminiert, um eine allgemeine „Theorie der Gesellschaft" zu erreichen, die Vorhersage, Berechnung und Steuerung erlauben soll, um die Unberechenbarkeit und Zufälligkeit der Geschichte abzustellen. Offenbar ist das Konzept ein zum Dogma erstarrtes, in die Grundbegriffe der Soziologie eingebautes Konstrukt, das auf eigenwilligen Vorannahmen beruht, die eine höchst einseitige Auswahl und Verarbeitung der Tatsachen nach sich ziehen, wie oben bereits gezeigt wurde. Dabei entstehen beharrliche Mißweisungen, weil das Geschehen grundsätzlich aus inneren Lagen gedeutet werden soll, derweil sich die Gesellschaften, ohne zu entstehen und zu vergehen, im Effekt in kaum noch identifizierbare Kontinuitäten eines ubiquitären sozialen Wandels

---

20 Für die Entstehung dieser Reiche durch die – friedliche oder gewaltsame – Verschmelzung kleiner Stämme zu immer größeren Gebilden verweise ich auf die einschlägige Literatur. Eine geschichtliche Wirkung ist ihnen – von der neuen Rückbesinnung der ibero-amerikanischen Völker auf jene Zeit abgesehen – nicht zuteil geworden. Sie kommen für die Geschichtsforschung – wie Max Weber es in der „Wissenschaftslehre", S. 235ff, ausdrückte – als „Erkenntnisgrund" für die Entstehung von Staaten, aber nicht als „Realgrund" für den Fortgang der Geschichte in Betracht.

von Strukturvariablen auflösen. Jetzt aber kommt es speziell nur darauf an, daß das Konzept der Gesellschaftsgeschichte sich seinen Grundgedanken einer „gesellschaftlichen Entwicklung", auf den hin ja schon die Strukturbegriffe angelegt sind, logisch erschleicht. Denn eine solche Entwicklung ist über die Zeit hinweg als eigene Evolution einer Gesellschaft gar nicht möglich und hat so auch nirgends stattgefunden. So hat das Konzept einer beharrlichen gesellschaftlichen Entwicklung die effektive Weltgeschichte zur verschwiegenen Voraussetzung und denkt sie in eine Gesellschaftsgeschichte um.

6. Über die nötige Revision des soziologischen Begriffsapparates

Die Soziologie hat sich mehrheitlich in der Annahme formiert, das Zusammenleben organisiere sich in distinkten Gesellschaften, deren jeweilige Zustände aus ihren früheren folgten und überdies generell auf eine „Gesellschaftsgeschichte" als Fortschritt, Entwicklung, Evolution oder Differenzierung aus eigener Kraft und Notwendigkeit angelegt sei. Andere Ansätze blieben unbeachtet oder wurden im Sinne der inneren Zwänge der „Gesellschaftsgeschichte" umgedeutet. Versuche, aus diesem Ansatz herauszuspringen, scheiterten, so etwa Ralf Dahrendorfs „Out of Utopia" (1958), dessen vehemente Kritik an der Annahme von isolierten und selbständigen Gesellschaften, anstatt auf die Bedeutung der zwischengesellschaftlichen Verhältnisse zu führen, alsbald das Konzept der „Gesellschaftsgeschichte" in der neuen Version der inneren Konfliktsgeschichte im Sinne der gesellschaftlichen Evolution bestätigte.

In dieser Weise blieben die Begriffe und Theorien der Soziologie, die sich durchsetzten, Variationen des Konzepts der Gesellschaftsgeschichte. Obschon damit viele und wichtige Erkenntnisse gewonnen werden konnten, blieben gewisse Tatsachen und Probleme grundsätzlich ausgeklammert. Zum einen blieb die „Gesellschaft" ein praktisch fragwürdiges begriffliches Konstrukt, das empirisch kaum zu identifizieren war. Die soziologische Praxis geht unbekümmert davon aus, daß politische Einheiten eine Gesellschaft bilden, so daß etwa bei politischer Teilung zwei neue Gesellschaften entstehen, hält aber in der Theorie daran fest, daß „Gesellschaft" als universale Grundform des Zusammenlebens ein selbständiges, insofern vorstaatliches Gebilde sei. Der Begriff denkt die sachlich und personell verschiedenen – sozialen, kulturellen, politischen, religiösen usw. – Vergesellschaftungen in ein Gebilde – sogar ein System – um, in dem sie zusammenfallend eine „Gesellschaft" bilden. Abgedrängt wird die Frage, wann und wie eine Vielheit verschiedener Vergesellschaftungen eine „Gesellschaft" bilden und durch welche spezifischen Vergesellschaftungen diese jeweils konstituiert wird. Dadurch werden alle „zwischengesellschaftlichen" Konstellationen entweder grundsätzlich ausgeklammert oder in bloß innergesellschaftliche umgedacht, so daß beispielsweise die heutigen Migrationen bloß als Problem der Herkunfts- oder der Aufnahmeländer auftauchen. In dieser Weise bleiben die Begriffe und Theorien der Soziologie Variationen des Konzepts der „Gesellschaftsgeschichte" und versperren den

Blick auf die Tatsache, daß alle „Gesellschaften" schon in ihrer inneren Verfaßtheit „außenbedingt" und meist „außenverstrebt" sind, so daß die vermeintlich innergesellschaftlichen Entwicklungen mit „zwischengesellschaftlichen" Vorgängen verbunden und auf die Länge auf raumgreifende Vorgänge angewiesen sind, wodurch neue „Gesellschaften" entstehen und alte vergehen, worüber oben das Nötige gesagt wurde.

So konnte es nicht ausbleiben, daß die Erkenntnisse und Leistungen der Soziologie, so gewichtig sie auch waren, in Theorie und Praxis unsicher und einseitig blieben. Der Gedanke, die soziale Wirklichkeit einheitlich in einer Theorie der „Gesellschaft" nach einem Konzept der „Gesellschaftsgeschichte" zu ordnen, hat die intellektuelle Anstrengung und Phantasie immer wieder beflügelt, aber auch zu einem Wirklichkeitsverlust geführt. Indem die Soziologie die konkreten Formen, in denen sich das Zusammenleben zu Kulturen, Völkern, Staaten, Kirchen oder sonstigen heutigen oder zukünftigen Vergesellschaftungen ausformt, in generelle Bestimmungen der „Gesellschaft" auflöste, entfernten sich ihre Begriffe und Theorie so von der Wirklichkeit, daß sie empirisch kaum noch eingelöst werden konnten und der Öffentlichkeit kaum noch Orientierung boten.

Aus diesen Gründen ist eine Revision des soziologischen Begriffsapparates überfällig, die, statt bloß von der Binnengliederung der Gesellschaften auszugehen, ihre zwischengesellschaftlichen Verhältnisse und querläufigen Vergesellschaftungen anhand einer systematischen Kategorisierung von Außenlagen in den Ansatz der Begriffsbildung einbrächte und hierdurch die sozialen Gebilde in ihrer konkreten Eigenart sowie in ihrem Entstehen und Vergehen durch raumgreifende Vorgänge und damit in der Spielbreite ihrer historischen Lagen und Aufgaben vorzuführen vermöchte. Nur so kann die Soziologie wieder zu gehaltvollen und wichtigen Problemstellungen kommen.

Bei all dem sitzt uns der Druck unserer weltgeschichtlichen Lage im Nacken. Denn in der „Einen Welt", die in den letzten Jahrzehnten aktuell entstanden ist und fortschreitet, werden die Mißweisungen einer Soziologie, die in den Binnenlagen der Gesellschaftsgeschichte denkt, immer unrealistischer und bedrohlicher.

Repräsentative Kultur*

Der Begriff der sozialen Struktur darf hier als bekannt vorausgesetzt werden, nachdem die Soziologie ihn seit langem benutzt, erläutert und verbreitet hat. Dabei kommt es weniger auf das Wort als auf die Annahme an, jede Gesellschaft sei durch ihre soziale Gliederung bestimmt, die in äußeren Verhältnissen objektiv gegeben sei. In diesem Sinne befaßte sich die Soziologie in Ost und West trotz sonstiger Gegensätze mit der Struktur und setzte sie praktisch mit der Gesellschaft gleich, so daß eine eigene Befassung mit der Kultur überflüssig erschien.

Die Frage nach dem Verhältnis von Struktur und Kultur problematisiert diese bisherige Grundannahme. In ihr spiegelt sich eine neue Lage des Faches, das auf vielen Wegen über die üblichen Strukturanalysen hinausdrängt und auf dieser Suche nach der gesellschaftlichen Wirklichkeit auch wieder auf die lange vergessene Kultur stößt, wie zumal das Interesse für die Alltagskultur zeigt.

Doch solche Entdeckungen reichen nicht aus, um die gesellschaftliche Bedeutung der Kultur zu ermitteln. Überhaupt leidet die Diskussion an einem Ungleichgewicht, weil „Struktur" ein umrissener und international gebräuchlicher Fachbegriff ist, während „Kultur" im Fach, wenn überhaupt, vieldeutig und unbestimmt benutzt wird. Das verleitet oft zu dem Fehlschluß, die Struktur sei eine feste objektive Gegebenheit, die Kultur hingegen eine subjektiv beliebige Vorstellung. Doch liegt der Unterschied zunächst nur in der unterschiedlichen begrifflichen Ausarbeitung. Denn „Struktur" blieb sehr lange ein ganz diffuser Begriff, der Kontur erst spät und allmählich dadurch gewann, daß er mittels weiterer Begriffe wie Institution, Status, Rolle, Klasse usw. entfaltet wurde. Wenn der Begriff der Kultur heute vage und diffus wirkt, so besagt das zunächst nur, daß ihm eine solche Elaboration nicht zuteil geworden ist. Hier fehlen deshalb der Soziologie, weil sie sich ganz an die Struktur gehalten hat, verläßliche Begriffe. Denn diese ergeben sich nur aus der kontinuierlichen Arbeit an der Sache und können, wo diese einmal fehlt, nicht durch eilige Definitionen ersetzt werden.

---

* [Anm. d. Hrsg.: Der Beitrag ist die überarbeitete Fassung eines englischsprachigen Vortrages auf der „Europäischen Theoriekonferenz", die 1987 in Bremen zum Thema „Sozialstruktur und Kultur" stattfand. Er ist ursprünglich erschienen in: Hans Haferkamp (Hrsg.), Sozialstruktur und Kultur, Frankfurt a. M. 1990, S. 20–53. Der Abdruck erfolgt mit freundlicher Genehmigung des Suhrkamp Verlages, Frankfurt a. M.]

Im heutigen Sprachgebrauch ist der Begriff der Kultur vielsinnig, fast beliebig und überdies in Bewegung. Eben deshalb ist es nötig, ihn in derjenigen spezifischen Bedeutung zu präzisieren, die er für die Soziologie besitzt. Ich werde deshalb zuerst mit einem Blick in die Begriffs- und Wissenschaftsgeschichte daran erinnern, was eigentlich über Kultur bekannt ist. Daraus ergibt sich, daß die scheinbar beliebigen Bedeutungen dieses Begriffes nach einer inneren Architektonik aus einem Grundtatbestand hervorgehen, der für die Soziologie auf den Begriff der repräsentativen Kultur führt. Denn dies war der ursprüngliche Sinn des Ausdrucks, auf den die Sozialwissenschaften auch heute nicht verzichten können.

1. Kultur und Gesellschaft: Zur Begriffsgeschichte

Als Teil des klassischen Erbes überlebten die römischen Wörter *cultura* und *societas* im Latein, der gemeinsamen Bildungssprache Europas, fast 2000 Jahre ohne nennenswerte Änderungen. Doch um 1800 erwarben diese Wörter recht plötzlich ganz andere und wichtige Bedeutungen, mit denen sie sogleich in die europäischen Volkssprachen eingingen. Seither gehören diese Begriffe überall zu den Schlüsselwörtern, ohne die der öffentliche Austausch, das private Gespräch und die Wissenschaft gar nicht auskommen könnten.

Der plötzliche Aufstieg dieser alten Wörter zu neuen Schlüsselbegriffen im allgemeinen Gebrauch ist nicht irgendein sprachgeschichtlicher Vorgang. Er markiert vielmehr einen entscheidenden Vorgang der modernen Gesellschaftsgeschichte.[1] Ihre plötzliche Verbreitung in den Volkssprachen zeigt an, daß die älteren Vorstellungen über Mensch, Gesellschaft und Geschichte außer Kurs gekommen waren. In diesem Sinne standen „Kultur" und „Gesellschaft" für radikal neue Umorientierungen, die allerdings eher auf Probleme verwiesen als auf Lösungen. Es ist nicht möglich, hier die vielschichtigen Momente auszubreiten, welche man mit den neuen Schlüsselwörtern auf den Begriff zu bringen versuchte. Ich muß mich deshalb auf das Nötige beschränken. Zum einen waren die neuen Begriffe eine Antwort auf tatsächliche Veränderungen der sozialen Verhältnisse, aber nicht einfach deren Spiegelung. Es gehört zu den Schwächen der Struktursoziologie, den gesellschaftlichen Wandel kurzweg aus objektiven Strukturveränderungen abzuleiten, deren Wirkung jedoch davon abhängt, wann und wie sie wahrgenommen werden. Umgekehrt kann ein gesellschaftlicher Wandel eintreten, wenn die Menschen, aus welchen Gründen immer, ihre objektiv unveränderte Lage in einem neuen Licht sehen. Es sind

---

1 Für die meisten europäischen Sprachen sind das plötzliche Auftauchen und das nachfolgende Schicksal der Konzepte ausführlich dokumentiert. Die vielfältigen Materialien sind gelegentlich dazu benutzt worden, Studien der Ideengeschichte zu fördern, wohingegen die Sozialwissenschaften in ihrer Konzentration auf soziale Lagen kein Interesse an den Schlüsselbegriffen des modernen sozialen Vokabulars gezeigt haben. *Culture & Society, 1780-1950*, Harmondsworth 1962, von Raymond Williams ist eine seltene Ausnahme.

erst die subjektiven Definitionen der Situation, die die gegebenen Lagen, wie ein Beobachter sie ermittelt, in Handeln übersetzen.

Für die Wahrnehmung ihrer Lage sind die Handelnden stets auf ein soziales Vokabular angewiesen und finden es in der Regel auch in ihrer Gesellschaft vor. Dieses „Vokabular" besteht aus einer Reihe von zusammenhängenden Begriffen, Ideen und Bildern, die es den Handelnden ermöglichen, die Vielheit ihrer sozialen Wahrnehmungen nach allgemeinen Kategorien zu ordnen und zu klassifizieren und ihr Handeln entsprechend zu orientieren. Im Zentrum dieses Vokabulars figurieren einige Schlüsselbegriffe, die das allgemeine Selbstverständnis einer Gesellschaft ausdrücken und meist mit grundlegenden Vorstellungen von der Wirklichkeit – mit Weltbildern – verbunden sind. Ändern sich die tatsächlichen Verhältnisse radikal, dann kann das herkömmliche soziale Vokabular sie nicht mehr fassen und kommt außer Kurs. Andererseits kann ein neues soziales Vokabular – also neue Vorstellungen über die Gesellschaft – die Verhältnisse verändern, weil es die Situation neu definiert. In diesem Sinne sind die Schlüsselwörter des sozialen Vokabulars selbst stets konstitutive Bestandteile einer Gesellschaft.

Von hier aus versteht man, welche grundlegende gesellschaftliche Bedeutung dem plötzlichen Aufstieg von „Kultur" und „Gesellschaft" zu bleibenden Schlüsselbegriffen der modernen Gesellschaft zukommt.[2] Ihre Aufnahme in die Volkssprachen spiegelt die Erkenntnis, daß soziale Veränderungen ein neues Gebilde, einen neuen Typ von Gesellschaft hervorgebracht hatten. „Kultur" und „Gesellschaft" verdrängten ein älteres Vokabular, weil sie die zwei wichtigsten Veränderungen bezeichneten, in die die Menschen sich hineingerissen fühlten. Das war zum einen die autonome und dynamische Verselbständigung der Kultur und zum anderen die Formierung der Gesellschaft durch willkürliche Assoziationen. Gleichzeitig und unvermeidlich schlugen sich in diesen Begriffen neue subjektive Einstellungen, Erwartungen und Orientierungen nieder. Die neuen Begriffe schufen einen neuen Typ des sozialen Vokabulars, das bisher stets überall eine bleibende normative Ordnung enthalten hatte und mit essentiellen religiösen oder sonstigen Vorstellungen verbunden war. Demgegenüber bezeichneten „Kultur" wie „Gesellschaft" offene Situationen, deren konstitutive Kräfte und Prozesse sie deshalb kaum mehr als andeuten konnten. Die Begriffe, ohne die man nun nicht mehr auskommen konnte, stellten die Zukunft der unvorhersehbaren Entwicklung von Kultur und Gesellschaft anheim und verlangten deshalb alsbald soziale und intellektuelle Klärung. So wurden sie Anlaß zur Entstehung neuer und bedeutender Wissensformen, eben der Kultur- und Sozialwissenschaften, von denen man Auskunft über die neuen Gebilde erwartete, die sich durch normative Aussagen nicht mehr feststellen ließen.

Des näheren weist die Geschichte dieser Schlüsselbegriffe nationale Varianten auf. Einige Länder, wie Frankreich, wählten statt Kultur „Zivilisation", aber

---

2 Eine vollständige Darstellung der sozialen Bedeutung der zwei Schlüsselbegriffe findet der Leser in meinem Buch *Die kulturellen Grundlagen der Gesellschaft. Der Fall der Moderne*, Opladen/Wiesbaden 1989; insbesondere in der Einleitung und Kapitel 4.

beide galten lange als gleichbedeutend. Tatsächlich wurden sogar „Kultur" und „Gesellschaft" überall lange fast zufällig und synonym benutzt, bevor sie sich als zwei distinkte Aspekte der Wirklichkeit trennten. Beide gerieten dabei in den politischen Streit und gaben Anlaß zu charakteristischen Ideologien und Weltbildern. Im Sozialismus und Liberalismus wurde „Gesellschaft" zum politischen Kampfbegriff, der den Staat den Wünschen und Anweisungen der Gruppen und Parteien unterwerfen sollte. Im übrigen entwickelte sich das neue Vokabular in den einzelnen Ländern aufgrund ihrer geschichtlichen Lagen, sozialen Kräfte und öffentlichen Diskussion unterschiedlich, so daß „Kultur" und „Gesellschaft" noch heute in jeder Sprache eine durch ihre nationale Geschichte geprägte Eigenbedeutung haben. Während die Sozialwissenschaften inzwischen mittels des Strukturbegriffes einen gewissen einheitlichen Ausgangspunkt für den Gesellschaftsbegriff geschaffen haben, besitzt der Kulturbegriff noch überall seine kräftige nationale Färbung. Es wäre töricht zu meinen, daß man sich den damit gegebenen tiefen Verständigungsschwierigkeiten dadurch entziehen könnte, daß man sich einer gemeinsamen Sprache, also wie heute üblich des Englischen bediente.

An der Entstehung der beiden Begriffe war die Wissenschaft nicht sonderlich beteiligt. Gewiß trugen Gelehrte zu ihrer Erfindung und Verbreitung bei, aber sie taten es nicht als Vertreter von Disziplinen, sondern als gebildete Menschen zusammen mit Dichtern, Philosophen, Künstlern und Schriftstellern. Desgleichen nahmen Personen in öffentlicher Stellung oder Bürger mit öffentlichen Interessen Gelegenheit, die Begriffe im Gespräch zu benutzen, um gemeinsame Orientierungen zu suchen. Auch hier zeigt sich, daß diese Begriffe zwar recht unbestimmte, aber auch unentbehrliche Ideen waren und deshalb zu Schlüsselwörtern der modernen Sprachen wurden, zum sozialen Vokabular.

Nun ist das soziale Vokabular in jeder Gesellschaft stets bestimmten Personen anvertraut, von denen man erwartet, daß sie die Schlüsselbegriffe richtig zu benutzen und zu erläutern vermögen. So waren in Europa vor allem Theologen und Juristen für die Schlüsselbegriffe des alten Vokabulars verantwortlich gewesen. Als nun die neuen Begriffe zum Rang von Schlüsselwörtern aufstiegen, erlangten sie eine öffentliche Bedeutung, die im Streit um die Ordnung der Gesellschaft dringend nach Klärung rief. Aus solchen Zwängen und Bedürfnissen entwickelten sich die Kultur- und Sozialwissenschaften als ein Versuch, die Wahrheit über Mensch, Gesellschaft, Kultur und Geschichte, die nicht mehr normativ feststellbar war, mittels empirischer Erforschung herauszufinden.

Zuerst entstanden die Disziplinen, die später Kulturwissenschaften, Geisteswissenschaften, *humanities* oder *sciences humaines* genannt wurden. Fasziniert von der menschlichen Fähigkeit, Kultur zu schaffen, untersuchten sie alle Kulturen in ihrer historischen Vielfalt, Genese und Verbindung. Obschon sie teils dazu neigten, die Rolle der „Ideen" zu überschätzen, haben sie Kenntnis und Verständnis der Kulturen als geschichtlicher und gesellschaftlicher Tatsachen durch ihre eindringlichen Bestandsaufnahmen stetig gefördert und ungeheure Räume und Zeiten vermessen. Nicht zuletzt auf die gesicherten Erträge dieser Wissenschaften griffen Georg Simmel, Max Weber u.a. später in ihrer soziologischen Arbeit zurück. All dem lag ein sicheres Einverständnis über den Kulturbegriff zugrunde, das für die immer genauere und vollständigere Bestandsaufnahme aller Kulturbestände genügte, ohne einer näheren konzeptuellen oder systematischen Elaboration zu bedürfen.[3]

Auch die späteren Sozialwissenschaften bauten auf diesen Grundlagen. Sowieso begann die Ethnologie als Erforschung der Kulturen. Niemand zweifelte, daß die Kultur eine gegebene Realität sei, während die „Gesellschaft", obschon in aller Munde, den meisten ein höchst dubioser und diffuser Begriff zu sein schien. Noch Max Weber hat das notiert, als er schrieb, die Allgemeinheit des Sozialen beruhe „in nichts anderem als eben in seiner Unbestimmtheit".[4] Aus dieser Tradition scherte jedoch eine Soziologie aus, die von ganz anderen Voraussetzungen ausging. Sie setzte sich das Ziel, nach dem Vorbild der Naturwissenschaften eine streng generalisierende Wissenschaft zu sein, welche am Ende eine endgültige „Theorie der Gesellschaft" liefern werde. Dieses rein formale Konzept beruhte auf einer Reihe von verschwiegenen Vorannahmen über die ontologische Realität der Gesellschaft. Dabei handelt es sich, kurz angedeutet, um die Vorannahmen, daß (a) Gesellschaften tatsächlich als Einheiten oder Systeme des sozialen Handelns existierten, (b) Fälle und Variationen eines generellen Tatbestandes „Gesellschaft" und deshalb durch generische Eigenschaften konstituiert seien, (c) diese generischen Bestimmungen die entscheidenden Determinanten aller übrigen Zustände seien und (d) eine allgemeine „Theorie der Gesellschaft" durch die Identifizierung dieser generischen Komponenten zu erreichen sei. Eben diese Vorannahmen drängten zur Bestimmung der „Gesellschaft" durch generelle Strukturmerkmale.

Keine dieser Annahmen war durch empirische Bestandsaufnahmen verbürgt. Sie waren vielmehr alle nötige Momente des Konzepts einer allgemeinen „Theorie der Gesellschaft". Die Faszination dieses Konzepts beruhte teils auf der – nicht nur intellektuellen – Attraktivität einer generalisierenden Wissenschaft, teils und wesentlich auf der Hoffnung, mittels einer solchen Wissenschaft eine technische Kontrolle über den Gang der Dinge zu erreichen. Deshalb setzte sich dieses Konzept der Sozialwissenschaften am ehesten in den Ländern durch, in denen die öffentliche Meinung, die politischen Institutionen und die nationalen Traditionen mit den Befunden der Kulturwissenschaften wenig vertraut waren und desto lauter nach einer technischen Wissenschaft von der Gesellschaft rufen konnten.

In dieser Weise geriet die Kultur im Gang der Soziologie aufgrund gewisser Vorannahmen über die Gesellschaft in Vergessenheit. Wenn wir heute wieder nach ihrer gesellschaftlichen Bedeutung fragen, dann müssen wir vorab diese stillschweigenden Vorannahmen beiseite setzen. Unsere naturalistische Annah-

---

3 Wilhelm Diltheys *Einleitung in die Geisteswissenschaften* (1883), Leipzig 1922 war ein Versuch, ein systematisches Verständnis von Kultur zu entwickeln, ohne der Versuchung, eine Theorie der Kultur auszuarbeiten, zu erliegen. Dieses Buch, das einen andauernden Einfluß auf die deutsche Soziologie hatte, litt jedoch unter anderem unter seiner vorrangigen Beschäftigung mit den Kulturwissenschaften anstatt mit der Kultur.

4 Max Weber, *Gesammelte Aufsätze zur Wissenschaftslehre*, 4. Aufl., Tübingen 1973, S. 166.

me, Gesellschaften seien klar umrissene und vorfindbare Gebilde, ist das Ergebnis unseres Eingewöhntseins in einen Begriff, der erst durch lange konzeptuelle Bearbeitung und vor allem: deren öffentliche Verbreitung seine heutige Bedeutung erhalten hat. Lange galt Kultur als der klare und sichere, Gesellschaft als der vage und diffuse Begriff. In unserer eigenen Erfahrung finden wir beide Gegenstände nicht. Alles, was wir beobachten können, sind zahllose konkrete und individuelle Handlungen und deren Produkte, die als solche weder „sozial" noch „kulturell" sind. Erst indem wir die Erscheinungen unter gewissen Gesichtspunkten auswählen und ordnen, bilden wir uns die beiden Begriffe, die keine erfahrbaren Gegenstände benennen, sondern vermutete Zusammenhänge konstruieren. So die logische Bildung, anders der faktische Gebrauch der Begriffe. Sind sie erst im Umlauf, steuern sie alsdann unsere Wahrnehmung der Erscheinungen. Das soziologische Mißtrauen gegenüber der Kultur beruht also erst einmal einfach darauf, daß dieser Begriff mangels Interesse nicht weiter ausgearbeitet wurde. Aus dieser Lage kommen wir nicht durch eilige Definitionen und Kommentare heraus. Wir müssen uns wieder zurückbesinnen auf jene Tatsachen, denen der Kulturbegriff Rechnung tragen sollte.

2. Der Kulturbegriff: Seine Wurzel und Gliederung

Die vielerlei Bedeutungen des Wortes Kultur ergeben sich aus einer gemeinsamen Wurzel, nämlich aus der Eigenart des Menschen als Kulturwesen. Leider haben die Sozialwissenschaften es vorgezogen, den Menschen als „soziales Wesen" einzustufen, obschon er diese Eigenschaft mit den meisten Tieren teilt, von denen sich der Mensch unterscheidet, weil er mit seinem Verhalten einen subjektiven Sinn verbindet.[5] Tiere reagieren auf interne oder externe Reize, während Menschen aufgrund ihrer einzigartigen Fähigkeit (und Notwendigkeit), der Wirklichkeit mit sinnhaftem Tun gegenüberzutreten, handeln. Für den Menschen ist die Wirklichkeit statt einer Ansammlung von Sinnesdaten eine Welt von Objekten mit Sinn und Bedeutung. Die Variabilität des menschlichen Handelns beruht auf der Fähigkeit, über die Sinneseindrücke hinaus eine Welt von Bedeutungen zu schaffen. Deshalb ist unser Handeln nicht wie bei den Tieren artspezifisch, sondern kulturell bedingt. Die Wirklichkeit bliebe für uns ein Chaos von Sinneswahrnehmungen, wenn wir diesen nicht Sinn und Bedeutung zu geben vermöchten, so daß die Tatsachen, mit denen wir umgehen, immer schon Deutungen enthalten. Auf dieser unerklärlichen Fähigkeit beruht die Eigenart des Menschen als Kulturwesen. Denn Kultur – das ist die Grundbedeutung – umfaßt alles, was durch menschliches Handeln entsteht und deshalb Bedeutungen enthält. Alle unsere Handlungen und deren Produkte – die materielle Kultur wie die sozialen Erscheinungen und die geistigen und künstlerischen – sind Kulturerscheinungen, weil sie mit Bedeu-

---

5 Dies ist natürlich die Perspektive, aus der Max Weber seine verstehende Soziologie im Gegensatz zu einer Wissenschaft der „objektiven" sozialen Tatsachen entwickelte. Siehe *Economy and Society,* hg. von G. Roth und G. Wittich, New York 1968, S. 4.

tungen behaftet sind, wie umgekehrt alles, was Bedeutung enthält, zur Kultur rechnet. Anders als das Sozialverhalten der Tiere sind demnach auch die menschlichen Gesellschaften Kulturerscheinungen. Unsere Soziabilität verwirklicht sich erst mittels sinnhafter Bedeutungen und deshalb in der historischen Vielfältigkeit verschiedenartiger Gesellschaften und Kulturen.

Mit diesem umfassenden Grundbegriff von Kultur, der bloß die reine Natur ausschließt, hat auch das soziale Denken des 19. Jahrhunderts gearbeitet, wie die berühmte Definition zeigt, mit der E.B. Tylor seine einflußreiche Schrift *Primitive Culture* (1871) eröffnete. Er stand nicht allein mit seinem Vorschlag, für alle einzelnen Kulturen Bestandsverzeichnisse aller ihrer „Elemente" anzufertigen, was sich schon wegen der schieren Zahl solcher „Elemente" als praktisch unmöglich erwies. Auch spätere Versuche, wenigstens die charakteristischen „Züge", „Muster" und „Konfigurationen" einer Kultur anzugeben, erwiesen sich allenfalls bei einfachen Gesellschaften als nützlich. Es ist eben sinnlos und unmöglich, die Kultur in der umfassenden Bedeutung des Wortes zum Gegenstand empirischer Untersuchung zu machen, weshalb die Kulturwissenschaften sich diese Aufgabe aufteilen. In seiner umfassenden Bedeutung liefert der Begriff also der Soziologie kein faßliches Instrument, bleibt aber doch eine nötige Voraussetzung für das richtige Verständnis der gesellschaftlichen Erscheinungen und darf nicht ersetzt werden durch die seichte Formel vom Menschen als sozialem Wesen oder durch die irreführende Vorstellung, daß Gesellschaften wie eigenständige Objekte vor oder außerhalb der Kultur existierten. Ein klares Verständnis der Kultur als Ergebnis der Eigenart des Menschen als Kulturwesen schützt vor der Versuchung, die gesellschaftlichen Erscheinungen mit naturalistischen Annahmen des Behaviorismus, der Biologie, der Grundbedürfnisse, der natürlichen Interessen oder der Anpassung zu erklären. Deshalb bleibt der Kulturbegriff in seiner umfassenden Grundbedeutung eine nötige Voraussetzung für alle sinnvolle soziologische Arbeit.[6]

Aus der Grundbedeutung des Begriffes ergeben sich dann höchst konsequent die verschiedenen Sonderfälle. Zuerst einmal existiert alle Kultur nur in einer Gesellschaft, so daß der Mensch zwar generell der Schöpfer aller Kultur, aber konkret das Geschöpf einer spezifischen Kultur ist, die von Generation zu Generation weitergegeben wird. Doch so wenig eine Kultur ohne Gesellschaft existiert, so wenig eine Gesellschaft ohne Kultur. Mit den beiden Begriffen beziehen wir uns eher auf verschiedene Aspekte der gleichen Erscheinungen als auf real getrennte Bereiche. Wenn wir gewisse Phänomene „soziale", andere „kulturelle" nennen, dann haftet unser Interesse an denjenigen Zügen, die wir jeweils hervorheben wollen. Im Prinzip sind die gegebenen Erscheinungen

---

6 All diese Ansätze lassen die fundamentale Tatsache außer acht, daß Gesellschaften ein komplexes Netz sinnvoller Handlungen sind. Selbst von der Tatsache, daß menschliche Handlungen teilweise durch natürliche Ursachen determiniert sind, müssen die Akteure ihre eigenen sinnhaften Schlußfolgerungen für ihre eigenen Handlungen ziehen. Das gleiche gilt für die unvorhersehbaren Konsequenzen sozialer Handlungen, in die die Akteure regelmäßig involviert werden. Hier müssen sie wieder entscheiden, wie sie auf die Konsequenzen reagieren.

selbst nahtlos und können von uns nach ihrer kulturellen wie nach ihrer gesellschaftlichen Seite klassifiziert und begriffen werden.[7]

Eben deshalb konnten beide Begriffe einander vertreten, ja man sprach lange lieber von „Kulturen" als von „Gesellschaften". Das mochte den Nachteil haben, die sozialen Aspekte der Wirklichkeit zu unterschätzen, machte aber darauf aufmerksam, daß alle Gesellschaften eine Kultur besitzen und deshalb nicht als Exemplare eines Genus behandelt werden können. Erst mit der Ausschaltung des Kulturbegriffs konnte sich die irrige Meinung durchsetzen, Gesellschaften seien selbstgenügsame soziale Systeme. Schon um diesem Glauben an die deterministische Kraft der sozialen Momente zu entgehen, müssen wir den Kulturbegriff im Spiel halten, der uns an die kulturelle Bedingtheit aller sozialen Erscheinungen und damit an ihre historische Einmaligkeit erinnert. Solange wir Gesellschaften auch als Kulturen bezeichnen können, bleibt es deutlich, daß wir dabei mit unseren Konstrukten und nicht mit eigenen Wesenheiten der Wirklichkeit befaßt sind. „Kultur" meint dann eine Gesellschaft in der Totalität ihrer individuellen Kultur. Aber so wenig wir eine Gesellschaft in ihrer Totalität erfassen können und deshalb den Begriff auf gewisse, als wichtig erachtete soziale Erscheinungen eingrenzen müssen, so wenig können wir die individuellen Kulturen in ihrer Totalität erfassen und müssen deshalb auch diesen Begriff in seine wesentlichen Bestandteile aufzugliedern trachten. Dieses tun die Kulturwissenschaften auf ihre Weise, und das muß auch die Soziologie tun.

Das kann je nach Fragestellung unter verschiedenen Gesichtspunkten geschehen. Zeitweilig hielt man sich an die Unterscheidung von materieller und immaterieller Kultur, obschon beide durchgängig miteinander verhakt sind. Aber der Grundgedanke, der dem modernen Kulturbegriff zugrunde lag, zielte doch von Anfang an auf die Ermittlung derjenigen Ideen, Bedeutungen und Werte, die als charakteristische Hauptmuster den Erscheinungen einer Gesellschaft zugrunde lagen, weil sie von den Angehörigen dieser Gesellschaft geteilt wurden. Dem modernen Kulturbegriff lag von vornherein die Vorstellung einer „repräsentativen Kultur" so selbstverständlich zugrunde, daß man sich das Adjektiv sparen konnte. Um die Kultur in ihrer gesellschaftlichen Bedeutung wieder zu verstehen, müssen wir uns heute des Adjektivs bedienen. Mögen die übrigen Kulturwissenschaften die Kulturerscheinungen unter anderen Gesichtspunkten behandeln, so kann es der Sozialwissenschaft nur um die repräsentative Kultur gehen, also um jene Bestandteile, die unmittelbare gesellschaftliche Bedeutung besitzen.

---

7 Es ist das legitime Vorrecht – und sogar die konstitutive Bedingung – jeder Wissenschaft, die Fakten von ihrem vorherrschenden Interesse unter einem bestimmten Aspekt kritisch zu prüfen. Aber jede Wissenschaft muß sich der Grenzen ihrer besonderen Perspektive bewußt sein. Die Sozialwissenschaft muß auf die sozialen Aspekte der Tatsachen näher eingehen. Aber sie darf nicht übergehen zu der Apriori-Behauptung, daß die Fakten durch ihre sozialen Aspekte erklärt werden können. Daher muß jede Sozialwissenschaft sich prinzipiell über die Rolle der Kultur Rechenschaft ablegen.

3. Repräsentative Kultur

Denn die Kultur ist eine gesellschaftliche Tatsache, insofern sie repräsentative Kultur ist, also Ideen, Bedeutungen und Werte erzeugt, die kraft faktischer Anerkennung wirksam werden. Sie umfaßt dann jene Überzeugungen, Verständnisse, Weltbilder, Ideen und Ideologien, die das soziale Handeln beeinflussen, weil sie entweder aktiv geteilt oder passiv respektiert werden.

Es bleibt anderen Kulturwissenschaften überlassen, unter ihren Gesichtspunkten die Kulturerscheinungen um ihrer selbst willen zu erforschen, ohne weiter viel nach deren gesellschaftlicher Bedeutung und Wirkung zu fragen. Doch den Sozialwissenschaften muß es darauf ankommen, die Kultur in ihrer gesellschaftlichen Bedeutung und deshalb in ihren repräsentativen Beständen zu ermitteln. Sieht man vom strikten Naturalismus ab, dann hat die Soziologie auch stets mit der repräsentativen Kultur gerechnet. Noch Durkheim versuchte, dem mit den „représentations collectives" Rechnung zu tragen, Parsons mit dem Konstrukt einer normativen Sphäre oberhalb von Rollen und Positionen. Aber beide bemühten sich schon, die repräsentative Kultur als anonymes Produkt gesellschaftlicher Verhältnisse zu erklären und hierdurch als eine eigene gesellschaftliche Größe auszuschalten. Um die volle Selbständigkeit – oder jedenfalls den durchgängigen Primat – „der Gesellschaft" zu sichern, durfte die Kultur nicht eine unberechenbare Macht sein, die aus eigener Logik repräsentative Bedeutungen erzeugt und gesellschaftlichen Einfluß ausübt. Auch die Strukturtheorie war nicht zuletzt ein Versuch, die Kultur zu domestizieren, indem man die Sozialisation auf das Lernen gesellschaftlicher Rollen, Normen und Werte nebst einigen Abweichungen zurückschnitt. Selbst die wenigen Standardformeln für Kultur, die Soziologen gelegentlich noch verwenden, klingen hohl. Wer die Kultur nur als „Tradition", als Weitergabe, versteht, verkürzt sie um ihre Produktivität und Imagination. Auch die Formel „gemeinsame Kultur" verhindert nur die Frage, wie diese Gemeinsamkeit zustandekommt, und das gilt auch für den „symbolischen Code". In all diesen Formeln hängt die Kultur anonym über der Gesellschaft wie ein statischer, unfaßlicher Nebel, nach dessen Eigenkraft und Entstehung man nicht fragt. In dieser Weise ist den Sozialwissenschaften die alte Idee der repräsentativen Kultur als einer potentiell schaffenden und unberechenbaren gesellschaftlichen Kraft abhanden gekommen.[8] Es ist deshalb zuvor nötig, wieder an diese Vorstellung und die

---

8 Dies geschah in der Ethnologie, als die Sozialanthropologie die kulturelle Anthropologie verdrängte. Mit Ausnahme der deutschen Tradition und insbesondere von G. Simmel und M. Weber befaßte sich die Soziologie (als eine „Wissenschaft der Gesellschaft") niemals damit, Kultur irgendwie zu verstehen und zu erforschen. Es erforderte Forscher mit einem europäischen Hintergrund, die sich auf dieses Feld wagten, wie P. Sorokin *(Social and Cultural Dynamics*, Bd. 4, New York 1937-1941, und *Society, Culture and Personality*, New York/London 1947) und F. Znaniecki *(Cultural Sciences* [1952], New Brunswick 1980). Aber sie blieben seltene Ausnahmen und hatten keine Wirkung auf die akademische Soziologie, noch hatte eine solche Alwin Gouldners *Enter Plato*, New York 1965, obgleich es Robert K. Merton gewidmet war. Ähnlich sind Versuche von Anthropologen, den Begriff der Kultur zu benutzen – beispielsweise *The Interpretation of Culture* von Clifford Geertz, New York 1973, dt. *Dichte Beschreibung*, Frankfurt 1983 –, von der Soziologie kaum beachtet worden.

ihr zugrundeliegenden Tatsachen zu erinnern. Ich halte mich dabei vorerst an die vormodernen Kulturen.

Da ist mit dem Hinweis zu beginnen, daß eine Wissenschaft von den „gesellschaftlichen Tatsachen" fragwürdig bleibt, wenn sie vergißt, daß das menschliche Handeln nicht identisch mit sichtbarem Verhalten und folglich die Gesellschaft auch nicht identisch ist mit „objektiven" bedeutungsfreien „gesellschaftlichen Tatsachen". Diese Einsicht der „verstehenden Soziologie" führt auf die Frage, wie die Bedeutungen entstehen, welche das soziale Handeln konstituieren. Nun orientiert sich zwar alles Handeln, wie Max Weber immer wieder einschärft, an den Objekten und Situationen, wie sie der Handelnde sieht. Dabei geht es jedoch selbst im einfachsten Fall nicht um die uferlose Mannigfaltigkeit der sinnlichen Tatsachen, sondern immer schon um eine Deutung derselben. Denn diese Deutung ist keine müßige Laune spekulativer Köpfe, sondern ein Grunderfordernis allen Handelns, weil die Grundverfassung des Menschen als Kulturwesen.[9] Das verlangt eine Erläuterung.

Denn man muß sich hier allerdings von der natürlichen Alltagsmeinung befreien, die Wirklichkeit sei uns wie eine Ansammlung einzelner Tatsachen gegeben, die wir in der Erkenntnis bloß abbilden. Hingegen ist die Wirklichkeit für uns immer schon ein Zusammenhang von Objekten und Situationen, den wir bereits unvermerkt durch die Auswahl und Verarbeitung von Wahrnehmungen zu unseren Vorstellungen von der Wirklichkeit formiert haben, an denen sich unser Handeln orientieren kann. Erst als solche Vorstellungen gewinnen die Sinnesdaten, die sonst ein Chaos sinnloser Eindrücke blieben, eine Bedeutung für das Handeln. Deshalb beruht alles Handeln auf einer Deutung der Wirklichkeit, welche die inneren und äußeren Eindrücke in einem Verweisungszusammenhang ordnet und ihnen dadurch Bedeutungen zuweist. In diesem Sinne haben wir es stets mit einer gedeuteten Wirklichkeit zu tun. Aus dem praktischen Zwang des Handelns erwächst das Bedürfnis, die inneren und äußeren Wahrnehmungen in einen Zusammenhang zu bringen, also durchgängig zu ordnen. Denn selbst der einfache Umgang mit einzelnen Objekten muß sich, statt an momentanen Eindrücken, an deren bleibenden Ordnungen orientieren. Deshalb bilden alle Kulturen Ideen von den Ordnungen der Natur und der Gesellschaft, vom Wesen des Menschen und der Götter aus. Dabei müssen in die Deutung der Wirklichkeit auch die affektiven, emotionalen, wertenden und symbolischen Bezüge der Handelnden zu den Objekten und Situationen eingehen.

Aus diesen Gründen haben die Menschen seit Urzeiten eine Kultur geschaffen, die über die praktischen Daseinstechniken und dienlichen Institutionen

---

9 Dafür muß ich die Leser auf die nachfolgende Charakterisierung des Menschen als ein kulturelles Wesen und generell auf die reiche Literatur zu diesem Thema in der deutschen Tradition der Anthropologie verweisen, die im Ausland kaum bekannt ist. Hier möchte ich nur festhalten, daß „Wirklichkeit" für uns nicht eine Sammlung von Tatsachen ist, sondern immer eine Summe von Interpretationen von Tatsachen, wie die Entwicklung von Kindern beweist. Aus Gründen der Vereinfachung benutze ich den Begriff „Interpretation der Wirklichkeit", obwohl er mißverständlich sein kann.

hinausging. Diese – wie man oft sagt – „immaterielle Kultur" trat nicht als später Erwerb zu einer schon früher bestehenden „materiellen" Kultur hinzu; sie war von Anfang an ein so elementares praktisches Erfordernis für den Menschen als handelndes Wesen wie die materielle Kultur. Mythos, Religion, Dichtung, Musik, Kunst und Philosophie in ihren einfachsten Formen sind universale Kulturbestände, weil sie praktischen Erfordernissen – und nicht erst der müßigen Spekulation – entsprechen. Entgegen der heutigen Meinung, daß die „materielle Kultur" für sich bestehen könnte und den gesellschaftlichen Bedürfnissen genügte, beweist uns die Geschichte, daß keine Gesellschaft existieren könnte ohne eine „immaterielle" Kultur oder, wie man besser sagen sollte, ohne „Ideen" in sprachlicher oder symbolischer Form.[10] Denn man sollte diesen Ausdruck nicht scheuen, obschon er heute unbeliebt und auch mißverständlich ist. Solange es keinen besseren Ersatz gibt – hier fehlt die Arbeit am Begriff der Kultur –, verweist dieser Ausdruck am ehesten auf die charakteristische Eigenart der gemeinten Erscheinungen. Die universale Existenz und die Rolle solcher „Ideen" stehen jedenfalls so außer Zweifel, daß die Sozialwissenschaft sie nicht länger übergehen darf. Sie werfen die Zentralfrage auf, warum Menschen überall solche Vorstellungen entwickelt haben, die über die praktischen Daseinstechniken und lebensdienlichen Institutionen ganz hinausgehen. Die Antwort liegt eben in der Eigenart des Menschen als eines auf Handeln angewiesenen Kulturwesens, das seine praktischen Bedürfnisse erst durch eine umfassende Deutung der Wirklichkeit festmachen kann.

Von hier aus ergibt sich ein Verständnis der repräsentativen Kultur. Dieser Gedanke, der dem Kulturbegriff ursprünglich zugrunde lag, bezieht sich auf jene grundlegenden „Ideen", die in einer Gesellschaft jeweils als richtig, wahr, gültig angesehen oder so respektiert werden. In der Vergangenheit stellten sie sich vor allem in Mythos, Religion, Weltbild, Moral und ähnlichem dar, die die Handelnden über die grundlegenden Ordnungen der Wirklichkeit unterrichteten. In diesem Sinne war die repräsentative Kultur ein praktisches Erfordernis des Handelns. Denn die Handelnden sind auf die Deutung der Wirklichkeit angewiesen, die ihre Kultur bereithält. Wie immer ihre materiellen oder immateriellen Interessen einerseits und die sozialen Institutionen und Kontrollen andererseits liegen mögen, werden ihre Handlungen durch die grundlegende Deutung der Wirklichkeit bedingt sein. Schon wegen der begrenzten Lebenszeit und Erfahrung können sich die einzelnen niemals selbst eine Vorstellung von der bleibenden und umfassenden Ordnung der Wirklichkeit bilden, so daß sie für ihr Handeln auf die Deutung der Wirklichkeit angewiesen sind, die ihre Kultur bereitstellt. Erst wo eine repräsentative Kultur für eine gemeinsame Deutung der Wirklichkeit sorgt, kann das soziale Handeln Kraft und Bestand gewinnen. Die Geschichte zeigt denn auch, daß Gesellschaften erst Dauer gewinnen, wenn sie eine repräsentative Kultur entwickeln. All das war früher wohl bekannt, wurde aber beiseite geschoben, als die

---

10 „Ideen" ist das traditionelle Konzept, das sich allgemein auf symbolische Sinnrepräsentationen bezieht und nicht auf verbalisierte Lehren beschränkt ist.

Soziologie die „Gesellschaften" zu selbständigen Objekten erhob und deshalb die repräsentativen Kulturbestände als anonyme Produkte von sozialen Kräften und Prozessen behandelte. Nicht nur Durkheim und Parsons ließen für die aktive Rolle der Ideen, für deren eigene Logik und Dynamik, keinen Raum und eliminierten so die charakteristischen Eigenheiten der Kultur, wie sie die Geschichte überall zeigt. Auf die wesentlichen Punkte sei hier wenigstens hingewiesen.

Zuerst einmal verweist die Universalität von repräsentativen „Ideen", die über alle praktischen Daseinszwecke hinausgehen, auf eine ursprüngliche kulturelle Arbeitsteilung, wie sie sich bereits in den einfachsten Gesellschaften vorfindet. Stets waren die Menschen mit ihren unterschiedlichen Begabungen und Neigungen auf Personen angewiesen, welche den Tatsachen eine zusammenhängende Deutung – und damit eine handlungsmäßige Bedeutung – zu geben vermochten. Die durchgängige kulturelle Arbeitsteilung verweist damit auf die soziale Rolle der „Intellektuellen", auf die schon die einfachsten Gesellschaften angewiesen waren. Intellektuellen ist überall die gesellschaftliche Aufgabe anvertraut, die Ordnungen der Wirklichkeit zu deuten, einschließlich der Ordnung der Gesellschaft, die nur währen kann, wenn es darüber gemeinsame Verständnisse gibt. Dafür sorgen „Intellektuelle", die effektiv beanspruchen können, ein überlegenes Wissen zu besitzen. Ihre Autorität mag bei den Ältesten, den Weisen, bei Gottkönigen, Magiern oder Priestern liegen, die sich dabei ganz auf ihr eigenes Prestige oder auf politische Unterstützung verlassen mögen.

Noch wichtiger ist es, daß die repräsentativen Kulturbestände durch individuelle Schöpfungen entstehen, wenngleich oft durch eine Reihe von kleinen Beiträgen. Wo wir schriftliche Zeugnisse besitzen, ist das überall zu belegen. Aber auch einfache Gesellschaften bezeugen die Bedeutung der individuellen Beiträge von „Intellektuellen". Nirgends bestehen solche Gesellschaften bloß aus strukturellen Beziehungen, sozialer Interaktion und gemeinsamen Werten. Stets legen sie sich in komplizierten Weltbildern Rechenschaft ab über den Ursprung und die Ordnung des Kosmos, der Gesellschaft, der Kultur und der Moral, über die Kräfte der Natur und die Natur des Menschen. Kulte und Riten verbinden die Lebenden mit den Toten, führen den Sinn des Daseins symbolisch vor und geben den unfaßlichen Gefühlen und Emotionen Ausdruck. Nur wenige Elemente dieser repräsentativen Kultur können ein anonymes Erzeugnis sozialer Interaktion sein, wie sorgfältige Betrachtung lehrt. Sogar gemeinsame Sitten und Werte, die so entstehen könnten, stehen nirgends allein, sondern sind mit den kognitiven, religiösen, moralischen, expressiven und emotionalen Ideen der repräsentativen Kultur verbunden, die nur von Intellektuellen erhalten werden können und allererst erzeugt werden müssen. Selbst die Fälle, in denen repräsentative Kulturmuster über lange Zeit scheinbar unverändert dauern, führen nicht an der Frage vorbei, wie sie denn einmal entstanden sind. Da es sich dabei stets um Deutungen der Wirklichkeit handelt, können sie weder durch die gegebenen Strukturen noch durch Machtspruch entstanden sein. Mögen diese dabei eine wichtige Rolle spielen, so können sie doch eines nicht: Ideen erzeugen, ohne die eine Deutung der Wirklichkeit nicht zustandekommen kann.

Das alles hat eine höchst wichtige Kehrseite. Denn weil die repräsentative Kultur sich in Ideen sprachlich oder symbolisch ausdrückt, welche die stets vielsinnigen Tatsachen deuten, besitzt sie eine potentielle Freiheit gegenüber realen Verhältnissen. Da die Ideen zu den Verhältnissen hinzutreten müssen, um deren Sinn und Bedeutung festzumachen, beruhen sie auf der Kraft des Einfalls in der intellektuellen oder künstlerischen Deutung der Tatsachen, die von unscheinbaren Beiträgen bis zu umfassenden Anstrengungen reichen kann. Deshalb besitzt die repräsentative Kultur, so zäh sie in vielen Fällen dauern mag, im Prinzip eine größere Labilität als die realen Verhältnisse, die an die harten Gegebenheiten gebunden bleiben. Eben weil die Ideen auf intellektuelle, individuelle Leistungen zurückgehen, die als Deutungen über die Tatsachen hinausreichen, können sie grundsätzlich jederzeit durch neue Deutungen in Frage gestellt werden. Deshalb ist die repräsentative Kultur, um zu bestehen, überall auf die fortdauernde Arbeit von Intellektuellen angewiesen, die als kulturelle Autorität einer Gesellschaft für ihre repräsentativen Kulturbestände verantwortlich sind, aber diese teils selbst umdeuten können, teils mit solchen Umdeutungen von anderer Seite rechnen müssen. Selbst bei jenen Kulturen, die sich bei großer Abgeschlossenheit und harten Daseinszwängen über lange Zeiträume unverändert erhalten haben – oder das jedenfalls von sich behaupten –, haben wir doch damit zu rechnen, daß über die Zeit neue Deutungen auftraten, selbst wenn sie sich bei gegebenen Umständen nicht nachhaltig auf die realen Lebensformen auswirken konnten. Eine ähnliche Fortdauer erreicht die repräsentative Kultur in abgeschlossenen Reichen wie China oder Ägypten, wo es der Herrschaft gelang, ihre Intellektuellen erfolgreich für eine stetige Sicherung der repräsentativen Kultur zu motivieren. Ansonsten jedoch ist davon auszugehen, daß die repräsentative Kultur, weil sie die Wirklichkeit durch Ideen deutet, trotz Sicherung durch kulturelle Autorität ein potentiell labiles Gebilde bleibt, weil Ideen nach ihrer Natur nicht die zähe Beharrlichkeit – und deshalb oft mächtige Wirkung – von praktischen Daseinstechniken besitzen können. Andererseits können „Ideen", weil sie weniger an den realen Daseinsverhältnissen kleben, auch leichter ausgewechselt werden und dann unter Umständen sogar die Daseinsverhältnisse umgestalten.

All das war den Kulturwissenschaften, wie sie sich im vorigen Jahrhundert herausbildeten, mehr oder weniger geläufig. Obschon sie sich auf eine begriffliche Klärung kaum einließen, erforschten sie gründlich die Rolle der repräsentativen Kultur und der Kulturintelligenz in den Schriftkulturen und verfolgten sie (mit Hilfe der Archäologie und Ethnologie) sogar bis in die schriftlosen Kulturen zurück. So haben etwa Eduard Meyer in seiner berühmten *Geschichte des Altertums* und Max Weber in seinen einschlägigen Studien die Rolle der Ideen und der Kulturintelligenz bis in die Vorzeiten zurückverfolgt.[11]

---

11 Eduard Meyer, *Geschichte des Altertums*, Bd. 1, 8. Auflage, Darmstadt 1978, S. 18. Siehe meinen Artikel „Max Weber e Eduard Meyer", in: Comunità 39, 1985, S. 150ff., die englische Version „Max Weber and Eduard Meyer", in: W.J. Mommsen und J. Osterhammel (Hg.),

Sie kannten die Macht der Tradition, aber sie wußten auch um den Rang, die Labilität und die Dynamik der repräsentativen Kultur, die Jacob Burckhardt auf die Formel brachte: „Der Geist ist ein Wühler".[12] All das wurzelte letztlich in dem Verständnis des Menschen als Kulturwesen, dessen Handeln durch seine Vorstellungen von der Wirklichkeit bedingt und deshalb schon im einfachen Umgang mit den Realitäten auf eine Deutung ihrer Ordnungen angewiesen ist, die im Prinzip nur von „Intellektuellen" mittels individueller Beiträge geleistet werden kann. Dazu rechnen nicht bloß große, überraschende Denkleistungen, die die Ausnahme bleiben. In der Regel handelt es sich eher um unmerkliche Leistungen und spontane Einfälle, die oft nur schon vorhandenen Bereitschaften durch Formulierung Kraft und Richtung geben. Und es geht dabei nicht nur – und oft am wenigsten – um die in Sprache gefaßten Bedeutungen, sondern auch um die in Bildern und Symbolen verschlüsselten Ideen. Stets aber kommen die Bestände der repräsentativen Kultur, wie unmerklich und unübersichtlich auch immer, kraft individueller Einfälle zustande, deren Urheber summarisch als „Intellektuelle" im Sinne Max Webers und in ihrer sozialen Rolle als „Kulturintelligenz" bezeichnet werden.

In diesem Sinne erinnert der Kulturbegriff die Soziologie generell an die Rolle der „Ideen" und „Intellektuellen". Obschon der heute verschlissene Begriff dringend der konzeptuellen Entfaltung bedarf, wie sie dem Gesellschaftsbegriff beharrlich zuteil geworden ist, hat er eine noch immer faßliche und wichtige Grundbedeutung, wenn er nach seiner ursprünglichen Intention als repräsentative Kultur verstanden wird. Selbstverständlich bleibt es eine empirische Frage, inwieweit eine Gesellschaft jeweils eine repräsentative Kultur entwickelt hat, so wie es auch stets eine empirische Frage bleibt, inwieweit soziale Erscheinungen eine „Gesellschaft" im Sinne der Soziologie bilden. So gesehen handelt es sich in beiden Fällen – wie bei allen charakteristischen Begriffen der Sozialwissenschaften – um idealtypische Begriffe. Aber jedenfalls bewahrt der Begriff der repräsentativen Kultur die Soziologie vor dem Irrtum, die Kultur sei ein statisches, anonymes System, das aus den gesellschaftlichen Gegebenheiten deduziert werden könne. Er hält die empirischen Befunde der Kulturwissenschaften im Spiel, die zeigen, daß zur Kultur die Dynamik und der Streit der „Ideen" gehören, und weist hierdurch der Soziologie den Weg für ihre eigene Befassung mit der Kultur, wo es auf folgende Aufgaben ankommt: (a) die Erhebung der repräsentativen Bestände einer Kultur, (b) die Identifizierung ihrer Erzeuger und Erhalter, (c) die Aufdeckung der Mittel und Wege ihrer Verbreitung und (d) die Abschätzung ihres Einflusses auf das soziale Handeln.

Max Weber and his Contemporaries, London/Boston/Sidney 1987, S. 234ff.; in Deutsch ist die 3. Auflage im Druck.
12 Jacob Burckhardt, *Weltgeschichtliche Betrachtungen* (ca. 1870), Stuttgart 1978, S. 8. Für eine angemessene Würdigung von Burckhardts Diktum vgl. seine allgemeinen Bemerkungen zur Kultur „[Die Kultur] wirkt unaufhörlich modifizierend und zersetzend auf die beiden stabilen Lebenseinrichtungen ein, – ausgenommen insofern dieselben sie völlig dienstbar gemacht und zu ihren Zwecken eingegrenzt haben. Sonst ist die Kritik der beiden, die Uhr, welche die Stunde verrät, da in jenen Form und Sache sich nicht mehr decken" (S. 57).

Die Soziologie kann und muß also von dem Konzept der repräsentativen Kultur als dem tradierten Bestand an grundlegenden Deutungen der Ordnungen der Wirklichkeit ausgehen, die von allen geteilt oder respektiert werden, darf aber dabei nicht stehenbleiben. Denn diese Bestände wachsen nicht von selbst aus dem sozialen Leben heraus, werden nicht automatisch mit diesem wie ein festes Gut weitergegeben und sind deshalb auch nicht das anonyme Erzeugnis eines symbolischen Codes oder Systems. Sie sind vielmehr durch die von „Intellektuellen" oft unmerklich geschaffenen „Ideen" entstanden, welche sich effektiv durchgesetzt haben. Weil sie so als Deutungen der Wirklichkeit entstanden sind, können sie auch durch neue Ideen unmerklich verändert oder sogar revolutioniert werden. Das mag – schematisch gesprochen – das Werk der je bestehenden Kulturautoritäten selbst sein, kann aber auch eintreten, weil von anderer Seite neue Ideen vertreten und erfolgreich durchgesetzt werden. Repräsentative Bestände bilden sich eben dann heraus, wenn irgendwelche „Ideen" (im weitesten Sinne dieses Begriffs) Anklang und Anhang finden, bis sie zu allgemeiner Gültigkeit gelangen. Es geht eben bei der repräsentativen Kultur um eminent gesellschaftliche Vorgänge. „Ideen" zählen für die Sozialwissenschaften als Vorlagen, die neue Verhaltensmuster ins Leben rufen oder gar Anhänger zu Gruppen und Bekenner zu Gemeinden zusammenbinden können. Die repräsentative Kultur ist deshalb nicht ein statischer, stets von allen geteilter oder bloß sozial differenzierter, im übrigen in sich selbst gegliederter Gesamtbesitz, der bloß noch weitergegeben zu werden braucht. Sie ist vielmehr stets durch neue Ideen gefährdet, die, wenn sie sich durchsetzen, selbst zur repräsentativen Kultur werden.

Mit all dem sichert der Kulturbegriff die Sozialwissenschaften gegen den Irrtum, daß „Gesellschaften" durch „objektive soziale Tatsachen" konstituiert seien, weil er daran erinnert, daß alles Handeln auf der Vorstellung und Deutung von Tatsachen beruht. Er macht klar, daß sogar die jeweiligen Interessen sich nicht aus den stets verworrenen Tatsachen, sondern aus deren Deutung ergeben, weshalb ja auch politische Parteien ihren Wählern vor allem einschärfen müssen, was deren Interessen sein sollten. Er schützt vor dem Irrtum, daß „Ideen" anonym und zwingend aus der sozialen Interaktion oder den sozialen Verhältnissen resultieren. Er bewahrt vor dem Glauben, die gesellschaftliche Wirklichkeit ließe sich auf soziale Regelmäßigkeiten reduzieren, und wehrt dem Mißverständnis, die Soziologie könne eine technische Wissenschaft werden.

Soweit das Nötige über den Begriff der Kultur und dessen Bedeutung für die Sozialwissenschaft.

4. Parsons und Weber: Zur Geschichte des Kulturbegriffs in den Sozialwissenschaften

Dieser Begriff der Kultur war dem 19. Jahrhundert geläufig, seine Fruchtbarkeit durch die erfolgreiche Arbeit der historischen Kulturwissenschaften bekannt, die sich allerdings um die begriffliche Schärfung ihres Konzepts wenig kümmerten. Um so mehr fällt es auf, daß die Kultur in der Entwicklung der Sozialwissenschaften eine, meist je nach Land verschiedene, Rolle gespielt hat. Hier ist zuerst daran zu erinnern, daß „Kultur" und „Gesellschaft" als Schlüsselbegriffe des sozialen Vokabulars entstanden und deshalb eine, jeweils durch geschichtliche und gesellschaftliche Verhältnisse bedingte, unterschiedliche Zustimmung fanden, die sich in einer unterschiedlichen Stellung und Entwicklung der beiden Fächergruppen niederschlug. Es hing zumal von nationalen und akademischen Traditionen und Institutionen ab, ob sich die Soziologie hier auf der Grundlage etablierter Wissenschaften mit einem erprobten empirischen Wissensfundus entwickelte oder dort als luftiges Programm eines erst noch zu schaffenden Faches begann.

Aus diesen Gründen erklärt es sich, daß die amerikanische Soziologie nicht auf dem reichen empirischen Material der Kulturwissenschaften aufbaute. Das gilt noch für Talcott Parsons, der den Kulturbegriff nicht von den Kulturwissenschaften übernahm. Sein Verständnis von Kultur ist um so interessanter, als er in Absage an einen Behaviorismus durchaus an der Existenz der Kultur festhielt und sich ausdrücklich selbst als „a cultural determinist, rather than a social determinist" sah.[13] Freilich, „determinist" wollte er sein, weil er an das „soziale System" glaubte und deshalb die Kultur auf einen sozialen Mechanismus zur Erzeugung von Werten reduzierte. Herausgelöst aus dem Ganzen der Kultur wurden die Normen und Werte zu verläßlichen Bausteinen für das soziale System, in dem für die Kultur als eigene produktive Kraft kein Platz mehr sein konnte.

Parsons hat diesen domestizierten Kulturbegriff, statt aus den historischen Befunden der Kulturwissenschaften, aus der Kulturanthropologie übernommen, die seinerzeit in den USA mehr Einfluß und Kredit besaß als die noch kaum ernstgenommene Soziologie. Auf primitive Gesellschaften zugeschnitten, die ein festes System von Bedeutungen unverbrüchlich weiterzugeben schienen, war das Konzept ahistorisch, wie es auch Parsons' Kulturbegriff ist. Man war mit der Existenz von „culture patterns" zufrieden, ohne je nach ihrer Entstehung zu fragen, welche somit zum anonymen Produkt der sozialen Interaktion wurden, so wie auch Parsons am Funktionieren, aber nicht an der Entstehung „des sozialen Systems" interessiert war, dessen Existenz ihm als selbstverständlich galt. Pate gestanden haben dabei die seinerzeit bedeutenden und einflußreichen Kulturanthropologen, zu denen Ruth Benedict und Margaret Mead gehörten, welche die „Patterns of Culture" als Wertsysteme erklärten. 1952 begannen A.L. Kroeber und Clyde Kluckhohn, die führenden Kulturanthropologen, ihr Buch über Kultur mit der Feststellung: „The idea of culture, in the technical anthropological sense, is one of the key notions of contemporary American thought".[14] Kluckhohn gehörte zu jener Gruppe, deren Diskussionen in Harvard 1952 zur Veröffentlichung von *Toward a General Theory of Action* führte, wozu er selbst das Kapitel „Values and Value-Orientation in the Theory of

---

13 Talcott Parsons, *Societies. Evolutionary and Comparative Perspectives*, Englewood Cliffs, N.J. 1966; dt. *Gesellschaften. Evolutionäre und komparative Perspektiven*, Frankfurt 1975.
14 A.L. Kroeber und Clyde Kluckhohn, *Patterns of Culture*, 1952, S. 3.

Action" beitrug. Von dort borgte Parsons für sein Buch *The Social System* (1951) das ahistorische und statische Konzept der Kultur, das auf primitive Gesellschaften zugeschnitten war. Für den enormen Erfolg seines Buches hatte das Harvard-Seminar den Weg geebnet, weil sich dort eine Gruppe angesehener Gelehrter – von denen einige mit Großforschungen zu nationalen Problemen befaßt waren – gemeinsam öffentlich dafür verbürgten, daß die bislang kaum ernstgenommene Soziologie nun endlich zur reifen Wissenschaft geworden und jetzt in der Lage sei, der Weltmacht das technische Instrument für die weltweite Planung der Gesellschaften zu liefern. Erst durch die vereinigte Bürgschaft der Sozialwissenschaften gewann damals die Soziologie in den USA spät und plötzlich ihre öffentliche Anerkennung und Stellung als unentbehrliche Schlüsselwissenschaft, die alsbald selbst weltweit exportiert werden mußte. Zukünftige Historiker werden feststellen, wie stark diese Entwicklung der amerikanischen Soziologie von den inneren und äußeren politischen Lagen der Weltmacht beeinflußt war. Eine Kette von Zufällen, Umständen und Lagen hatte dazu geführt, daß die Soziologie die Reste ihres Verständnisses der Kultur dem Konzept einer generellen Wissenschaft von der Gesellschaft opferte.[15]

Parsons baute seine Soziologie nach einem vorgängigen Konzept, das zugleich die objektive Berechenbarkeit der Gesellschaft wie die technische Brauchbarkeit der Soziologie als selbstverständlich voraussetzte, ohne dabei mit der Kultur zu rechnen. Aber auch sonst zeigt sich immer wieder, wie tief die Arbeit der Soziologie bestimmt wird durch die jeweiligen Grundannahmen – und folglich: von den Grundkenntnissen – über „Kultur" und „Gesellschaft", von denen sie ausging. Es ist kein Zufall, daß die mit den historischen Befunden der Kulturwissenschaften vertrauten Soziologen auch mit der Kultur rechneten und deshalb nicht auf eine technisch brauchbare Soziologie zielten, ja sogar den Begriff „Gesellschaft" tunlichst vermieden, weil er die konkrete Wirklichkeit in die Fälle eines generischen Objektes umdenkt. Max Weber nahm von den Bedingungen, Zwängen und Interessen des Handelns höchst realistisch Notiz und wußte, daß aus dem sozialen Handeln anonym neue soziale Vorgänge und Einstellungen hervorgehen können. Aber nirgends verlor er die Rolle der „Ideen" und „Intellektuellen" aus dem Auge, weil er mit den Befunden der Kulturwissenschaften vertraut war. Seine großen Arbeiten zur Religionssoziologie begannen mit der Veranschlagung der revolutionären Deutung von neuen Ideen, die Luther oder Calvin geschaffen hatten. Als Lujo Brentano solche „Ideen" für eine belanglose Begleitmusik zu den realen Daseinsverhältnissen hielt, antwortete ihm Max Weber so kurz wie aufschlußreich: „Um so erstaunlicher ist, daß einzelne Forscher glauben: eine solche Neuschöpfung könne am *Handeln* der Menschen spurlos vorübergehen. Ich gestehe, das nicht zu

---

15 Einer der seltenen Kommentare über den Einfluß politischer Konstellationen auf die Transformation der amerikanischen Soziologie von einer parochialen Perspektive zu globalen Erwägungen ist ein Artikel von Jose Casanova, „Legitimacy and the Sociology of Modernization", in: *Conflict and Control. Challenge to Legitimacy of Modern Governments*, hg. von A.J. Vidich und L.N. Glassmann, Beverly Hills/London 1979.

verstehen".[16] Sieht man genauer hin, lebt auch Webers politische Soziologie, obschon sie sich an der Entwicklung der realen Verhältnisse entfaltet, stets von der Frage, durch welche „Ideen" und von welchen „Intellektuellen" diese Verhältnisse gedeutet werden, ja welche „Weltbilder" dabei ins Spiel kommen. Für all das fehlte Parsons das Ohr. Sein höchst gründliches Studium der Schriften Max Webers endete, wie inzwischen bekannt ist, in Mißdeutungen, die nicht aus zufälligen Irrtümern, sondern aus den vorgängigen Grundannahmen resultierten, mit denen Parsons ans Werk ging. Nicht vertraut mit den Realbefunden der Kulturwissenschaften, begann er mit einem Konzept, das die Gesellschaft als ein System verstand, um eine Soziologie als eine technische Wissenschaft von dessen Lenkung zu entwerfen. Dennoch darf man Parsons seine Fehldeutungen nur bedingt anlasten, weil er, wie gezeigt, seine Vorannahmen aus den Beständen der amerikanischen Sozialwissenschaften übernommen hatte. Sein Wissenschaftskonzept entfaltete im Kern nur die dort gängige Überzeugung; seinen Kulturbegriff übernahm er von der amerikanischen Ethnologie. Parsons' Mißdeutungen waren durch die Traditionen und Vorannahmen der amerikanischen Sozialwissenschaften gedeckt und wurden deshalb dort jahrzehntelang nicht entdeckt.

Die Fälle lehren, daß die Arbeit der Soziologie, anstatt bloß durch die jeweiligen Tatsachen und Argumente, zutiefst bedingt ist durch vorgängige Grundannahmen über „Gesellschaft" und „Kultur". Das Verständnis der Kultur als einer wichtigen gesellschaftlichen Tatsache kam der Soziologie in dem Maße abhanden, wie sie sich verselbständigte und von den Befunden der historischen Kulturwissenschaften keine Kenntnis mehr nahm. Die nötige konzeptuelle Präzisierung eines soziologischen Kulturbegriffes im Sinne der repräsentativen Kultur wird ohne Rekurs auf die historischen Befunde der Kulturwissenschaften in bloßen Terminologien steckenbleiben.

5. Die moderne Kultur. Ein neuer Typus

Die Brauchbarkeit des Konzepts der repräsentativen Kultur ist für die vormodernen Gesellschaften durch die Arbeiten der Kulturwissenschaften und der Ethnologie überzeugend belegt, scheint aber auf die moderne Gesellschaft nicht anwendbar zu sein, deren säkularer Pluralismus jede kulturelle Autorität verwirft.

Hier muß man allerdings vorweg bedenken, daß „kulturelle Autorität" eine Kategorie des Beobachters, aber nicht unbedingt auch der Handelnden ist. Oft genug beruhte solche Autorität auf der subjektiven Überzeugung der Handelnden, auf der einen Seite die objektive Wahrheit zu verbreiten, auf der anderen, sie zu empfangen, so daß die Autorität zwar da ist, aber nicht empfunden wird. Die subjektive Meinung, keiner Autorität untertan zu sein, schließt deshalb auch heute die Existenz einer Autorität nicht unbedingt aus.

---

16 Max Weber, *Gesammelte Aufsätze zur Religionssoziologie*, 6. Aufl., Tübingen 1972, 1, S. 72.

Fraglos jedoch ist die moderne Kultur durch die radikalen Transformationen entstanden, die im 18. Jahrhundert die früheren Autoritäten beiseite zu schieben begannen. Als eine grundsätzlich säkulare Kultur kennt sie kein letztes Zentrum intellektueller Autorität und überläßt die letzten Entscheidungen, wo es um Tatsachen geht, der Wissenschaft, und wo es um Moral und Religion geht, dem individuellen Gewissen oder Belieben. Damit ist die moderne Kultur ein völlig neuer Typus von Kultur. Sie hat sich von religiösen und politischen Autoritäten gelöst und entfaltet in dieser Autonomie eine wachsende Produktivität und Dynamik, weil sie ständig neue Deutungen der Wirklichkeit, wenn auch meist bestimmter Teile und Bereiche, anbietet. Die wachsende Zahl ihrer „Intellektuellen" besagt, daß wachsende Teile der Wirklichkeit in dieser oder jener Weise kulturell gedeutet und damit laufend von der kulturellen Arbeit abhängig werden. Die erfahrene Wirklichkeit wird durch immer neue Deutungsangebote und durch immer neuen Deutungsbedarf überlagert. Dabei ist die Dynamik in die autonome Kultur eingebaut, weil alle ihre Erzeugnisse wiederum zum Gegenstand neuerlicher Deutung werden, so daß der Wandel ihr Gesetz zu sein scheint. Zugleich entwickelt sie eine wachsende Vielfalt, teils durch die eigene Differenzierung und Spezialisierung, teils durch die Vielheit ihrer konkurrierenden Angebote, die den Publika freie Wahl lassen, ja eine Vielzahl besonderer Publika erzeugen. All das verstärkt sich noch mit den modernen Massenmedien, die jedem die beliebige Auswahl aus einem grenzenlosen Angebot überlassen, ja oft aufzwingen, wobei die Vielfalt der Meinungen und Überzeugungen mit der Vielfalt der Lebensstile und -verhältnisse zu jenem durchdringenden Pluralismus zusammenschießt, der jeden Gedanken an eine repräsentative Kultur ausschließt.

Man darf dabei nicht übersehen, daß es sich um einen neuen Typus der Kultur handelt, der sich im 18. Jahrhundert Bahn brach, wie das geistesgeschichtlich oft genug beschrieben worden ist. So nachhaltig dabei die Ideen der Aufklärung und der Französischen Revolution gewirkt haben, muß die Soziologie darüber hinaus nach dem Baugesetz der modernen Kultur fragen und kann sich nicht auf die Genese einer „bürgerlichen Gesellschaft" beschränken, weil diese nicht erst, wie man meint, ihre eigene „bürgerliche Kultur" geschaffen hat, sondern selbst erst durch die bürgerliche Kultur und mit ihr entstehen konnte. Der bürgerlichen Gesellschaft liegt, wie ich an anderer Stelle gezeigt habe, eine kulturelle Vergesellschaftung zugrunde, d.h. eine freie Verständigung der Menschen nicht bloß über ihre praktischen Angelegenheiten, sondern auch über die tragenden Verständnisse des Lebens und Zusammenlebens.[17] Man sieht, wie den „Ideen" nun in der kulturellen Vergesellschaftung eine neue Aktualität zuwächst, weil sie nun Erfordernisse der freien Verständigung und Vergesellschaftung geworden sind. Hierauf beruht die neue Bedeutung der autonomen Kultur für die Gesellschaft und führt – nur soviel

---

17 Siehe mein Buch *Die kulturellen Grundlagen der Gesellschaft. Der Fall der Moderne,* Opladen/ Wiesbaden 1989, insbesondere die Einleitung und Kapitel 4. Eine kurze Darstellung findet sich in meinem Artikel „Bürgerliche Kultur", in: Kölner Zeitschrift für Soziologie und Sozialpsychologie, Sonderheft 27, 1986, S. 263ff.

sei hier gesagt – eben dazu, daß die Deutung der Wirklichkeit nun dem freien Spiel der „Angebote" der „Intellektuellen" und der „Nachfrage" der Publika überlassen bleibt, mit einer gewissen Sonderstellung der „Tatsachenwissenschaften". Daraus ist jener Pluralismus hervorgegangen, der, wie es scheint, keine repräsentative Kultur mehr kennt. Doch auch hier trügt der Augenschein. Die autonome, säkulare, moderne Kultur hat ihre eigene Art der Repräsentativität geschaffen und kann ihre kulturellen Autoritäten so schwer durchschauen wie die vormodernen Kulturen.

So ist schon der Ausdruck „Pluralismus" vordergründig, weil er den unbestreitbaren Tatsachen eine Bedeutung beizugeben pflegt. Er suggeriert nämlich, daß die beobachtete Vielheit der Meinungen und Überzeugungen die Selbständigkeit der individuellen Auffassungen und damit das Fehlen jeder kulturellen Autorität und repräsentativen Kultur belegt. Darin steckt die grundsätzliche Annahme, daß der Pluralismus der normale Zustand ist, der einstmals durch soziale Zwänge notdürftig unterdrückt wurde. Als solch natürlicher Zustand bedürfe der Pluralismus keiner weiteren Erklärung; er zeige sich offen, sobald die Zwänge fallen.

Demgegenüber lehrt nähere Betrachtung, daß dieser Pluralismus weniger eine ursprüngliche Disposition der Akteure als vielmehr ihre ständige Konfrontation mit einer Pluralität von Wirklichkeitsdeutungen bekundet, die von den Nachrichten über Tatsachen bis zu den Welt- und Lebensdeutungen reichen. Das läßt sich weder durch anonyme soziale Prozesse noch durch natürliche soziale Gruppeninteressen erklären. Wie alle Geschichte zeigt, kommt der Pluralismus nicht schon in Gang, wenn sich die sozialen Lagen wandeln, sondern erst dann, wenn „Ideen" einschießen. Bei aller Unzufriedenheit im einzelnen entwickeln sich grundsätzliche Verschiedenheiten erst dann, wenn „Intellektuelle" ihnen Ausdruck geben, und erfassen deshalb auch zuerst die jeweiligen Bildungsschichten und deren Publika. So erklärt sich die bekannte „Bürgerlichkeit" der Arbeiter oder allgemein der konservative Traditionalismus der Unterschichten. Auch die Freiheitsforderungen der Aufklärung waren kein anonymes Ergebnis realer Lagen und Interessen; sie mußten erst von „Intellektuellen" formuliert, legitimiert und propagiert werden und wurden erst dadurch möglich, daß die Deutung der Reallagen ganz über die Vertretung konkreter Interessen hinausgriff. Selbst der gleichzeitige Abbau sozialer Zwänge entfaltete seine Kraft erst, als Intellektuelle die Ideen der individuellen Freiheit und das Versprechen einer neuen Gesellschaft verkündeten. Ohne ihre „Ideen" hätten die konkreten Lagen und Interessen nirgends die Vision einer neuen Gemeinschaft erzeugen können, die sich aus der freien Verständigung der Akteure ergeben sollte. Alsbald verlangten die neuen Ideen der Freiheit nähere Instruktionen über den möglichen und richtigen Gebrauch der Freiheit, also wiederum die Arbeit der „Intellektuellen".

In der ganzen Geschichte zeigt sich immer wieder, wie anonyme Ansätze und Bereitschaften zu neuem Verhalten beschränkt und flüchtig bleiben, solange sie nicht von „Intellektuellen" zu „Ideen" formiert werden. Erst recht entwickelt sich – im kleinen wie im großen – eine Pluralität der Meinungen, Überzeugungen und Lebensstile erst in dem Maße, wie plurale Deutungen der Wirklichkeit angeboten werden. Speziell der heutige „Pluralismus" wäre gar nicht möglich ohne die besondere Autonomie, Produktivität und Dynamik der modernen Kultur, die unablässig neue Daseinsdeutungen und Daseinsmöglichkeiten erfindet, aufspürt, anbietet und propagiert. Insofern ist dieser Pluralismus vor allem ein Ergebnis der stetigen Ausweitung der Produktion und Distribution von „Ideen" und würde bei Einschränkung dieser Angebote auf einen normalen Umfang schrumpfen. Als charakteristische Erscheinung der modernen Gesellschaft ist er das spezifische Produkt der modernen Kultur und belegt einerseits, wie die Intellektuellen das Wirklichkeitsverständnis der Handelnden (und somit: deren Handeln) beeinflussen, weil andererseits die Handelnden auf die Wirklichkeitsdeutung durch Intellektuelle angewiesen sind. Kurzum, der heutige Pluralismus ist nicht, wie gewöhnlich gemeint wird, das Ergebnis einer natürlichen, früher nur durch soziale Zwänge und aufgezwungene Dogmen unterdrückten Vielheit individueller Verhaltensweisen. Noch ist er einfach das Ergebnis der sozialen Differenzierung. Er ist vielmehr mit dem Dauerbetrieb der modernen Bildungs- und Kulturindustrie, mit der berufsmäßigen Vermehrung der Kulturintelligenz und deren Allgegenwart in den Massenmedien und dazu durch die ständige „Ideenarbeit" der politischen Parteien und sonstigen Gruppen entstanden und hat sich deshalb mit der internationalen Verflechtung noch gesteigert. Er muß ständig durch die Arbeit von „Intellektuellen" erzeugt werden, die mit den verschiedensten Mitteln für alle Lebensbereiche Daseinsdeutungen und Daseinsmöglichkeiten vorgeben.[18] Insoweit ist der Pluralismus selbst eine vermittelte Erscheinung, in der sich die Abhängigkeit des sozialen Handelns von der Wirklichkeitsdeutung der „Intellektuellen" bestätigt, von den Wort-, Bild- und Tonführern.

Hat man das begriffen, wird der Blick dafür frei, daß dieser Pluralismus, statt bloß eine Tatsache zu sein, selbst eine mit sozialem Zwang versehene Ideologie enthält. Weil er generell als Beweis für die Verwirklichung individueller Freiheit gilt, wird er zum legitimen Gebot der modernen Gesellschaft und damit zur Aufforderung an alle. Von jedem wird außer dem grundsätzlichen Bekenntnis zum Pluralismus eine eigene Teilnahme daran erwartet, die sich im praktischen Eintreten für neue Daseinsdeutungen und Daseinsmöglichkeiten zu beweisen hat. Dabei pflegen gerade neue Meinungen, Überzeugungen und Lebensstile nicht nur ihr Existenzrecht, sondern dazu die öffentliche Anerkennung ihres eigenen Wertes zu fordern.

Jedenfalls muß jeder, um seine eigene Haltung zu vertreten, auf irgendwelche Muster und Angebote zurückgreifen, die durch die Arbeit der Kultur ins öffentliche Spiel gebracht wurden. Da ist die Vielfalt der Meinungen, Überzeugungen und Lebensstile, die angeboten, ermöglicht und benutzt werden, scheinbar grenzenlos, aber tatsächlich mit Tabus und Sanktionen umstellt, an denen der Pluralismus endet. Wie eh und je gibt es auch im Pluralismus Dinge, die

---

18 Siehe ausführlich dazu mein Buch *Die kulturellen Grundlagen der Gesellschaft. Der Fall der Moderne*, Opladen/Wiesbaden 1989, Kapitel 2.

bloß deshalb nicht gesagt, nicht getan und kaum gedacht werden dürfen, weil sie an Ideen rühren, die die Zeit als ihren heiligen Glauben hütet. Dazu gehört der unablässige Kult der Massen- und Parteiendemokratie, an dessen einäugigen Parolen von Freiheit und Menschenrechten man ebensowenig zweifeln darf wie an den Geschichtsbildern der Vergangenheit und Zukunft, die er dekretiert. Auch heute tun die Denk- und Mahnmale, wie sie abgerissen oder erbaut werden, sinnfällig kund, welche Ideen der Zeit heilig sind und wo jeder Zeitgenosse, wenn ihn nicht der öffentliche Fluch treffen soll, mindestens schweigen, knien, verehren, wenn nicht auch bekennen muß und meist auch will. In solchem öffentlichen Verhalten aber kommen nicht ursprüngliche Überzeugungen und Erfahrungen zum Tragen, sondern Ideen, die als gültige und höchste Daseinsdeutungen an die Menschen herangetragen wurden und deshalb mit unverletzlichen Tabus umgeben sind. Wie verworren auch die Dinge im herrschenden Pluralismus liegen, er zeugt gerade von der Macht und Verbreitung von Ideen, von denen er selbst überall lebt. Bei näherer Betrachtung zeigt auch dieser Pluralismus die normativen Züge einer repräsentativen Kultur, die bindende Wirklichkeitsdeutungen erzeugt. Form und Inhalt haben sich in der Moderne verändert. Die repräsentativen Vorstellungen werden, statt von angebbaren Urhebern, meist in einem kaum durchschaubaren Netzwerk der kulturellen Arbeit wie anonym produziert, gerinnen kaum zu festen Lehren und Dogmen, erlauben Varianten, sind aber dennoch bindend. Die kulturelle Autorität läßt sich im Zeitalter der Massenmedien und der sozialen Mobilisierung nicht mehr leicht erkennen. Dennoch erzeugt auch die moderne Gesellschaft ihre eigene Art der repräsentativen Kultur, die auf der Arbeit von Intellektuellen beruht. Deshalb benötigt die Soziologie auch heute für die Analyse der Gegenwartsgesellschaft den Gedanken der repräsentativen Kultur.

6. Kultur und Alltagskultur

Seit geraumer Zeit drängen verschiedene Strömungen bei wachsender Zustimmung auf die Befassung mit der „Alltagskultur". Das ist eine verstehbare und berechtigte Reaktion auf eine objektivistische Soziologie, welche die gesellschaftliche Wirklichkeit auf künstliche Konstrukte, komplizierte Abstraktionen, aggregierte Daten reduzierte, ohne weiter von der gelebten und erlebten sozialen Wirklichkeit Notiz zu nehmen. Ähnlich hilfreich hat sich das Konzept der „Lebenswelt" erwiesen, das uns wieder handelnde Menschen statt bloß Rollenträger vorstellt und damit an den Menschen als Kulturwesen anknüpft.

Allerdings sind die Grenzen dieser neuen Konzepte nicht zu übersehen, die sich schlecht für die Erfassung der Institutionen eignen. Hier soll aber nur gezeigt werden, daß die „Alltagskultur" – bleibt man bei ihr stehen – doch wieder die Fehler des sozialen Determinismus wiederholt, weil sie die Rolle der „Intellektuellen" übersieht. So wie bei Parsons die Interaktionsstruktur die gemeinsamen Werte produziert, so soll nun die Alltagskultur neue Lebensformen und Daseinsverständnisse generieren. Man braucht solche anonymen Vorgänge nicht ganz in Abrede zu stellen, um behaupten zu dürfen, daß sie erst dort Kraft gewinnen, wo die kulturelle Arbeit ins Spiel kommt. Lebenswelt und Alltagskultur konstituieren sich nicht frei in unseren sozialen Beziehungen. Was wir als unsere Lebenswelt erfahren, ist schon immer durchsetzt mit den repräsentativen Wirklichkeitsdeutungen, die den Rahmen liefern, in dem wir unsere Ziele und Bedürfnisse, unsere Begriffe und Bilder, unsere Meinungen und Überzeugungen bestimmen. Wie eh und je baut die Lebenswelt auf den repräsentativen Kulturbeständen auf. Durch die realen Daseinsverhältnisse können neue Bedürfnisse und Orientierungen langsam und anonym wachsen. Doch solche kollektiven Dispositionen gewinnen erst Kraft, Richtung und Festigkeit, wenn sie explizit artikuliert, das heißt von „Intellektuellen" in Worte, Bilder oder Töne gefaßt werden. Oft sind sogar die neuen Bedürfnisse und Orientierungen ursprünglich durch Intellektuelle propagiert worden und sind nur scheinbar anonyme Produkte der sozialen Interaktion. Die neuen Konzepte laufen Gefahr, auf ihre Weise die bisherige Vorannahme der Soziologie zu wiederholen, daß der Wertewandel und ähnliche Veränderungen sich aus der durchschnittlichen Reaktion der Handelnden auf ihre Daseinslagen und aus ihrem sozialen Austausch ergeben. Demgegenüber zeigt sich immer wieder, daß markante und wirksame Veränderungen auf Bewegungen zurückgehen, die die neuen Vergesellschaftungen im Namen von irgendwelchen „Ideen" erfolgreich ins Leben rufen. Wir übersehen, daß neue Lebensformen, Orientierungen und Werte meist von sozialen Gruppen getragen werden, die sich aufgrund von Ideen formiert haben, welche von der repräsentativen Kultur erzeugt oder auch gegen diese von anderen „Intellektuellen" propagiert wurden und, wenn sie Anhang finden, selbst zur repräsentativen Kultur aufrücken. Die Gegenkultur der Protest-, Kommunen- und Aussteigerbewegungen, die sich in den sechziger Jahren bildete, war ein Gewebe von Gruppen und Vereinigungen, die sich im Namen von neuen Ideen gebildet hatten, welche von Intellektuellen erfunden und verbreitet worden waren. Das gleiche gilt für die alternativen und postmodernen Bewegungen, die ihnen gefolgt sind. Überall schaffen nicht schon die realen Lagen und latenten Bereitschaften von sich aus die neuen Lebensformen, Orientierungen und Werte, die sich vielmehr erst in neuen Gruppen und Bewegungen durchsetzen, welche neue Vergesellschaftungen im Namen neuer Ideen darstellen.

In all dem beweist sich die schöpferische Fähigkeit der Kultur und insbesondere deren moderne Dynamik. Immer wieder entstehen Veränderungen und Bewegungen dadurch, daß einzelne außerhalb der bislang geltenden repräsentativen Kultur neue Ideen erfinden, verbreiten und übernehmen. Oft allerdings sind diese Neuerungen doch wieder direkte oder indirekte Folgen von früheren Wirklichkeitsdeutungen der repräsentativen Kultur. In hohem Maße zogen jedenfalls die Protestbewegungen nur die Konsequenzen aus einer politischen Bildung, die dieser Generation durch das Erziehungssystem aufgeprägt und durch die Massenmedien verbreitet worden war. Hier zeigt sich denn auch, daß wir ohne ein Verständnis der Kultur stets die Folgen unterschätzen, welche die Kultur- und Bildungspolitik als Produzent von Lage- und Daseinsdeutungen immer noch hat. Die Vorstellung des anonymen, kollektiven und unausweichlichen Wertewandels ist insofern auch ein Konzept, das die Politik von vornherein von jeder Mitschuld entlastet.

So rächt es sich, wenn die Sozialwissenschaft an der Vorstellung festhält, daß soziale Tatsachen aus sozialen Tatsachen erklärt werden müssen. Schiebt man die Kultur einmal beiseite, kann man nicht mehr erkennen, welche Rolle „Intellektuelle" und „Ideen" bei der Entstehung sozialer Bewegungen, Werte und Veränderungen spielen. Deshalb gilt es zu unterscheiden zwischen dem, was tatsächlich rein durch kollektive Interaktion entsteht, und dem, was erst durch die kulturelle Arbeit von Intellektuellen und Ideen entsteht. Anstatt bloß auf die beobachtbare Interaktion und Kollektivphänomene zu achten, müssen wir deren Ursachen vielmehr in der dynamischen Konstitution und Rekonstitution der repräsentativen Kultur suchen und den Ursprung der tragenden Ideen und die Wege ihrer Verbreitung ermitteln. Demgegenüber leisten die Konzepte der Lebenswelt und der Alltagskultur eher dem alten Glauben Vorschub, daß Meinungen, Überzeugungen, Werte und Lebensstile sich anonym und selbstverständlich aus der sozialen Interaktion ergäben. Insofern bilden diese Begriffe keinen Ersatz für ein soziologisches Verständnis der Kultur, das ohne den Gedanken der repräsentativen Kultur nicht auskommen kann.

7. Die Bedeutung des Kulturbegriffs für die Soziologie

„Kultur" und „Gesellschaft" waren die neuen Begriffe, mit denen die Moderne versuchte, eine realistische Vorstellung vom menschlichen Zusammenleben und folglich die nötigen empirischen Wissenschaften zu entwickeln, wobei eine strenge Trennung der „Bereiche" und der zuständigen Wissenschaften lange fehlte. Die Sozialwissenschaften haben sich denn auch lange als Kulturwissenschaften verstanden und einschlägige Ergebnisse dieser Fächer benutzt. Sie profitierten dabei von den beiden Hauptleistungen, die der Kulturbegriff ihnen zur Verfügung stellt, indem er (1) die Eigenart des menschlichen, also auch des sozialen Handelns und des menschlichen Wirklichkeitsverständnisses klarstellt und (2) auf die Eigenart und Bedeutung der (repräsentativen) Kultur als gesellschaftlicher Erscheinung aufmerksam macht.

Dieser Kulturbegriff kam den Sozialwissenschaften aus mehreren Gründen abhanden. Zum einen entwickelte sich das naturalistische Konzept einer Soziologie, die die „Gesellschaft" wie eine eigene „Sache" verdinglichte und eine abgeschlossene „Theorie" davon anstrebte. Dabei wurde der Gesellschaftsbegriff konzeptuell ausgebaut, während der Kulturbegriff in seinem rohen Zustand vieldeutig blieb und ohne Vertrautheit mit den Befunden der Kulturwissenschaften zu einer leeren Hülse wurde. Zugleich veränderte sich die Aggregation der modernen Kultur, so daß das Konzept der (repräsentativen) Kultur wie eine vormoderne Besonderheit „primitiver" Gesellschaften und früherer „Hochkulturen" wirkt. Hinzu kommt, daß die Globalisierungsprozesse, indem sie

„multikulturelle" Lagen fördern, die sichtbare Identifizierbarkeit eigener Kulturen ebenso in Frage stellen wie der in ihnen selbst sichtbare „Pluralismus".

In dieser Lage würde man den Kulturbegriff gern preisgeben, wenn es einen unbelasteten Ersatz dafür gäbe. Das ist jedoch nicht der Fall, wie die Blässe und Kurzatmigkeit der Angebote von „symbolischen Codes", „Mentalitäten" oder „Alltag" lehren. Ebenso deutlich ist es aber, daß die soziologische Theorie die Phänomene der „Globalisierung" und des „Pluralismus" zwar registriert, aber nicht im Sinne vorhersehbarer Entwicklungen verarbeiten kann. So führen gerade diese Tatsachen den Traum einer abschließenden „Theorie der Gesellschaft" ad absurdum und bestätigen insofern ungewollt die gesellschaftliche Bedeutung der Kultur. Da liegen ja auch die Gründe, welche hier das neue Interesse der Sozialwissenschaften an der „Kultur" wie dort das gesellschaftliche Interesse an ihr und die politische Begeisterung für sie erklären. Die rein gesellschaftliche Deutung und Bewältigung dieser Reallagen hat sich praktisch und theoretisch überlebt. Mit der Wiederbelebung eines vagen Kulturbegriffs wird man jedoch diesen gesellschaftlichen Lagen und politischen Erfordernissen so wenig beikommen wie die Soziologie als Struktur-Funktions-Theorie am Leben erhalten.

Die Aufgabe einer empirischen Sozialwissenschaft besteht vielmehr darin, dem Begriff der Kultur die lange versäumte und eben deshalb fällige konzeptuelle Elaboration zuteil werden zu lassen, um ihn für gehaltvolle empirische Forschung herzurichten. Insbesondere geht es dabei darum, dem Konzept der „repräsentativen" Kultur Kontur zu geben, d.h. die wenig glücklichen Begriffe von „Ideen" und „Intellektuellen" soziologisch und begrifflich zu verflüssigen, womit sich schon Max Weber schwer tat, weil diese Wörter die repräsentative Kultur zu einer Angelegenheit der „gebildeten" Wortführer und Ausleger einer speziellen Schriftkulturelite zu machen und zu verengen scheinen. Zentrum eines soziologischen Kulturbegriffs ist jedoch, die tatsächliche Kraft irgendwelcher „symbolischen" Gehalte, Vergemeinschaftungen und Vergesellschaftungen ins Leben zu rufen. Wenn die Soziologie sich wieder auf die Kultur einläßt, darf sie sich weder auf den Alltag subjektiv erlebter Wirklichkeit noch auf die „Geistes-" oder „Ideengeschichte" reduzieren. Sie hat sich an den Grundgedanken zu erinnern, der dem Kulturbegriff seine soziologische Bedeutung gibt: daß alle „gesellschaftlichen" Reallagen „offen" sind, d.h. „gedeutet" werden können und müssen.

Hier muß es bei diesen summarischen Hinweisen bleiben, denen nur noch eine Bemerkung anzufügen ist: Manche „Theorie der Gesellschaft" zielt auf eine abschließende Erklärung und Vorhersage der „gesellschaftlichen" Vorgänge und deshalb auf eine „technische" Wissenschaft. Dies ist das unvermeidliche Schicksal einer Soziologie, die für den Kulturbegriff keinen Raum läßt und deshalb die Gesellschaft für ein berechenbares „System" hält. Im Gegensatz dazu wird die Soziologie, die sich auf die Kultur als gesellschaftliche Tatsache einläßt, die Indeterminiertheit der „Strukturen" beachten und deshalb auch – wie bei Max Weber nachzulesen –, statt eine technische Disziplin für Entscheidungsträger zu werden, die Aufgabe der Soziologie betonen, zur Selbstbesinnung über die Kulturbedeutung des jeweils Gewollten anzuleiten. Gerade auch deshalb bleibt die „Kultur" die zentrale Frage, an der sich das Selbstverständnis der Soziologie und folglich ihre gesellschaftliche Wirkung entscheiden.

II. Kultursoziologische Studien

Zur Soziologie der Sophistik*

Wer versucht, die Sophistik soziologisch zu durchleuchten, sieht sich schnell außergewöhnlichen Schwierigkeiten gegenüber, die zumindest vorweg nicht geklärt werden können, aber doch erwähnt werden müssen. Mißlich ist es schon, daß die Lehren der Sophisten spärlich, dazu dunkel und uneinheitlich sind, die berufene Auslegung somit in wichtigen Punkten schwankend und kontrovers bleibt, so daß sich der Soziologe oft nach bestem Urteil seine Meinung bilden muß, die er, jedenfalls auf begrenztem Raum, nicht belegen kann, und vielleicht auch nicht belegen soll, weil ein Wettstreit mit den Philosophen und Philologen prätentiös wirken würde.

Nun hat es eine Soziologie der Sophistik – darauf wird zurückzukommen sein – zum kleinsten Teil mit den Lehrmeinungen der Sophisten zu tun, vielmehr eher mit der Sophistik als einer geschichtlich-gesellschaftlichen Erscheinung. Doch da muß der Soziologe wiederum borgen, von den spezialisierten Historikern und Altertumsforschern, zwischen deren Meinungen er oft wählen muß, obschon er mit ihren Kenntnissen kaum mithalten kann. An glatten Boden ist man zwar in einem Fach gewöhnt, das in erheblichem Umfang mit Daten aus zweiter Hand arbeiten muß; aber so dünn ist er doch selten.

Schlimmer jedoch sind die grundsätzlichen Schwierigkeiten, weil es für ein solches Unternehmen an allen Vorlagen fehlt. Bekannte Soziologen haben, wie noch zu zeigen sein wird, aus den Sophisten zwar Paradefälle für ihre Theorien gemacht, aber Studien über die Sophistik von soziologischer Hand sind unauffindbar. Das ließe sich noch verschmerzen, wenn es sonst im Fach Vorlagen für derartige Untersuchungen gäbe, welche ein gesichertes Grundwissen über die typischen Probleme anböten und Verfahren zu ihrer Behandlung spezifizierten. Das ist jedoch nicht der Fall.

Denn im ganzen hat die Soziologie niemals ein Verhältnis zu den geistigen Tatsachen des gesellschaftlichen Lebens gewonnen. Dazu haben viele und verschiedene Umstände beigetragen, und wohl nicht zuletzt auch ganz außerwissenschaftliche, welche die gesellschaftlichen Verhältnisse in das Zentrum der heutigen Weltorientierung geschoben haben. Auch innerhalb der Soziologie hat sich das Mißverhältnis zu den geistigen Tatsachen wohl nicht bloß aus einem früh merklichen Hang entwickelt, den wahren Motor der gesellschaft-

* [Anm. d. Hrsg.: Der Beitrag ist ursprünglich erschienen in „Neue Hefte für Philosophie", H. 10: Moderne Sophistik, Göttingen 1976, S. 51–77. Der Abdruck erfolgt mit freundlicher Genehmigung des Verlages Vandenhoeck & Ruprecht, Göttingen.]

lich-geschichtlichen Vorgänge in den wirtschaftlichen und politischen Interessen zu suchen. Gewiß hat sich die Soziologie mit dem Marxismus, der Ideen für Ideologien erklärt hatte, auseinandersetzen müssen und wurde von ihm auch unvermeidlich beeinflußt, aber erlegen ist sie seinen Einseitigkeiten doch nicht. Grundsätzlich wäre also Raum für die Frage gewesen, die in der Generation Max Webers und Georg Simmels noch gestellt wurde: wie sich Geschichte aus geistigen und gesellschaftlichen Tatsachen zusammenwebt. Tatsächlich aber hat sich das Fach immer enger auf das bloß Gesellschaftliche beschränkt. Zur Bewältigung dieses Gegenstandes ist ein System von Begriffen und Verständnissen entwickelt worden, in dem von den geistigen und geistesgeschichtlichen Tatsachen des gesellschaftlich-geschichtlichen Lebens nur der blasseste Widerschein in Gestalt von Normen, Werten, Ideen und Ideologien übrig geblieben ist, und diese werden selbst kurzweg als gesellschaftliche Gegebenheiten eingestuft. Auf diese Weise ist in der Soziologie aus der ursprünglichen Skepsis und Indifferenz längst die Gewohnheit geworden, geistige Tatsachen für unwesentliche Randerscheinungen zu halten. „Die Gesellschaft" – ursprünglich ein aus der gesellschaftlich-geschichtlichen Wirklichkeit als Untersuchungsobjekt herausgeschnittener Teil – ist damit nach herrschendem soziologischen Verständnis zur einzigen Realität geworden, so daß sie selbstgenügsam ihre eigene Geschichte ohne Dazwischentreten anderer Tatsachen aus sich zu erzeugen vermag. Auch Spezialsoziologien sind dem Muster der Mutterdisziplin überwiegend blind gefolgt und wissen an der Literatur, dem Recht, der Religion meist nur die gesellschaftlichen Aspekte und Lagerungen herauszuheben, ja nehmen gerade diese oft genug für die Sache selbst. Kurzum, die Behandlung geistiger Phänomene hat sich in der Soziologie, wenn überhaupt, mangels einer grundsätzlichen Frage nach ihrer Bedeutung ausgesprochen wildwüchsig entwickelt und ist dabei einer Vorlage gefolgt, welche sehr einseitig nach ihrer sozialen Bedingtheit fragt.

An dieser Entwicklung hat auch jene Disziplin nichts zu ändern vermocht, die sich speziell für die geistigen Tatbestände zuständig erklärte. Im Gegenteil ist auch die Wissenssoziologie ganz einseitig von der vagen Frage nach „der sozialen Bedingtheit des Wissens" ausgegangen und hatte sich damit so überhoben, daß sie nicht einmal zur Klarheit und Übersicht über ihre Probleme gelangen konnte. Denn sozial bedingt in irgendeiner Weise ist natürlich alles, was Menschen tun oder denken; daß es deshalb auch schon aus seinen sozialen Bedingungen erklärbar sei, ist hingegen so wenig selbstverständlich, daß es geradezu als absurd gelten muß. Zu dieser Verwechslung jedoch neigte die Wissenssoziologie, weil sie für ihre pauschale Frage auf ebenso pauschale Lösungen angewiesen blieb. So entstand die Mannheimsche Theorie von den klassengebundenen Denkformen, die es trotz scharfer Einzelbeobachtungen an fast allen nötigen Differenzierungen und Qualifizierungen fehlen ließ. Man wußte kaum zu trennen zwischen dem doch sehr verschiedenartigen anonymen Wissen gesellschaftlicher Kollektive und dem von einer berufsmäßigen Intelligenz produzierten, und damit immer auch nach irgendwelchen Regeln kontrollierten Wissen, auch nicht zwischen den nach ihrem Gegenstand (Natur,

Gesellschaft, Selbst) sachlogisch doch recht unterschiedlich fundierten Wissensarten, und ebensowenig zwischen der sozialen Bedingtheit der Gültigkeit, der Entstehung und der Verbreitung von Wissen. Vor allem aber hatte man es unterlassen, die systematische Kontrollfrage zu stellen, also nach der möglichen Eigenlogik geistiger Sachverhalte zu fragen und ihren möglichen Einfluß auf die gesellschaftliche Entwicklung zu untersuchen. Als solche Unterscheidungen später ernsthaft in die Wissenssoziologie eingeführt wurden, konnten sie nicht mehr durchdringen, weil die Zunft ihr Interesse an der Wissenssoziologie bereits verloren hatte und sich auf eigenen Wegen entwickelte, während die marxistischen Schulen an diesen Differenzierungen uninteressiert blieben, weil sie Zweifel an der Gültigkeit der Ideologienlehre des Marxismus aufgeworfen hätten. Jüngste Belebungen der Wissenssoziologie wiederum haben sich auf eine phänomenologische und interaktionistische Rekonstruktion des Alltagswissens beschränkt, so daß sie sich an die eigentlich geistesgeschichtlichen Tatbestände nicht heranwagen können, obschon diese erst erlauben würden, die entscheidenden Fragen nach der Macht und Ohnmacht geistiger Entwicklungen in Geschichte und Gesellschaft zu stellen.

Diese summarischen Bemerkungen machen zur Genüge klar, daß es in der heutigen Soziologie nur ein gebahntes Muster und nur eine selbstverständliche Erwartung für den Umgang mit geistigen Tatsachen gibt, nämlich die Frage nach ihrer sozialen Bedingtheit, welche in der Durchführung auf die soziale Demaskierung geistiger Erscheinungen hinausläuft. Dieser Vorlage, die nur ein Resultat zuläßt, muß man sich also entziehen, wenn man an den Tatsachen eines Falles untersuchen will, in welcher Konstellation dort Geist und Gesellschaft Geschichte produziert haben.

Erweist sich die Sophistik dafür als ein überaus fruchtbarer Vorwurf, so muß ihre Untersuchung doch zu einer doppelten Herausforderung werden. Denn einmal muß man sich ohne Vorlagen und gegen alle Traditionen des Faches einen eigenen Weg bahnen. Zum anderen steht mit dem Untersuchungsgegenstand mittelbar unvermeidlich die allgemeine Frage an, ob eine Soziologie, welche für die geistigen Erscheinungen keinen Raum läßt, überhaupt ein angemessenes Verständnis von Gesellschaft zu entwickeln vermag, und welche Folgen es haben mag, wenn sie die Wirklichkeit in dieser Weise verkürzt, worauf am Ende zurückzukommen sein wird.

1. Die Sicht der Sophisten in der Soziologie

Durch ihre auffälligen, teils bizarren Züge hat die Sophistik, auch wenn ihre Lehren nicht näher beachtet wurden, die Zeiten offenbar immer wieder als Bild oder Gegenbild gereizt, an dem sie ihre eigene Auffassung, wie es der Mensch mit der Wahrheit halten müsse, fest machten, so daß sich im Wandel des Urteils die Entwicklung der abendländischen Geistesgeschichte in ihren großen Zügen spiegelt[1].

---

1 So läßt sich die Rehabilitation der Sophisten, welche um die vorige Jahrhundertmitte einsetzte,

Nachdem die Sophistik, durch Plato und Aristoteles überwunden, für zwei Jahrtausende ins Grab der Vergessenheit gestürzt worden war, und allenfalls als der Widergeist aller Vernunft beschworen wurde, haben sich die letzten zwei Jahrhunderte an ihre Rehabilitierung gemacht. Im Grab der Vergessenheit hatte sie solange geruht, wie man in dem metaphysischen Raum weiterlebte, den Plato und Aristoteles erbaut, den das Christentum mit seinem Glauben bekräftigt hatte. Solange es galt, daß der Mensch die Welt im Ganzen philosophisch erhellen und sich einer endgültigen und metaphysischen Wahrheit vergewissern könne, blieb die Sophistik das erschreckende Beispiel für das leichtfertige Verfehlen der geistigen und moralischen Wahrheit.

So begann die Rehabilitierung der Sophistik erst dann, als den Menschen dieser Glaube abhanden kam und die Philosophen die Suche nach dem endgültigen System aufgaben. Hegel konnte als einer der ersten in seiner noch immer großartigen Passage in der Philosophie der Weltgeschichte den Sophisten einen sinnvollen Platz anweisen, weil ihm die Wahrheit zum geschichtlichen Prozeß geworden war, in dem auch die Verderbnis des Irrtums noch ihren Beitrag zur Entfaltung des objektiven Geistes leisten durfte. Und den historischen Kulturwissenschaften eröffnete die Historisierung der Wissensbestände eine ähnliche Möglichkeit. Indem sie die Lehren der Sophisten nicht mehr an einer metaphysischen Wahrheit maßen, sondern im Zusammenhang der geschichtlich-gesellschaftlichen Situation ihrer Zeit zu entfalten begannen, erschienen diese doch wenigstens als verständliche Bemühungen, die ihr geschichtlich bedingtes Eigenrecht besaßen. Aus der endgültigen Wahrheit, mit der der Mensch jederzeit lebte, war die Wahrheit der Geschichte geworden, an der der Mensch jederzeit sinnhaft teilnehmen konnte. Die Lehren der Sophisten, wie immer man sonst über sie denken mochte, wurden deshalb zu sinnhaften geistigen Reaktionen auf gegebene Lagen.

Auch als die Sozialwissenschaften die älteren Fächer zu überlagern begannen, haben sie die Sophisten als Zeugen für ihre Theorien zu benutzen gewußt, obgleich m.W. niemand sich ernsthaft der Mühe einer Untersuchung unterzogen hat. Voran gingen damit die positivistischen Schulen, welche seit einem Jahrhundert die Sophisten als die vorbildlichen Vertreter eines Skeptizismus und Empirismus gepriesen haben, der ihnen für die wahre Wissenschaft, damit auch für Aufklärung und Fortschritt, und insgesamt für die liberale Demokratie stand[2]. Karl Popper hat in *The Open Society and Its Enemies* sachlich kaum

nicht hinreichend aus der Beschäftigung mit den Texten und Tatsachen erklären, ist vielmehr wesentlich nur das Resultat des neuen Verständnisses über die Eigenart und Funktion der wissenschaftlichen Erkenntnis, das sich im 19. Jahrhundert durchsetzt. Eine knappe Übersicht über die Forschungsgeschichte unter dem Gesichtspunkt der Rehabilitation findet man bei W.K.C. Guthrie, The Sophists, Cambridge University Press, 1971, S. 10ff.

2 Die Ähnlichkeit zwischen der Sophistik und den verschiedenen Schulen des Positivismus ist oft genug notiert, von den Positivisten auch oft genug berufen worden. Man vgl. dazu die angezogene Arbeit von W.K.C. Guthrie oder auch K. v. Fritz, Grundprobleme der Geschichte der antiken Wissenschaft, Berlin, 1971, besonders S. 229. Auch der logische Positivismus läßt seine Ahnentafel mit der Sophistik beginnen, wie Joergen Joergensen, The Development of Logical Empiricism = International Encyclopaedia of Unified Science, University of Chicago

Neues gebracht, als er in den Sophisten The Great Generation sah und Platon als ihren reaktionären Gegenspieler angriff. Freilich gelang ihm das alte Bild wirksamer als seinen Vorgängern, weil er es vor dem Hintergrund der politischen Erfahrungen dieses Jahrhunderts als ein dramatisches Lehrstück über die menschliche Erbsünde anbieten konnte: den ewigen Hang, die Tatsachen einer Metaphysik, und damit auch die Freiheit dem Zwang zu opfern, wobei das Versprechen der Erlösung nicht fehlen durfte. Denn die Gleichsetzung von skeptischem Empirismus mit liberaler Demokratie stellte den Menschen ja in Aussicht, daß sie alle ihre Probleme, die kognitiven wie die sozialen, im Geiste eines kritischen Rationalismus befriedigend lösen könnten. So hat der Positivismus im Bild der Sophisten die Träume der Aufklärung durch eine Art Frontbegradigung aufrecht zu erhalten versucht, indem er durch eine Verengung des Rationalitätsbegriffes auf das streng Empirische weitergehende Fragen für Scheinprobleme erklärte[3].

Ein völlig anderes Bild von den Sophisten hatte, gleichzeitig mit Karl Popper, A. Schumpeter in *Kapitalismus, Sozialismus und Demokratie* entworfen. An ihnen exerzierte er seine berühmt gewordene Theorie von den Intellektuellen, also jenem Teil der Intelligenz vor, welcher sich auf die Handhabung des gesprochenen und geschriebenen Wortes versteht, aber keine unmittelbare Verantwortung für praktische Aufgaben trägt, also auch keine eigene Erfahrung von den praktischen Angelegenheiten besitzt, deshalb bloß als kritischer Zuschauer von der Macht des Wortes Gebrauch macht und somit für die Rolle eines sozialen Störfaktors prädestiniert ist.

Wiederum anders hatte Karl Mannheim in den zwanziger Jahren die Sophisten beurteilt. Wie der Positivismus rühmte er ihnen skeptischen Empirismus, Fortschrittsglauben und Aufklärungswillen nach, diagnostizierte darin aber keine zeitlosen Mächte und Alternativen, sondern klassengebundene Denkformen. Auch er hatte sich allerdings nicht auf eine ernsthafte Analyse eingelassen und führte die Sophisten im 1. Kapitel von *Ideologie und Utopie* als Schulbeispiel für seine Theorie von der sozialen Bedingtheit des Wissens vor. Für ihn brachten die Sophisten eine gesellschaftliche Lage auf ihren Begriff, nämlich den Zusammenbruch der auf dem Mythos gegründeten Lebensform des griechischen Adels und die Heraufkunft einer neuen Lebensform, die von den nun aufsteigenden Schichten der Stadtbürger getragen wurde. So konstatierte er, sprachlich wie sachlich wenig glücklich: „Sie hatten einfach den Mut, auszusprechen, was jeder fühlte, der für diese Epoche wirklich charak-

---

Press, 1951, S. 6, klarmacht, wozu man D.G. Charlton, Positivist Thought in France during the Second Empire, Oxford, Clarendon Press, 1959, S. 3, vergleichen mag.

3 Der hier als Frontbegradigung bezeichnete Vorgang bildet ja den Hauptstreitpunkt des sogenannten Positivismusstreits. Den wissenschaftsgeschichtlichen Hintergrund und die wissenschaftsgeschichtliche Bedeutung des Vorgangs habe ich in meinem Aufsatz „Der Fortschritt der Wissenschaft als Trivialisierungsprozeß", im Sonderheft 18 der „Kölner Zeitschrift für Soziologie und Sozialpsychologie" („Wissenschaftssoziologie – Studien und Materialien"), dargelegt, speziell in dem Abschnitt „Der Kampf um die Verheißungen", S. 39ff. [jetzt auch in: Friedrich H. Tenbruck: Die kulturellen Grundlagen der Gesellschaft. Der Fall der Moderne, Opladen 1989, S. 143–174; d. Hrsg.].

teristisch ist, daß nämlich die frühere Unzweideutigkeit der Normen und Weltdeutungen erschüttert war und eine befriedigende Lösung nur in einem gründlichen Infragestellen und in einem Durchdenken der Widersprüche gefunden
werden konnte"[4]. Zentral war dabei die Annahme, daß es sich bei diesem
Zusammenstoß von zwei Formen der Weltdeutung um klassengebundene Denkstile handele. Der Mythos war die Denkform einer Adelswelt, deren Propa-
gierung durch eigene Sänger sie monopolisiert hatte. Der Zusammenbruch
des Mythos war kein geistiger Vorgang; in ihm sollte sich nur die soziale
Abdankung des Adels und zugleich der Aufstieg einer neuen Klasse spiegeln,
die einen neuen, mehr analytischen Denkstil mit sich herauführte. Die Sophisten fungierten also einerseits als Anwälte des analytischen Denkstils der
aufsteigenden Unterschichten, nahmen aber gleichzeitig von dem sozialen Zusammenstoß zweier Denkstile Notiz, fanden sich somit zwischen die Fronten
gestellt. Das wurde ihnen, nach Mannheim, sozial dadurch möglich, daß sie
als Intelligenz nicht selbst einer Klasse eingebunden waren, vielmehr frei über
den Klassen schwebten. Deshalb konnten sie die eigentliche Aufgabe der Intelligenz erfüllen, welche für Mannheim in dem Auftrag besteht, jenseits der
Klassenwidersprüche nach einer tragfähigen Begründung der sozialen Ordnung
zu suchen. Die Sophisten hoben also gewissermaßen den neuen Denkstil der
aufsteigenden Unterschicht aus seiner klassengebundenen Partikularität heraus
ins Allgemeine. Sie hatten die Krise der Gesellschaft nicht durch ihre Skepsis
gegenüber den Traditionen hervorgerufen, sondern vorgefunden, und in ihrer
Bemühung um begründbare Verhaltensregeln erblickte Mannheim folgerichtig
den Beginn der gesellschaftlichen Genesung.

2. Die Irrwege Mannheims

„Für die ‚Soziologie des Wissens‘ sind die Sophisten ein unerschöpfliches Kapitel
und auch noch gar nicht ausgenutzt". So schrieb Werner Jaeger vor gut vierzig
Jahren, als er im 1. Band der „Paideia" die Sophisten in einem großen Kapitel
behandelte. Die lockere Bemerkung lenkt den Blick zurück auf jene Soziologie
des Wissens, die damals so viel von sich reden machte, also auf Max Scheler,
vor allem aber auf Karl Mannheim. Denn dieser hatte in *„Ideologie und Utopie"*
eben eine systematische Wissenssoziologie vorgelegt, wo Scheler nur grundsätzliche Überlegungen und verstreute Themen vorgetragen hatte. Bei Mannheim fand sich auch eine exemplarische Behandlung der Sophistik, welche
Scheler nur gelegentlich erwähnt hatte, so daß man wohl annehmen darf,
daß Jaeger bei seiner Bemerkung die Darstellung der Sophistik bei Mannheim
im Auge hatte, dessen Buch damals in aller Munde war. Jaegers Klage, daß
soziologische Studien zum Thema fehlen, entpuppt sich also als eine Kritik
der Wissenssoziologie, der die Beschäftigung mit der Sophistik als Heilmittel
angepriesen wird. Die Sophistik – so meinte sein zarter Hinweis – könne der

---

4 Karl Mannheim, Ideologie und Utopie, Frankfurt, 1952, S. 10.

Soziologie ein Verständnis der Zusammenhänge vermitteln, aus denen Geist und Gesellschaft Geschichte zusammenweben, und Mannheims Wissenssoziologie verfehle diese Zusammenhänge.

Jaegers Kritik an der Wissenssoziologie, vom Fach nie beachtet, erweist sich, am Fall der Sophistik jedenfalls, als vollauf begründet. Mannheims These ist in ziemlich allen Punkten schief, im ganzen unhaltbar, dazu blind gegenüber den wichtigen Tatsachen und Problemen. Da sie die Vorstellungen von den Aufgaben und Lösungen der soziologischen Analyse geistiger Tatbestände am nachhaltigsten geprägt hat, ist eine ausdrückliche Kritik hier notwendig, um erst einmal den Schutt wegzuräumen, der sich immer schwerer und dichter über die wirklichen Probleme gelegt hat.

Zur grundsätzlichen Kritik des Ansatzes gehört vorweg der Hinweis, daß Mannheim, nicht anders als der Positivismus, die Sophisten als Skeptiker charakterisiert, worin ihm die heutige Forschung, spätestens seit den Arbeiten von Mario Untersteiner, nicht mehr folgen würde. Kann man ihm diese Verschiebung des Urteils auch nicht anlasten, so wirkt es doch schon bedenklich, daß für Mannheim diese Skepsis „keineswegs symptomatisch für eine zu allgemeinem Untergang verurteilte Welt, sondern eher der Beginn einer zur Genesung führenden Krise" war[5]. Denn eine politische Genesung Griechenlands läßt sich schwerlich belegen, und gewiß nicht aus der Sophistik ableiten. Völlig weltfremd muß es denn auch anmuten, wenn Mannheim schreibt, daß Sokrates gewissermaßen die Sophistik vollendete, „indem er noch radikaler als die Sophisten fragte und geistig so zu einer Lage stabilen Gleichgewichts gelangte, die zumindest für die Denkweise jener Zeit sich als eine zuverlässige Grundlage erwies"[6]. Solche Behauptungen lassen sich doch wohl nur aufstellen, wenn man das, was heute in Geschichten der Philosophie zu lesen ist, für die Geschichte des griechischen Geistes und der griechischen Gesellschaft hält.

Schief und weltfremd, ja sogar widersprüchlich wirkt Mannheims Ansatz auch deshalb, weil er nach großer Zurüstung die Entstehung der Sophistik erklärt, an ihr Ende aber keinen Gedanken verschwendet. Es ist aber eine für die Problemstellung sehr erhebliche Tatsache, daß die Sophistik nur für wenige Jahrzehnte die geistige Bühne einnahm, um dann bloß noch in Rand- und Kümmerformen fortzuleben. Diese ganz äußere Tatsache legt jeder Frage nach den Ursachen der Sophistik Bedingungen auf und hätte Mannheim vor der Ableitung aus reinen Klassenlagen warnen sollen. Denn wenn die Gesellschaft Jahrhunderte gebraucht hatte, um jene Aufwärtsmobilität zu erzeugen, welche mit einer unteren Klasse auch deren Denkform nach oben brachte, so hatte sie diese gesellschaftliche Lage ja nicht in knapp vierzig Jahren bereits wieder zerstört. Wenn aber die Sophisten sich dieser neuen, und doch offenbar langfristig dauerhaften Klassendenkform annahmen, so fragt sich billigerweise, warum vorher die mythische Denkform genau so viele Jahrhunderte geherrscht haben soll wie der Adel, die sophistische aber mit dem Aufstieg der stadtbür-

5 K. Mannheim, a.a.O.
6 K. Mannheim, a.a.O.

gerlichen Schichten sogleich untergeht? Soll denn nun etwa die von Plato und Aristoteles aufgebaute Metaphysik ihrerseits der Ausdruck neuer Klassenlagen sein? Oder soll nun der Skeptizismus der Sophistik ebensowohl gültiger Ausdruck der stadtbürgerlichen Schichten sein wie die Werke von Aristoteles und Platon, oder von Zenon und Epikur? Oder sollen diese Philosopheme, nun plötzlich von Klassenlagen abgehängt, fähig gewesen sein, rein geistige Konsequenzen aus der Sophistik zu ziehen? Das scheint Mannheims Überzeugung gewesen zu sein; nur hätte sich dann ja auch die Frage stellen müssen, warum zwar die späteren Philosophen, nicht aber die Sophisten so unabhängig von Klassenbedingtheiten waren.

Mannheims Theorie führt in solche Ungereimtheiten und Widersprüche, weil sie im Kern, theoretisch wie empirisch, faul ist. Die Formel von den klassenbedingten Denkstilen klingt zwar soziologisch recht forsch, stellt sich aber schnell als eine schlechte Metaphysik der Gesellschaft heraus. Die marxistische Vorstellung, daß sich hinter den Ideen regelmäßig die aus Klassenlagen zu verstehenden Interessen verstecken, ging doch immerhin, so grob sie auch sein mochte, von einer Beziehung zwischen Ideen und Interessen aus, die psychologisch denkbar und empirisch prüfbar war. Indem Mannheim treu an der Klassenbedingtheit festhielt, die Ideen aber durch „Denkstile" ersetzte, wurden Klassenlagen zu geheimnisvollen Kräften. So wie früher der „Volksgeist" die verschiedenen nationalen Kulturstile erklären sollte, so nun die Klassenlagen diese „Denkstile". Weil Mannheim an den Klassenlagen die Interessen, an den Ideen die Inhalte zurücktreten ließ, ist es ihm nie gelungen, für die Erzeugung von Denkformen aus Klassenlagen eine plausible Hypothese zu entwickeln.

Fehlt es so an theoretischer Fundierung, so kann es, trotz mancher klugen Einfühlsamkeit in den Wandel der „Denkformen", nicht verwundern, daß ihre Klassenbedingtheit meist einfach postuliert wird, gelegentliche Ansätze zur empirischen Belegung überwiegend scheitern, so jedenfalls im Beispiel der Sophistik. Schon die Annahme, daß es in der alten Adelswelt eine unterdrückte Denkweise der Unterschicht gegeben habe, ist in dieser Form nicht haltbar. Denn was immer die Stände in der Adelswelt trennen mochte, blieb Einsprengsel in einer sozialen und kulturellen Solidarität des Geschlechter- und Lokalverbandes. Gilt diese Gemeinsamkeit von Weltbild und Ethos nach soziologischer Erkenntnis ziemlich generell für primitive und archaische Gesellschaften, so galt sie bei den Griechen doppelt wegen der Traditionen der Gemeinfreiheit und Gleichheit, die, innerhalb der Geschlechterverbände wie zwischen ihnen, das Muster bildeten.

So war der neue „Denkstil" – wenn man vorläufig bei diesem Ausdruck bleiben darf – gewiß nicht in der Mentalität der alten Unterschicht präformiert, und hätte schon deshalb nicht mit ihr aufsteigen können, weil diese selbst ja nicht eigentlich aufstieg. Der allgemeine soziale Ort der Sophistik war vielmehr die städtische Gesellschaft, die sich ausweislich der neuen Stände, also vor allem der Handwerker und Kaufleute, gar nicht mehr auf das ältere Gesellschaftsmodell von Adel und Unterschicht abbilden ließ. Aber auch in dieser städtischen Wirklichkeit entwickelte sich der neue „Denkstil" nachweislich nicht schichtspezifisch. Das Verhalten der Bevölkerung im 6. und 5. Jahrhundert macht zwar neue Interessen und Haltungen der bürgerlichen und kleinbürgerlichen Schichten sichtbar und effektiv, aber kaum einen ihnen spezifischen „Denkstil". Wir wissen im Gegenteil aus verschiedenen Forschungen, daß der gemeine Mann im geistig-religiös-moralischen Bereich streng und eng an Buchstaben und Gebot der Überlieferung festzuhalten pflegt, und wir wissen auch aus Griechenland, daß er den Anfechtungen von Rationalismus und Skepsis am wenigsten und am spätesten ausgesetzt war[7]. So haben auch die Sophisten, welche nach Mannheim dem Denkstil der aufsteigenden Unterschichten zur Anerkennung verhalfen, ihre Anhänger nicht einfach in diesen, und ihre Gegner im Adel gefunden. Im Gegenteil, Gönner, Klientel und Schüler der Sophisten stammten aus dem Umkreis des städtischen Adels und des gehobenen Bürgerstandes, wo es freilich auch eine Gruppe erbitterter Gegner gab. Die politisch ehrgeizigen und geistig beunruhigten Angehörigen der vornehmen und reichen Familien wandten sich um Hilfe an die Sophisten und wendeten ihnen Hilfe zu. Und die Opposition rekrutierte sich nicht nur, ja nicht einmal in erster Linie aus dem Adel, sondern aus allen Teilen des Bürgerstandes, vor allem wohl aus Mittelstand und Kleinbürgertum[8]. Und was das Volk angeht, so sind Mißtrauen und Verurteilung leichter zu belegen als das Gegenteil. Das verbreitete Vorurteil gegen die Stadtfremden, die nirgendwo zu Hause waren, die Bedenken gegen ihre unproduktive Existenz, die außerhalb der normalen ökonomischen und bürgerlichen Verpflichtungen blieb, der Widerwille gegen die neue Käuflichkeit der Bildung, – diese verbreiteten Vorwürfe gegen die Sophisten trugen Züge, die für die Bürger typischer und zählebiger waren als für den Adel. Das Urteil, das Sokrates als vermeintlichen Sophisten traf, war weniger eine Machenschaft der Adelsclique, sondern eher Ausdruck einer konservativen Grundstimmung der Bevölkerung, die, so wetterwendisch und unsicher sie in den laufenden politischen Entscheidungen auch sein mochte, im Bereich der allgemeinen Werte und Lebensauffassungen stärker an der Gültigkeit der moralischen und religiösen Traditionen festhielt als weite Teile des Adels und seines großbürgerlichen Anhangs. Gewiß richteten sich auch die bekannten literarischen Satiren und Angriffe auf die Sophisten an die breite Masse bürgerlicher Zuhörer und nicht an den Adel. So führen die (hier nur spärlichst angedeuteten) Tatsachen stracks auf den unvermeidlichen Schluß, daß die unterschiedlichen „Denkstile" sich eben nicht klassenspezifisch verteilten, sondern

---

7 Der in der Soziologie bekannte Traditionalismus der Unterschichten, welcher gewöhnlich bis in die Mittelschichten hineingreift, bestätigt sich auch am Fall der Sophistik. So Mario Untersteiner, I sofisti, vgl. II, Milano, 1967, S. 244, und ähnlich E.R. Dodds, The Greeks and the Irrational, Cambridge University Press, 1951, S. 190.

8 Während die Ablehnung der Sophistik in der traditionalistischen und teils sicher auch bigotten Masse allgemein gewesen zu sein scheint, waren die übrigen Schichten offenbar gespalten. K. v. Fritz, op. cit., S. 226, meint, daß die Opposition von den emporstrebenden Politikern und Demagogen der Mittelklasse kam, und Wilhelm Nestle, Vom Mythos zum Logos, 1940, legt dar, daß mindestens erhebliche Teile der Jugend der Oberschichten zu den begeisterten Anhängern der Sophistik zählten.

quer durch die Schichten, und, wie noch zu zeigen sein wird, sogar quer durch die Menschen hindurchgingen. Wenn und soweit die Erscheinungen sozial bedingt waren, waren sie offenbar primär nicht klassenbedingt. So scheitert Mannheims Theorie an den einfachen Tatsachen, um deren Prüfung er sich gar nicht einmal bemüht hatte.

Mannheim hat, in Abkehr von den breiten Ansätzen Max Webers, ein Muster für die Behandlung geistiger Erscheinungen in die Soziologie eingeführt, das deshalb so unglücklich war, weil es ganz eng bei der Frage nach der sozialen Bedingtheit von Denkformen einsetzte, und diese noch einmal auf Klassenlagen verengte. Daß er damit die innere und äußere Wirklichkeit, mit der der Mensch es zu tun hat, auf eine ungeheure Weise verkürzt hatte, ist ihm nie klar geworden. Es fehlt vollständig an der Erkenntnis, daß „Denkformen" verstehbare Versuche sein müssen, mit einer äußeren und inneren Wirklichkeit fertig zu werden, daß sie sich deshalb auch an Tatsachen, inneren und äußeren, bewähren müssen, und daß sie deshalb auch von tatsächlichen Lagen, äußeren und inneren, zutiefst beeinflußt werden müssen. Indem Mannheim die „Denkstile" von der Wirklichkeit abkoppelte, mußten sie zu sozialen Gegebenheiten werden, die man nur noch hinnehmen, aber nicht mehr erklären konnte. Den „Denkstilen" fehlte damit jeder Sachbezug auf die Wirklichkeit, an der sie weder wachsen noch scheitern, und deshalb auch gar nicht verständlich gemacht werden konnten. Nach der soziologischen Verfremdung der Wirklichkeit, die nur noch Klassenlagen und Denkstile übrig läßt, kann der Mensch in seiner Auseinandersetzung mit der inneren und äußeren Wirklichkeit, mit Natur, Selbst und Gesellschaft nicht mehr in Erscheinung treten, können deshalb auch seine Produkte nicht mehr verständlich sein.

So behält Werner Jaeger recht mit seinem vornehm verkleideten Vorwurf, daß Mannheim (und mit ihm im ganzen die Wissenssoziologie und die Soziologie überhaupt) sich auf die gesellschaftliche, geschichtliche und menschliche Wirklichkeit, in der sich die Sophistik ereignete, gar nicht eingelassen hat. Mannheims Hauptfehler liegt nicht einmal in dem empirisch unhaltbaren Schema der Klassenbedingtheit. Er hat nicht erst bei der Erklärung der Sophistik versagt, sondern er hat den Gegenstand, der soziologisch analysiert werden soll, gar nicht sichtbar gemacht, hat den Reichtum seiner Konturen und Dimensionen nicht einmal zu sehen vermocht.

Die Sophistik, von der Mannheim handelt, verschwimmt zu einem blassen und vagen Denkstil, der schon deshalb ohne historische Kontur bleibt, weil Mannheim nirgends die Tatsache berücksichtigt, daß die Sophistik nach jäher Blüte ebenso abrupt verschwindet. Jede Soziologie, welche die Entstehung der Sophistik erklären will, muß aber ebenfalls in der Lage sein zu erklären, warum es Platon und Aristoteles so leicht fiel, die Sophistik für 2000 Jahre in das Grab der über ihr errichteten Metaphysik zu legen. Das jähe Ende der Sophistik ist jedenfalls für ihre Analyse ein ebenso elementares Datum wie ihr plötzlicher Aufstieg.

Ganz unglücklich ist es auch, daß Mannheim die Sophistik auf ihre Lehrmeinungen verengt, aus denen er einen analytischen Denkstil des Skeptizismus und Empirismus filtriert. Hier hat ihn die neuere Interpretation überholt. Der Fehler lag aber schon in dem Versuch, eine Soziologie der Sophisten, also primär ihrer Lehren, statt eine Soziologie der Sophistik zu schreiben. Will man nicht grundsätzlich leugnen, daß geistige Haltungen, besonders wenn sie von einer berufsmäßigen Intelligenz namentlich und mit Gründen vertreten werden, zumindest einer eigenen Sachlogik unterliegen können, so bleibt das Recht zur soziologischen Ableitung von Theorien grundsätzlich zweifelhaft. Das ursprüngliche Recht der Soziologie an geistigen Erscheinungen gründet sich nicht auf ihre Inhalte, sondern auf ihre soziale Form. Nicht eine Soziologie der sophistischen Lehrmeinungen, sondern eine Soziologie der Sophistik als eines sozialen Vorgangs ist die Aufgabe, oder bietet jedenfalls einen verläßlichen Ausgangspunkt dafür. Die Sophisten waren eben trotz mancher Gemeinsamkeiten nur ein paar Dutzend Menschen, Unbekannte eingerechnet, mit recht unterschiedlichen Lehren. Die Sophistik hingegen war eine eminent soziale Erscheinung, welche das gesamte Land, oder jedenfalls die erheblichen Teile der städtischen Bevölkerung erfaßte. Gewiß verstehen wir im Alltag unter der Sophistik eben die Lehren der Sophisten, ohne die es natürlich keine Sophistik gegeben hätte. Trotzdem sind diese Lehren nur ein Teil des sozialen Ereignisses, das die Sophistik gewesen ist. Der Soziologe jedenfalls interessiert sich primär nicht für die Lehren als solche, vielmehr für die Wirkung und Bedeutung, die sie gehabt haben. Deshalb muß man fragen, wie und wen die Sophisten gelehrt haben, was ihren Zuhörern daran wichtig erschien, welche doch sicher sehr unterschiedlichen Reaktionen sie damit auslösten, und wie sich diese vielfältigen Wirkungen über die Zeit hinweg veränderten. Kurzum, der Gegenstand, mit dem es die soziologische Analyse zu tun hat, entsteht erst, wenn man die Lehren der Sophisten als Teil jenes gesellschaftlichen und geschichtlichen Vorganges entfaltet, der die Sophistik in so eminenter Weise gewesen ist.

3. Die Sophistik als gesellschaftliches Ereignis

Schon ihr Auftritt geschah ja spektakulär in sozialer Gestalt, mit Wanderlehrern, die auf dem Markt Zulauf, in Vorträgen eine Klientel, in Privathäusern Patronage, in Versammlungen Gehör fanden und dabei unter ihren Zuhörern Anhang und Schüler, im übrigen aber gewiß auch Gegner gewannen. Aufmerksamkeit erregten die Sophisten auch nicht bloß durch das, was sie vortrugen. Denn sie verschafften einem an Versammlung, Vortrag und Gespräch gewöhnten Volk die neuartige Erfahrung, daß sich mittels Rede und Diskussion über allgemeine Wissensfragen Publica erzeugen ließen. Diese neue soziale Figur erschien vielen als bloße Exzentrik des Tages und flüchtige Mode von Außenseitern, so daß sie Neugier wie Spott beflügeln mußte. Aber sie schnitt doch tief in die griechische Gesellschaft ein, und zwar wiederum nicht nur wegen der vorgetragenen Lehren. Denn die neuen Publica kamen ja zustande aufgrund eines Angebots, das dem Stolz des herkömmlichen Selbstverständnisses stracks zuwiderlief. Wenn ihre Lehren teilweise unerhört waren, so doch nicht minder der Anspruch, der ihrem öffentlichen Auftreten zugrundelag. Die Sophisten entwickelten nicht nur gewisse neuartige Lehren, sondern sie erklärten erwachsene Menschen grundsätzlich für belehrungsbedürftig, obschon sie nach Herkommen und Praxis für mündig galten und den Stolz solcher Selbständigkeit lange genug zu einem charakteristischen Lebensgefühl kultiviert hatten.

Hier liegt unzweifelhaft ein Angelpunkt des sozialen Ereignisses. Mochten die Sophisten mit ihren Lehren einzelne Inhalte des tradierten Wertkosmos bezweifeln (worin ihnen oft andere vorangegangen waren), so entwerteten sie grundsätzlich die Lebenspraxis, wenn sie die Kunst des rechten Entschlusses und die Tüchtigkeit des richtigen Handelns zu lehren versprachen. Insofern hatte Werner Jaeger sicher recht, als er feststellte, daß die Sophisten den Menschen als bildungsbedürftiges Wesen entdeckten und damit eine neue Handlungslage schufen oder richtiger: diagnostizierten und definierten. Denn das Angebot, die Kunst des rechten Handelns zu lehren, konnte ja nur erfolgreich sein, wenn sich unter der Sicherheit überlieferter Lebenspraxis tiefe Erfahrungen und Gefühle einer Verunsicherung angesammelt hatten. Man darf also davon ausgehen, daß die Sophisten Grundfragen des privaten und öffentlichen Handelns, die vorher nicht bestanden hatten, in das Bewußtsein der Reflexion hoben.

Eben deshalb fanden sie für ihre Lehren nicht nur Hörer, sondern übten eine Wirkung weit über ihre unmittelbaren Kreise und Gegenstände hinaus aus, faszinierten sie eine jüngere Generation, zogen sie das öffentliche Interesse auf sich, wurden sie zum Gegenstand allgemeiner Auseinandersetzung. Wer in der Zeit und mit ihren Fragen lebte, konnte an ihnen nicht vorbeigehen, und so leerten sich die alten Stätten der Erziehung, die Palästren, derweil sich die neuen, die Hörsäle, füllten. Aus den direkten und indirekten Publica, welche sich in der Sophistik konstituierten, addierte sich ein bedeutender Strukturwandel der griechischen Gesellschaft. Die Sophisten hatten unversehens eine intellektuelle Öffentlichkeit ins Leben gerufen, für die sie selbst den Kern einer neuen und eben berufsmäßigen Intelligenz stellten. Damit war eine neue Größe in die Gesellschaft eingeführt, welche die traditionellen Gliederungen und Beziehungen überlagerte. Denn für die öffentlichen Angelegenheiten, für Sitte, Gesetz und Politik, für Erziehung und Religion, und grundsätzlich eben für alles gab es nun eine neue Instanz, an der sich die bisherige Praxis gewissermaßen verdoppelte und sozusagen ein Widerlager erhielt, an dem die Dinge, wie jedenfalls die Sophisten meinten, eine sichere Führung und einen festen Halt gewinnen würden.

Natürlich gehören zur Sophistik untrennbar auch die Lehren der Sophisten, auf die wir später eingehen werden. Aber es ist doch zuerst einmal das vorstehend im Umriß angedeutete und mächtige soziale Ereignis, welches dem Soziologen den festen Boden gesellschaftlicher Tatsachen bietet und ihm zugleich die soziologischen Fragen in Fülle förmlich aufdrängt. Wie setzten sich die Publica, wie die Anhänger und Gegner der Sophisten zusammen? Worauf beruhte ihre mächtige Wirkung, und worauf jene Unsicherheit, welche ihnen diese Wirkung erst ermöglichte? Wie konnte sich eine berufsmäßige Intelligenz und, mit ihr, eine intellektuelle Öffentlichkeit herausbilden? Alle diese Fragen werden abgeschnitten oder ganz spekulativ beantwortet, wenn man nur von den Lehrmeinungen der Sophisten ausgeht. Eben deshalb wirken die Theorien Poppers, Schumpeters und Mannheims, wenn man sie mit der Fülle der Ereignisse vergleicht und neben die differenzierte Darstellung von Historikern oder Altertumsforschern legt, so schematisch, eng und dürftig, – und zwar gerade auch in ihrem soziologischen Gehalt.

4. Die Sophistik als der Beginn der Wissenschaft

Wenn die Sophistik als ein gesellschaftliches Ereignis dem Soziologen mannigfache Fragen zuspielt, so gilt es auszuwählen. Eine solche Auswahl wird sich desto eindeutiger vollziehen und begründen lassen, je klarer gesagt werden kann, worin denn eigentlich die Bedeutung liegt, welche uns den Vorgang interessant macht. Und dafür wird es unvermeidlich eine Rolle spielen, ob und inwiefern die Sophistik über sich hinausweist, sei es, daß sie historische Wirkungen erzielte, die über ihre eigene kurze Existenz weit hinausgingen, oder sei es, daß aus dem Vorgang grundsätzliche Zusammenhänge herauszuziehen sind, welche zum Verständnis anderer geschichtlicher Epochen und Erscheinungen beitragen.

Fragt man nach dem unmittelbaren Einfluß der Sophistik auf die politische Geschichte Griechenlands, so muß man sich hüten, aus der ungeheuren Erregung, welche die plötzlich überall auftretenden Sophisten mit ihren unerhörten und für jedermann aufregenden Theorien auslösten, auf eine erhebliche politische Wirkung der Sophistik zu schließen[9]. Der Anschein der aggressiven Radikalität dieser Intellektuellen verbarg von Anfang an wesentliche Motive und Züge, welche gerade auf die Stabilisierung und Legitimierung des Gemeinwesens zielten, auch wenn Tyrannen und putschende Ultras sich auf gewisse sophistische Lehren berufen mochten. Aber wie immer man den Gehalt der politischen Lehren der Sophisten, die von revolutionären bis zu völlig herkömmlichen Theorien reichten, im Mittel auswiegen will, darf man füglich davon ausgehen, daß die politische Geschichte Griechenlands ohne alle diese Theorien auch nicht anders verlaufen wäre. Eine beherrschende, auch nur einflußreiche Auffassung, aus der sich das Gemeinwesen hätte politisch erneuern können, vermochten sie nirgendswo durchzusetzen und scheiterten insofern mit ihrem ureigensten Anspruch, berufene Führer des politischen Handelns

---

9 Die ältere Sophistik erzielte ihre Wirkung offenbar weniger durch irgendwelche radikalen Theorien über das moralische und politische Handeln als vielmehr dadurch, daß sie die Probleme durch Rationalisierung und Individualisierung aus der Tradition heraushob. Jedenfalls treten die älteren Sophisten schon bei Plato durchaus nicht als radikale Neuerer auf. Ähnlich urteilen Alfred Heuss in seinem Artikel „Hellas", Propyläen Weltgeschichte, III, S. 372 und K. v. Fritz, op. cit., S. 223 und 226.

zu sein. Ganz anderen Kräften, so Makedonien und Rom, fielen die politischen Geschicke der alten Welt zu.

Und dennoch hatte die Sophistik etwas in Gang gesetzt, was sich geschichtlich als wirkungsvoller erweisen sollte als das makedonische oder römische Reich. Denn obschon die politischen und sozialen Lehren der Sophistik auch dann wirkungslos geblieben wären, wenn sie sich auf einen einheitlichen und praktikablen Nenner hätten bringen lassen, so eröffneten sie doch ungewollt eine Entwicklung, welche langfristig desto folgenreicher war.

Als bleibende Leistung der Sophisten zählt in der Literatur die Tatsache, daß sich mit ihnen eine berufsmäßige Intelligenz etablierte. Aber Ähnliches ereignete sich auch in anderen Kulturen, und in der abendländischen Geschichte läßt sich von einem dauerhaften Fortbestand einer solchen weltlichen Intelligenz angesichts der römischen, dann auch der christlichen Entwicklung kaum reden. Der unmittelbare politisch-gesellschaftliche Einfluß der antiken Intelligenz lief ja dann auch eher über die Stoa als über das sophistische Gedankengut.

Bekannt sind ferner die Verdienste, die sich die Sophisten dadurch erwarben, daß manche von ihnen in bestimmten Disziplinen Beachtliches leisteten oder zur Entwicklung bestimmter Disziplinen den Anstoß gaben, so insbesondere im Feld der logischen und sprachlichen Probleme. So finden sich ja gewisse sophistische Beiträge in der späteren Entwicklung der Philosophie aufbewahrt, etwa in der Dialektik der Schlüsse, aber auch in manchen Realdisziplinen.

Doch die historische Bedeutung der Sophisten liegt viel tiefer. Denn sie setzten in einem bestimmten, gleich zu erläuternden Sinn die Wissenschaft selbst erst in Gang, lösten also eigentlich jene Bewegung aus, welche wir als einmaliges Specificum der griechischen Kultur ansehen, welches später zum Nährboden der modernen Wissenschaft wurde. Fast ebenso wichtig freilich war zweitens jene besondere Richtung, welche die Sophisten ungewollt dieser Entwicklung gaben. Denn wie wir später sehen werden, mußte die Sophistik aus ihrer Eigenlogik heraus und bei sonst gegebenen Bedingungen über Sokrates auf die metaphysischen Konzepte führen, welche mit Platon und Aristoteles durchbrachen und dann den Grund für das christliche Verständnis von Mensch und Welt legten.

Diesen zweiten, überaus verschlungenen Prozeß kann man aber erst verstehen, wenn man erkennt, daß die Wissenschaft mit der Sophistik begonnen hat. Das hat erst einmal mit den Lehren, welche die Sophisten vortrugen, so gut wie gar nichts zu tun, wohl aber mit der Art und Weise ihres Vortrags, nämlich mit dem Anspruch, daß sich das Wahre aus Rede und Gegenrede öffentlich zwingend ergeben müsse. Darin steckte das völlig neue Konzept eines öffentlichen Wissens, das sich in öffentlicher Begründung erhärten sollte. Aber effektiv konnte dieses Konzept der Sophisten erst durch ihre Praxis werden. Denn dadurch schufen sie erstmalig eine intellektuelle Öffentlichkeit, in der sich solches Wissen allein verwirklichen kann. Deshalb setzten sie durch ihre Praxis Zwänge in Bewegung, denen sie selbst bald erliegen mußten.

Die Meinung, daß die Sophisten es mit einer öffentlichen und zwingenden Wahrheit hielten, mag überraschen, haben doch Überlieferung und Interpretation sie oft genug als bloße Skeptiker dargestellt, die an die Erkennbarkeit der Dinge nicht glaubten und gerade aus solcher radikalen Skepsis erst den Übermut zogen, sich zum Sieg für beliebige Standpunkte in Gesprächen anzubieten, bei denen es doch nur auf Kniffe ankommen konnte. Nun haben zwar die Sophisten der Erkenntnis scharfe Grenzen gezogen, auch den Wahrheitsbegriff in bestimmter Weise qualifiziert, aber vom bloßen Achselzucken des Skeptizismus trennte sie doch einmal schon die Überzeugung, daß man die Grenzen der Erkenntnis zwingend nachweisen könne, zum anderen aber die Gewißheit, daß dem Verstand dennoch ein Bereich verbleibe, in dem er das Richtige vom Falschen zu unterscheiden vermöge[10]. Das glaubten sie zwingend und öffentlich darlegen zu können, und deshalb machten sie sich stark, jedermann das Vermögen beizubringen, das Wahre vom Falschen zu trennen, und somit auch die Kunst, begründet richtig zu handeln. Darin lag die gänzlich neue und folgenschwere Vorstellung, daß sich auf die Anstrengung des Verstandes ein zwingendes öffentliches Wissen gründen ließe. Die Inhalte dieses Wissens, das die Sophisten vortrugen, verwehten schnell; und mit Platon und Aristoteles setzten sich ganz andere Vorstellungen durch, die über Jahrtausende fortwirkten. Aber noch in ihrem Untergang lag ein Sieg der Sophisten, weil die neuen Vorstellungen sich gegen die sophistischen Lehren mit den Mitteln öffentlicher und zwingender Argumentation durchsetzen mußten und von der Voraussetzung ausgingen, daß sich durch Vernunft ein gemeinsames und gesichertes Wissen begründen lassen müsse. Bei allem Hin und Her ist diese Idee seither nicht mehr aus der Welt gekommen. Erstmalig in sie gebracht zu haben, ist die folgenschwere Tat der Sophistik gewesen.

Diese Schlüsselrolle der Sophistik, wodurch sie die Wissenschaft ins Leben gerufen hat, läßt sich nur verdeutlichen, wenn man mit der pedantischen Einlassung ausholt, daß unser gewöhnlicher Begriff von Wissenschaft eine Hälfte ihrer Wirklichkeit unterschlägt. Man versteht darunter ja gemeinhin

---

10 Ich schließe mich hier und grundsätzlich jener neueren Linie der Interpretation an, welche in der Sophistik mehr sieht als bloßen Subjektivismus, Relativismus und Agnostizismus. Diese Urteile sind überwiegend von den Maßstäben abgeleitet, welche erst später mit der Philosophie Platons und Aristoteles' durchsetzten. So vermag die Sophistik noch nicht das Gute vom Nützlichen, das Argument von der Rhetorik zu trennen. Sie geht sicher auch von einer phänomenalen Welt aus, die subjektiv, widersprüchlich und wechselnd ist, bleibt aber gerade bei diesem Befund nicht stehen. Die Rhetorik ist nicht ein Mittel, um beliebige Standpunkte und Maximen durchzusetzen, sondern eine Kunst, die widersprüchlichen Antriebe, Eindrücke und Tatsachen so miteinander in Beziehung und Zusammenhang zu bringen, daß sie ihre Widersprüchlichkeit verlieren und zu stimmigen Erkenntnissen und Handlungen führen. Deshalb ist nicht die rhetorische Überlegenheit an sich schon gut, sondern nur dann, wenn sie uns das Schlechte (z.B. eine schmerzhafte ärztliche Behandlung) als das Gute (nämlich langfristig Vorteilhafte) erscheinen läßt. Die Welt, die nach dem homo mensura Satz für jeden so ist, wie sie ihm erscheint, kann durch Reflexion verwandelt werden, – das ist die eigentlich faszinierende Entdeckung der Sophisten gewesen. Mit ihr wurde die Ethik zu einer rationalen Kunst und die „Tugend" lehrbar. In diesem Sinn scheint mir die Auslegung Mario Untersteiners richtig zu sein, wenn er schreibt, „che con la proposizione metron anthropos Protagora si propone di superare i ,due logoi in contrasto'. Ciò significa che egli vuole costruire al di sopra dell'opinione, la scienza." (op. cit. I, S. 78). Parallel dazu seine Auslegung des Gorgias im gleichen Band.

einen Zusammenhang von Erkenntnissen, die nach gewissen Regeln der Rationalität an der Sache als wahr gemessen werden. Danach gehören streng genommen Theorien, welche später einmal als irrig verworfen werden, nicht zur Wissenschaft, während umgekehrt richtige Erkenntnisse, die irgend jemand besitzen mag, ohne sie je mitzuteilen, zu ihr zählen müßten. Unser gewöhnlicher Wissenschaftsbegriff orientiert sich also an objektiven Sachnormen, die natürlich zur Wissenschaft gehören, ihre Wirklichkeit jedoch nicht hinreichend feststellen können. Denn Wissenschaft existiert tatsächlich nur insoweit, wie ihre Erkenntnisse einem Kreis von Wissenschaftlern zur Prüfung mitgeteilt und von ihnen als gültig anerkannt worden sind. Obschon also Wissenschaft davon lebt, daß sie an der Sache mißt, kann die Übereinstimmung ihrer Erkenntnisse mit der Sache nur in einem sozialen Prozeß beglaubigt werden. Sie muß deshalb stets eine soziale Gestalt annehmen und existiert nur als eine Gemeinschaft von Wissenschaftlern, die ihre Thesen untereinander austauschen, begründen und beurteilen, um durch Diskussionen zu bestimmen, was mit allgemeiner Zustimmung als wahr gelten darf. So vollzieht Wissenschaft sich in zwei unerläßlichen Regelsystemen, die nicht notwendig deckungsgleich sind, weil das eine von einer Objektnorm ausgeht (Wahr ist, was am Gegenstand ausgewiesen werden kann), das andere von einer Sozialnorm (Wahr ist, was Wissenschaftler durch gemeinsames Urteil als so ausgewiesen erklären).

Die Diskussionsgemeinschaft von Wissenschaftlern, auch als interne Öffentlichkeit bezeichnet, bedarf jedoch noch einer externen Öffentlichkeit, um zu einem gesellschaftlichen Tatbestand zu werden. Denn ihre Erkenntnisse werden ja nur insoweit wirksam, wie sie auf ein Publikum rechnen können, das aus irgendwelchen (gewöhnlich durchaus verschiedenen) Gründen als Abnehmer an den Erkenntnissen interessiert und deshalb auch erst bereit ist, die Wissenschaft mit sozialer Auszeichnung und materieller Unterstützung zu fördern, ja eigentlich erst dauerhaft und geregelt zu ermöglichen.

Wissenschaft entsteht demnach nicht schon einfach durch den inhaltlichen Erkenntnisfortschritt, sie bedarf einer intellektuellen Öffentlichkeit, die ebensowenig schon einfach aus dem Erkenntnisfortschritt hervorgeht. Als externe sichert sie die soziale Gültigkeit und Wirksamkeit des Wissens, als interne sorgt sie für die Abstimmung und Schärfung der Meinungen der Wissenschaftler und liefert insofern auch erst die psychologischen und geistigen Voraussetzungen, unter denen ein geregelter Erkenntnisfortschritt möglich wird. Ein zweifacher Austausch – nämlich einmal innerhalb der wissenschaftlichen Gemeinschaft und zum anderen zwischen ihr und einem Publikum, das zugleich als Klientel wie als Stifter fungiert –, das ist das Schema der sozialen Bedingungen, unter denen Wissenschaft als ein öffentliches Wissen in einer intellektuellen Öffentlichkeit tatsächlich existiert[11].

Die intellektuelle Öffentlichkeit, mit welcher die Sophisten die Wissenschaft ins Leben riefen, war natürlich weit von der sozialen Gestalt entfernt, welche die Wissenschaft heute angenommen hat, wo der geregelte Austausch zwischen

---

11 Vgl. allgemein zu diesem Punkt meinen Beitrag „Die Funktionen der Wissenschaft", in: Gerhard Schulz (Hrsg.), Was wird aus der Universität?, Tübingen, 1969.

Wissenschaftlern durch zahlreiche Vorkehrungen, wie Zeitschriften, Fachverbände, Fakultäten, Konferenzen, Bibliotheken fest organisiert ist, und die Beziehung der Wissenschaft zu ihrem Publikum ebenfalls in beiden Richtungen organisiert geregelt ist, – durch Anstellung und Rechtsvertrag, Forschungsmittel und -aufträge, durch Berufsausbildung und -verbände, Vortrags- und Konferenzbetrieb, Schulungskurse und Expertisen. Von solcher institutionellen Verfestigung konnte bei der Sophistik keine Rede sein, wo der Austausch auf die freie Willkür der Anbieter und die freie Nachfrage der Interessenten angewiesen blieb. Dennoch haben die Sophisten durch ihre Praxis erstmalig eine wissenschaftliche Öffentlichkeit geschaffen, welche zwangsläufig auf ihre institutionelle Durchsicherung hintreiben mußte und hingetrieben ist.

Dieser entscheidende Umschwung, den die Sophisten durch ihre Praxis bewirkten, wird sichtbar, wenn man die Wissensformen durchmustert, die bereits vor ihnen in Griechenland bestanden hatten. Öffentliches, also sozial gültiges Wissen hatte es natürlich auch vor den Sophisten in der Form gegeben, in der es in allen Gesellschaften vorhanden ist: als einen Schatz von rechtlichen, sittlichen, religiösen und sachlichen Vorstellungen, an denen alle gleicherweise teilhaben. Es war aber bereits jene zweite Form des öffentlichen Wissens entstanden, die nicht anonymes Gemeingut ist, vielmehr von bestimmten Institutionen beherrscht und ausgelegt oder von bestimmten Personen und Personenkreisen erst geschaffen, von der Bevölkerung also nicht im gleichen Maße inhaltlich verstanden, aber doch als gültig und wichtig anerkannt wird. Hier sind vor allem die Dichter zu nennen, deren Aufgabe die Sophisten ja nicht zufällig fortzusetzen beanspruchten, nur gewissermaßen in Prosa. Denn die Dichter hatten bis dahin öffentliches Wissen geschaffen, indem sie aus dem schon rissig gewordenen, aber noch verpflichtenden Mythos des überlieferten Welt- und Lebensverständnisses Bilder kreierten, in denen die Menschen sich für die Weile einer Übergangszeit erkennen, und auch noch gemeinsam erkennen konnten. Grundsätzlich war für die Dichter, wie eben dann auch für die Sophisten, die Gesamtheit der Griechen Publikum und Öffentlichkeit, bei dem sie mit ihrem Werk Zustimmung finden mußten. Da diese Zustimmung nicht durch Rede und Gegenrede erzwungen werden konnte, vielmehr an ganz andere Formen der Wahrheit gebunden war, konnten auch die Werke selbst nicht nach Grundsätzen von Rede und Gegenrede, d.h. argumentativ angelegt sein. So gab es vor den Sophisten öffentliches Wissen, nur war dieses nicht argumentativ.

Andererseits fanden die Sophisten verschiedene Bestände eines Sonderwissens vor, das nur in bestimmten Gruppen als gültig angesehen und von diesen auch als ein Geheimwissen gepflegt wurde, – wie denn die Wissenssuche in vorwissenschaftlichen Kulturen sich typisch in Gestalt des Verlangens nach einem verborgenen Sonderwissen vollzieht, das nur von einigen Auserwählten erlangt werden kann, denen dadurch außeralltägliche Kräfte zuwachsen. Alles magische Wissen ist von dieser Art und kann nur auf außergewöhnlichen Wegen durch besondere Personen erworben werden. Nicht jeder kann Prophet, Magier, Zauberer, Divinator, Schamane, Orakel werden, und solches Wissen darf nicht nur nicht, es kann auch nicht öffentlich mitgeteilt werden, weil es auf inneren Erlebnissen beruht, die nicht dargestellt werden können. Soweit es nicht spontan durch eigenes Charisma oder den Zugang zu, oder Auftrag von charismatischen Mächten erworben, sondern auch sozial weitergegeben wird, geschieht das in der Gemeinschaft zwischen dem eingeweihten Meister und dem berufenen Adepten. So etwa kann der Schamane nicht einen beliebigen Lehrling in seiner Kunst unterweisen, sondern muß auf jenen Befähigten warten, der in der Aura des Meisters zu seinen eigenen außergewöhnlichen Erlebnissen heranreift, durch welche er das schamanische Wissen fortsetzen wird.

Auch das Geheimwissen kann argumentative Züge annehmen und hatte sie in Griechenland bereits sehr deutlich angenommen. Es wird dann in sich selbst argumentativ und kann deshalb auch argumentativ weitergegeben werden, obschon eben nur an Personen, denen (nicht etwa besondere Grade einer gemeinmenschlichen Intelligenz, vielmehr) ein besonderes Charisma die außergewöhnliche Befähigung zur Aufnahme dieses Wissens und zum Verständnis seiner Argumente verleiht. Solches mehr oder weniger argumentative Sonderwissen ist in vorwissenschaftlichen Kulturen weit verbreitet und in wissenschaftlichen nicht unbekannt, wiewohl oft versteckt. Schon in Stammesreligionen treten Bedürfnisse der individuellen Lebensbewältigung und Welterklärung auf, die mächtig emporschießen, wenn in Hochkulturen mit frühstädtischer Lebensweise die alten Stammesreligionen zu weichen beginnen, somit vor allem nach einer religiösen und philosophischen Weltauslegung gesucht wird. Nun treten Personen mit dem Anspruch auf, solches Wissen zu besitzen, vorzuleben und zu lehren, freilich dann eben nur an die dafür Begabten und als ein außergewöhnliches, keineswegs allen zugängliches Sonderwissen. Sie ziehen Schüler an, woraus sich Kreise, Gemeinden und Schulen entwickeln können, ohne daß aber der Anspruch gestellt würde, ein für alle bestimmtes und von allen erwerbbares Wissen zu besitzen. Und so wie der Meister nur für seine Schüler, also typisch auch: in der Abgeschlossenheit lehrt, so suchen die Schüler ein besonderes, nur ihnen und ihresgleichen vorbehaltenes und zugängliches Wissen. Nicht ein öffentliches, so prinzipiell an beliebigen Stellen und von beliebigen Personen lehrbares Wissen wird angeboten und gesucht, sondern gerade der besondere Meister mit seiner besonderen Lehre ist der rechte Lehrer. In der Mitteilung der jeweiligen Lehre wird grundsätzlich auf andere Meister und Lehren nicht eingegangen, bestehen sowieso keine Beziehungen geistigen Austauschs und der Auseinandersetzung, die erst durch bestimmte Fortentwicklungen ins Spiel zu kommen pflegen. Das ganz individuelle Verhältnis von Meister und Schüler, Meister und Gemeinde, das sich um ein außergewöhnliches Sonderwissen gruppiert, ist das Muster der Lehre, so beim Guru und all den anderen Weisheitslehrern, Sekten und Schulgründern. Ein Bedürfnis nach, oder auch nur eine Vorstellung von öffentlichem Wissen ist gar nicht vorhanden, obschon ja das Verlangen, die wahre Ordnung der Dinge zu kennen, solche Gruppen ins Leben ruft und am Leben erhält. Das klingt uns, die wir die Wahrheit mit ihrer öffentlichen Gültigkeit zusammendenken, fast unbegreiflich, ist aber für vorwissenschaftliche Kulturen ganz typisch.

Andererseits handelt es sich in allen diesen Fällen oft um ein Wissen, das schon mehr oder weniger argumentative Züge zeigt und lehrhaft dargestellt wird. Der Schüler stellt dem Guru Fragen, die, obschon oft gleichnishaft, beantwortet werden müssen. Wo Schulen und Gemeinschaften um besondere Wissensinhalte entstehen, muß eine gewisse lehrhafte Systematisierung des Wissens erfolgen, wird das Gespräch über die Wissensinhalte zum Zweck ihrer Festigung und Begründung, also auch zur subjektiven Versicherung und Ausschöpfung nötig, und zwar gerade auch deshalb, weil sie nicht öffentliches und allgemeingültiges Wissen sind.

Bekanntlich hatte sich solches argumentative Sonderwissen in Griechenland vor den Sophisten in großer Breite entwickelt und einen hohen Stand erreicht. Es lag eine beachtliche Erfahrung mit den sprachlichen und logischen Problemen der Argumentation, mit der Konstruktion von Welterklärungen und der Formulierung von allgemeinen Fragen, und darüber hinaus ja auch ein beachtliches Sachwissen argumentativen Charakters in Astronomie, Mathematik und Medizin vor. War das alles für die Entwicklung der Wissenschaft unerläßlich, so doch nicht hinreichend. Denn unverkennbar wurde auch dieses Wissen ja nicht als öffentliches, sondern als Geheim- oder Sonderwissen gehandhabt. Das gilt auch für die Bereiche der Astronomie, Mathematik und Medizin, die bei durchaus rationaler Argumentation den Geschmack des Sonderwissens nie abstreifen konnten. Der entscheidende Beitrag der Sophisten bestand denn auch nicht in der sachlichen Fortführung, logischen Durchordnung und rationalen Systematisierung der Wissensinhalte, sondern in der Universalisierung des Wissenskonzeptes, wodurch in der Folge die rationalen Zwänge erst greifen und die Durchrationalisierung des Wissens zur Wissenschaft erst in Gang setzen konnten. Diese Universalisierung des Sonderwissens zum öffentlichen Wissen aber konnte effektiv nur über die soziale Gestalt der Wissenschaft erfolgen. Erst durch die Schaffung der wissenschaftlichen Öffentlichkeit konnte die rationale Behandlung der Sachen auf einen festen Weg kommen.

Dieser entscheidende Umschwung, den die Sophisten bewirkten, schließt natürlich nicht aus, daß auch vor dieser so plötzlichen Entstehung der sozialen Gestalt von Wissenschaft (also der wissenschaftlichen Öffentlichkeit) deutliche Stufen der Wissensentwicklung unterscheidbar sind und erhebliche Wissensfortschritte gemacht wurden. Immerhin präsentieren die Ionier und andere Vorgänger bereits einen Stand des Sachwissens, der sprachlich-begrifflichen und logisch-philosophischen Durchbildung, dazu eine erste Reihe von Erfahrungen mit der Konstruktion von Erklärungen, die man in isolierten und lokalen Stammesgesellschaften gar nicht finden könnte, die aber erst den Absprung zur nächsten Stufe erlaubten. Aber dieser Sprung, und damit jener Umgang mit Wissen, dem wir erst den Beinamen der Wissenschaft zugestehen können, konnte sich schwerlich ereignen ohne das Konzept des öffentlichen Wissens und die Schaffung wissenschaftlicher Öffentlichkeit. Erst damit konnte die rationale Behandlung der Sachen auf einen festen Weg kommen.

So gehören zur Wissenschaft soziale Voraussetzungen, die sich nicht auf natürliche Weise ergeben und eben auch nirgends sonst ergeben haben als bei den Griechen[12], wo sie sich in Teilen herausgebildet hatten, schließlich aber doch erst durch die Sophisten geschaffen wurden. Denn die ionischen Naturphilosophen waren eher Weise oder Sonderlinge gewesen, in jedem Fall isolierte Gestalten, die bei allem Anspruch auf objektive Wahrheit weder das Gespräch untereinander noch mit der Öffentlichkeit suchten, vielmehr trotzig und herrisch ihre Gesamtlehren hinstellten, welche nie den Charakter des für eine Schule bestimmten Geheimwissens verleugnen konnten und oft genug aus der Abgeschlossenheit der Schulgemeinschaft in die Geheimreligion einer Sekte übergingen wie bei dem orphischen Propheten Empedokles oder dem bald zu göttlichen Ehren gelangten Pythagoras, dessen mönchische Bruderschaft fast zweihundert Jahre bestand und als Überlieferung bis in die christlichen Jahrhunderte lebendig blieb[13]. Selbst dort, wo das Wissen einen ausgeprägt demonstrativen Charakter angenommen hatte, wie vor allem in der Mathematik, fehlte dem Anspruch auf die objektive Richtigkeit des Wissens noch die Forderung auf öffentliche Gültigkeit, mangelte dem Wissen also die zur Wissenschaft unerläßliche soziale Gestalt.

Ganz anders nun die Sophisten. Es ist oft genug vermerkt worden, daß sie die ersten professionellen Erzieher waren, weil sie sich als Wanderlehrer gegen Bezahlung zum Unterricht anboten. Damit sprengten sie herkömmliche Muster der Erziehung, die Kinderunterweisung, Adelserziehung oder Berufslehre gewesen war und jedenfalls dem Stadtfremden kaum Raum gegeben hatte. Revolutionär aber wurde das erst dadurch, daß die Sophisten durch diese Rolle die verschiedenen Momente, aus denen Wissenschaft sich konstituiert, auf einen Nenner brachten: Indem sie sich an jedermann wandten, begriffen sie die Öffentlichkeit als ihr Publikum und konnten sich insofern als die Erben der Dichter fühlen. Indem sie auf der Demonstrierbarkeit des Wissens bestanden, übernahmen sie die Vorstellung eines argumentativen Wissens, das sie selbst unter den Zwang setzte, ihre Erkenntnisse für sich und andere argumentativ zu entwickeln. Damit war Wissen als öffentlich, für jedermann lehrbar und für alle gültig durch Demonstration konzipiert. Nichts was sie lehrten, hätte je so revolutionär wirken können wie dieses Konzept. Und nichts hätte dieses Konzept unter gegebenen Umständen zur Wirksamkeit bringen können als die Praxis des Wanderlehrers. Es ist müßig zu spekulieren, ob hier das Wissenskonzept die Praxis hervortrieb oder umgekehrt. Sicher aber ist, daß das Wissenskonzept nur durch die Praxis wirksam werden konnte. Indem die Sophisten hinausgingen, schufen sie, das argumentative Gespräch mit jedermann suchend, die für die Wissenschaft unerläßliche Öffentlichkeit.

Das war nun freilich anfangs eine Öffentlichkeit, in der sich die verschiedenen

---

12 Die unbestreitbare Tatsache mag hier durch die Bemerkung ergänzt werden, daß bereits das alexandrinische Musaion eine exklusive und höfische Gelehrtenschule geworden war, welcher mit der Öffentlichkeit auch die Voraussetzungen ihrer sozialen Wirkung beschnitten waren. Dazu Paul Lorenzen, Die Entstehung der exakten Wissenschaften, Berlin, 1960, S. 111.

13 Vgl. dazu Giorgio de Santillana, The Origins of Scientific Thought, Mentor Books, 1961, S. 53 und S. 171f.

Rollen und Grade der externen und internen Öffentlichkeit noch nicht deutlich unterscheiden ließen, ja doch sogar die interne Öffentlichkeit – der Austausch untereinander – durchaus noch fehlte. Aber einmal ins Leben gerufen, erzwang diese Öffentlichkeit ihre eigene Entfaltung, zuerst für die Sophisten und am Ende auch gegen sie und über sie hinaus. Indem die Sophisten nun alle die gleiche Öffentlichkeit als ihr Publikum verstanden und suchten, mußten ihre Wege sich im Wettbewerb kreuzen. Und aus dem Anspruch, ihre Hörer belehren zu können, mußte folgerichtig der Zwang werden, sich aneinander zu messen: sie konnten mit unterschiedlichen Lehren vor einem gemeinsamen Publikum nur bestehen, wenn sie selbst mit Rede und Gegenrede aufeinander eingingen. So setzten sie sich – über alle Interessen hinaus, die ihnen das auch nahelegen mochten – unter den Zwang des regelmäßigen Austauschs und ihr Publikum unter das Bedürfnis des ständigen Vergleichs. In diesen (nur scheinbar einfachen) Verhältnissen wurde erstmalig eine intellektuelle Öffentlichkeit, wurde erstmalig und einmalig Wissenschaft in ihrer unerläßlichen sozialen Gestalt geschaffen. Aus professionellen Erziehern waren damit Wissenschaftler, aus Schülern ein Publikum, aus einzelnen Intellektuellen eine Diskussionsgemeinschaft mit eigenen Zwängen geworden. Man kann sich von der Bedeutung dieser Entwicklung gar keine übertriebene Vorstellung machen. Gewiß war das alles bei den frühen Sophisten nur im Ansatz und in einer fast unerheblichen Größenordnung vorhanden. Doch nachdem das neue Konzept in einer Praxis seine sozial wirksame Gestalt gefunden hatte, mußte sich der Zwang des Konzeptes durchsetzen. Die Ansätze waren entscheidend, weil sie unvermeidlich in festere Bahnen drängten.

5. Die Sophistik in China

In allen Hochkulturen pflegen an gewissen Punkten, gewöhnlich im Zusammenhang mit der Entwicklung von Stadt und Herrschaft, Rationalisierungsprozesse einzusetzen, bei denen überlieferte Vorstellungen in Zweifel gezogen werden, bis neue, relativ rationalere Restabilisierungen einsetzen. Unter allen diesen, nach Art und Stärke natürlich sehr verschiedenen Rationalisierungsprozessen sticht die griechische Sophistik durch die Radikalität ihres umfassenden Ansatzes und die umfassende Teilnahme der Öffentlichkeit hervor, wobei stets im Auge zu behalten ist, daß die Sophistik die unerwartete Radikalisierung eines Rationalisierungsprozesses bringt, der in Griechenland bis in das 6. Jahrhundert, ja bis in die archaische Zeit zurückreichte.

Wie einzigartig in dieser Hinsicht die Sophistik ist, bemerkt man gerade, wenn man sie mit dem Vorgang vergleicht, der ihr bekanntlich am nächsten gekommen ist und überraschendste Parallelen zeigt, nämlich mit dem Zeitalter der Philosophen in China[14]. Es begann mit Konfuzius, der ebenfalls als Wan-

---

14 Die folgende Darstellung stützt sich vor allem auf die entsprechenden Kapitel im ersten Band von Fung Yu-lan, A History of Chinese Philosophy, Princeton University Press.

derlehrer gegen Bezahlung auftrat, Klassenunterschiede in der Erziehung aus-
schloß, und seinen zahlreichen Schülern – die Überlieferung spricht von drei-
tausend – den Weg zum rechten Leben, vor allem aber die Befähigung zum
Regieren vermitteln wollte. Auch die äußeren Umstände waren verblüffend
ähnlich. Die Reichsausdehnung nach Süden kam einer geistigen Horizonter-
weiterung nahe, welche die eigene Tradition in ein neues Licht rückte; ökonomische und soziale Umschichtungen hatten den Adel seiner Privilegien beraubt, den Kaufmannsstand aufgewertet und erweitert, und der breiten Bevölkerung Aufstiegsmöglichkeiten wirtschaftlicher und politischer Art verschafft; politische Wirren im Innern und Äußern hatten die alte Reichseinheit
und -ordnung gelähmt und Unordnung und Unsicherheit verbreitet; aus der
Tradition gelebter Sitte war die erste Kodifizierung von Gesetzen hervorgegangen. Anfänge einer Aufklärung, die an der Überlieferung zu zweifeln beginnt
und die Fragen nach dem richtigen und vernünftigen Handeln stellt, waren
merklich und mündeten, obschon in anderen Begriffen, in die gleichen Probleme, welche auch die Sophisten bewegten: die Gegensätze von Macht und
Recht, Natur und Satzung, Moral und Nutzen, dazu die Lehrbarkeit der Tugend.
Auf Konfuzius, den ersten professionellen Erzieher, folgte eine Klasse von
Gelehrten, folgte mit ihrem Streit die sogenannte „Periode der 100 Schulen",
die um ihre Schüler miteinander in Wettbewerb treten und verschiedene Antworten finden, wobei der Zug zur logischen Durchordnung der jeweiligen
Lehren unverkennbar ist und auch zu einer intensiven Befassung mit der Sprache
führt, ja sogar eine dialektische Schule ins Leben ruft. Die Ähnlichkeiten
gehen aber noch weiter. So richten sich gegen diese Intellektuellen die gleichen
Vorwürfe wie gegen die Sophisten in Griechenland, wie, daß sie keiner produktiven Tätigkeit nachgingen, keine Verantwortung übernähmen, und die
Sitten und Gesetze verwirrten. Selbst in den persönlichen Lebensstilen springen
Ähnlichkeiten ins Auge, so wenn Hsü Sing darauf besteht, Kleider und Schmuck
für sich selbst herzustellen, nicht anders als es Hippias in Griechenland getan
hatte[15].
Aber was in der Sophistik schlagartig und durchgebildet hervorbrach und
dann seinem eigenen Gesetz folgte, das zieht sich hier über Jahrhunderte als
ein Nebeneinander von Schulen und Lehren hin, ohne je zur rationalen Gestalt
und zum rationalen Inhalt der Wissenschaft durchzubrechen und endet, schlimmer noch, nach 350 Jahren mit der politischen Inthronisierung des Konfu-
zianismus als der offiziellen Orthodoxie, ja eigentlich der offiziellen Religion,
und entsprechend mit dem Absterben des freien Worts und der philosophischen
Vielfalt. Und wenn denn gewiß auch die Antike vor einer neuen Zeit versank,
so doch nicht, ohne vorher geblüht zu haben. Aber so bewundernswert die
chinesischen Schriften in mancher Hinsicht auch sind, nirgends stößt ihr Gedanke zur rationalen Transparenz durch, nirgends degagiert sich aus dem intellektuellen Streit eine rationale Logik, geschweige, daß es irgendwo zur Wis-

---

15 Die nur ausgewählt angedeuteten Parallelen finden sich in der vorstehend genannten Arbeit
  von Fung Yu-lan. Zu Hsü Sing vgl. auch Arthur Waley, Three Ways of Thought in Ancient
  China, Doubleday Anchor Books, 1956, S. 138ff.

senschaft kommt. Ebensowenig bildet sich eine intellektuelle Öffentlichkeit, weder als allgemeines Publikum, noch als Diskussionsgemeinschaft der Philosophen. Die philosophischen Schulen tragen, wo nicht den Charakter von Gemeinschaften, so doch nicht von öffentlichem Wissen, über das sich Gesamturteile bilden müssen, und es ist denn auch typisch, daß jede Schule sich darauf beschränkt, ihre eigene Doktrin vorzutragen[16], während für die griechische Sophistik der argumentative und öffentliche Streit ihrer Vertreter die Regel war[17].

Wenn somit die „Periode der 100 Schulen" zweifellos ein beharrlicher und breiter Versuch gewesen ist, die Angelegenheiten von Mensch und Gesellschaft mittels rationaler Betrachtung durchzuordnen, so führte er doch nirgends zu dem neuen Konzept eines öffentlichen und demonstrierbaren Wissens, das deshalb schließlich durch politische Sanktionierung einer Schule wiederhergestellt werden mußte. Müssen die Gründe für diese, angesichts der Vielfalt sonstiger Parallelen eigenartige Entwicklung den Spezialisten vorbehalten bleiben, so sind doch gerade aus dem Vergleich einige erste Gründe zu entnehmen, welche für die durchschlagende Wirkung der Sophistik eine Rolle gespielt haben dürften.

Da ist zuerst darauf hinzuweisen, daß die Sophisten von einer vergleichsweise günstigen Rationalitätsbasis ausgehen konnten. Gewiß hatten auch die Griechen mit dem Glauben begonnen, daß alles Geschehen unter göttlicher und übernatürlicher Kontrolle steht, und doch war ihr Weltbild bekanntlich vergleichsweise rational. Jedenfalls hatten sie nie versucht, diese übernatürlichen Kräfte durch ein System magischer Praktiken zu kontrollieren, während sich in China sehr früh, und in einer zweifellos in ihrer Art rationalen Anstrengung, ein umfassendes System der magischen Kontrollen und divinatorischen Praktiken herausgebildet hatte und in Büchern niedergelegt wurde, welche die sechs Klassen der Divination ausbreiteten und zugleich in Verbindung damit das richtige Handeln, vor allem für den Herrscher festlegten. Wo das Handeln so in Magie eingeschlossen war, konnte sich eine freie Erwägung der Pragmata, konnten sich überhaupt rationale Wissensbestände, auf denen eine durchgängige Rationalisierung hätte aufbauen können, kaum herausbilden.

Überdies war nun die Magie in China aufs engste mit der politischen Ordnung verknüpft, weil die Abfassung und Auslegung der magischen und divinatorischen Schriften den Staatsbeamten oblag und zuerst dem Herrscher diente. Demgegenüber kannte Griechenland weder einen eigentlichen organisierten Priesterstand, noch war die politische Ordnung nennenswert nach magischen und divinatorischen Vorschriften geregelt.

Und schließlich war die Herrschaft in China total verschieden von der

---

16 So Fung Yu-lan, op. cit., S. 47.
17 Daß die Sophisten, nach außen vielfach einig, unter sich die Debatte eifrig suchten, ist bekannt und bereits bei Plato sichtbar gemacht. Hingegen läuft die Begegnung zwischen chinesischen Schulen nach argumentativen Ansätzen schnell auf abschließende Urteile über den Weisheits- und Erleuchtungsstand hinaus, wie sich aus dem in Anm. 15 genannten Bericht über eine solche Begegnung ersehen läßt, den Arthur Waley bringt.

griechischen Polis. Es fehlte gerade jene Öffentlichkeit der freien Bürger, welche in der Polis in der Beratschlagung und öffentlichen Rede in der Volksversammlung, aber auch sonst im gesellschaftlichen Leben so selbstverständlich war. So fehlte es an jener Öffentlichkeit, welche ein öffentliches Wissen hätte tragen können, fehlte es an Freiräumen, in denen sich die Diskussion, ungehindert von magischen Beschränkungen, hätte entfalten können, fehlte es insbesondere auch an jener Praxis argumentativer Beziehungen, die sich im griechischen Gerichtsverfahren und in der Volksversammlung durchgesetzt und zweifellos der Vorstellung eines öffentlichen Wissens vorgearbeitet hatten. Es fehlte aber auch der Bewegung von Anfang an jene Tiefe und Kraft, welche, wie wir noch sehen werden, die griechische Entwicklung deshalb auszeichnete, weil sie sich nicht auf die gewissermaßen aktuellen Fragen des politischen Gemeinwesens und der rechten Tugend beschränkte[18].

---

18 Aus Raum- und Zeitgründen war es leider unmöglich, hier auf die Fragen einzugehen, inwieweit die Sophistik zu erklären, und inwieweit sie als Typus zu verallgemeinern ist.

Die Sophistik als Aufklärung*

Mit neuem Eifer und Erfolg haben sich die Philosophen und Philologen jüngst der Sophistik angenommen. So erfreulich das ist, so dringend muß doch nachgerade gefragt werden, ob man über den *Sophisten* nicht die *Sophistik* aus den Augen verloren hat.

1. Sophisten und Sophistik

Diese Unterscheidung ist wohl nur in der deutschen (die Sophisten – die Sophistik) und in der italienischen (i sofisti – la sofistica) Sprache deutlich vorgebildet, während man sonst zwar die „Sophisten" kennt, für die „Sophistik" jedoch erst Umschreibungen erfinden muß. Eine so auffällige terminologische Differenz ist weder belanglos noch zufällig; sie gründet in den philosophischen Traditionen und Interessen der jeweiligen Kulturen (oder denn auch: Schulen). Offenbar stehen die beiden Begriffe, so wenig trennscharf sie auch sein mögen, doch für verschiedene Tendenzen, aus dem geschichtlichen Stoff ein Objekt wissenschaftlicher Betrachtung herauszuheben. Wir können uns – ähnlich wie etwa auch bei der europäischen Aufklärung – sowohl den Sophisten zuwenden, um ihre Lehren zu ergründen, wie auch der Sophistik als einer historischen Kulturerscheinung. Jede Perspektive führt dabei auf eigene Kriterien der Bewertung, indem dort die philosophischen Gehalte, hier die tatsächlichen Vorgänge und Wirkungen erwogen werden wollen, was jeweils auch eine entsprechende Gefahr mit sich bringt, nämlich dort aus dem philosophischen Gehalt auf die historische Wirkung, hier umgekehrt aus der Wirkung auf den Gehalt zu schließen. Deshalb kann sich die Bevorzugung der einen oder anderen Perspektive auch leicht und unvermerkt mit grundsätzlichen weltanschaulichen und geschichtsphilosophischen Positionen verbinden.

Kann das hier nicht weiter verfolgt, so soll doch darauf aufmerksam gemacht werden, daß der Sprachgebrauch in der Geschichte der Forschung eine unterschwellige Rolle gespielt hat. Bekanntlich hat George Grote mit seiner ab

---

* [Anm. d. Hrsg.: Der Beitrag ist ursprünglich erschienen in: Greek Philosophical Society (Hrsg.), The Sophistic Movement. Papers Read at the First International Symposium on the Sophistic Movement Organised by the Greek Philosophical Society 27–29 Sept. 1982, Athen 1984, S. 24–30. Der Abdruck erfolgt mit freundlicher Genehmigung des Verlages Kardamitsa, Athen.]

1846 erscheinenden *History of Greece* die moderne Aufwertung der Sophisten eingeleitet, die eben mit einer Zurückweisung des Ausdrucks „Sophistik" beginnt. Die deutschen Historiker der Philosophie, wie Grote klagt, „dress up a fiend called ‚Die Sophistik', whom they assert to have poisoned and demoralised by corrupt teaching the Athenian moral character". Was immer an Grotes eigenem Urteil über die Lehren und den Charakter der Sophisten richtig oder falsch sein mag, so beruht seine Bewertung doch auf Annahmen über die historische Rolle von philosophischen Prinzipien und Gesinnungen, die eine Prüfung der Sophistik als historischer Tatsache überflüssig machen. Als radikaler Liberaler vertritt der Bankier und Privatgelehrte Grote die Meinungen seiner Lehrmeister und Freunde David Ricardo, James und J.St. Mill und Jeremy Bentham, also jene glaubensfrohe Geschichtsphilosophie, wonach der Fortschritt der Zivilisation durch liberale Gesinnung und aufgeklärte Erkenntnis gesichert ist. Von hier führt eine gerade Linie zu Karl Poppers Lob der Sophisten, das auf ähnlichen geschichtsphilosophischen Annahmen über die historische Wirkung gewisser philosophischer Prinzipien beruht und deshalb den historischen Befund über die Kulturbedeutung der Sophistik auf sich beruhen läßt. Demgegenüber war sich Mario Untersteiner noch bewußt, daß ein Traktat über die Sophisten noch nicht „una trattazione della portata culturale dei sofisti" liefere: „libro porta per titolo I sofisti e non ‚La Sofistica', in quanto la necessità mi ha costretto a limitare l'indagine alle sole figure dei filosofi". Inzwischen scheint sich die Forschung aber nur noch mit den Sophisten zu befassen, ja gar zu meinen, daß man nur die Rekonstruktion ihrer Lehrmeinungen verbessern müsse, um das ganze Kapitel abschließen zu können. Man fragt nicht mehr nach der Sophistik in ihrer geschichtlichen Tatsächlichkeit und Kulturbedeutung; eben deshalb gerät man in die Gefahr, die Lehrmeinungen der Sophisten anhand von geschichtsphilosophischen Spekulationen über die historische Wirkung philosophischer Prinzipien auf den Gang der Zivilisation zu beurteilen.

Wie immer es damit steht, muß jedenfalls daran erinnert werden, daß die Sophistik als geschichtlicher Vorgang keineswegs auf die Lehrmeinungen der Sophisten reduziert werden kann. Die Sophisten waren eben ein neuer Berufsstand, Figuren des öffentlichen Lebens, die Autorität in privaten und öffentlichen Angelegenheiten beanspruchten, so daß die Bürger auf diesen Anspruch und nicht nur auf die Lehren reagieren mußten. Vielfach klassifizierte man die Sophisten auch eher nach diesem Anspruch als nach ihren Lehren, weshalb man auch Sokrates oder Platon zu den Sophisten rechnen konnte. Das Unerhörte für das Publikum waren nicht erst die (ja keineswegs immer) unerhörten Lehren, sondern die Behauptung, daß die Menschen nicht aus eigener Erfahrung praktisch urteilsfähig seien und der philosophischen Reflexion und Belehrung bedürften. Gerade um diesen unerhörten und das ganze Gesellschaftsgefüge herausfordernden Anspruch einer neuen Art von säkularen Intellektuellen gegenüber den traditionellen Selbstverlaß der Menschen und Einrichtungen ging es.

Man kann also die *Sophistik* nicht angemessen anhand der Frage verstehen, was die *Sophisten* gesagt und wie sie es wirklich gemeint haben. Selbstverständlich liegt hier das unerläßliche Geschäft der Philosophie und Philologie. Wer aber wissen will, was die Sophistik gewesen ist, der muß sich eher umgekehrt gerade an das halten, was die Zeitgenossen über die Sophisten gemeint, was sie über sie gedacht, wie sie sich zu ihnen gestellt haben. Für die Sophistik als geschichtliche Tatsache ist es ziemlich gleichgültig, was die Sophisten wirklich gemeint und ob die Zeitgenossen sie richtig verstanden haben. Hier zählt nur, wie die Sophisten tatsächlich auf Bürger und Staat gewirkt haben.

Man muß sich dabei sofort klar machen, daß die Bürger selbst vor einem vielschichtigen und unabgeschlossenen geschichtlichen Vorgang standen, an dem sie sehr verschiedene Seiten interessieren konnten. Einige sahen vielleicht die Lehrmeinungen der Sophisten als das Wesentliche an. Andere werden nach Herkommen über Charakter und Ruf der Sophisten geurteilt haben. Für die meisten ging es aber (aus gutem Grund) um die Frage nach den näheren und weiteren Wirkungen, welche die Sophisten nicht nur mit ihren Lehren, sondern mit der Gesamtheit ihrer in das Leben dringenden Tätigkeiten ausübten. Man sollte denn auch aufhören, immer wieder über die Uneinheitlichkeit des Bildes zu klagen, das sich die Zeitgenossen von den Sophisten machten, oder diese Uneinheitlichkeit aus der Verschiedenheit der sophistischen Lehren zu erklären. Als geschichtliche Wirklichkeit konnte und mußte die Sophistik von den Zeitgenossen in der Vielheit der Lebensbezüge beurteilt werden, in denen sie eben stand. Ganz verschiedene Gesichtspunkte zur Bildung einer Meinung waren sowohl möglich wie auch legitim. Stets jedenfalls bildeten die Meinungen über die Sophisten, und nicht die Lehrmeinungen der Sophisten, die geschichtliche Wirklichkeit der Sophistik.

Es genügt also nicht – und nur soviel sollte hier klargestellt werden –, die Lehren der Sophisten immer besser zu erforschen. Wir haben ein Interesse daran, die Sophistik in ihrer Kulturbedeutung zu verstehen, und dies keineswegs bloß aus antiquarischem Interesse, noch auch bloß deshalb, weil in der Sophistik die Anfänge unserer Philosophie zu suchen sind. Es interessiert uns eben die Rolle und das Zusammenspiel von Geist und Gesellschaft, worin doch auch die Kulturbedeutung der Philosophie mitbeschlossen liegt. Darüber können aber nur die Tatsachen Auskunft geben. Ob, wie und wann philosophische Erkenntnis wirkt, kann nicht wieder bloß durch philosophische Erkenntnis ermittelt werden. Die Sophistik aber bleibt ein dramatischer Vorgang, an dem diese Fragen exemplarisch überprüft werden können: anhand historischer Tatsachen.

Die Sophistik ist deshalb auch immer wieder als ein bedeutender Vorgang der griechischen Geschichte betrachtet worden, an dem man geistesgeschichtlich den Wandel „Vom Mythos zum Logos", kulturgeschichtlich den Anfang der „Paideia", wissenschaftsgeschichtlich die Entstehung einer säkularen Intelligenz exemplarisch studieren kann. Sie ist eben ein Fall der Aufklärung, die uns historisch wie aktuell interessiert. Darüber ist, jedenfalls in der älteren Literatur, viel geschrieben worden. Hier sollen nur einige Bemerkungen über den Ursprung und die Dauer von Aufklärungsbewegungen vorgetragen werden, um die Eigenart und Bedeutung der Frage nach der „Sophistik" ins Licht zu heben und damit hoffentlich auch der Erforschung der „Sophisten", zu der ich hier nichts beitragen will und kann, Anregungen zu geben.

2. Über den Ursprung von Aufklärung

Wie die Geschichte mit erdrückendem Material beweist, ist Aufklärung nicht jene Selbstverständlichkeit, für die sie sich so gerne hält. Hat man schon Mühe, überhaupt Kulturen zu finden, in denen es beschränkte aufklärungsartige Vorgänge gegeben hat, so bleiben doch nur zwei Fälle, die diesen Namen eigentlich und ursprünglich verdienen: die griechische und die europäische Aufklärung. Das Kennzeichen liegt darin, daß in beiden Fällen eine wie immer kleine, so doch grundsätzlich öffentliche und freie Laienintelligenz erfolgreich den Anspruch auf Prüfung aller Dinge erhebt. Erst hier gewinnt auch die Wissenschaft, wie ich an anderer Stelle ausgeführt habe, ihren eigentlich öffentlichen Charakter.

Die Rarität des Vorgangs hat bekanntlich immer wieder zu der Frage geführt, wie diese Entwicklung „Vom Mythos zum Logos" zustande kam und warum sie ursprünglich nur in Griechenland zustande kam. Man kann denn auch, in der griechischen Geschichte zurückgehend, die verschiedensten geistigen, politischen und sozialen Bedingungen aufspüren, die die Aufklärung begünstigt haben, so daß die Sophistik am Ende wie das natürliche Produkt der Entwicklung erscheint. Es ist aber die griechische Aufklärung durch recht einzigartige Ausgangsbedingungen, wie sie ähnlich nur in Rom und bei den Phoeniziern gegeben waren, bedingt. Denn soziale Umschichtungen, politische Nöte, religiöse Erschütterungen und geistige Fragen – all das hat es auch anderswo gegeben, – teilweise sogar mit Ansätzen zu einer „Aufklärung" durch „intellektuelle Revolution". Die Radikalität der Sophistik, besonders auch ihr Erfolg, hängen jedoch damit zusammen, daß es in Griechenland (1) weder ein organisiertes Priestertum noch (2) eine Herrschaft mit ihr ergebener, von ihr abhängiger Verwaltung gegeben hatte; denn diese Mächte haben überall sonst ähnlichen Ansätzen durch religiöse Fortbildung und herrscherliche Maßnahmen, insbesondere auch durch ihre Macht über die Erziehung eine ganz andere Richtung gegeben. Es wurde ja auch das Ende des Stammesverbandes und Geschlechterstaates, in dem Aufklärung undenkbar wäre, anderswo nur durch Propheten im Wege der Bildung von Gemeinden individueller Anhänger erreicht, nicht wie in Griechenland durch politisches Dekret (Kleisthenes), welches seinerseits nur aufgrund einer längeren Tradition priesterlosen Laiendenkens möglich war.

All dies war bereits Max Weber (vgl. insbesondere „Wirtschaft und Gesellschaft", 3. Auflage, 251-259, 777) aufgrund der Arbeit der historischen Wissenschaften, zumal Eduard Meyers, völlig geläufig. Alsdann fällt von der Sophistik aber auch Licht auf die moderne Aufklärung, die – das darf als ausgemacht gelten – ohne den Zugang zum antiken Erbe nicht hätte entstehen können. Weil dieses Erbe der griechischen Philosophie und Wissenschaft aber sowohl der christlichen wie der islamischen Kultur zugänglich war, gehört es zu den aufschlußreichsten Tatsachen, daß die moderne Wissenschaft nur in Westeuropa entstand und die Aufklärung sich lange auf diejenigen Staaten beschränkte, die nicht zuletzt durch die konfessionellen Schismata zu früher Säkularisierung veranlaßt wurden. Auch hier ist eine zureichende Erklärung aus der Gunst äußerer Bedingungen und Lagen nicht möglich, wissen wir doch heute, daß die Grundlagen der modernen Wissenschaft (und damit der großen Aufklärung) bereits im 13. Jh. gelegt wurden (vgl. jetzt insbesondere Benjamin Nelson „On the Roads to Modernity", 1981). Dabei haben bekanntlich arabische Einflüsse kräftig mitgewirkt, sind aber doch nur Anstöße gewesen, ansonsten ja der Schritt in die Moderne gerade vom Islam hätte getan werden müssen, der das Erbe der antiken Philosophie und Wissenschaft so viel besser gepflegt und genutzt hatte. Doch nur im Umkreis des katholischen Europa finden sich im 13. Jh. jene „merkwürdigen Analogien" zur Aufklärung, die J. Geffcken bereits notiert hatte.

Bedingt und begünstigt durch vielerlei Umstände hat sich die europäische Moderne, haben sich die europäische Wissenschaft und Aufklärung auf dem Boden Westeuropas entwickelt. Zuerst einmal deshalb, weil Theologie und Glaube der katholischen Kirche durchaus den Grundsätzen rationaler Erklärung und Systematik verschuldet geblieben ist, ohne welche sich die Aufbrüche des 13. Jh. kaum hätten ereignen können. Wenn daraus einerseits die Universitäten und andererseits die häretischen und reformatorischen Bewegungen hervorgingen, so bedurfte es dazu allerdings auch der gesellschaftlichen Freiräume. Wie die antike Polis – und nicht als reiche Massensiedlung mit Handel und Wandel, Kultur und Muße, sondern als Personenverband freier Bürger – einst den Nährboden für ein rationales Laiendenken abgegeben hatte, so wurden die mittelalterlichen Städte aufgrund eben dieser Eigenart der freien genossenschaftlichen Verbandsbildung, wo nicht zum eigentlichen Träger, so doch zum aufnahmebereiten Publikum aller Anstrengungen zu einer theoretischen und praktischen Rationalisierung des Daseins. Doch erst mit (oder wegen) der Reformationen, die zur Eingrenzung der kirchlichen Autorität (Gewissensfreiheit, Bekenntnisfreiheit, säkularer Staat, Meinungsfreiheit, Vereinsfreiheit) führten, war jener Freiraum weltlicher Daseinsauslegung geschaffen, in dem Wissenschaft und Aufklärung zu einem öffentlichen Ereignis werden konnten.

3. Über die Dauerhaftigkeit von Aufklärung

Wie steht es – so wollen wir schließlich fragen – mit der Dauer von Aufklärungsbewegungen? Was ist ihr Schicksal, wie sind ihre Wirkungen?

Dauerhaft ist die Aufklärung in einem doppelten Sinn. Man kann hinter die Erkenntnis, daß früher geglaubte Ordnungen sich nicht rational ausweisen lassen, nicht mehr zurückgehen. Und dies praktisch deswegen nicht, weil mit der Aufklärung eine neue Schicht weltlicher Intelligenz als öffentliche Autorität institutionalisiert worden ist, die von nun an die Daseinsauslegung und Weltauffassung der Gebildeten liefern oder jedenfalls beglaubigen muß.

Was diese Intelligenz produziert, das steht allerdings dahin. Versteht man Aufklärung in jenem dogmatisch-engen Sinn wie Karl Popper, dann war die Sophistik nach ihrer öffentlichen Bedeutung nur ein kurzes Zwischenspiel, was immer ihre bleibenden Anstöße für die Einzelwissenschaften gewesen sein mögen. Es bleibt purer Dogmatismus, wenn man die Wendung zur Metaphysik, die die antike Philosophie mit Platon nahm, als einen Verrat an der Aufklärung darstellt, während man tatsächlich nur konstatieren kann, daß die Sophistik keine öffentliche Philosophie zu bieten hatte, welche die Intelligenz selbst und die Gebildeten befriedigte. Denn eben diese Intelligenz selbst konnte und wollte ja offenbar nicht auf eine sinnvolle Weltauslegung verzichten, die stets das auszeichnende Bedürfnis der intellektuellen Schichten ist. Wie fragwürdig gerade Poppers Auffassung ist, zeigt sich denn auch in allen Einzelheiten, so bspw. daran, daß ausgerechnet die Sophisten zu den Stützen der Demokratie hochgelobt werden müssen.

Aber auch in der Moderne ist die Aufklärung in ihrem radikalen Sinn nicht auf Dauer zu stellen. Hier ergeben sich allerdings insofern andere Verhältnisse, als nun die Wissenschaft beharrlich die Vorstellungen, zuerst über die Natur, dann auch über Mensch und Gesellschaft, Schritt für Schritt zu entzaubern beginnt. Allein es wird dabei stets der Punkt erreicht, wo die Erkenntnis keine aufklärerische Wirkung mehr hat, sondern nur noch zur technischen Rationalisierung der Daseinsverhältnisse führt. Die Naturwissenschaften haben diesen Punkt bereits überschritten, die Sozialwissenschaften nähern sich der Linie ihrer Vergleichgültigung.

Andere Gründe zwingen zur Skepsis gegenüber der Vorstellung, daß Aufklärung auf Dauer gestellt werden könnte. Es münzt sich jedenfalls der objektive Erkenntnisfortschritt der Wissenschaft zwar in die Rationalisierung der Daseinsordnungen, kaum jedoch in die subjektive Rationalität der Daseinsführung um. Denn die Erkenntnisse der Wissenschaft borgen wir auf Autorität und üben sie aus praktischer Eingewöhnung, während wir uns auf die künstlich geschaffenen Daseinsordnungen zwar praktisch verlassen, sie aber weniger durchschauen als der Primitive seine vorgegebenen Daseinsbedingungen.

Hinzu kommt schließlich, daß die europäische Aufklärung so unvermeidlich zu den modernen Ideologien führte, wie einst die Sophistik der Metaphysik Platz machen mußte, und dies in beiden Fällen aufgrund des ununterdrückbaren Bedürfnisses der Intellektuellen nach einer irgendwie abschließenden sinnvollen Weltdeutung. Als die ursprüngliche Ideologie, die die Aufklärung doch selbst gewesen war, zusammenbrach, da traten als ihre modernen Nachfolger die eigentlichen modernen Ideologien, vor allem der Liberalismus und der Sozialismus mit ihrem Fortschrittsglauben das Erbe an. Und es läßt sich auch nicht übersehen, daß jene Aufklärung, der hier Popper und dort Habermas das Wort reden, nur in dem Glauben vertreten werden kann, daß aus ihr jener

Fortschritt hervorgeht, in dem ihre Anhänger die sinnvolle Ordnung des Daseins erblicken wollen.

Über die Haltbarkeit dieses Glaubens wird denn auch die Geschichte entscheiden. Hier ging es nur darum zu erläutern, welche Art von Fragen die Sophistik aufwirft und welche Art von Annahmen fast immer der Bewertung der Lehrmeinungen der Sophisten unaufgedeckt vorausgehen.

Fortschritt der Wissenschaft?*

In der heutigen Welt ist die Universität eine der ältesten Institutionen, die ihren Ursprung stolz auf jene Hohen Schulen zurückführt, die im Mittelalter, zuerst in Italien und Frankreich, entstanden[1]. Ihr Alter wird nur von ihren Erfolgen in den Schatten gestellt, die sich schon äußerlich an der Geschichte ihrer Verbreitung ablesen lassen. Als sich anstelle der Fachschule, für die Salerno mit der Medizin, Bologna mit dem Recht, Paris und Oxford mit Theologie und Philosophie gestanden hatten, das Studium Generale, nämlich die Präsenz aller Fakultäten an einem Ort und in einer Institution, durchsetzte, da verbreitete sich dieses Konzept der universalen Versammlung des höheren Wissens in einer Institution schnell über Europa, wanderte mit dessen Kultur auf andere Kontinente und setzte sich schließlich weltweit durch. Hinter diesem Erfolg stand die Überlegenheit der Sache, welche die Universität vertrat. Ihre Verbreitung kündet vom Siegeszug der Wissenschaft, welche sich wie keine andere Macht die Erde unterworfen und das menschliche Dasein von Grund auf umgeformt hat. Wenn sich die Universität als die erfolgreichste Institution betrachten darf, so verdankt sie das der Überzeugungskraft der Wissenschaft, auf die heute keine Gesellschaft mehr verzichten kann.

Allerdings darf sich die Universität nicht zugleich ihres Alters und ihres Erfolgs berühmen, steckt doch in ihrer Genealogie ein tiefer Bruch. Schon vor gut hundert Jahren wußte Rudolf von Virchow zur damaligen 500-Jahr-Feier der Wiener Universität nur zu melden, „daß in der That während der ersten 400 Jahre gar nichts Nennenswerthes geleistet worden ist"[2]. Die Welt wurde jedenfalls nicht von der mittelalterlichen Universität erobert, die trotz ihrer geistigen Leistungen eine abendländische, sogar an die westliche Christenheit gebundene Institution blieb, welche mit deren Kultur und Religion zwar nach

---

* [Anm. d. Hrsg.: Auszüge aus einem Beitrag, der ursprünglich erschienen ist in: „500 Jahre Eberhard-Karls-Universität Tübingen. Wissenschaft an der Universität heute", hrsg. im Auftrag des Universitätspräsidenten und des Senats der Eberhard-Karls-Universität Tübingen von Johannes Neumann, Tübingen 1977, S. 155–226. Der Abdruck erfolgt mit freundlicher Genehmigung des Herausgebers und des Attempto Verlages, Tübingen.]

1 Hauptquelle wohl noch immer die neue Ausgabe von Hastings Rashdall, „The Universities of Europe in the Middle Ages", 3 Bde., London 1942, und Heinrich Denifle, „Die Universitäten des Mittelalters bis 1400" (1885), Neudruck Graz 1956. Vertiefte Übersicht bei David Knowles, „The Evolution of Medieval Thought", London 1962, Kap. 12. Sonst Herbert Grundmann, „Vom Ursprung der Universität im Mittelalter", Darmstadt ²1960.

2 Rudolf Virchow, „Über die nationale Entwickelung und Bedeutung der Naturwissenschaft" (= 40. Versammlung Deutscher Naturforscher und Ärzte), Berlin 1865.

Lateinamerika wandern, aber nicht einmal in das Gebiet der Ostkirchen eindringen konnte, wo das geistige und geistliche Leben ganz anders gerichtet und organisiert blieb, zu schweigen von anderen Kulturen[3]. Bevor die Universität ihren Siegeszug antreten konnte, mußte die alte einer neuen Platz machen, die sich als Trägerin der modernen Wissenschaft, als Inhaberin eines kulturunabhängigen, nämlich strikt objektiven und universalistischen Wissens verstand[4]. Diese neue Wissenschaft jedoch, welche im 17. Jahrhundert revolutionär durchbrach[5], war nicht aus der alten Universität hervorgegangen, sie wurzelte und wuchs in anderem Boden. Mehr noch, sie mußte die alte Universität erst erobern, zerstören und nach ihrem Bild umformen, um die institutionelle Basis für ihren weltweiten Triumph zu schaffen[6]. Wenn die Universität heute in allen Ländern des Erdballs zu finden ist, so deshalb, weil die moderne Wissenschaft um 1800 die alte Universität zerstörte und eine neue als Trägerin ihres erfolgreichen Konzeptes schuf.

So führt die Geschichte auf Vexierbilder historischer Kontinuität. Eine Institution, die mittelalterliche Universität, dauerte fort, derweil draußen eine neue Wissenschaft entstand, und sie dauerte noch in Namen und Formen fort, als sich eine neue Wissenschaft ihrer bemächtigte. Dahinter steht, noch rätselhafter, der Gestaltwandel der Wissenschaft, die sich zwar über die Schwellen von Jahrtausenden zurückverfolgen läßt, obschon sie sich nicht als bloße Akkumulation, geschweige denn als stetiger Wissenszuwachs vollzog. Die griechische Wissenschaft, ob man den Begriff nun enger oder weiter faßt, war nicht bloß ein Mehr von jenem Wissen, das es vorher schon sonstwo gegeben hatte, und die moderne Wissenschaft war nicht bloß irgendeine Erweiterung, sei es der mittelalterlichen, sei es der griechischen Wissenschaft. Gewiß war

---

3 Ein Blick auf die russische Geistesgeschichte, wie ihn ein Kenner wie Dmitrij Tschizewskij in seinem gleichnamigen Buch, München [2]1974, gibt, macht das deutlich. Selbst die spätere Europäisierung durch Peter I. blieb gerade im Bildungswesen äußerlich, die russische Akademie war „eine tapfere deutsche Garnison" (S. 327). Wie meist bei Übernahmen glaubte man, nur die Ergebnisse zu benötigen, oder verstand auch ihre Voraussetzungen gar nicht (S. 329). Auch der Aufklärungsschub der sechziger Jahre des letzten Jahrhunderts entstand aus einem blinden Glauben, dem die Einsicht mangelte. So eben mußte die moderne Wissenschaft in einem Land wirken, dem mit der mittelalterlichen Universität die Vorberührung fehlte. Zu den näheren und andauernden Auswirkungen siehe Anmerkung 6.

4 Die Idee eines universalistischen, das heißt für alle gültigen, von allen erwerbbaren, allen beweisbaren Wissens, im Gegensatz zu einem besonderen und besonderen Personen vorbehaltenen, außerordentlichen und geheimen Wissen, also der Gedanke objektiver Wahrheit ist ein geschichtlicher Erwerb. Dazu mein Aufsatz „Zur Soziologie der Sophistik", in: Neue Hefte für Philosophie 10, Göttingen 1976, S. 51–77 [jetzt auch abgedruckt im vorliegenden Band; d. Hrsg.]. Die moderne Wissenschaft hat dieser Idee eine neue Fassung gegeben.

5 Ich halte mich hier an die allgemeine Auffassung, daß im 17. Jahrhundert eine „wissenschaftliche Revolution" stattgefunden hat, obschon die Wurzeln in das Mittelalter zurückreichen.

6 Es wird oft übersehen, daß die Wissenschaft der Neuzeit, solange sie sich als *république des lettres* oder in Gesellschaften und Akademien organisiert war, trotz aller Erfolge nicht zur herrschenden Macht werden konnte, die sie erst antrat, als sie die alten Universitäten entmachtete. An dieser Entwicklung haben die ostkirchlichen Gebiete nicht teilgenommen, wo die Akademien gegenüber den universitären Ausbildungsstätten das Zentrum der Wissenschaft blieben, deren Wirkung auf das geistige Leben damit nachhaltig gebrochen wurde und verzögernd geblieben ist.

jede ihren Vorgängerinnen verschuldet, oft tiefer als man wußte oder wahrhaben wollte, aber jede entfaltete ein eigenes Konzept zu einer neuen Zeitgestalt des Wissens[7].

Auch in der Geschichte der Wissenschaft und der Universität schieben sich Kontinuität, Wandel und Zäsur im Geschehen zusammen. Die tiefen Sprünge und Umbrüche, mindestens im nachhinein im großen Umriß unübersehbar, sind dennoch im Übergang, wo Altes und Neues nebeneinander bestehen, schwer zu orten. Selbst die Entstehung der modernen Universität, die man durch die Gründung der Berliner Universität und durch die französischen Reformen, welche auf die Lähmung der Wissenschaft durch den Terror der Revolution folgten, zu markieren pflegt[8], verliert sich bei näherer Betrachtung in eine komplizierte Vorgeschichte und eine nachträgliche Entfaltung, die mehr tastendes Schwanken und partielles Ändern als eine einzige und eindeutige Totalerneuerung zeigt. Nicht anders steht es bekanntlich mit der wissenschaftlichen Revolution des 17. Jahrhunderts, die sich einerseits bis in mittelalterliche Ansätze zurückverfolgen läßt und andererseits erst im 18. Jahrhundert ausbaut, und die unbezweifelbare Eigenheit der griechischen Wissenschaft verliert sich in ein Gewebe von Einzelheiten, sobald man ihrer geschichtlichen Entstehung nachspürt[9]. Je näher man an die entscheidenden Einschnitte herantritt, desto mehr scheint noch alles in einer Schwebe, welche erst die weitere Geschichte widerlegt. Wo also hörte das Alte auf, und wo begann das Neue? Was war im Fluß der Veränderungen Schein, und was war Sein? Wie addierte sich aus lauter Einzelheiten eine neue Figur? Und warum, vor allem, ist die Geschichte der Universität und der Wissenschaft von Zäsuren durchschnitten, in denen sich etwas unmißverständlich Neues vom Alten losreißt? [...]

Die Fraglichkeit der Wissenschaft

[...] Denn es kann ja kein Zweifel bestehen, daß [...] jener unbedingte Glaube an die Wissenschaft, mit dem die alte Universität rechnen durfte, dahin ist. In diesem Glauben an die Wissenschaft hatte sich die Neuzeit entfaltet; er war ihr eigentlicher Antrieb, der sie mit dem Versprechen der endgültigen

---

7 Ich bevorzuge den Ausdruck „Zeitgestalten des Wissens" gegenüber dem engeren Phänomen, das Thomas S. Kuhn, „Die Struktur wissenschaftlicher Revolutionen", Frankfurt a.M. 1973, mit dem nicht so neuen Gedanken beschrieben hat, daß die Naturwissenschaften normalerweise im Rahmen von „Paradigmata" arbeiten, die jedoch in Sprüngen wechseln können.

8 Vgl. zur knappen Übersicht das 6. Kapitel von Joseph Ben-David, „The Scientist's Role in Society. A Comparative Study", Englewood Cliffs, N.J. 1971, wo weitere Literatur zu finden ist; ferner Terry N. Clark, „Prophets and Patrons: The French University and the Emergence of the Social Sciences", Harvard Univ. Press 1973; für Deutschland immer noch wichtig René König, „Vom Wesen der deutschen Universität" (1935), Darmstadt 1970, und Helmut Schelsky, „Einsamkeit und Freiheit" (1960), Düsseldorf [2]1971, neben den älteren Standardwerken von Friedrich Paulsen und Eduard Spranger.

9 Die Frage nach der Kontinuität im Wandel ist natürlich ein generelles Problem der Geschichte, das im Bereich der auf die Idee eines Fortschritts der Erkenntnis gegründeten Wissenschaft allerdings besondere Züge annimmt.

Vergewisserung immer wieder gebannt und mit der Erlösung aus aller äußeren und inneren Unsicherheit immer wieder gelockt hat[10]. Die späte Einsicht in die unvorhergesehenen Nebenfolgen der technischen Unterwerfung der Natur – die Atomrüstung, die Umweltprobleme, überhaupt die Gehäuse der technischen Arbeits- und Lebenswelt – haben zu dieser Ernüchterung beigetragen. Tiefer aber noch sitzt die Enttäuschung, daß die Wissenschaft zwar immer mehr Kenntnisse zusammengetragen hat, doch am Ende keinen Halt gibt, weil sie über das gute Leben und die gute Gesellschaft nichts zu sagen weiß. Diese Erfahrung geht in das Zentrum des neuzeitlichen Selbstverständnisses, und sie trifft vor allem die Intelligenz, welche in der Wissenschaft stets die Sicherheit eines endgültigen Weltbildes und die verläßliche Führung in den Fragen des individuellen und sozialen Lebens gesucht hatte.

Eine Intelligenz, der die Wissenschaft nicht mehr Führerin ist – das ist ein epochales Novum in der Geschichte der Neuzeit, und entsprechend tief und wirr sind die Folgen. Der Rückzug der Jugend in das Private und Subjektive, die Wendung zum Erlebnis und zur Gemeinschaft bezeugen eine Gleichgültigkeit, der die Wissenschaft zum toten Berufswissen abgesunken und die Multiversität zum bestreikbaren Ausbildungsbetrieb geworden ist[11]. Aber auch die hartnäckigen Angriffe auf eine vorgeblich „bürgerliche" Wissenschaft, der Drang zur Politisierung und Ideologisierung der Wissenschaft, und die gesamte *Counter-Culture,* welche sich in ihren Lebensformen still von der Rationalität der Wissenschaft distanziert oder gar zahlreich selbst in den akademischen Talar schlüpft, um, wie etwa Theodore Roszak, in leidenschaftlichen Anklagen gegen die Wissenschaft Visionen der Erlösung von ihr zu entwerfen – „Where the Wasteland ends" –, das alles wäre nicht möglich, wenn die Intelligenz nicht die Entthronung ihrer Göttin gespürt hätte. „During the late 1960's and early

10 Hierzu meine Darstellung „Der Fortschritt der Wissenschaft als Trivialisierungsprozeß", in: Sonderheft der Kölner Zeitschrift für Soziologie und Sozialpsychologie 18, Opladen 1975, S. 19–47, und „Die Glaubensgeschichte der Moderne", in: Zeitschrift für Politik 23 (1976), S. 1–15 [jetzt beides auch in: Friedrich H. Tenbruck: Die kulturellen Grundlagen der Gesellschaft. Der Fall der Moderne, Opladen 1989, S. 143–174 bzw. S. 126–142; d. Hrsg.].
11 Man vergleiche in diesem Band die Ausführungen von Friedhelm Neidhardt. [Tenbruck bezieht sich hier auf: F. Neidhardt: Randgruppen der Universität. Zur Soziologie der Studenten; in: 500 Jahre Eberhard-Karls-Universität Tübingen. Wissenschaft an der Universität heute, hrsg. im Auftrag des Universitätspräsidenten und des Senats der Eberhard-Karls-Universität Tübingen von Johannes Neumann, Tübingen 1977, S. 335–364; d. Hrsg.]. Daß das zwiespältige Verhältnis der Studenten zur Wissenschaft älteren Datums ist und Grundprobleme der sogenannten Studentenrevolte der sechziger Jahre in Deutschland schon mit dem Ausgang des Ersten Weltkrieges auftraten, kann man der Rede „Wissenschaft als Beruf" entnehmen, die Max Weber damals vor Studenten gehalten hat, wozu man die zeitgenössische, universitätspädagogische und -politische Literatur, vor allem Erich von Kahlers Gegenschrift, „Der Beruf der Wissenschaft", Berlin 1920, vergleichen mag. Dabei ist im Auge zu behalten, daß nicht zuletzt aus dieser Problematik, einer Enttäuschung über die Wissenschaft, damals jene studentische Bereitschaft erwuchs, das Heil in einer Politik zu suchen, die dann konsequent die Politisierung der Universität betrieb und der nationalsozialistischen Zerstörung der Wissenschaft zustimmte. Zu Max Webers Rede vgl. meinen Beitrag „Science as a Vocation – Revisited", in: Standorte im Zeitstrom, Festschrift für Arnold Gehlen zum 70. Geburtstag, Frankfurt a.M. 1974, S. 351 bis 364.

1970's, concern was voiced by several leading scientists and their supporters about the ability of science to survive the attacks that were being launched against it – at least in the industrially developed, Western countries – from a number of directions."[12] Aber die Angriffe gegen die Wissenschaft kommen, was immer sonst hineinspielen mag, eben nicht von außen, sie stecken in der Universität, sie stecken in der heutigen Wissenschaft darin, entzünden sich an ihr. Die sogenannte Studentenrevolte ist von Professoren im Namen einer Neuen Wissenschaft geführt worden. Die Mauern der alten Universität sind nicht eingestürzt, aber in ihnen nistet der Zweifel, und auf ihnen muß die neue Universität ihn ohne Gegenwehr dulden. Er geht auch bis in die Fächer hinein, die von keiner Vision einer anderen Wissenschaft angekränkelt sind, wie die Forderung führender Naturwissenschaftler nach einem Forschungsmoratorium zeigt. Im Punkt ihres höchsten Triumphes erfährt die Wissenschaft ihre Fraglichkeit. Das Fundament, auf dem sie ruht, ist unsicher geworden. „Faiths have changed, and the faith that truth is valuable and that cognitive activity of the scientific sort is an intrinsic good could also change ... Scientists are sustained by this faith. Without it, an important part of their motivation would disappear."[13] [...]

Wenn Gewohntes undurchsichtig wird – wenn die Wirklichkeit aus ihren Gleisen springt –, wenn mißlingt, was sonst von der Hand ging, dann tritt der Mensch zurück. Ein Problem ist entstanden, das der Reflexion überantwortet wird. Da hilft es nicht, auf die Dinge einzureden, um einer Wirklichkeit, die sich entzieht, Wünsche aufzureden. Die Sache aufzudecken wird zur Pflicht. So muß auch die Universität ihre unsicher gewordene Sache überdenken, und das erfordert die Distanz der Anstrengung und Geduld. Dann aber zeigt sich, daß hinter der Kopflosigkeit der neuen Universität die Fraglichkeit der Wissenschaft, und noch dahinter ihr eigener Fortschritt steht.

Der Fortschritt der Wissenschaft als Problem

[...] Damit taucht die entscheidende Frage auf: Was heißt Fortschritt der Wissenschaft? Man kann sie freilich dann nicht stellen, wenn man der gewöhnlichen Meinung beistimmt, daß die Geschichte der Wissenschaft notwendig mit ihrem Fortschritt identisch sei, so daß, von nebensächlichen Schwankungen abgesehen, die jeweils gegenwärtige Wissenschaft auch immer die vollendetste sein müsse. Diese Idee, daß sich im Fortgang der Wissenschaft ihre Sache zwangsläufig entfaltete, hat sich allerdings in der modernen Wissenschaft herausgebildet, und sicherlich im Blick auf die Entwicklung der Naturwis-

---

12 „Science and its Public: The Changing Relationship", hrsg. von Gerald Holton und William Blanpied, Boston 1976. Dort auch ein anderer Beitrag des vorerwähnten Vertreters der Counter Culture, Theodore Roszak, „The Monster and the Titan: Science, Knowledge and Gnosis", S. 17–32. Dazu auch: „Science between Culture and Counter Culture", hrsg. von C.I. Dessauer, A. Naess, E. Reimers und H.J. Eysenck, Assen 1975.
13 Auf S. 4 des in Anm. 12 genannten Buches.

senschaften. Es ist jedoch höchst fraglich, ob sich die gesamte Entwicklung
der Wissenschaft über den Leisten einer kumulativen Wissensverbesserung,
wie die Naturwissenschaften sie zu demonstrieren scheinen, schlagen läßt.
Überhaupt aber läßt sich der Fortschritt der Wissenschaft nicht angemessen
verstehen, wenn man die Geschichte der Wissenschaft rein als die Entfaltung
ihrer Sache versteht. So richtig es nämlich auch ist, daß alle Wissenschaft
sich „an Sachen" vollzieht, so irrig wäre es zu übersehen, daß diese „Sachen"
nicht ohne weiteres verfügbar sind. Die Wissenschaft vollzieht sich unter sehr
eigenartigen Voraussetzungen, die teils ihre institutionellen Bedingungen, teils
ihren Wert betreffen. Darüber muß man sich vorerst prinzipiell Rechenschaft
ablegen, ehe man sich der historischen Frage zuwendet, ob die mit der Spezialisierung begonnene und nun zwangsläufig in die totale Verwissenschaftlichung und damit auch in den reinen Dienstleistungsbetrieb mündende Entwicklung der Wissenschaft als ihr unwiderrufliches Schicksal, weil als die Erfüllung ihres Erkenntnisauftrages gelten muß.

Wissenschaft als Institution

Als Trägerin der Wissenschaft ist die Universität die erfolgreichste Institution,
die Menschen je geschaffen haben, aber auch die unwahrscheinlichste, gewag-
teste und gefährdetste. Denn Wissenschaft und Universität sind nicht jene
verläßlichen Selbstverständlichkeiten, als die wir sie anzusehen gewohnt sind;
im Gegenteil handelt es sich um ganz außergewöhnliche Erscheinungen, die
nur unter sehr eigenartigen Bedingungen ins Leben treten konnten und nur
unter sehr besonderen Voraussetzungen am Leben erhalten werden können.
Uns geht es zwar einfach über die Lippen, die Universität als diejenige Ver-
anstaltung zu bezeichnen, welche die Erhaltung und Verbreitung, vorzüglich
aber die Verbesserung und Vermehrung der Wissenschaft zu ihrem allgemeinen
Zweck hat. Doch steckt in dieser Aufgabe, wie zu zeigen sein wird, ein fast
unlösbarer Widerspruch. Einerseits nämlich findet die Wissenschaft in der
Universität das nötige institutionelle Gehäuse, in dem sie erst Wirklichkeit
wird, andererseits ist sie durch die Natur ihrer Sache gar nicht gültig zu
institutionalisieren. Auf diesem Widerspruch beruhen fast alle Eigenheiten,
Probleme und Schicksale der Universität. Deshalb ist es notwendig, das viel-
schichtige und rätselhafte Verhältnis von Wissenschaft und Institution aufzuklären, auch wenn dabei grundsätzlich und historisch ausgeholt werden muß.
In unserem Weltbild gilt es als selbstverständlich, daß Menschen nach neuen
Erkenntnissen suchen, die Ergebnisse ihrer Bemühungen anderen vorlegen,
welche davon Notiz nehmen und sich durch Beweise überzeugen lassen, so
daß die Wahrheit sich öffentlich als gültig durchsetzt. In dieser Selbstverständlichkeit stecken jedoch unzählige eingeschliffene Institutionalisierungen,
welche mit der modernen Wissenschaft in Jahrhunderten gewachsen sind, ja
teilweise über Jahrtausende zurückreichen. In Wahrheit ist nämlich von alledem
gar nichts selbstverständlich und wird im Gegenteil allererst durch Institutionen

möglich, wobei man freilich nicht nur an die moderne bürokratische, überhaupt formal organisierte Institution denken darf. Jedenfalls gewinnt die Wissenschaft mit der Institutionalisierung nicht bloß ein äußeres Gehäuse, in dem sie ihre Sache sicherer und schneller voranbringen kann. Vielmehr entsteht eigentlich die Wissenschaft selbst erst durch ihre Institutionalisierung.

Es ist deshalb ein Grundirrtum, wenn man unterstellt, daß die Wissenschaft durch langsame Wissensakkumulation entstanden sei und so auch früher oder später habe entstehen müssen, weil der Mensch, aus praktischen oder theoretischen Gründen, ein Interesse an der Erkenntnis nehme und deshalb die Wissenschaft auch als sein unabänderliches Schicksal zu betrachten habe. Der historisch-ethnologische Befund belegt im Gegenteil, daß die meisten Völker, selbst in ihren praktischen Kenntnissen, nie über ein Handlungswissen hinausgekommen sind, das zwar mit ingeniöser Kunst und Sorgfalt den jeweiligen Lebensumständen angepaßt war, aber nirgends auch nur Ansätze jenes generellen Wissens zeigte, das zum Keim späterer Wissenschaft hätte werden können. Mehr noch sind sie an generellem Wissen auch gar nicht interessiert, und zwar nicht aus Gründen geistiger Inferiorität und Stumpfheit, vielmehr in Anbetracht ihrer Daseinsbedingungen, unter denen generelles Wissen praktisch unerreichbar ist und auch völlig bedeutungslos wäre. Im Zwang der Sorge für den Lebensunterhalt wie auch in Hinsicht auf die sonstigen eingewöhnten, mit vitalen und sozialen Werten ausgestatteten Tätigkeiten fehlt es schon an der Zeit, und noch mehr fehlt es an der Kontinuität des Interesses, die beide Voraussetzungen für Erkenntnisse sind, welche über das Praktisch-Sinnfällige hinausgehen sollen.

Man übersieht gewöhnlich auch, daß alles generelle Wissen, gleichviel ob theoretischer oder praktischer Natur, unter diesen Lebensbedingungen ein reines Überschußwissen ist, mit dem sich praktisch nichts anfangen läßt. Überall haben sich denn auch die Anfänge und Fortschritte in der Wissenschaft und ihren Vorformen auf intellektuelle Neugier und inneren geistigen Zwang, und nicht auf praktische Interessen, gegründet, welche letzteren natürlicherweise Lösungen *ad hoc* suchen und deshalb als Ansatz wissenschaftlicher Entwicklung wenig taugen. Das generelle Wissen ist eben erst einmal unpraktisch, weil die Situationen und Objekte, mit denen es der Mensch zu tun hat, von Natur zu komplex sind, um brauchbare Generalisierungen zu erlauben. Er hat es nicht mit dem Stein, dem Tier, der Sonne oder dem Menschen, vielmehr mit jeweils bestimmten individuellen Objekten in je besonderen Situationen zu tun, deren unregelmäßiger Typik ein Handlungswissen gerecht wird, aber nicht ein generelles Wissen.

Daran hat sich übrigens seither so viel auch nicht geändert. Denn obschon wir alle mit einem Schatz generalisierten Wissens aufwachsen, auch kollektiv durch berufliches Handeln in technisch-wissenschaftlichen und sonstigen Institutionen weitgehend die Wirklichkeit aufgrund dieses Wissens einrichten, brauchen wir für das persönliche Handeln im Alltag eher Menschenkenntnis als Psychologie, eher Erfahrung als Soziologie, eher Urteilskraft als Nationalökonomie; zumindest reicht unser generelles Wissen selten aus, um einer Situation gerecht zu werden. In diesem Sinne enthält die allgemeine, das heißt nicht beruflich spezialisierte Praxis kaum Antriebe zur Entwicklung generellen Wissens. Wo solches Wissen auftaucht, verdankt es sich als wesentlich nutzloses Wissen der intellektuellen Neugier oder dem geistigen Zwang. Es ist deshalb typisch nicht als praktisch brauchbares Wissen intendiert und kann überwiegend so auch gar nicht gebraucht werden. Eine technische Umsetzung der griechischen Wissenschaft hat bekanntlich nicht stattgefunden, und die moderne Wissenschaft hat fast zweihundert Jahre auf ihre technische Auswertung warten müssen, weil es so lange an jenen wirtschaftlichen, beruflichen und sonstigen strukturellen Voraussetzungen fehlte, unter denen aus generellem Wissen erst Praxis werden kann[14].

Auch wenn das anders wäre, mangelte es noch immer an einer unerläßlichen Voraussetzung, nämlich an der Möglichkeit, Erkenntnisse durch Argumentation durchzusetzen. Sogar in unserer Kultur, die durch Sprache, Schule und Umgangswerte für Argumentation und Beweis prädestiniert erscheint, ist es bei zufälligen Begegnungen und normalen Alltagssituationen so gut wie unmöglich, anderen Personen Erkenntnisse zwingend aufzunötigen, auch wenn diese Erkenntnisse innerhalb des vorgegebenen Wissensstandes der Partner objektiv zwingend dargestellt werden könnten. Zustimmung gilt deshalb häufig mehr der Autorität des Sprechers oder sachlich ganz nebensächlichen Momenten seiner Ausführung als dem Zwang der Gründe, und Zweifel oder Einsprüche erweisen sich als unüberwindbar, wenn nicht bei dem einen, so bei dem anderen, weshalb es in vorwissenschaftlichen Kulturen bei lauter Meinungen bleiben mußte und auch das Richtige, wenn es aufträte, nur als Meinung auftreten würde.

Die heutige Wissenschaftstheorie charakterisiert die Wissenschaft als ein intersubjektives Wissen. Das ist, wie noch zu zeigen sein wird, insoweit korrekt, als die wissenschaftliche Erkenntnis öffentlich als gültig anerkannt sein muß. Aber die Meinung, daß diese faktische Gültigkeit einzig oder auch nur überwiegend darauf beruhen müsse, daß man sich allgemein vom Zwang der Gründe überzeugt habe, ist irrig. Unsere wissenschaftliche Kultur beruht vielmehr auf dem Vertrauen in den Sachverstand berufener Fachleute und müßte in dem Moment, wie immer auch die Sachen selbst sprechen möchten, verschwinden, wo dieses Vertrauen verloren ginge. Die Vorstellung, die Wissenschaft sei intersubjektiv in dem Sinne, daß ihre von Personen ganz abgelösten und rein in den Sachen selbst verankerten Erkenntnisse jedermann zwingend aufgenötigt werden könnten, ist deshalb nichts als eine regulative Idee, die am Ende eher

---

14 Benjamin Farrington, „Greek Science", London 1949, hat versucht, das Auslaufen der griechischen Wissenschaft aus der mangelnden technischen Umsetzung, und diese aus dem mangelnden Druck zur technischen Innovation in einer Gesellschaft mit Sklaverei zu erklären. Außer in marxistischen Kreisen wird diese Lesart nicht mehr diskutiert. Ich glaube auch den besten Kennern in der Meinung zu folgen, daß der Aufstieg der modernen Wissenschaft ebenfalls nicht primär technisch motiviert und inspiriert war. Meine Argumentation an dieser Stelle beruht auf einer grundsätzlichen handlungstheoretischen und kulturvergleichenden Analyse. Spezielle historische Argumente über den Charakter der modernen Wissenschaft folgen später im Text.

über die gängige Wissenschaftstheorie als über die Wissenschaft selbst etwas aussagt, welch letztere nämlich *ad Calendas Graecas* hätte warten müssen, wenn sie, um ins Leben zu treten, der Auflage der Intersubjektivität auch nur annähernd hätte Genüge tun müssen. Wohin es aber führen muß, wenn man mit diesem Gedanken ernst machen wollte, das hat Habermas mit seiner, doch offenbar aus der aufklärerischen Säkularisierung alter Logoslehren gewonnenen Traumidee, oder genauer: mit dem Verlangen, mit dieser Idee Ernst zu machen, gezeigt, welche die Wahrheit aus der möglichst öffentlichen und uneingeschränkten Diskussion hervorgehen sieht.

Es ist nämlich ganz im Gegenteil die Chance, daß sich so etwas wie Wahrheit zeigt, an speziell eingegrenzte und geregelte Kommunikation gebunden. Nicht zufällig geht alles Lernen, welches über das rein Praktische hinausgeht, in formalen Situationen mit Schulcharakter vor sich. Der Prozeß darf nicht auf die zufällige Begegnung beliebiger Teilnehmer, er muß auf die Kontinuität designierter Partner abstellen. Der Austausch darf auch nicht rein der Spontaneität von Einfall und Situation ausgeliefert, er muß vorbereitet und geregelt sein. Ungeachtet der psychologischen Probleme, die damit in jeder Art von Schule entstehen, ist das Lernen an künstliche Situationen gebunden, welche durch räumliche, zeitliche, kommunikative und sachliche Regelungen die Aufmerksamkeit von der gewohnten Alltagswelt entlasten und dadurch die Chance eröffnen, daß die Sachen zu sprechen beginnen. Doppelt gilt das, wo Lehren und Lernen sich zur gleichberechtigten Diskussion und Argumentation entwickeln sollen, um rein am Zwang der Sachen entlang zu gehen. Auch hier bedarf es der Zuordnung designierter Personen, der gesicherten Kontinuität ihrer Beziehung, der Entlastung der Aufmerksamkeit vom Alltag durch künstliche Arrangements, dazu eines Schatzes an kommunikativen und sachlichen Regeln, oder genauer, jenes speziellen Eingeschultseins in die Kunst und die Zwänge des wissenschaftlichen Umgangs mit Sachen und des wissenschaftlichen Austauschs mit Personen, das sich in formellen Beweisverfahren und äußeren Diskussionsregeln bei weitem nicht erschöpft, überhaupt nicht annähernd zu explizieren und zu objektivieren, also auch nicht angemessen formell zu lehren und zu lernen ist, wohl aber dem Wissenschaftler zur zweiten Natur geworden sein muß. Wissenschaft ist also auf verschiedenste institutionelle Regelungen angewiesen und nur dann möglich, wenn der Erwerb von Wissen nicht dem zufälligen Interesse und Können beliebiger einzelner überlassen bleibt und wenn die Weitergabe und Übernahme dieses Wissens nicht dem Zufall begrenzter Begegnung und der Willkür individueller Meinungen ausgesetzt ist. Insofern ist die Wissenschaft nur als Institution möglich, welche die geregelte Beschäftigung mit Sachen und den geregelten Vergleich und Austausch von Wissen sichert. Dabei muß allerdings bedacht bleiben, daß die Wissenschaft nicht hinlänglich zu fassen ist durch Angabe der verschiedenen Regelungen, die beschreibbar sind und heute ja auch von besonderen Disziplinen (Logik, Methodologie, Wissenschaftstheorie, Wissenschaftssoziologie) beschrieben werden. Die Kenntnis und Beachtung aller dieser Regeln macht, wie später näher auszuführen sein wird, noch nicht den Wissenschaftler. Zum wissenschaftlichen

Umgang mit Sachen und Personen gehört überall ein nicht mehr auf Regeln zu bringendes, somit auch nur durch Erfahrung zu erwerbendes Eingeschultsein. Wissenschaft ist insofern eine besondere geistige Kultur und Disziplin, die zwar durch institutionelle Regelungen erst ermöglicht, durch diese aber nicht erschöpft wird. Ihr intersubjektiv zwingender Charakter ist an diese Kultur und deren Voraussetzungen gebunden: Wissenschaft findet unter Wissenschaftlern statt[15]. Kurzum, die Wissenschaft spricht zwar von Sachen, aber die Sachen sprechen erst, wenn sich die nötigen institutionellen Voraussetzungen bilden, in denen sich eine Kultur der Befassung mit und des Austausches über Sachen entfalten kann. Mangels solcher Voraussetzungen blieb es auch bei Völkern, welche es in der normalen Wissensakkumulation weit gebracht hatten, wie in China, das an verläßlichem praktischen Wissen und technischen Kunstfertigkeiten dem mittelalterlichen Europa überlegen war, bei einem Handlungswissen, das sich auf die verläßliche und sorgfältige Beobachtung faktischer Regelmäßigkeiten beschränkt, bei denen Erklärung und Zusammenfügung jedoch stets im Bereich des Mythos endet. Denn dieser ist die angemessene, auch mit einer eigenen Logik ausgestattete Form der Durchordnung des Handlungswissens. Der Sprung aus diesem Wissenstyp in die Vorformen der Wissenschaft kann sich nur dort ereignen, wo durch gewisse soziale Beziehungen die Voraussetzungen für eine geistige Kultur „der Sachen" entstehen[16].

Wichtig ist nun weiter ein sehr nüchterner, aber grundlegender Tatbestand: Die öffentliche Gültigkeit von Wissen konstituiert sich im Interesse irgendwelcher gesellschaftlich erheblicher Gruppen, die dadurch als Abnehmer auftreten. Damit aber kann die Wissenssuche selbst erst die Kontinuität der berufsmäßigen Hingabe annehmen, während sie vorher Nebentätigkeit und Freizeitbeschäftigung war. Nur wo Wissen als öffentlich gültig gilt, entwickelt sich Wissenschaft als Beruf. Denn die Voraussetzungen dafür sind nun einmal die von irgendwelchen Abnehmern und Interessenten aufzubringenden Mittel. Das kann, wie bei den Sophisten, über ein freies Unterrichtsangebot her erfolgen oder, wie bei der alexandrinischen Akademie, über die öffentliche Finanzierung oder, wie in der mittelalterlichen Universität, über eine kirchliche Lizenzierung, die sich mit privater Nachfrage verbindet. Immer aber kommt dann mit der Professionalisierung die Kontinuität der Befassung mit den Sachen und, wo die berufsmäßigen Gelehrten auch noch in einer Institution zusammengeführt werden, die Intensität des Austausches besser zum Zuge, mit dem Erfolg, daß der Erkenntnisertrag und die geistige Kultur der Sachen miteinander wachsen. Die bedeutende Leistung, mit der die mittelalterliche Universität der modernen

---

15 Zu der generellen Einsicht in die institutionellen Voraussetzungen der Wissenschaft hat die Wissenschaftssoziologie beigetragen, so daß man heute oft kurzerhand von der „Scientific Community" spricht. Zu den Mängeln der Wissenschaftssoziologie gehört es jedoch, die „Kultur der Sachen" auf generelle Normen und methodische Regeln zu reduzieren. Man muß es deshalb begrüßen, daß durch die Arbeiten von Michael Polanyi wieder ein verfeinertes Verständnis für die durch Methoden nicht zu erfassende – individuelle wie gemeinsame – Urteilsbildung, also für die Natur des Forschungsprozesses und seiner Bewegung angestrebt wird.

16 Ich verweise dazu noch einmal auf meine in Anmerkung 4 genannte Arbeit.

vorarbeitete, bestand genau in der Entwicklung einer verfeinerten geistigen Kultur, die sich in einem scholastischen Instrumentarium niederschlug. Sie war das Ergebnis der Professionalisierung des Umgangs mit Sachen durch berufsmäßige Gelehrte mit fachlichen Kompetenzen und ihres geregelten und intensivierten Austausches, der durch ihre Zusammenführung in einer einzigen Institution erreicht wurde. Diese Normierungen des Umgangs mit Wissen hatte die moderne Wissenschaft gewissermaßen im Rücken, als sie sich in ihrer Frühphase ihre eigenen institutionellen Vorformen der *république des lettres* schuf, und sie brauchte schließlich die alte Institution der Universität nur mit ihrer neuen Vorstellung von Wissenschaft zu erfüllen, um die nötige Grundlage dauerhafter Entwicklung und Wirksamkeit zu gewinnen.

Die weitere Institutionalisierung der Wissenschaft hat sich dann bekanntlich am deutlichsten in der Ausbildung einer entsprechenden Berufsstruktur vollzogen, vor allem natürlich in der beruflichen Freistellung und Inpflichtnahme von Wissenschaftlern, gegenüber etwa einer bloß aus privater Liebhaberei betriebenen Erkenntnissuche. Zu ihr gehört aber auch die Prästierung der für die Aufgabe nötigen Einrichtungen und Mittel, darunter nicht zuletzt auch die geregelte Verbindung zwischen Wissenschaftlern, welche durch ihre Vereinigung in Universitäten, durch das Veröffentlichungswesen, durch Fachverbände, Tagungen u.a. gesichert wird. Dienen diese Einrichtungen dem Gewinn wissenschaftlicher Erkenntnis, so andere ihrer öffentlichen Verbreitung und Gültigkeit. Hierher gehören natürlich Lehre und Ausbildung, genauer die Förderung und Anerkennung dieser durch Examina zu erwerbenden Qualifikationen, aber auch alle sonstigen Interessen von Abnehmern wie Staat, Wirtschaft, Verbänden, Gewerkschaften an den Ergebnissen wissenschaftlicher Tätigkeit. Und mindestens solange, wie die Wissenschaft nicht auf die Produktion eines beruflich erwartbar verwendbaren Wissens eingeschränkt sein wird, gehört zur Institution der Wissenschaft auch jenes Interesse, das die Öffentlichkeit an geistigen Problemen und Erkenntnissen nimmt.

Festzuhalten bleibt, daß Wissenschaft nur in Institutionen getrieben werden kann. Ein erster Schritt hierzu ist getan, wo sich ein (aus welchen Gründen immer) geregelter Austausch über Sachen zwischen „Kennern" ergibt, die insofern einen Kreis, eine wissenschaftliche Gemeinschaft bilden. Erst wenn diesem Kreis von außen Interesse gezollt wird, das sich in der (wie immer motivierten) Nachfrage nach diesem Wissen betätigt und somit durch eine (wie immer vollzogene) Remuneration die Professionalisierung der Erkenntnissuche erlaubt, kann die Wissenschaft, oder eine ihrer Vorformen, ernsthaft in Gang kommen. Dabei erweist sich die Intensivierung des Austausches als Quelle der Verfeinerung der spezifisch geistigen Kultur der Wissenschaft. In diesem zweiten Schritt der Institutionalisierung gewinnt das Wissen erst öffentliche Gültigkeit, ja tritt erst der Gedanke eines beweisbaren öffentlich gültigen Wissens auf, das damit auch erst zu einer gesellschaftlichen Tatsache und Kraft wird.

In doppelter Weise also ist die Wissenschaft auch in ihren Vorformen an soziale Voraussetzungen gebunden, nämlich an eine wissenschaftliche Gemeinschaft und eine Klientel von Interessenten. Unsere Vorstellung, daß „die Sachen selbst" sprechen, ist irrig. Sie beginnen erst zu reden, wenn soziale Voraussetzungen erfüllt sind. Andernfalls sprechen sie eine andere, keine wissenschaftliche Sprache.

Der Wert der Wissenschaft

Als dauerhafte Einrichtung ist die Wissenschaft auf ein interessiertes Publikum angewiesen, das die nötigen Mittel für die berufsmäßige Tätigkeit zur Verfügung stellt. Die wirtschaftliche Grundlage aller Wissenschaft ist deshalb unvermeidlich die öffentliche Nachfrage nach ihren Erkenntnissen im Austausch gegen solche Mittel, gleichviel, ob das durch privates Angebot und individuelle Nachfrage geschieht oder korporativ von gesellschaftlichen Gruppen gesichert oder bürokratisch durch den Staat geregelt wird. Stets entsteht Wissenschaft als Beruf erst durch ein öffentliches Interesse, das wirtschaftlich als Nachfrage, gesellschaftlich als Übernahme von Erkenntnissen auftritt, die dadurch auch allererst wirksam werden. Der geregelte Tausch von Leistungen, das Merkmal aller Institutionen, charakterisiert die Wissenschaft in ihrem Vollzug.

Allerdings ist dieser Austausch gar nicht dauerhaft zu regeln, ja, die Sache, welche die Wissenschaft betreibt, läuft geradezu aller Institutionalisierung entgegen. Denn in jeder Institution beruht der Austausch von Leistungen auf dem eingespielten Bedarf an erwartbaren Gütern, die irgendwelche Bedürfnisse vorhersehbar befriedigen – was immer auch diese Güter und Bedürfnisse sein mögen. Keine Institution wäre möglich, wenn auch nur ein Teil bei dem Austauschverhältnis offen ließe, welche Leistungen er bieten wird. Das aber ist bei der Wissenschaft der Fall, weil sie ihre künftigen Leistungen grundsätzlich nur als „neue Erkenntnisse" beschreiben kann, also grundsätzlich auch gar nicht anzugeben weiß, welche Bedürfnisse sich mit ihren Gütern befriedigen lassen werden. Unvermeidlich stellt sich die Frage, welchen Wert „neue Erkenntnisse", welchen Wert also die Wissenschaft selbst hat. [...]

Wie jede andere Institution kann auch die Wissenschaft nur bestehen, solange sie in irgendeiner Weise als wertvoll gilt, und jede Gesellschaft kann und wird sie nur dann und nur insoweit pflegen, wie sie daran glaubt. [...]

Darüber hat man sich gerne hinweggetäuscht in der Überzeugung, daß die Erkenntnis ein bedingungsloses Gut sei, das keiner Rechtfertigung bedürfe. [...] Man hat dem Glauben gehuldigt, daß die Erkenntnis ein absoluter und evidenter Zweck sei, den die Menschen entweder sowieso verfolgen oder jedenfalls als einen unbedingten Wert anzuerkennen logisch gezwungen werden könnten. Es läßt sich auch kaum übersehen, daß dieser Glaube ein uraltes Motiv enthält, das bis in primitive Kulturen zurückzuverfolgen ist und offenbar zur anthropologischen Situation eines Wesens gehört, das in Wissensmängeln auf eine Quelle der Unsicherheit seines Handelns stößt.

Fast immer ließe sich das jeweilige Ziel nämlich sicherer erreichen, wenn gewisse Informationen vorhanden wären, und stets wirkt die unverstandene

Welt durch ihre Fremdheit bedrohlich. Insofern ist die Feststellung des Aristoteles, alle Menschen strebten von Natur nach Wissen, wohl richtig. Daß Wissen Macht verleiht, daß es aus der Passivität gegenüber einer unverstandenen Welt erlöst, ist in Primitivkulturen eine durchaus geläufige Vorstellung. Aus ihr fließt die Überzeugung, daß das Wissen, welches dem Menschen fehlt, irgendwo sonst vorhanden sein müsse und auch von bestimmten charismatischen (und eben nicht allen) Personen, etwa Sehern, Magiern, Sibyllen erworben werden könne. Der Zugang zum außergewöhnlichen Wissen, das aus dem Zwang der Dinge und der Unsicherheit des Handelns erlöst, ist ein uraltes menschliches Thema. Das Alte Testament hat es mit der Versuchung „Eritis sicut Deus scientes bonum et malum" („Ihr werdet sein wie Gott und wissen, was gut und böse ist") der ganzen menschlichen Geschichte zugrundegelegt, und im Christentum, welches das Wissen nicht als einen Weg billigte, auf dem der Mensch seinem Los entrinnen könne, ist das Thema noch einmal im Teufelspakt durchgebrochen, der nicht zufällig die Geschichte Fausts einleitet.

Wie immer es nun mit der anthropologisch fundierten Versuchbarkeit des Menschen durch Wissen, mit seinem Traum der Überlegenheit durch Wissen, bestellt sein mag – das besondere Glaubensbekenntnis der Wissenschaft ist nicht haltbar. Aus dem Gedanken der Erkenntnis läßt sich logisch niemals auf ihren Wert schließen; stets liegt dazwischen ein Sprung. Das gilt auch für jene Idee vom Wert der Erkenntnis, welche die Wissenschaft seit dem 19. Jahrhundert in steigendem Maß zu ihrer Legitimation benutzt hat, nämlich für die Vorstellung, die Erkenntnis stelle deshalb einen unbedingten Wert dar, weil sie dem Menschen die steigende Verwirklichung seiner Zwecke ermögliche; denn da der Mensch nun einmal Zwecke verfolge, würde er sich selbst widersprechen, wenn er die Mittel ausschlüge, welche ihm hierfür nötig seien. So überzeugend dieser Gedanke klingt, so verläßt sich der Beweis doch auf eine Reihe von durchaus zweifelhaften Voraussetzungen. Es steht nämlich keineswegs fest, daß die Verwirklichung von Zwecken nicht unvorhersehbare Nebenfolgen auslöst, durch welche andere menschliche Zwecke beeinträchtigt werden; noch ist es auszuschließen, daß die Erkenntnisse, welche als frei verfügbare Mittel angesehen werden, schließlich selbst dem Menschen seine Zwecke vorzuschreiben beginnen; noch kann aus der entsprechenden Tauglichkeit der Erkenntnisse logisch gefolgert werden, daß in der Verwirklichung von Zwecken überhaupt ein Wert läge.

Aber auch wenn man den absoluten Wert der Erkenntnis rein in ihr selbst gründen läßt, stößt man auf ähnliche Schwierigkeiten. Stets muß man angeben, daß die Erkenntnis für den Menschen irgend etwas bewirkt; stets muß man klarmachen, daß sie etwas für ihn bedeutet; stets muß irgend etwas hinzukommen, das aus einem Wissen etwas Wissenswertes macht. Der Wert der Erkenntnis folgt nirgends aus ihrem bloßen Erkenntnischarakter, er ist immer eine Konstruktion, die die Erkenntnis auf anderes außerhalb ihrer bezieht und ihr erst dadurch eine Wirkung oder Bedeutung, also einen Wert zuzuschreiben vermag. Die Frage nach dem Wert der Erkenntnis ist logisch eine

Wertfrage. Gegen die Überzeugung, daß alles Wissen eitel und Haschen nach Wind sei, es also gar nicht wissenswert sei, weil es im Leben eben auf ganz andere Dinge, etwa die spirituelle und moralische Vervollkommnung oder die brüderliche Gemeinschaft oder die gesellschaftliche Herstellung des guten Lebens oder die Aufschließung der subjektiven Erlebniswelt ankomme, ist logisch kein Mittel gewachsen.

Läßt sich aus dem Begriff der Erkenntnis niemals auf ihren Wert schließen, so wirft doch jede Erkenntnis unvermeidlich die Frage nach ihrem Wert auf. [...]

Alle Wissenschaft vollzieht sich immer schon in einem Gefüge von Annahmen über ihren Wert, welche vorgreifend ihre Leistung unter irgendwelchen Gesichtspunkten bedeutungsmäßig festmachen und somit Erwartungen über den Sinn ihrer Aufgabe darstellen.

Hierfür bietet die Geschichte der Wissenschaft laufend Belege. Für die Pythagoreer offenbarte sich in der Geometrie der Zahlen (Tonintervalle, Tetraktys, Gnomon, Pentagramm, Goldener Schnitt und so weiter) die Harmonie des Kosmos. Bei Platon war die Erkenntnis der Weg, der aus dem Schein der Dinge in die Wahrheit des Seins führte. Die Renaissance begriff die Wissenschaft als den Weg zur wahren Natur oder auch als den Weg zur wahren Kunst. Überall zielte die Erkenntnis geradezu auf Bedeutung oder nahm eine Bedeutung an, die über ihren manifesten Inhalt hinausging[17].

Man hat in solchen Spekulationen die unreinen Beimischungen der vormodernen Wissenschaft sehen wollen, die ihr eigenes Wesen noch nicht korrekt begriffen hatte. Dementsprechend hat man die moderne Wissenschaft strikt gegen ihre Vorläufer abgesetzt. In der großen Revolution des 17. Jahrhunderts sei die Wissenschaft endgültig auf den Weg gekommen, weil man sich entschieden von allen Bedeutungsfragen, insbesondere auch von den begrifflichen Tüfteleien und den theologischen oder metaphysischen Vorannahmen der Scholastik abgekehrt und rein den Tatsachen zugewandt habe, um durch Experiment und Induktion die Gesetze des wirklichen Geschehens zu ermitteln. Mit der furchtlosen und von allem Schielen nach Bedeutungen freien Suche nach den Tatsachen habe die wahre Wissenschaft begonnen, die nichts als Erkenntnis sein wollte, deren sonstiger Wert in dem aus der Anwendung der Erkenntnisse zu erwartenden Nutzen gelegen habe.

Obschon nun die sogenannte wissenschaftliche Revolution des 17. Jahrhunderts eine überaus komplizierte Geschichte ist, darf doch in der hier nötigen und berechtigten Beschränkung kurzerhand gesagt werden, daß an obigem Bild so ziemlich alles falsch ist. Es beruht durchaus auf Projektionen, mit denen spätere Zeiten – erst die Aufklärung, dann das 19. Jahrhundert und nun die soziologischen und marxistischen Schulen der Gegenwart – jeweils ihr eigenes Wissenschaftsverständnis in jene Anfänge zurückblendeten. Die Verfälschung beginnt schon damit, daß man den großen Umbruch im 17.

---

17 Zu diesem Punkt und für das Folgende vergleiche meinen in Anmerkung 10 genannten Beitrag.

Jahrhundert kurzweg als den Beginn der modernen Naturwissenschaft oder gar der Wissenschaft bezeichnet. Tatsächlich kommt der Ausdruck Wissenschaft, als eine verständliche Vorstufe unseres Begriffs, erst im späteren 18. Jahrhundert auf, ja er setzt sich erst im 19. Jahrhundert durch. Das 17. Jahrhundert verstand seine Arbeit als *philosophy of nature* – ein Ausdruck, der sich als Bezeichnung für naturwissenschaftliche Arbeit teils bis in das 19. Jahrhundert hielt[18]. Natur war noch nicht jener veräußerlichte Sammelbegriff, der uns die gesamte äußere Wirklichkeit an jeder Stelle zur Forschung freigibt. Man konzentrierte sich vielmehr auf gewisse spektakuläre Ausschnitte, vor allem die himmlische und irdische Mechanik, in denen man eine einheitliche und vor allem auch sinnvolle Ordnung des Kosmos und deshalb letztlich eben den Beweis der göttlichen Schöpfung zu finden meinte. Nichts spricht dafür, daß man sich damals als Anfang und Teil einer immer weiter fortschreitenden und auf alle anderen Gebiete ausgreifenden Naturwissenschaft verstand. Man suchte und fand ein sehr bestimmtes Wissen über die sinnvolle Ordnung der Welt, aus dem erst die Aufklärung die Idee eines universellen Wissens destillierte, welches die Vernunft in der umfassenden Durchdringung der überall vernünftigen Wirklichkeit erwerben könne und solle. Erst aus dieser Universalierung des Wissensbegriffs ging der moderne Gedanke der Wissenschaft hervor, der nicht zufällig jeweils nationale Züge annahm, also etwa in England die *humanities* und *divinities* nicht zur Wissenschaft schlug[19].

Vor allem nun stand am Anfang der modernen Wissenschaft ein Glaube an den Wert der Erkenntnis, der, obschon er sich wandelte, bleibender Antrieb und Zwang für die Entfaltung der Wissenschaft wurde. Es ist oft darauf hingewiesen worden, daß die wissenschaftliche Revolution des 17. Jahrhunderts sich unter einem neuen Zwang der rationalen Vergewisserung vollzog, und zwar sowohl in ihrem Cartesianischen wie in ihrem mehr empirischen Zweig. Dieser Zwang, der sich aus der bloßen Absicht, „die Tatsachen" zu kennen, gar nicht erklären ließe, stammte aus ganz anderen Tiefen, nämlich aus einer Unsicherheit, die in der Theologie und Philosophie des Mittelalters, auch in dessen religiösen Bewegungen, bereits Gestalt gewonnen hatte und durch die Reformation radikalisiert worden war. Der religiöse Glaube war unsicher, Gottes Anwesenheit in der Welt war fraglich, die Offenbarung war dunkel und mehrdeutig geworden. Aus diesem Zweifel, was an der Welt wahr sei und wie der

---

18 Der Ausdruck *philosophy of nature* hat sich, wie man aus Charles C. Gillispie, „Genesis and Geology", in: Harvard Historical Studies 58, New York, Cambridge (Mass.) 1951, entnehmen kann, in England bis in das 19. Jahrhundert erhalten. In Deutschland wird er von Hermann von Helmholtz noch durchaus in seinem Eigenrecht anerkannt. Zur Geschichte der Begriffe Wissenschaft, *science* usw. in verschiedenen Ländern vergleiche man sonst Alwin Diemer (Hrsg.), „Der Wissenschaftsbegriff", Meisenheim a. Glan 1970.

19 So bekannt das im allgemeinen ist, so wenig Aufmerksamkeit ist noch den innerwissenschaftlichen Ursachen und Folgen gewidmet worden. Ich weise hier nur auf die Bedeutung hin, welche ein so unscheinbarer Umstand wie die Verortung der Theologie – in Fakultäten an der Universität oder in Seminaren – für die Unterschiede der europäischen Universitäts-, Geistesgeschichte und Geschichte gehabt hat. Vielleicht die beste Übersicht über diese Zusammenhänge im 3. Teil (von Bd. 2) von Georges Gusdorf, „La Révolution Galiléenne", Paris 1969.

Mensch in ihr leben dürfe und müsse, erwuchs der Zwang zur rationalen Vergewisserung, der sich an der Überlieferung befestigte, daß Gott seine Ordnung sowohl im Buch der Offenbarung als auch im Buch der Natur, und hier nach Maß, Zahl und Gewicht, also rational einsichtig, niedergelegt habe. Kepler nahm seine Gesetze als Beleg für die *harmonia mundi*, Galilei und Descartes beriefen sich auf das Buch der Natur, und der Kreis um Newton und die Royal Society fanden in seinen Erkenntnissen den Anlaß, Gott als den weisen Schöpfer zu ehren.

Spätere Generationen haben gemeint, daß die Entdeckung des göttlichen Plans sich einem geduldigen induktiven Probieren und empirischen Generalisieren von Männern verdankte, die nichts als die Tatsachen im Sinn hatten. In Wirklichkeit war die Entzifferung wesentlich mit deduktiven Verfahren gelungen aufgrund einer Entschiedenheit der Abstraktion, die sich gerade von dem Sinnfälligen abwandte und sich von allen Mißerfolgen nicht hatte entmutigen lassen, in der vorweggenommenen Überzeugung, daß in der Welt eine sinnvolle Harmonie von rationaler Einfachheit verborgen sein müsse. Nichts ist da so bezeichnend wie Alexander Popes berühmter Epitaph auf Newton: „Nature and Nature's Laws lay hid in Night, God said, Let Newton be! And All was Light." Newton selbst allerdings hatte in der Entzifferung des Buches der Natur nur die Vorstufe zur wichtigeren Arbeit der Enträtselung des Buches der Offenbarung gesehen. Sein Nachlaß bestand aus Bergen von Studien, die den arkanen Wissenschaften, vor allem den Büchern der Offenbarung galten. Da sie dem Bild, das sich die Wissenschaft von sich selbst machte und wofür sie ihren Erzvater als Zeugen reklamieren mußte, widersprachen, hat man jahrhundertelang nicht gewagt, sie zu veröffentlichen[20].

Wenn man anfangs in den Ergebnissen der frühen Naturwissenschaft die rationale Bekräftigung der göttlichen Weisheit gesehen hatte, so trug dieser Glaube seine eigene Dynamik in sich. Die rationale Vergewisserung über die Ordnung der Welt war eben selbst eine revolutionäre Tatsache, welche der Mensch nun in Rechnung stellen und in sein Weltbild einordnen mußte. Er hatte sich selbst als das Wesen entdeckt, das mittels seiner Vernunft die Wirklichkeit entziffern konnte. Daraus entstand jener Vorgriff der Aufklärung, welche dem Menschen nicht bloß die Einsicht in die Ordnung der Wirklichkeit, sondern die umfassende Vergewisserung in der Wahrheit, die ihn frei machen sollte, versprach. Hier erst bildete sich, noch zögernd und tastend, der Begriff der Wissenschaft, die als Mittel dieser Vergewisserung und Freiheit konzipiert war. [...]

Die Geschichte der Wissenschaft ist eben nur vordergründig auf den Fortschritt ihrer Erkenntnis zu beschränken, weil mit neuen Erkenntnissen und neuen Daseinslagen auch neue Legitimationszwänge und -möglichkeiten auftauchten, welche eine neue Bestimmung dessen, was die Wissenschaft dem

---

20 Nach einigen Hinweisen, vor allem von John Maynard Keynes, nun Frank E. Manuel, „The Religion of Isaac Newton", Oxford 1974. Mit Fritz Wagner, „Isaac Newton im Zwielicht zwischen Mythos und Forschung", Freiburg 1976, werden diese Tiefenschichten hoffentlich auch in Deutschland ins allgemeine Verständnis der Wissenschaft eingehen.

Menschen leisten kann und soll, und damit eine Revision ihres überlieferten Wertes verlangten. Die großen wissenschaftlichen Bewegungen des 19. Jahrhunderts sind denn auch immer zugleich Versuche gewesen, angesichts der Enttäuschung von Erwartungen, welche das 18. Jahrhundert in die Wissenschaft gesetzt hatte, ihren Wert mittels neuer wissenschaftlicher Strategien zu restabilisieren. So wurde die Naherwartung, welche die Aufklärung mit der Wissenschaft, theoretisch wie praktisch, verbunden hatte, auf den langsamen Prozeß des Erkenntnisfortschritts vertröstet, der am Ende die ganze Wahrheit und den vollen Segen bringen sollte. Nur der Marxismus schlug hier einen anderen Weg ein, indem er den Menschheitsfortschritt als einen primär gesellschaftlichen Prozeß definierte. Die Naturwissenschaften insbesondere produzierten die Vorstellung, daß der Mensch Stück um Stück zum Herrn über seine Lebensumstände werden würde, und zwar im Takt mit den Fortschritten der sich spezialisierenden Naturerkenntnisse. Der Positivismus versprach, durch erhöhte methodische Genauigkeit und verstärkten Verfahrensaufwand die Gewißheit endgültigen Wissens zu erzwingen, und er versprach vor allem, die Enttäuschung, daß die Wissenschaft kein normatives Wissen liefern kann, durch die Entwicklung streng nomologisch orientierter Human- und Sozialwissenschaften auszugleichen, welche normatives Wissen in einer rationalen Gesellschaft entbehrlich machen würden. In diesen, hiermit nur angedeuteten Umdeutungen des Wertes der Wissenschaft blieb die Überzeugung unerschüttert, daß der Erkenntnisfortschritt zum menschlichen Fortschritt notwendig sei. Die Legitimation der Wissenschaft war, trotz erheblicher Umdeutung ihres Wertes, so wenig fraglich wie der Glaube an ihre weitere ungehinderte Entfaltung und ihre endgültige globale Durchsetzung.

[...] Da die Wissenschaft, kaum daß sie sich unter diesem Namen als Einheit zu begreifen begann, auch schon in der Spezialisierung der Fächer auseinandertrat, sind die Vorstellungen vom Wert der Wissenschaft nach Fächern verschieden. Merklich sind auch nationale Unterschiede, welche sich aus der Tatsache ergeben, daß die verschiedenen kulturellen und sozialen Traditionen und die anderen geistigen und religiösen Weltbilder unterschiedliche Bedürfnisse schaffen, welche den gleichen Erkenntnissen in einem Land andere Bedeutungen verleihen als in einem anderen oder sogar den Wissenswert ganzer Fächer anders ansetzen[21]. Zur Strukturierung der Geschichte mache man sich

---

21 Dem Rückverweis auf die Anmerkungen 18 und 20 sei hier nur die Frage angefügt, wie die Vereinheitlichung vor sich geht. In den Naturwissenschaften läßt sich das mit der Beweiskraft der Sachen erklären, aber das kann man nicht auf alle Fächer, auch nicht auf das allgemeine Wissenschaftskonzept und den Hof der Bedeutungs- und Wertvorstellungen übertragen. So ist beispielsweise die nur die kommunistischen Staaten aussparende Einheit der heutigen Soziologie nicht kurzweg aus der sachlichen Durchschlagskraft der Argumente zu erklären. Sie hängt mit der Rolle zusammen, die die USA als Vorbild einer modernen Demokratie für die westliche Intelligenz gespielt haben. Diese Überlegung ist insofern für diesen Beitrag wichtig, als die internationale Entwicklung der Universitäten weitgehend dem amerikanischen Modell gefolgt ist, so daß sich eigentlich auch die Frage stellt, ob sie nicht im erheblichen Maß auf spezielle Ideen über die gesellschaftlichen Aufgaben und Möglichkeiten der Universität in einer modernen Gesellschaft zurückgeht, denen man weltweit bei der „Modernisierung"

auch tunlichst klar, daß der Wert der Wissenschaft nur zwei Argumente annehmen kann, indem er einmal einen Nutzen in Aussicht stellt, der sich aus ihrer Anwendung ergibt, oder aber, und vielleicht auch zugleich, eine Bedeutung in sich selbst besitzt. Im ersten Fall ist der Inhalt der Erkenntnis für sich gleichgültig und bedeutet nichts als ein Mittel, dessen technische Anwendung einen Nutzen verspricht. Am Beispiel des Newtonschen Gravitationssystems: als Einsicht in eine sinnhaft geordnete Schöpfung steckt es voller Bedeutung, als Größe zur Berechnung der Schubkraft, die eine Rakete zur Überwindung des Schwerefeldes der Erde benötigt, ist es totes Wissen, das allein zur Berechnung oder Beherrschung anderer Dinge taugt.

Die frühe Naturwissenschaft, also die *philosophia naturalis* des 17. Jahrhunderts, hatte einen ungeheuren Bedeutungswert, vor dem noch der gelegentliche Nutzen, den man praktisch daraus ziehen konnte, bloß als weiterer Beleg für die sinnvolle Ordnung der Schöpfung erschien. Wie man weiß, ist dieser besondere Bedeutungsgehalt bald abgeblaßt, obschon sich etwa in England die später so genannte *unholy alliance* zwischen Theologie und Naturwissenschaft bis in die Mitte des 19. Jahrhunderts halten konnte. Auf dem Kontinent aber wurde bald klar, daß die entdeckten Gesetzmäßigkeiten ebensogut ohne einen Schöpfer gedacht werden konnten. Das führte aber nicht sogleich zur Verleugnung aller Bedeutungsgehalte der Naturwissenschaften. Vielmehr entwickelte sich aus der Enttäuschung an den bloß mathematisch gefaßten Gesetzmäßigkeiten nun die Überzeugung, daß man an anderen Stellen als in der Mechanik suchen müsse, um ins Innere der Natur zu dringen. In der Tat läßt sich zeigen, daß sich gerade die Erschließung neuer Fächer und Phänomene fast immer mit der Erwartung verband, nicht nur irgendwelche weiteren Tatsachen zu entdecken, sondern auf geheimnisvolle Kräfte zu stoßen, die endgültig Aufschluß über den Bau der Natur geben könnten. Unverhüllt treten diese Hoffnungen insbesondere in der Frühzeit der Versammlung der Deutschen Naturforscher und Ärzte zutage, so in einer durchgängigen religiösen Terminologie, in der die Naturforscher in endlosen Variationen als Priester erscheinen, die kühn in die Tiefen des Universums steigen und am heiligen Tempel der Natur bauen. „Ausgerechnet dieses Bild von einer Natur, die sich entschleiert oder offenbart, deren Rätsel wir lösen, indem wir sie erforschen", schreibt dazu Heinrich Schipperges, „ist den Naturforschern und Ärzten zum Inbegriff für die Wirklichkeit der Welt überhaupt geworden. Daher die leidenschaftliche Arbeit – der zweite Kernbegriff dieses 19. Jahrhunderts – an dieser Natur, für die wir nur den Naturbegriff bei Karl Marx nennen wollen und für welche ,Arbeit an der Natur' kein Geringerer als Rudolf Virchow den bedingungslosen Glauben gefordert hat. Mit diesem Glauben fühlt sich Virchow berufen, ,die Grundlagen der neuen Anschauung zu legen'. Er sieht die moderne Wissenschaft wie eine gewaltige Bewegung aufbrechen, die nur als revolutionär gedeutet werden kann und die alle Hindernisse überwindet.

der gesellschaftlichen Verhältnisse nichts Überzeugendes mehr entgegenzusetzen hatte. Anders gefragt: wäre ohne diese kulturelle Führungsrolle Amerikas die Entwicklung in den übrigen Universitäten genau so oder genau so schnell vor sich gegangen?

Diese Wissenschaft hat nur ein einziges Ziel: ,dem Humanismus zu dienen und in die Rolle einzutreten, welche in früheren Zeiten den transzendenten Bestrebungen der verschiedenen Kirchen zugefallen war'."[22] Auch wenn später die religiöse Terminologie versinkt, bleiben massive Ansprüche an den Bedeutungswert der Naturwissenschaft übrig, die nun bloß in profaner Terminologie auftreten. So ist Helmholtz 1869 überzeugt, daß die Wissenschaft allein die vollständige Kenntnis und das vollständige Verständnis des Waltens der Natur- und Geisteskräfte erstreben kann, so daß die Wissenschaften gemeinsam den Zweck haben, den Geist herrschend zu machen, weil alles die Spuren der Herrschaft des Geistes trägt[23]. Und ausdrücklich heißt es über den einzelnen Forscher: „Wo soll er die Kraft und die Freudigkeit für seine mühsame Arbeit hernehmen, wo die Zuversicht, daß das, woran er sich gemüht, nicht ungenützt vermodern, sondern einen dauernden Wert behalten werde, wenn er sich nicht die Überzeugung wacherhält, daß auch er einen Baustein geliefert hat zu dem großen Ganzen der Wissenschaft, welche die vernunftlosen Mächte der Natur den sittlichen Zwecken der Menschheit dienstbar unterwerfen soll?"[24]

Diese, hier in ihrer historischen Folge und in ihren inhaltlichen Dimensionen gar nicht aufgeschlüsselten Proben sollen nur andeuten, welche Bedeutungsgehalte für die Naturwissenschaften im 19. Jahrhundert noch in ihrer Tätigkeit schlummerten, welchen Wert sie sich beimaßen. Die ausführliche Geschichte der Wissenschaft des 19. Jahrhunderts muß noch geschrieben, ihr großes Thema muß erst noch entdeckt werden. Aber es kann keine Frage sein, daß jenes Jahrhundert, welches die Strenge der Wissenschaft erfand und in der Genauigkeit der Spezialisierung und Methode verankerte, in der Wissenschaft die neue Religion und Erlösung sah. Immer wiederkehrendes Thema war denn auch der Gedanke, daß die Ausrottung allen Aberglaubens und Glaubens, die Verwissenschaftlichung aller Vorstellungen den neuen, freien, sittlichen und selbstgewissen Menschen produzieren würde. Im Namen der Verheißungen einer sich so verstehenden Wissenschaft ist die völlige Säkularisierung des

---

22 Heinrich Schipperges, „Die Versammlung Deutscher Naturforscher und Ärzte im 19. Jahrhundert", Stuttgart 1968, S. 19. Dort auch S. 144 die Bemerkung von Virchow: „Ich scheue mich nicht zu sagen, es ist die Wissenschaft für uns Religion geworden", welche ein Schlaglicht auf die Rolle der Wissenschaft im 19. Jahrhundert wirft, ein leider noch kaum erforschtes, aber reiches und bedeutendes Feld. Zur diesbezüglichen Rolle der Sozialwissenschaften vgl. etwa Donald G. Charlton, „Secular Religions in France 1815–1870", London 1963; Frank E. Manuel, „The Prophets of Paris", Cambridge 1962, und Friedrich August von Hayek. Für Deutschland findet man einiges verwandte Material in Hermann Lübbe, „Säkularisierung", Freiburg 1965, besonders Kap. 3 und 4, und „Politische Philosophie in Deutschland", Basel-Stuttgart 1963. Der für die Entwicklung der Wissenschaft so wichtigen „Versammlung Deutscher Naturforscher und Ärzte" ist jüngst mehrfach Aufmerksamkeit geschenkt worden. Wie unergiebig dabei die Arbeiten einer nur strukturell argumentierenden Wissenschaftssoziologie bleiben müssen, zeigt sich in sonst verdienstlichen Arbeiten wie von Rainald von Gizcycki, „Prozesse wissenschaftlicher Differenzierung", Berlin 1976, und Frank R. Pfetsch, „Zur Entwicklung der Wissenschaftspolitik in Deutschland 1750–1914", Berlin 1974, Kap. 5.
23 In der lesenswerten Rede „Über das Ziel und die Fortschritte der Naturwissenschaften", Braunschweig 1869.
24 Ebd.

Daseins gefordert worden. Wir sind die Erben dieser Verwandlung der Welt, die das 19. Jahrhundert, hierin selbst Erbe und Ausdeuter der Verheißungen der Aufklärung, im Namen der Wissenschaft gefordert und durchgesetzt hat. Daß das nicht auf Wissenschaft, sondern auf einem Glauben an einen bestimmten Wert der Wissenschaft beruhte, zeigt nur, wie hintergründig die Wissenschaft in ihrer Realität ist.

Inzwischen freilich hat die Naturwissenschaft alle Bedeutungsgehalte verloren, sie ist trivialisiert worden. Schon im 19. Jahrhundert drängten die Anwendungen immer mächtiger hervor und erteilten der Naturwissenschaft einen Nutzwert, den sie früher nicht besessen hatte. Aber damals ließ sich der Gebrauch noch durch die Aussicht auf eine über die blinde Natur zu erringende Herrschaft vergolden und insofern als eine letztlich sittliche Aufgabe sehen – wiederum ein Vorgriff auf einen Wert, den die Geschichte inzwischen widerlegt hat. Gewiß ist der Nutzwert der Naturwissenschaft eher noch gestiegen, sie ist uns unentbehrlich geworden, aber ihre Erkenntnisse sind uns zu Tatsachenfeststellungen gesetzmäßiger und am Ende gar nur statistischer Zusammenhänge geworden, die uns so oder anders für sich gar nichts besagen und allererst durch ihre Anwendung betreffen. Die vielfältigen Etappen und Ursachen dieser Trivialisierung mögen hier beiseite bleiben, an dem Ergebnis, daß die äußere Natur zu einer Ansammlung von bloßen Fakten abgeschliffen ist, deren Regelmäßigkeiten wir als selbstverständlich hinnehmen, kann jedoch kein Zweifel sein. Mag man den Abbau jener naiven Vorgriffe begrüßen, so ist doch schon hier darauf hinzuweisen, daß dieser Zustand wiederum bedenklich ist. Denn eine Wissenschaft, die nur noch einen Nutzwert anzubieten hat, kann sich vor der gesellschaftlichen Indienstnahme und Steuerung nur hinhaltend mit dem Hinweis auf die Grundlagenforschung schützen, welche den größten praktischen Ertrag verspricht. Ihre soziale Legitimation, also am Ende auch ihre geistige Attraktivität, wird fraglich werden, wenn sie nicht mehr zu sagen weiß, wohin sie mit ihrem Fortschritt will und kann. Es ist ja auch nicht zu leugnen, daß mit dem Schwund des Bedeutungswertes eine Lücke entstanden ist. Max Born hat dieser Enttäuschung im Vorwort zu seinen Aufsätzen Ausdruck gegeben: „In 1921 I believed – and I shared this belief with most of my contemporary physicists – that science produced an objective knowledge of the world, which is governed by deterministic laws. The scientific method seemed to me superior to other, more subjective ways of forming a picture of the world – philosophy, poetry, and religion; and I even thought the unambiguous language of science to be a step towards a better understanding between human beings. In 1951 I believed in none of these things. The border between object and subject had been blurred, deterministic laws had been replaced by statistical ones, and although physicists understood one another well enough across all national frontiers they had contributed nothing to a better understanding of nations, but had helped in inventing and applying the most horrible weapons of destruction.“[25] Der Verzicht gar auf einen ob-

---

25 Max Born, „Physics in my Generation", Oxford-New York-Toronto 1956; deutsch: „Physik im Wandel meiner Zeit", Braunschweig 1957.

jektiven Wirklichkeitsgehalt, wie er sich in Poppers Vorstellung niederschlägt, daß es kein Wissen, sondern nur Hypothesen gibt, wird erst noch zu verarbeiten sein. Wenn in Amerika eine beachtliche Zahl namhafter Wissenschaftler zu fürchten scheint, daß das Labyrinth der Naturwissenschaft ein leeres Zentrum hat, wir aus der Natur nur herauslesen, was wir durch unsere Fragen und Verfahren hineinlesen, so zeigt sich daran, daß eine Wissenschaft den Glauben an sich selbst verlieren müßte, wenn ihr Fortschritt keinerlei objektiven Erkenntnisgewinn und nur mehr Anwendungen verspräche[26].

Das genügt, um zu verdeutlichen, daß die Naturwissenschaft ihre Erkenntnis im Vorgriff auf gewisse Endresultate und in Erwartung ihres Wertes gesucht hat. Obschon es sich dabei nicht um Bestandteile der Theorie handelt, ist die Realgeschichte der Naturwissenschaft ohne diese Vorgriffe, Annahmen und Erwartungen gar nicht zu denken, weil sie der Forschung die äußere Legitimation und den inneren Antrieb gaben. Unter dem Druck des Erkenntnisfortschrittes und neuer Zeitbedürfnisse hat sich die in den Wert der Naturwissenschaft gesetzte Erwartung laufend verändert, wobei ihr Bedeutungswert in einem Trivialisierungsprozeß abgeschliffen wurde. Ihrem Bekenntnis zur Erkenntnissuche fehlt es deshalb an der Überzeugungskraft, welche über den Kreis der Fachleute hinausgreifen könnte. In ihrer Legitimation ist die Naturwissenschaft auf den von ihr erhofften technischen Nutzen angewiesen, der wiederum durch zutage getretene Gefahren der technischen Nutzung eingeschränkt ist.

Es ist nun nicht nötig nachzuweisen, daß auch außerhalb der Naturwissenschaften die Erkenntnis nicht schon bloß als solche, vielmehr in Erwartung ihres Wertes gesucht worden ist. In diesen Fächern, die vom Menschen und seiner Welt handeln, bietet sich die Bedeutung der Erkenntnis ja auch geradezu vom Stoff her an, weil die Welt des Menschen dem Menschen antwortet. Insbesondere die Philosophie hat sich ja als die große Selbstvergewisserung des Menschen verstanden und ihre Systeme in dieser Hoffnung entworfen. Auch als sie sich mit dem Ende der großen Systeme von diesem Anspruch zurückzog und selbst zu einer bloßen Fachwissenschaft werden wollte, hat sie weiterhin unter dem Druck dieser Erwartung gestanden, wofür der Wiener Kreis ein jüngeres Beispiel liefern kann: „Ich bin nämlich überzeugt, daß wir in einer durchaus endgültigen Wendung der Philosophie mitten darin stehen ... Es gibt daher keine prinzipiell unbeantwortbaren Fragen ... Was man bisher dafür gehalten hat, sind keine echten Fragen, sondern sinnlose Aneinanderreihungen von Worten."[27] Dem ist nur hinzuzufügen, daß hier die endgültige

---

26 So Gerald Holton in der auch sonst lesenswerten Einleitung zu dem von ihm herausgegebenen Band „Science and Culture", Boston 1965. Entsprechende Stellen und Fragen in dem in Anm. 12 genannten Werk.

27 So Moritz Schlick in dem von den neuen Herausgebern Rudolf Carnap und Hans Reichenbach programmatisch gestalteten Heft 1, Bd. 9 der Zeitschrift „Erkenntnis, zugleich Annalen der Philosophie", S. 4–11, und zwar mit der vorausgehenden Bemerkung: „Ich gestatte mir diesen Hinweis auf die so oft geschilderte Anarchie der philosophischen Meinungen, um keinen Zweifel darüber zu lassen, daß ich ein volles Bewußtsein von der Tragweite und Inhaltsschwere der Überzeugung habe, die ich nun aussprechen werde." (S. 5).

Vergewisserung des Menschen dadurch erreicht wurde, daß alle Sinnfragen, auf welche die alten philosophischen Systeme hatten antworten wollen, für sinnlos erklärt wurden. Die Wahrheit war auf den Kreis der beobachtenden Erfahrungswissenschaft zurückgenommen.

Die großen Veränderungen des Wertes liegen in den Geisteswissenschaften jedoch in anderen Entwicklungen beschlossen. Ihren Wert hatten sie meist in jenes, als Bildung bezeichnete Selbstverständnis gelegt, das durch sie erworben werden sollte. Einige Fächer mußten diese Legitimation aufgeben, weil die von ihnen bearbeitete soziale Wirklichkeit sich änderte. Einen solchen Weg schlug die Rechtswissenschaft ein, als sie von der historischen Betrachtung über Wesen und Gang des Rechts abgezogen und an die laufende Produktion von Gesetzen und deren Anwendung angebunden wurde. Die übrigen Fächer aber haben in der Reihenfolge, in der sie sich zu systematisierenden Disziplinen verwandelten, Versprechungen auf ihren technischen Wert gemacht, so zuerst die Psychologie und Nationalökonomie, so jüngst die Pädagogik, als sie sich von einer geisteswissenschaftlichen zu einer empirischen und sozialwissenschaftlichen zu mausern versuchte. Überall hat dieser Wandel zu empirisch-gesetzeswissenschaftlichen Konzepten Träume von der vorsätzlichen Einrichtung und Beherrschung, oft sogar den Anspruch auf die völlige Berechenbarkeit und Steuerung der Verhältnisse ausgelöst. Der technische Wert, den sich diese neuen Human- und Sozialwissenschaften zusprachen, verband sich oft mit erlösungsähnlichen Versprechungen, wie jüngst in der Pädagogik. Insbesondere die Soziologie hat eine reiche Geschichte solcher Versprechungen hinter sich, und die eilige Folge ihrer theoretischen Moden ist geradezu zur Schädelstätte dieser Versprechungen geworden, die niemand wahrnehmen will, weil der Blick nur in die Zukunft schaut. Es sei aber doch als jüngstes Beispiel aus dem Werk renommierter Soziologen zitiert. Da erfährt man: „Under the rule of Social Science, there are no eternal mysteries ... nothing human is inscrutable ... there are no more eternal verities ... Social Science provides guidance through the dilemmas and anxieties of free personal choice ... The inner self is nowadays no territoire sacré, no bondage of terror between a man and his God ... a new conception of the human ego, whose function is to give man a rational definition of his own identity ... to expand the domain of free choice by clarifying the rational alternatives."[28] Über solche Äußerungen liest der Zeit-

---

28 Daniel Lerner (Hrsg.), „The Human Meaning of the Social Sciences", New York 1959, auf den S. 7, 8, 17, 18, 33. Das ist nur ein Beispiel für die Aspirationen und Verheißungen, die von Anfang an wie ein mächtiger Strom die Geschichte der Soziologie durchziehen, und zwar gerade auch dort, wo die Paniere der Wissenschaftlichkeit, der Methode und der Empirie entrollt werden, also beispielsweise gerade auch in der Geschichte der Sozialforschung. Es sind Aussagen, die im Selbstbild der Soziologie entweder verschwiegen werden oder, und zwar gewöhnlich, zum Erwartungshorizont und Weltbild des modernen Menschen gehören und deshalb genau so selbstverständlich als Aussagen über Wirklichkeit gelten wie früher theologische Aussagen. Die Sozialwissenschaften sind anfangs, etwa bei Saint-Simon und Comte, mit dem Anspruch, die neue Religion zu sein, aufgetreten, ihre Väter waren förmliche Stifter von Glaubensgemeinschaften, wozu man die in Anmerkung 22 genannte Literatur vergleichen mag. Der Verzicht auf den förmlichen Anspruch hat es ihnen dann ermöglicht,

genosse weg, weil sie die Bilder der ihm geläufigen Wissenschaftsreligion enthalten und jede Religion davon lebt, daß sie ihren Anhängern nicht als Religion, sondern als Wirklichkeit erscheint. Der Zeitgenosse würde in den alten Religionen die Versprechungen einer neuen Welt, ohne Geheimnisse und Schrecken, in der die Befreiung des Ich und die Vergewisserung über sein richtiges Handeln, dazu die Wiedergeburt zu einem neuen Selbst in einem Verwandlungserlebnis entworfen wird, wohl als Aberglauben ablehnen – treten sie ihm in ihren neuen profanen Fassungen der Wissenschaft gegenüber, so fallen sie ihm nicht einmal auf, weil die angesprochenen Erwartungen heute noch zum überlieferten Selbstverständnis der Wissenschaft gehören, in dem wir befangen sind. Mächtige Erwartungen dieser Art ruhen noch heute in der Wissenschaft, auch wenn sie von den technischen und naturwissenschaftlichen Disziplinen in die human- und sozialwissenschaftlichen übergewechselt sind.

Aber was folgt nun aus diesen wenigen Hinweisen und Beispielen, die bereits über die ursprüngliche Frage hinausgeführt haben? Zuerst einmal doch wohl, daß die Wissenschaft durch die Suche nach Erkenntnis nicht angemessen zu beschreiben ist, weil sie im Vorgriff auf einen fiktiven Gegenstand (göttliche Schöpfungsordnung, Natur als Einheit oder Gesetzmäßigkeit, gesetzmäßige Ordnung des menschlichen Handelns oder des sozialen Handelns und so weiter) geschieht, der unvermeidlich einen oft nicht mehr näher explizierten Wert besitzt, der geschichtlich wandelbar und auch fachweise verschieden ist.

Die Werte und Ziele können sich unter dem Druck neuer Erkenntnisse ändern, sind aber keine bloß nachträgliche Begleitmusik zum Fortschritt der Erkenntnis, der unabhängig von ihnen rein nach einem Gesetz geradliniger Entwicklung abläuft, indem sich der Gegenstand eines Fachs immer deutlicher entbirgt. Es sind vielmehr Zielvorgaben, welche der Suche nach Erkenntnis eine Richtung geben und in gewisser Weise auch erst festlegen, was jeweils als Erkenntnis gelten soll und was wissenswert ist. [...]

Die Wissenschaft ist als Produzentin neuer Erkenntnisse eine revolutionäre Tatsache, deren Bestand durch Berufung auf das Geschäft der Erkenntnis nicht als gesichert gelten kann. Leuchtet man in die Geschichte der Wissenschaft hinein, wird sofort deutlich, daß sie die zu ihrer Entfaltung nötigen Antriebe und die zu ihrem Betrieb nötige Unterstützung aufgrund von Hoffnungen und Erwartungen mobilisieren konnte, die sie selbst durch Verheißungen erzeugt hatte. [...] Die Erkenntnis, welche die Wissenschaft suchte, erschien stets als eminent wissenswert, ob nun durch die Bedeutung oder den Nutzen, welche die Wissenschaft ihrem Fortschritt beigelegt hatte.

Aber was ist von diesen Erwartungen übriggeblieben? Gewiß hat sich der technische Nutzen enorm erhöht. Aber die Unentbehrlichkeit der betreffenden

---

zur Religion des modernen Menschen zu werden, deren metaphysischer Charakter gar nicht mehr wahrgenommen wird. Nur wenige Soziologen, so vor allem Max Weber und Georg Simmel, haben sich davon ganz frei halten können. Kaum je wird diese Rolle der Sozialwissenschaften gesehen. Eine rühmliche Ausnahme ist Frank H. Knight, „Salvation by Science: The Gospel according to Professor Lundberg", in: Journal for Political Economy 55, Chicago (Ill.) 1947.

Fächer leuchtet uns nicht mehr voran zu Hoffnungen, einmal die Natur beherrschen zu können. Und wo heute die Human- und Sozialwissenschaften als die neuen Erben dieser Hoffnungen auftreten, kann man doch nur laut warnen. Wenn sich der Wert der Erkenntnisse aber nur noch in einzelnen technischen Künsten spezifizieren läßt, so wird früher oder später die Wissenschaft auf die technisch ergiebigen Fächer und die technisch ergiebige Forschung schrumpfen, wie sich das in der Benachteiligung der sogenannten Luxusfächer schon abzuzeichnen beginnt. Hinzu kommen erregende Fragen nach den Grenzen der Forschung, wie sie sich in Medizin, Atomphysik und Genetik stellen. Sie haben nichts mehr mit den Scham-, Ehrfurchts- und Moralgrenzen zu tun, welche die Forschung bisher noch immer überspringen konnte. Nunmehr kommen offenbar Gefahren ins Spiel, welche früher oder später zur Überwachung der Forschung führen müssen.

[...] In diesen hier nur knapp formulierten Tatsachen kommt nun ein Dilemma der heutigen Wissenschaft ans Licht. Denn so zweifelhaft und oft auch gefährlich, jedenfalls irrig uns auch die Bedeutungswerte, welche die Wissenschaft in wandelnder Form reklamiert hat, erscheinen mögen, so klar muß auch sein, daß eine Wissenschaft, die nur noch mit dem Nutzen ihrer Anwendungen hausieren gehen kann, ihre soziale Legitimation bloß im Rahmen dieses Nutzens besitzen kann. Sie müßte an die Leine der sozialen Dienstbarkeit gelegt werden, womit das, was die Neuzeit bisher unter Wissenschaft verstand, verschwinden müßte. Aus den Tatsachen ist also nicht der Schluß zu ziehen, daß die Wissenschaft auf die Bedeutung der Erkenntnis verzichten und sich bloß durch ihren Nutzen verteidigen könne, vielmehr die Frage zu stellen, wie denn heute die Wissenschaft die Frage nach ihrer Bedeutung zu beantworten vermag.

Hier eben liegt eine fundamentale Verlegenheit und Unsicherheit der heutigen Wissenschaft: Von ihrem Glauben sind ihr nur gefährliche Träume einer Beherrschung der Natur und einer planvollen Einrichtung der Gesellschaft geblieben, ansonsten die Berufung auf einzelne nützliche Kenntnisse, mit denen sich nur eine bedingte Legitimation erreichen läßt. Weil sich nicht mehr verständlich machen läßt, warum die Erkenntnis selbst wissenswert ist, drängen die Kräfte der Zeit an der Wissenschaft vorbei, die nur noch als Berufswissen von Fachleuten verständlich ist. Wäre die Wissenschaft nicht um ihre Legitimation verlegen, hätte die Universität auch nicht so zum Spielball der Zeit werden können. Der aber wird sie bleiben, solange sie sich abstrakt auf ihre Erkenntnisaufgabe beruft, anstatt sich zu überlegen, warum denn ihre Erkenntnis kaum noch als wissenswert erscheint.

Zur Logik der Wissenschaftsgeschichte

[...] Vor allem aber gilt nun für die gesamte Wissenschaft, daß ihr historisches Schicksal davon abhängt, ob sie ihrer Erkenntnis und Erkenntnissuche noch eine über allen Nutzen hinausgehende Bedeutung zu geben vermag. Es ist eine gefährliche Täuschung zu meinen, dies sei bereits dadurch gewährleistet, daß die Wissenschaft Erkenntnis liefert, und es ist früher gezeigt worden, daß sich bisher die Arbeit der Wissenschaft stets mit weiteren Erwartungen verbunden hat, welche den Erkenntnissen eine Bedeutung verliehen. Darauf hat ihre soziale Legitimation, mehr noch ihre Lebensfähigkeit beruht. Denn wo die Wissenschaft nur noch ein Fachbetrieb nach Regeln innerwissenschaftlicher Rationalität ist, der folglich nur als Berufswissen interessiert, da beginnt mit der Abwendung der Intelligenz eine Erosion, von der schließlich auch jene stillen Restwerte, welche die Forscher selbst noch mit ihrer Tätigkeit verbinden, aufgezehrt werden. Auch die wissenschaftliche Arbeit wird eben vom Glauben an ihre Bedeutung getragen, und wo dieser sich verliert, verschwindet die Wissenschaft oder wird auf Routine reduziert. Eine Wissenschaft, die nicht mehr verständlich machen kann, warum ihre Erkenntnis als Erkenntnis Bedeutung hat, scheidet aus dem Rang der geistigen Mächte aus. Man mag meinen, daß dies das unvermeidliche Schicksal der heutigen Wissenschaft sei. Dann muß man aber auch den weiteren Folgen ins Auge sehen. Denn wenn die Wissenschaft aus dem Rang der geistigen Mächte ausscheidet, dann folgt die Intelligenz dem Ruf anderer Mächte.

Man muß durchaus mit der Möglichkeit rechnen, daß auch die moderne Wissenschaft, so wie die antike, eine historische Episode bleibt. In beiden Fällen jedenfalls verdankte sie ihren Aufstieg nicht irgendeiner Erkenntnissuche, sondern einem Glauben an die Kraft der Vernunft, dem Menschen wesentliche Fragen zu beantworten. Als dieser Glaube sich verlor, weil die antike Wissenschaft in epigonalen Fragen verebbte, da konnte die Naturwissenschaft in Alexandrien noch eine Nachblüte feiern, bis eine neue Religion die Fragen und Antworten präsentierte, welche den Menschen wissenswert schienen. Auch die moderne Wissenschaft ist kein bloßes Erkenntnisunternehmen gewesen. Ihren Aufstieg verdankte sie ebenfalls dem Versprechen, den Menschen wesentliche Fragen beantworten zu können. Aus der Kraft dieses Glaubens hat sie die Religion entthront und alle Mächte ihrem Ziel, einer säkularen und vernünftigen Kultur, unterworfen. Wenn sie sich nunmehr nur noch zu der innerwissenschaftlichen Rationalität ihrer Erkenntnis bekennt, so hat sie auf ihre geschichtliche Legitimität verzichtet. Ein anderer Glaube, und also wohl eine politische Heilsreligion, wird sie ablösen und von ihr nur das übernehmen, was in sein Weltbild paßt. Wer diese untergründige und langfristige Entwicklung nicht als möglich einstellt, kann nicht verstehen, um welche Probleme es heute geht. [...]

Fortschritt der Wissenschaft?

[...] „Nicht der Sieg der Wissenschaft ist das, was unser 19. Jahrhundert auszeichnet, sondern der Sieg der wissenschaftlichen Methode über die Wissenschaft", schrieb Nietzsche hellsichtig, noch bevor die Hypertrophie der methodischen Durchordnung der wissenschaftlichen Arbeit ganz offenbar geworden war, aber auch noch bevor man sich daran wie an das selbstverständliche Schicksal des wissenschaftlichen Fortschritts gewöhnt hatte[29]. Eindringlicher ist die lesenswerte Rede, welche Gustav Rümelin, der Kanzler der Tübinger Universität, den Feiern ihres vierhundertsten Geburtstages nachschickte, wo es heißt:

„Es war das große Prinzip der Arbeitsteilung, das, wie es gleichzeitig den Gewerbebetrieb und damit alle wirtschaftlichen und sozialen Verhältnisse des Zeitalters von Grund aus umgestaltet hat und noch ferner umgestalten wird, so auch das Reich der Wissenschaften und die Arbeit des Gelehrten durchaus verändert und in ganz neue Bahnen geleitet hat.

Das Ganze der menschlichen Erkenntnis wurde in eine Menge möglichst scharf von einander abgegrenzter Fachwerke zerlegt, und innerhalb jedes derselben sind wieder die Fragen und Probleme gesondert, deren jedes für sich zum Gegenstand einer speziellen Untersuchung zu machen und bis in seine letzten Verzweigungen zu verfolgen war. Der Mann der Wissenschaft kann nicht mehr vieles und vielerlei betreiben, sondern muß vor allem sich über sein Fach entscheiden und an einem der unzähligen Baulose, in welche die Arbeit an dem Dom der Wissenschaft geteilt ist, seinen bestimmten Platz wählen, um hier allein oder mit wenigen vielleicht an einem weit abgelegenen und kleinen Punkte die Arbeit gerade da aufzunehmen, wo die Vorgänger sie gelassen haben, deren Ergebnisse zu prüfen und richtig zu stellen und dann, wenn er es vermag, sie an der Hand der Beobachtung, des Versuchs, der Quellenforschung um einen, vielleicht um einige Schritte weiter zu führen.

Niemand wird bestreiten wollen, daß, wenn unser Zeitalter an Fortschritten des Wissens fast nach allen Richtungen jede frühere Epoche in der Geschichte der Menschheit erreicht, wo nicht übertrifft, daran jene Methode der Arbeitsteilung und Spezialisierung der Aufgaben den hervorragendsten Anteil hat. Wir können uns auch nicht denken, daß jemals eine Zeit kommen sollte, wo diese Methode als veraltet oder fehlerhaft wieder außer Gebrauch käme, wo es wieder zulässig würde, ein Allgemeines zu behaupten, das nicht auch in den Teilerscheinungen seine Bewährung, nicht in gründlichen Detailuntersuchungen sein festes Fundament gewonnen hätte ...

Allein wie der Menschheit noch auf keinem Gebiet ein großer Fortschritt gegönnt war, der nicht in irgend einer Richtung zugleich auch ein Rückschritt gewesen wäre, so konnte auch das Prinzip der geistigen Arbeitsteilung trotz seiner großartigen Erfolge nicht ohne ein kleines Gefolge von Mißständen und Nachteilen auftreten und zwar in doppelter Hinsicht, einmal für die Wissenschaft selbst und dann noch mehr für diejenigen, die sich ihr widmen. In Beziehung auf das erstere, die objektive Seite, will ich nur daran erinnern, daß, wenn der Einzelne an einer bestimmten kleinen Baustelle ohne Rundsicht und Blick auf das, was die andern treiben, arbeitet, sich dies doch auch in seiner Leistung selbst bemerklich machen wird, daß er in Gefahr sein wird,

---

29 Friedrich Nietzsche, „Aus dem Nachlaß der 80er Jahre", in: Werke, 3 Bde., hrsg. von Karl Schlechta, Bd. 3, S. 814. Vgl. auch Bd. 3, S. 191ff., und Bd. 1, S. 601 und 604.

sein Fach falsch zu schätzen, den Maßstab des Bedeutenden und Unbedeutenden zu vergessen, sich in unfruchtbarem Detail zu verlieren, und von fremden Wissensgebieten entweder überhaupt keine Notiz mehr zu nehmen oder über sie mit plumper Zuversicht abzusprechen. In den einzelnen Wissenschaften aber wird der befruchtende, geistreiche Umblick fehlen, den die Vielseitigkeit des Wissens gewährt; die Methode wird alles gelten, der Geist wenig; die Mittelmäßigkeit mit guter Methode wird sich dem Talente ohne sie weit überlegen zeigen. Alle Wissenszweige werden in stetiger Folge stofflich anschwellen und immer unübersehlicher werden, und wenn sich dies ins Unbegrenzte fortsetzte, so müßte schließlich ein Zustand kommen, wie bei dem Turmbau zu Babel, daß die Sprache der Leute verwirrt würde und sie von dem Werke ablassen müßten, weil sie sich nicht mehr verstehen und die Baumeister fehlten, welche das Ganze noch überblicken könnten. Für die Methode der Arbeitsteilung erscheinen die Wissenschaften, wie eigene, frei und unsichtbar in den Lüften waltende Wesen, die ihren Zweck in sich selbst und einen Zusammenhang haben, auch wenn er von niemand gedacht wird, so daß man fragen müßte, ist der Mensch um der Wissenschaft willen da oder die Wissenschaft um des Menschen willen."[30]

In der Tat hat die Arbeitsteilung den Charakter der wissenschaftlichen Arbeit fast vollständig verändert. Bevor sie sich im 19. Jahrhundert durchsetzte, war der Gelehrte für ein breites Gebiet zuständig und überdies mit anderen Wissenschaften einigermaßen vertraut gewesen. Erforschbar war nur das, was im Rahmen des Arbeitsaufwandes und der Arbeitsökonomie des einzelnen lag. Forschung war deshalb an das relativ Sinnfällige, an einfache Hilfsmittel und Verfahren, also an übersichtliche, wiederum grundsätzlich von einzelnen nachvollziehbare Argumentationen und Schlüsselexperimente gebunden. Das änderte sich durch die Arbeitsteilung auf zwei Wegen. Die horizontale Arbeitsteilung, also die Spezialisierung, ermöglichte durch die Einengung der Arbeitsgebiete die Entwicklung bereichsspezifischer Verfahrensbestände und Methodenregeln. Damit löste sich die Forschung von der persönlichen Kunst des Forschers und wurde als objektiviertes Verfahren standardisiert, also auch lehrbar und lernbar. Das wiederum ermöglichte eine vertikale Zerlegung der Forschung durch Ausgliederung verschiedenster Hilfsarbeiten, welche Mitarbeitern übertragen wurden. Dadurch ergab sich ein weiterer Zwang zur expliziten Objektivierung und Standardisierung der Methoden und Verfahren. Das alles schlug sich in der Ausbildung methodologischer Hilfswissenschaften nieder, welche sich schrittweise verselbständigten und durch die Weiterentwicklung ihrer Schemata der Forschung Auflagen vorgaben. Es waren diese bereichsspezifischen und generellen Methodologien, welche die partielle Ablösung der Erkenntnis von den Sachproblemen einleiteten und den Transfer einer allgemeinen Forschungslogik auf grundsätzlich beliebige Daten ermöglichten, also ein Prinzip zur Erzeugung beliebiger Fächer bildeten. Erst durch diese doppelte Arbeitsteilung wurden die spezifisch modernen Verfahren der Wissenschaft,

---

30 Gustav Rümelin, „Kanzlerreden", Tübingen 1907, S. 194ff.

also die Aufbereitung großer Datenmassen, die experimentellen Kontrollen, der technische Aufwand und der Einsatz der Großgeräte möglich. Immer größere Teile der Forschung wurden so zu Vor- und Hilfsarbeiten, und die Forschung wurde damit in wachsenden Teilen zu routinisierbaren Handlungen und planbarer Arbeit.

Diese Verwandlung hat tiefe Einflüsse auf den Geist der Wissenschaft und das Bild, das sich die Gesellschaft von ihr macht, gehabt. Die Verzweigung der Erkenntnisse machte dem alten Traum einer sachlichen Einheit des Wissens ein Ende, so daß sich nun die Meinung herausbildete, daß allein die Methode den Wissenschaftler mache, also alles, was methodisch angefaßt werden könne, auch zur Wissenschaft gehöre, und jeder schon bloß deshalb einen Anspruch habe, als Wissenschaftler zu gelten, weil er sich methodischer Korrektheit befleißige. Durch die Spezialisierung, Methodologisierung und Routinisierung wurden Realitätskriterien und Qualitätsansprüche zurückgedrängt. Die Probleme wurden zu technischen Fragen, deren tiefere Problematik in methodisch oder systematisch vorgegebene Entscheidungen abgeschoben wurde. Die alte Gliederung in sachlich wesentliche Gebiete und Hilfs- und Methodenwissenschaften machte einer Gleichberechtigung aller Fächer und damit dem Prinzip immer neuer Verselbständigungen Platz. Rangunterschiede zwischen Wissenschaftlern und Arbeiten rückten in die unsichere Ferne subjektiver Meinung, die sich sachlich nur mit schlechtem Gewissen vorbringen ließ. Gleichzeitig wurden mit der zunehmenden Distanzierung der Wissensgebiete der sachliche Austausch und die wechselseitige Kontrolle zwischen den Fächern zurückgedrängt. Die Beurteilung des sachlichen Gehalts und der Qualität von Leistungen wurde zu einer fachinternen und dann zu einer spezialistischen Angelegenheit. Die unkontrollierte Autonomie der Fächer verstärkte den Hang zur Ausbildung facheigener Begriffsschemata und die Gefahr, sich in den Interna der erst durch diese Schemata geschaffenen Probleme zu verlieren.

Nach außen bot nun die methodisch durchorganisierte Wissenschaft den Eindruck eines total regelbaren Betriebs. Wo früher der Erfolg der Forschung an der persönlichen Qualifikation besonderer Personen gehaftet hatte, da schienen die Räder der Forschung sich nun so regelmäßig zu drehen wie in irgendeinem Betrieb. Und dieser Eindruck mußte sich in dem Maß verstärken, wie die Aufbereitung der Lehre in systematisierbaren Studiengängen gelang. So spielte die Arbeitsteilung dem bürokratischen Zugriff auf Forschung und Lehre in die Hand. Die methodisch routinisierbare Wissenschaft läßt nach außen nicht mehr sichtbar werden, daß sie im Kern nicht bürokratisierbar und planbar ist, wie in diesem Band mehrfach, und besonders eindringlich in dem Beitrag von Matthias Schramm*, ausgeführt wird. Aber das Verständnis für diese Tatsache ist bei gegebenem Zustand der Wissenschaft kaum noch

---

* [Tenbruck bezieht sich hier auf: M. Schramm: Zu den Bedingungen naturwissenschaftlicher Forschung an der Universität; in: 500 Jahre Eberhard-Karls-Universität Tübingen. Wissenschaft an der Universität heute, hrsg. im Auftrag des Universitätspräsidenten und des Senats der Eberhard-Karls-Universität Tübingen von Johannes Neumann, Tübingen 1977, S. 45–95; d. Hrsg.]

durchzusetzen. Selbst wo das Prinzip in der Wissenschaftspolitik noch auf generelle Anerkennung rechnen darf, fehlt es an jenem eindringlichen Verständnis, das sich effektiv in praktische Maßnahmen umsetzen könnte.

[...] Hinzu kam weiter, daß die Spezialisierung mit ihrer Überproduktion die Übersicht unmöglich machte und die verantwortliche Meinungsbildung in einer nicht mehr zu bewältigenden Menge von Arbeiten, Daten, Hypothesen, Theorien zur Beliebigkeit verkommen ließ, die zu noch mehr Spezialisierung zwang. Das mag in den Naturwissenschaften, wo die Dinge gewissermaßen von selbst an ihren Platz gelangen, ein sekundäres Problem sein. In vielen Fächern hat diese institutionelle Entwicklung mit der Diskussionsgemeinschaft der Wissenschaftler (Scientific Community) auch die Kultur der Sachen dauerhaft zerstört: Verantwortete Meinung kann sich in vielen Fächern nicht mehr bilden.

[...] Es ist nicht damit getan, die Zahl der Daten, der Einzelerkenntnisse, der Hypothesen und Theorien, überhaupt die Zahl der Publikationen und Forschungen zu vermehren, wenn der einzelne und das Fach nicht mehr über die Möglichkeit verfügen, die Implikationen aller dieser Dinge für einander zu entwickeln. Dann verkommt die Wissenschaft zu einem Unternehmen, das Potemkinsche Dörfer baut. Die Naturwissenschaften sind wegen der Kohärenz ihrer Theorien in einer besonderen Lage. Aber sonst muß diese Aufgabe in dem Maß schwieriger werden, wie mit der Zahl der Wissenschaftler der Ausstoß auf allen Ebenen der Forschung, von den Einzeldaten bis zu den Theorien, wächst. (Die bibliographische Aufbereitung, die selbst schon wieder ein Sonderberuf geworden ist, mit ihren riesigen Verzeichnissen, Kreuz-Indices und Verweisungssystemen und dem Rückgriff auf Datenverarbeitungsanlagen, bezeugt ja meist auch nur schlagend, daß sich das gesamte Material hoffnungslos verselbständigt hat, eine Übersicht unmöglich, jede Benutzung am Ende selektiv und beliebig bleiben muß. Es sind vor allem Grabsteine der Idee, welche der Arbeitsteilung zugrundegelegen haben: daß sich das wissenschaftliche Wissen objektiv und von selbst ordnet.) Die Daten und Erkenntnisse können nur noch überflogen und geschätzt, sie können nicht mehr sorgfältig verarbeitet werden. Damit gewinnen die zentrifugalen Kräfte die Oberhand. Der Erkenntnisstand kann nicht mehr gültig zu beherrschenden Sachfragen und Theorien aufgearbeitet werden, um die sich die Diskussion und Forschung schart. Damit entstehen Nischen für Sondergruppen, die aus der Meinungsbildung des Fachs ausscheiden. Dieser heute fast überall zu beobachtende Vorgang ist völlig verschieden von dem Kampf der Theorien und Schulen, der auch früher bekannt war. Denn jene Gegensätze fungierten als zentrale Achsen der Fachdiskussion, welche alle Arbeit bis zu ihrer Lösung in ihrem Koordinatenkreuz hielten und in ihren Argumenten berücksichtigten. Nunmehr hingegen beginnen Fächer in gemeindeähnliche Gruppen zu zerfallen, die sich beziehungslos um eigene Theorien oder Themen gruppieren. Wissenschaftlicher Erfolg wird unter einem Theorien- und Themenpluralismus möglich, ohne sich an beherrschenden Sachfragen und herrschenden Fachstandards ausweisen zu müssen; die gegliederte und artikulierte Diskussion zerstiebt in ein Babel von Sonderdiskussionen und in die Beliebigkeit von Gruppenbildungen, in denen fast alles noch die Chance hat, seine Gemeinde zu finden. Viele Fächer verlieren damit die Kraft, sich am Zwang der Sachen zu entwickeln, ihre herrschenden Lehrmeinungen folgen eher kritiklos außerwissenschaftlichen Einflüssen. Wissenschaft, die, wenn nicht Lösungen, so doch Übersicht schaffen sollte, treibt auf Verwirrung und Beliebigkeit zu, und jedes Fach mehrt in dieser Hinsicht die Anfälligkeit des anderen.

Mit dieser inneren Auflösung der Fächer, die teils aus der unbemerkten Auflösung der ihnen nötigen „Kultur der Sachen", teils aus der alle Verarbeitungsmöglichkeiten überfordernden Hypertrophie der Verfahren, Methoden und Theorien stammt, kann niemandem gedient sein. Zumal die Gesellschaft hat Anspruch auf eine verläßlich und sorgfältig gearbeitete Wissenschaft, die verantwortlich aus Tatsachen Übersicht herausfiltert. Ihr ist nicht geholfen mit beliebig gewordenen Theorien und nicht in der Fachdiskussion gefilterten Neuigkeiten. [...]

Der knappe Überblick provoziert die Frage, ob die Arbeitsteilung *in toto* als der Weg angesehen werden darf, den die auf Erkenntnisfortschritt verpflichtete Wissenschaft gehen mußte. Natürlich würde eine Bilanz nach Fächergruppen recht unterschiedlich ausfallen, wobei gewiß die Naturwissenschaften besondere Gesichtspunkte beanspruchen können. Aber es gibt gute Gründe, die Frage einmal in ihrer Allgemeinheit zu stellen und nötige Qualifizierungen aus dem Spiel zu lassen. Denn die Wissenschaft insgesamt hat den Weg der Arbeitsteilung mit gewissen Erwartungen und unter gewissen Annahmen eingeschlagen, an denen das Ergebnis wohl gemessen werden sollte. Die Wissenschaftssoziologie hat neuerdings zwar zu Recht darauf aufmerksam gemacht, daß an der Arbeitsteilung persönliche Interessen einen Anteil hatten, weil sich damit jungen Forschern Chancen, sich auszuzeichnen, eröffneten[31]. Doch offenbar wird diese Tatsache nur verständlich unter der Voraussetzung, daß man in der Kultivierung neuer Spezialgebiete und in der methodischen Durchordnung der Arbeit allseits einen begrüßenswerten Erkenntnisfortschritt sah. Gewiß hatte daran die Verlockung, in einer weitgehend unerforschten Welt etwas Neues zu entdecken, das ganz für sich genommen einen Reiz besaß, ihren Anteil, aber Motivation und Erwartungen gingen doch über diese Lust am Entdecken von Einzelheiten weit hinaus, und die einzelne Entdeckung stand in einem Gefüge von Annahmen und Hoffnungen, welche die mächtige Entwicklung der Arbeitsteilung im ganzen als sinnvoll erscheinen ließ.

Deutlich wird das schon an den Kulturwissenschaften, die an diesem Prozeß ursprünglich auf eigene Faust und nach eigenem Konzept teilnahmen. Die spezialistische Ausbreitung der historischen Arbeit nährte sich von der Hoffnung, daß mit der Verzweigung ins einzelne am Ende durchsichtig werden müsse, „wie es gewesen", und, wenn nur erst alle Quellen ediert und alle Ereignisse verzeichnet wären, die Geschichte in der ihr eigenen Notwendigkeit (wie immer man sie verstand) offenbar würde. Nicht anders haben es die

---

31 So Joseph Ben-David, a.a.O., Kap. 7.

historischen Schulen in der Rechtslehre oder in der Nationalökonomie und nicht anders hat es die Altertumswissenschaft gehalten. Alles einzelne sollte ein Baustein zum Ganzen sein, und jede neue Anmerkung, Urkunde, Quelle oder Monographie galt als ein Schritt auf dem Weg zum Ganzen, in dem aus der Verwirrung des Vielerlei eine verstehbare Einheit, es sei der inneren Sinnhaftigkeit, es sei der äußeren Gesetzlichkeit, erwachsen sollte. Die ständige Schärfung des methodischen Rüstzeugs, die rastlose Suche nach immer mehr Daten, die Verselbständigung neuer Hilfswissenschaften und die Erschließung neuer Gebiete bis in immer feinere Verzweigungen ihrer Adern und Gänge – alle diese Anstrengungen zogen ihre Kraft aus der Hoffnung, durch methodologische Schärfung und spezialistische Verfeinerung bis an die letzten Wurzeln zu gelangen, aus denen sich der Baum nährte, auf jene Atome zu stoßen, aus denen sich die Zusammensetzung des Ganzen in ihrer Notwendigkeit beweisbar machen ließe.

Insofern waren die Erwartungen in den Kulturwissenschaften nicht anders als in den Naturwissenschaften. Auch hier folgte man der Wirklichkeit in alle ihre Verästelungen, nahm immer mehr und immer gewaltigere Apparate zu Hilfe und schärfte die methodischen Kriterien in der Hoffnung auf bestimmte Ergebnisse im ganzen und nicht nur Entdeckungen im einzelnen. Wie früher bereits angedeutet, sind diese Erwartungen über die Zeiten hinweg unterschiedlich ausgelegt worden. Aus der Hoffnung, irgendwo noch in das Innere einer bedeutungsvollen Natur eindringen zu können, wurde die Gewißheit, daß sich die Gesamtheit der Erkenntnis zum übersichtlichen Ganzen eines Systems von Aussagen formieren würde, in dem die Wirklichkeit in der Einheit ihrer Notwendigkeit erkannt sein würde. Bald hoffte man auf letzte Einheiten, also Atome, aus deren Wirken der Bau des Alls in allen seinen Erscheinungen klarer werden sollte, bald auf ein kohärentes System letzter Gesetzmäßigkeiten. Gegen die Reste vorwissenschaftlicher Ansichten nahm man sich vor, die durchgängige Gesetzmäßigkeit des Kosmos unter Beweis zu stellen, aber man tat es in der entscheidenden Erwartung, daß diese Gesetzmäßigkeit dem Menschen ein Weltbild an die Hand geben würde, in dem die verwirrende Mannigfaltigkeit der Erscheinungen ebenso verschwinden würde wie die Unsicherheit ihrer Berechenbarkeit. Man glaubte, mit jeder einzelnen Erkenntnis einen Schritt auf dem Weg zur einmal vollständigen Beherrschung der in den Dienst des Menschen und seiner sittlichen Aufgaben gestellten Natur zu tun. Und als sich mit dem fortrückenden Jahrhundert herausstellte, daß sich aus der säkularen Kultur, die sich an der Rationalität eines naturwissenschaftlichen Weltbildes orientierte, die individuelle und soziale Vergewisserung der Menschen und ihrer Angelegenheiten noch nicht hervorging, da waren es nicht zuletzt die Naturwissenschaftler, Köpfe vom Rang eines Helmholtz, Huxley oder Virchow, welche zur Entwicklung der Sozialwissenschaften nach dem Modell der erfolgreichen Naturwissenschaften aufforderten, um damit die theoretische und praktische Vergewisserung des Menschen abzuschließen.

So zieht sich durch diese Geschichte, verborgen, aber wirkmächtig, ein Band, das alle Fächer in der Arbeit an einer Hoffnung verband, welche mit der frühen Naturwissenschaft begonnen hatte und durch alle Verwandlungen erhalten blieb: das Versprechen einer Erkenntnis, durch welche der Mensch die Ordnung der Dinge durchschauen und damit aus Dumpfheit und Verwirrung zu einer neuen Rationalität aufwachsen würde, welche ihm die geistige Herrschaft über sich selbst wie über die Dinge, und deshalb meist auch die praktische Beherrschung der Wirklichkeit in Aussicht stellte. Dieses Versprechen hat die Wissenschaft zu ihren ungeheuren und immer neuen Anstrengungen getrieben, bei denen die Fackel von einem Fach zum anderen weitergereicht wurde. Die Arbeitsteilung war die fortlaufende Mobilisierung und Organisierung aller Kräfte, um die Verwirklichung des Versprechens zu erzwingen, und die Wissenschaft verstand sich, wie eine Armee, in der jeder an seinem eingeschränkten Platz wirkt, nach einem Plan, der getrennt marschieren läßt, um vereint zu schlagen.

Geschichtlich gesehen war die Arbeitsteilung eine Strategie, welche überlieferten Erwartungen über den Wert der Wissenschaft durch ein neues Konzept neues Leben einhauchte und sie dabei auch unvermeidlich modifizierte. In ihr steckte die Annahme, daß die vermehrte Anstrengung in spezialistischer Aufteilung, methodischer Akribie und systematischer Schärfe sich auszahlen werde, weil mit jeder einzelnen Erkenntnis ein Stück Herrschaft über die Wirklichkeit gewonnen werde. Es war der Gedanke der schrittweisen und stückweisen Eroberung und Gestaltung der Welt. In ihr steckt aber auch die weitere Annahme, die sich hier nur als die unbestimmte Gewißheit beschreiben läßt, daß die vielen Erkenntnisse objektiv zu einer Einheit zusammenstimmen und dem Menschen subjektiv Klarheit über die Wirklichkeit geben würden.

Die Arbeitsteilung war eben mitnichten eine Angelegenheit technischer Natur, welche bloß die Organisation betraf. Sie war eine neue Idee, die sich die Wissenschaft von sich selbst machte, und verband sich mit sehr bestimmten Erwartungen über den Wert ihres Fortschritts. Denn was sich da als Anstrengung zur Vollendung der Erkenntnis präsentierte, nährte sich von der Erwartung, daß eine unsichtbare Hand die immer spezielleren und zahlreicheren Erkenntnisse in einer objektiven Einheit zusammenhalten würde. Der arbeitsteiligen Organisation lag das Vertrauen zugrunde, daß man sich der allgemeinsten Aussagen, welche die Zusammenfassung leisten sollten, am verläßlichsten versichern könne, wenn man nur die speziellen Aussagen immer genauer fassen könne. Eben das sollte durch eine methodisch gleichartige Arbeit in immer mehr Spezialbereichen gesichert werden, die sich an dem Konzept bereichseigener Sachgesetzlichkeiten orientieren und jeweils einem System zustreben sollten, in dem alles seinen festen Platz finden sollte.

Den Annahmen dieses Konzepts des Fortschritts der Erkenntnis selbst entsprachen charakteristische Erwartungen über den Wert dieses Fortschritts. Sichtbar waren die Hoffnungen, durch Vortrieb der Erkenntnis die totale Erklärung der Wirklichkeit aus ihren Gesetzen und deshalb auch die Herrschaft über sie zu erreichen – eine Idee, die über die Naturwissenschaften allmählich auf die übrigen Fächer ausgedehnt wurde, woraus die modernen Human- und Sozialwissenschaften entstanden sind.

Die Wissenschaft setzte jedoch mit der Arbeitsteilung nicht nur auf die Beherrschung der Wirklichkeit. Sie war der Traum einer säkularen Kultur, in der die Rationalität der Wissenschaft die Rationalität der Welt herstellen sollte. Dazu aber gehörte neben der objektiven Beherrschung der Wirklichkeit noch die Rationalität des Menschen selbst. Der Mensch, der die Wirklichkeit nur noch durch die Erkenntnisse der Wissenschaft sieht, sich aller wissenschaftlich nicht ausweisbaren Vorstellungen entschlägt, sollte der seiner selbst gewisse Mensch sein, als dessen Schöpfer sich die Wissenschaft wähnte.

Was ist nun heute erreicht worden? Zum ersten Punkt fällt die Antwort zwiespältig aus. Die technische Übersetzung der Naturwissenschaften hat uns die Mittel an die Hand gegeben, die Wirklichkeit an fast jedem Punkt einzurichten, aber die Zusammenhänge in der Wirklichkeit sind offenbar so kompliziert, daß eine schrittweise Beherrschung unmöglich ist. Ob angesichts der Kosten und Gefährdungen, welche der Versuch, die Natur zu beherrschen, gebracht hat, die Gewinne des Unternehmens gelohnt haben, ist damit offen. Je mehr die Technik an Grenzen stößt, die ja letztlich aus der arbeitsteilig bedingten Isolierung der Erkenntnisleistung stammen, desto dringlicher muß die Frage nach den Grenzen der Arbeitsteilung werden. Eine Weile hat man geglaubt, die praktische Umsetzung wissenschaftlicher Erkenntnis dadurch unter Kontrolle halten zu können, daß man von Experten vieler Fächer die Folgen vorhersagen ließ, welche sich bei irgendwelchen Eingriffen ergeben würden, um so ein Gesamtbild zu erhalten. Aber *technological forecasting* und *comprehensive planning* sind Fehlschläge geblieben. Die Wirklichkeit ist nicht hinreichend aus fachlichen Ressorts zusammenzusetzen, und den Experten droht gar in ihrem eigenen Gebiet die Gefahr, die Übersicht über die Folgen zu verlieren, weil die Maßnahmen in unberechenbare und unsichere Gebiete vorstoßen. Die praktische Beherrschung der Wirklichkeit durch arbeitsteilige Erkenntnis hat ihre eigenen Grenzen produziert. Der Wert, den sich die Wissenschaft, durch die Arbeitsteilung, als Weg zur Herrschaft über die Daseinsumstände errechnet hatte, ist zweifelhaft geworden.

Das betrifft keineswegs nur die Naturwissenschaften, weil an der Aufgabe, die Beherrschung der Wirklichkeit zu sichern, längst andere Disziplinen teilnehmen. Es wurde schon darauf hingewiesen, daß es gerade Naturwissenschaftler waren, die im 19. Jahrhundert eine Wissenschaft von der Gesellschaft und Politik forderten, die mit der Einsicht in das gesetzmäßige Funktionieren dieser Bereiche auch die Mittel zu ihrer Einrichtung nach Wunsch liefern sollte, und es braucht, nach den Erfahrungen der letzten Jahrzehnte, nicht weiter ausgemalt zu werden, wie massiv dann die Sozialwissenschaften mit dem Anspruch aufgetreten sind, den Politikern die Pläne zu ihrem Geschäft liefern, ja vorschreiben zu können. Hier zeigt sich, wie wirksam der Glaube, mit dem die arbeitsteilige Wissenschaft angetreten ist, geblieben ist und eigentlich auch bleiben mußte, weil das Konzept einer Welt, die durch gesetzmäßige Zusammenhänge erfaßbar ist, die Disposition zum Eingriff ständig neu nährt und erhebliche Teile der heutigen Forschung sinnlos und überflüssig würden, wenn sie nicht in dieser Erwartung betrieben werden könnten. [...]

Human- und Sozialwissenschaften haben also das Erbe der Naturwissenschaften angetreten, und Weltbild und Mentalität dieser Fächer offenbaren sich in der ständigen Verwendung der Formel „noch nicht". Legion sind die Arbeiten in der Psychologie, Soziologie, Pädagogik oder Politologie, die mit der Bemerkung schließen, daß es noch weiterer Untersuchungen bedürfe, um die in Frage stehende gesetzmäßige Beziehung zwischen irgendwelchen Variablen zweifelsfrei zu beweisen, was angesichts der Tatsache, daß in einer hundertjährigen Anstrengung keines dieser Fächer auch nur ein einziges Gesetz hat finden können, nur zeigt, wie fest diese Fächer an das unerreichbare Konzept gebunden sind, welches die Arbeitsteilung produziert hat. Die Hoffnung und Vertröstung, daß wir die Einsicht in die Gesetze der menschlichen Welt noch nicht haben, aber demnächst besitzen werden, regiert die Sozial- und Humanwissenschaften und hält sie in einem Geist der Maßstabslosigkeit und des Irrealismus. Die große Planungsdiskussion der jüngsten Vergangenheit ist, mit allen ihren Folgen, ein Beispiel dafür, wie alte und stille Versprechungen der Wissenschaft, weil sie unreflektiert fortwucherten, zu mächtigen politischen und geistigen Bewegungen werden können. [...]

Welchen Erkenntnisgewinn hat uns die Anstrengung der Arbeitsteilung gebracht? Das ist nicht schon mit dem Hinweis auf die Zahl und Genialität der einzelnen Erkenntnisse erledigt. Man braucht sich in dieser Frage auch nicht mit den über die Zeit wechselnden, meist strittigen und heute fast anarchischen Bestimmungen des Wesens der Erkenntnis zu belasten. Denn alle Definitionen der Wissenschaft kommen doch darin überein, daß sie nicht bloß eine Vielzahl einzelner Erkenntnisse liefert, sondern einen Zusammenhang, eine wie immer näher bestimmte Einheit, die subjektiv Übersicht schafft. Sie soll aus dem Meinen zum begründeten Wissen, von Eindrücken zur Wahrheit der Sachen führen. Lange schien die moderne Wissenschaft diesen Erwartungen auf das Vollkommenste zu entsprechen, gelang es ihr doch, die menschliche Erfahrung in ihren sinnfälligen Grundtatsachen zu korrigieren und dabei eine klare, gewisse und einheitliche Ordnung zu entdecken. Aber aus objektiven Wahrheiten wurden allgemeine Gesetze, daraus verifizierbare Theorien, falsifizierbare Theorien und zuletzt unbegründbare Entscheidungen. „Gewißheit" ist jedenfalls ein Wort, das immer kleiner geschrieben wird und heute in der Theorie desjenigen Unternehmens, das als Suche nach Gewißheit definiert ist, kaum noch einen Platz hat. Es darf wohl als bezeichnend gelten, daß ein Vertreter des Wiener Positivismus wie Paul K. Feyerabend die Hoffnung auf Gewißheit nur noch mit der wilden Prophetie einer ganz neuen Wissenschaft aufrechtzuerhalten weiß, die eines Tages aus dem blinden Testen radikaler Gegentheorien entstehen soll[32]. Wie immer es auch mit der Breitenwirkung der hiermit angedeuteten Krise der Wissenschaftstheorie stehen mag, man

---

32 Paul Feyerabend, „Against Method: Outline of an Anarchistic Theory of Knowledge", London 1975. Feyerabend setzt seine Hoffnung auf eine radikale Alternative zur Sprache.

wird kaum übersehen können, daß die Gleichsetzung der Wissenschaft mit Wahrheit oder Gewißheit seit langem im Schwinden ist.

Eng hiermit verbunden ist die zunehmende Problematisierung des Wissens, die sich gerade aus dem Fortschritt ergab, welcher mittels Spezialisierung und Methodologisierung eine wachsende Überfülle an Erkenntnissen produzierte. Wenn sich die vorwissenschaftliche Erfahrung wie ein Chaos von Eindrücken dargeboten hatte, in dem erst die Wissenschaft einen einsichtigen und notwendigen Zusammenhang finden sollte, so war ihr sichtbarer Erfolg in dieser Hinsicht nur von kurzer Dauer, weil sich die Erkenntnisse in allen Fächern so multiplizierten und komplizierten, daß es zunehmend schwieriger wurde, sie zu überschauen und durchzuordnen, ja auch nur zu interpretieren und zu verstehen. Die zu erklärenden Gegebenheiten lösten sich im wissenschaftlichen Zugriff in immer diffizilere Bedingungen und Voraussetzungen, Komponenten und Kräfte auf, welche in jedem Fach immer mehr Einzeltheorien erforderten und ermöglichten. So legte der Fortschritt der Erkenntnisse rationale Partialstrukturen sowohl auf der Ebene der Daten wie auf der Ebene der Theorien frei, schuf aber gerade dadurch neue Fragen über ihren rationalen Zusammenhang. Auf einer neuen Ebene erstand so eine unübersichtliche Mannigfaltigkeit, die heute kaum weniger verwirrend zu sein scheint als jenes Chaos von Eindrücken, aus welchem die Wissenschaft hatte herausführen wollen.

Man kann diese Problematik nicht dadurch loswerden, daß man auf den problematischen Charakter von Begriffen wie Einheit, Übersicht, Gewißheit hinweist. Das 19. Jahrhundert, angetrieben von der Hoffnung, die Wissenschaft in einem System zu vollenden, und konfrontiert mit ihrer arbeitsteiligen Explosion, hat der Frage nach der Einheit der Erkenntnis jedenfalls ständig nachgespürt. Nicht nur die großen Systematiker des deutschen Idealismus haben sogar an ein vollendbares System alles Wissens geglaubt, auch die Naturwissenschaftler haben erwartet, daß aus der Arbeitsteilung einmal solche Einheit hervorgehen werde, weshalb man, wie es immer hieß, an einem großen Bau mitzuarbeiten glaubte. Erst gegen Ende des Jahrhunderts wurden solche Erwartungen mit der Parole zurückgenommen, die zuerst wohl ein so einflußreicher Kopf wie Karl Pearson ausgab, daß die Einheit der Wissenschaft in nichts anderem als ihrer Methode bestehen könne. Damit war die Hoffnung auf eine darstellbare und begreifbarere Einheit des Wissens begraben, oder genauer, aus den Köpfen in die Bibliotheken verdrängt, wo sie doch als ein allseitiger objektiver, nur eben nicht mehr objektivierbarer Zusammenhang fortbestehen sollte, auf den jeder jederzeit und an jeder Stelle zurückgreifen durfte. Gegen diese Vorstellung eines sachlichen Realzusammenhangs in unseren Erkenntnissen, deren Einheit nicht mehr darstellbar sein sollte, hat sich schon der Wiener Kreis empört, der in seinen großen Tagen die Forderung nach der Vereinigung aller Erkenntnisse in einem einzigen System der Wissenschaft erneut erhob, welche Otto Neurath mit dem Unity of Science Movement in den USA noch einmal auszuführen versuchte. Niemand wird heute noch fordern, es müßten sich alle Erkenntnisse in einem System darstellen lassen. Längst wissen wir, daß jede Erkenntnis Auswahl fordert, folglich „das Ganze" der Erkenntnis, wie immer man es nehmen will, nicht möglich ist. Dennoch ist es nicht dauerhaft möglich, auf eine bloß methodologische Vereinheitlichung der Forschungsprozedur auszuweichen, wenn es den dadurch produzierbaren Erkenntnissen zunehmend an Überschaubarkeit und Verstehbarkeit mangelt. [...] Zu jeder Bestimmung der Wissenschaft hat der Gedanke gehört, daß sie nicht ein im ganzen beziehungsloses Aggregat von Einzelwissen liefern würde, und insofern lebt die Wissenschaft von der Hoffnung auf irgendeine nicht bloß methodische Einheit ihrer Erkenntnisse. Aus ihrem Fortgang muß sich also ein Recht auf diese Hoffnung begründen lassen, und in ihre Verfahren müßten Sicherungen eingebaut sein, welche diese Hoffnung stützen. Die Naturwissenschaften nehmen da eine Sonderstellung ein, da sie immerhin kohärente Theorien vorzeigen können. Aber sonst legt die Entwicklung heute eher die Vermutung nahe, daß die Produktion der Erkenntnisse unter den Bedingungen der spezialisierten Aufteilung und des methodologischen Zugriffs solche Sicherungen nicht hinreichend enthält. Dann aber müßten die Erkenntnisse jedes Interesse, das nicht an der Berechenbarkeit einzelner Vorgänge hängt, verlieren. Wissenschaft wäre nur noch aus praktischen Gründen interessant, weil von ihren Erkenntnissen nur Formeln übrigblieben, die allenfalls zur Berechnung einzelner Vorgänge taugen. Wissenschaft wäre zu einer effektiven Magie geworden.

Es steht uns heute auch nicht mehr die Pose des 19. Jahrhunderts zur Verfügung, als man in jeder einzelnen Erkenntnis noch die Waffe gegen Reste vorwissenschaftlicher Weltbilder sehen konnte und den Fortschritt der Wissenschaft als Medizin gegen Illusionen verschreiben durfte. Heute liegen die Dinge doch umgekehrt! Die Wissenschaft zieht ihren existentiellen Wahrheitswert nicht mehr aus der Beseitigung überlieferter Illusionen, eher wird sie heute bemüht, neue Illusionen zu erzeugen. Da können ihre Erkenntnisse nicht mehr vom Ruhm der heroischen Entzauberung leben, die den Menschen erst vor die Wirklichkeit bringen will. Dieses Kapitel ist abgeschlossen, und nun steht die Rationalität der Erkenntnis selbst auf dem Spiel. Diese Frage aber ist mit der Entwicklung der Arbeitsteilung längst über das Problem hinausgewachsen, an dem Methodologie und Wissenschaftstheorie noch immer ansetzen: Was macht den Erkenntniswert der einzelnen Forschung aus?

Die Wissenschaft wird sich wie ein riesiger Betrieb weiterwälzen, solange die Gesellschaft, weil sie auf Ausbildung und Forschung angewiesen ist, Stellen dafür bereithält. Aber was in diesem Betrieb geschieht und was aus ihm herauskommt, bleibt dabei ganz offen. [...]

Der Bedeutungswert der Erkenntnis sank, der Nutzwert blieb übrig, der in den Sozialwissenschaften entweder den Charakter der Planung oder der Ideologie annahm. Gerade mit letzterem hat ja die sogenannte Studentenrevolte die Wissenschaft noch einmal zu einem eigenen Wert machen wollen, nicht ohne kräftige Rückgriffe auf ältere Erwartungen, welche in der Rationalität der Wissenschaft das Mittel zur Selbstverwirklichung hatten sehen wollen.

So findet sich heute die Wissenschaft durch ihren eigenen Fortschritt von dem Glauben abgeschnitten, der ihr Fundament gewesen war: daß Erkenntnis um ihrer selbst willen erstrebenswert sei. Für den Studenten ist sie nötiges Berufswissen und sozialer Einlaßschein, dazu unentbehrliches Instrument der Daseinsorganisation, wie immer man ihren Nutzwert im kleinen und großen summieren mag. [...]

Das Eingeständnis, daß Erkenntnis wissenswert sei, läßt sich logisch niemandem aufzwingen und wäre dann auch von zweifelhaftem Wert. Insofern beruht alle Wissenschaft auf einem Willen zur Erkenntnis, der auf Zustimmung nur in der Gunst geschichtlicher Umstände rechnen kann. Aber darauf ist schwerlich zu rechnen, wenn die Wissenschaft nicht begreiflich machen kann, was sie zu mehr als einem benötigten fachmännischen Berufswissen macht, das im Prozeß der Verwissenschaftlichung auf alles und jedes ausgedehnt werden kann – oder jedenfalls zu mehr machen könnte. Die Wissenschaft hat sich einen solchen Wert häufig in unerfüllbaren Träumen konstruiert, die heute als gefährliche Illusionen aufgedeckt und abgeschrieben werden sollten. Aber dann bleibt immer noch die Frage, inwieweit denn die Erkenntnis für sich selbst wertvoll sein könnte, und diese Frage muß jede Wissenschaft in ihrer Zeit beantworten, wenn von ihr nicht nur das übrig bleiben soll, was aus praktischen Gründen der Ausbildung und Forschung nötig ist. [...]

Zur vierten Säkularfeier der Tübinger Universität schickten andere Hochschulen Glückwünsche, in denen von der Mitarbeit an den höchsten geistigen Aufgaben des deutschen Volkes, von der Verheißung fortdauernder segensreicher Tätigkeit, von der Universität als dem Sitz der freien Wissenschaft, der Pflegerin des Anstandes und der guten Sitte, von dem Banner der Wissenschaft im friedlichen Kampf der Geister, von dem Band eines einheitlichen letzten Grundes und Zieles, das im Streben nach Wahrheit alle Fächer innerlich zusammenbindet und ihrer Verselbständigung ein Maß setzt, die Rede war.

Was ist heute, nach hundert Jahren, davon geblieben? Manches ist der Universität von der Geschichte genommen worden, und schon bei der Feier des vierhundertfünfzigjährigen Bestehens war von der Zeitwende die Rede, die nirgends stärker in Erscheinung trete als in den Hochschulen. Aber vieles hat die Wissenschaft selbst durch ihren Fortschritt verändert, der die Frage heraufbeschwört, was man in noch einmal hundert Jahren über die Wissenschaft und die Universität wird sagen können.

Die Entwicklung der Wissenschaft, nach ihren Erkenntnisinhalten, läßt sich nicht voraussagen, ansonsten man sich ihre Mühe sparen könnte. Auch werden geschichtliche Kräfte anderer Art ihr mächtiges Wort sprechen. Aber das Schicksal, das sich die Wissenschaft selbst bereiten wird, jedenfalls die Frage, vor die sie gestellt ist, läßt sich in ihren Umrissen erkennen.*

---

* [Anm. d. Hrsg.: Im Originaltext folgt an dieser Stelle eine kurze „Nachschrift", auf deren Wiedergabe hier verzichtet wurde.]

Jugend und Gesellschaft. Soziologische Perspektiven*

Jugend in der modernen Gesellschaft

„Wer die Jugend hat, hat die Zukunft" – das ist der Satz, mit dem die modernen Diktatoren und Möchtegern-Diktatoren naiv einen Zynismus bekunden, für den die menschlichen und gesellschaftlichen Angelegenheiten zu Fragen des Machtkampfes und der Schulung eingefroren sind. Ein erschreckender Satz also, und doch eine bittere Wahrheit, der man nicht ausweichen kann! Denn so sicher wie nach dreißig Jahren eine neue Generation bestimmt, was eine Gesellschaft in ihrem organisierten und nichtorganisierten Dasein ist, so sicher *hat* die Zukunft, wer die Jugend hat. Wohl dem Volk, in dem sich nicht die Verblendung regt, daß die Jugend ein Objekt für den mit irgendwelchen Zielen gerechtfertigten Zugriff des Habens sein könne. Aber auch dieses Volk wird in einer Generation durch seine Jugend repräsentiert sein. Der Jugend fällt die Zukunft immer und automatisch zu. Insofern ist das eine Trivialität. Doch in ihr steckt eine Tatsache, deren Einfachheit nur von ihrer Bedeutung über-troffen werden kann: daß die Zukunft irgendeiner menschlichen Fähigkeit, des kulturellen Besitzes und der inneren Daseinsmöglichkeiten, daß überhaupt die Zukunft eines Volkes wie der Völker immer nur das sein kann, was eine Jugend in diese Zukunft hineinzutragen vermag. Menschliches Dasein ist das in der Kette der Generationen fortgereichte Erbe, von dem verloren ist, was nur ein Glied der Kette nicht weiterreicht. Insofern verkürzt oder erweitert jede Generation den Umkreis des Daseins nicht nur für sich selbst, sondern auch für diejenigen, die nach ihr folgen. Das ist der unsichere Grund, auf dem alles Dasein eh und je gestanden hat und stehen wird, hart am Abgrund des Kulturverlustes, dessen Eintritt nicht einmal bemerkt zu werden pflegt, weil sich mit dem Schwund der Daseinsmöglichkeiten auch das Unterschei-dungsvermögen verliert. Die Jugend ist der Filter, durch den die Kultur einer Gesellschaft ständig passieren muß, und sie ist deshalb auch eine geschichtliche Drehscheibe, auf der die Zukunft einer Gesellschaft neu eingestellt wird. Sie

Dieser naive Blick auf die Tatsachen zeigt die Bedeutung des Themas. Sie

---

* [Anm. d. Hrsg.: Auszüge aus den Kapiteln „Jugend in der modernen Gesellschaft", „Moderne Jugend" und „Gesellschaft und Jugend" aus Friedrich H. Tenbruck: Jugend und Gesellschaft. Soziologische Perspektiven, Freiburg i. Br. 1962, hier wiedergegeben nach der zweiten, er-weiterten Auflage Freiburg i. Br. 1965. Der Abdruck erfolgt mit freundlicher Genehmigung des Verlages Rombach, Freiburg i. Br.]

beruht auf der besonderen gesellschaftlichen Stellung der Jugend. Jugend ist wesentlich ein Durchgangsstadium, ein Übergang, eine Vorbereitung auf die erwachsenen Rollen, eine Einführung in die Kultur. Das ist die normale Funktion der Jugend, die die Gesellschaft selbst mit ihr verbindet. Die Jugendsoziologie kann davon nicht absehen. Sie würde eine verkehrte Welt zeichnen, wenn sie die Jugend gänzlich außerhalb ihrer gesellschaftlichen Stellung und Funktion betrachten wollte. Sie kann sich also gerade nicht auf jene Perspektive einschränken, die man gewöhnlich für die wahre Aufgabe ansieht: das wirkliche Tun und Treiben der Jugendlichen zu ermitteln. Nicht sosehr, was die Jugend jetzt und hier jeweils ist, sondern was sie grundlegend und bleibend sein wird als eine Generation, die über Kultur und Gesellschaft verfügen wird, bezeichnet den Horizont der Arbeit der Jugendsoziologie. [...]

Wichtig sind also für die Jugendsoziologie diejenigen Prozesse, durch die in jeder Gesellschaft die Kultur auf die folgenden Generationen übertragen wird. [...]

Moderne Jugend

Dieser Abschnitt will das *grundsätzliche* Verständnis für die *Ursachen* und die *Bedeutung* der Eigenart der modernen Jugend vertiefen. Er geht von einer *Beschreibung* aus, die in ihrer Gedrängtheit an die Intuition des Lesers appellieren darf, der ja mit den Phänomenen nicht unvertraut ist. Diese Beschreibung stützt sich auf die aus verschiedenen Ländern vorliegenden Materialien, Erhebungen und Gesamtdarstellungen, die durch ihre Einheitlichkeit sehr ergiebig sind. Aus ihnen lassen sich fünf Tatsachen abnehmen, die die allgemeine Verfassung und Lage dieser Jugend festhalten:

1. Während sich die jugendliche Entwicklung früher in den wenigen Jahren der klassischen Jugendzeit konzentrierte, hat sie sich im letzten Jahrhundert stetig und jüngst beschleunigt ausgedehnt. Heute reicht sie bis zum 25. Lebensjahr, in vielen Fällen und auf manchen Gebieten darüber hinaus, und umfaßt nach unten hin die Mehrzahl der 13-14jährigen, womit ihre Anziehungskraft auf die Kindheit aber noch nicht erschöpft ist. Es ist also *eine enorme Verlängerung der Jugendspanne* eingetreten. Das bezieht sich nicht nur auf die psychischen Eigenheiten des Jugendalters, sondern auch auf die physischen, welche früher einsetzen (Akzeleration) und länger andauern (Beherrschung des motorischen und nervösen Apparates). Diese Veränderungen haben vielfältige Wirkungen hervorgerufen und in der Entwicklung der Rechtsbegriffe und der Rechtsprechung ihre Anerkennung bereits gefunden. Der moderne Mensch verbringt einen erheblichen Teil seines Lebens als Jugendlicher.[1]

2. Unstetigkeit, Impulsivität und Unsicherheit gelten herkömmlich als jugendliche Merkmale. Sie blieben jedoch früher Einsprengsel innerhalb um-

---

1 Dagegen ist der Anteil der Jugendlichen an der modernen Gesellschaft bei niedriger Geburtenziffer und hoher Lebenserwartung verhältnismäßig gering.

fassenderer Verhaltensstrukturen von größerer Festigkeit. Bei der modernen Jugend herrschen sie vor. Das folgt nicht aus den geläufigen Nachrichten über Kriminalität, Vandalismus, Rauschgiftsucht und Krawallfreudigkeit, denen keine repräsentative Bedeutung zukommt. Wohl eignet ihnen ein hoher symptomatischer Wert, wenn man sie mit typisch jugendlichen Auswüchsen früherer Epochen vergleicht. Jedenfalls darf man sich durch diese Radikalisierung der Auswüchse nicht von der *allgemeinen Radikalisierung der Jugendphase ablenken lassen.* Labilität und Gestaltlosigkeit sind Kennzeichen des normalen jugendlichen Verhaltens geworden. Das zeigt sich sinnfällig schon an den in Musik, Tanz, Sprache, Umgang gepflegten Formen und läßt sich in Untersuchungen über diese Bereiche jugendlichen Verhaltens verifizieren. Zu dem Formverlust gesellt sich ein Erlebnisdrang, der ebenso sinnfällig an den Mitteln und Inhalten der Unterhaltung, der Freizeit und des Umgangs hervortritt. Auch hier ist die Radikalisierung unverkennbar. Aus dem Hunger nach dem bewegenden Erlebnis, der Teile der europäischen Jugend bereits um die Jahrhundertwende erfaßt hatte, ist der Traum geworden, das Leben als eine bloße Folge von Ereignissen zu verbringen. Gelegentliche Formen des Ernstes und der Sammlung erweisen sich als Ansätze und Ausnahmen, häufig als ein instrumentales Paktieren mit den Gegebenheiten, das durchaus im Dienst der Erlebnisorientierung verbleibt. Erhöhte Vitalitätsbedürfnisse stehen im Vordergrund. Die Entwicklung der Person, individuell wie sozial die eigentliche Aufgabe der Jugendphase, stößt vor allem im emotionalen und moralischen Bereich auf Schwierigkeiten und Verzögerungen, gelingt häufig nur bedingt oder gar nicht.

3. Wenn sich innerhalb einer Gesellschaft eine Gruppe hinlänglich und bewußt von anderen unterscheidet, kann die Soziologie von einer *Teilkultur* sprechen. Dazu ist eine Selbständigkeit erforderlich, die wirtschaftlich, religiös, politisch oder sonstwie fundamentiert und entweder aktiv als Auszeichnung erstrebt oder passiv als erzwungene Absonderung hingenommen werden kann. Eine solche Gruppe ist von der Gesamtgesellschaft nicht zu trennen, bewahrt ihr gegenüber aber ein hohes Maß von Eigenständigkeit und Selbstkontrolle. Man identifiziert sich mit der Gesamtgesellschaft nur indirekt und bedingt, nämlich über die eigene Gruppe, der man primär verpflichtet bleibt. Man fühlt sich deshalb auch dort unter sich, wo die soziale Organisation den Austausch mit der restlichen Gesellschaft vorschreibt. – In diesem Sinne besitzt die moderne Jugend *eine eigene Teilkultur.* Die Formen und Normen ihres Lebens haben einen Grad der Eigenart und Autarkie erreicht, der früher selbst dort fehlte, wo die Rebellion gegen die Welt der Erwachsenen zum Programm wurde. Entscheidend dafür ist nicht, daß die trennenden Unterschiede zahlreicher und schärfer geworden, sondern daß die Orientierungen zu den Erwachsenen hin abgebaut worden sind. An die Stelle des Zwanges, den eigenen Lebensstil zu verbergen oder doch an den Werten der Gesamtkultur zu messen und notfalls gegen sie zu rechtfertigen, ist die instrumentale Benutzung der Gesamtkultur zu eigenen Zwecken getreten. Bei dieser Selbständigkeit überrascht es nicht, daß die jugendliche Teilkultur fast souverän alle Lebensgebiete erfaßt. Die Jugendlichen haben nicht nur ihre unverwechselbaren Formen des

Umgangs, Sports, Vergnügens, sie besitzen auch ihre eigene Mode, Moral, Literatur, Musik und Sprache.

4. Weiterhin fällt ein *Puerilismus der Gesamtkultur* auf. Die Tatsache ist nicht einmal so neu, und J. Huizinga hat sie in den dreißiger Jahren nicht als erster beklagt. Inzwischen ist das Prestige, das allen Juvenilia anhängt, außerordentlich gestiegen. Umgang, Vergnügen, Lektüre, Freizeit, Moral, Sprache, Sitte der Erwachsenen weisen zunehmend jugendliche Züge auf. Auch hier kündigen der Vorrang von Bild, Ton und Rhythmik und die Formen der Monotonie sowie der Abwechslung die Erhebung der diskontinuierlichen Erlebnisfolge zur Philosophie des Lebensglücks und den Abbau einer personal verarbeiteten Lebenswelt an. Im Wirtschaftsleben appellieren die Ziele und Mittel der Lockung fast durchweg an typisch jugendliche Wünsche, Symbole und Realitäten. Die Psychologie des Alltags- und Berufslebens richtet sich immer stärker am Modell der jugendlichen Unsicherheit und ihrer Adaptationsbedürfnisse aus. Gleichzeitig tritt in Freizeit und Sport, Wahlkampf und politischer Propaganda, aber auch in den Methoden des Lernens und der geistigen Bewältigung der Umwelt ein pueriler Spielcharakter hervor. In der Kunst erheben Kinderbilder und Produkte halbwüchsiger Autoren Anspruch auf ernsthafte Beachtung. Stoffwahl und Behandlungsart verraten eine Affinität zur jugendlichen Welt. Daß der ältere Mensch in der Literatur fehlt, entspricht seiner gesellschaftlichen Ausgliederung in Altersheim und Staatshilfe. Der Erwachsene orientiert sich nicht mehr vorwärts zum eigentlichen Alter, ja es mangelt bereits das Gefühl, daß es spezifische Aufgaben für diese Lebensphase gibt. Die Jugend zu verstehen, mit ihr Schritt zu halten, sich ihr anzupassen, wird normales Bemühen. Eine Nivellierung der Altersunterschiede ersetzt die nunmehr als bloß autoritär empfundenen Autoritäten, in und außerhalb der Familie, durch Kameraderie oder Interessenkompromiß. Altersmäßig differenzierte Leitbilder werden durch eine einheitliche Idealform verdrängt, die deutlich juvenile Züge trägt. Die moderne Jugend besitzt nicht nur eine eigene Teilkultur, sie ist in mancher Hinsicht zur dominanten Teilkultur geworden.

5. Das Gesagte gewinnt theoretisches Profil mit der Beobachtung, daß die moderne Jugend sich in allen entwickelten Industrieländern auffallend gleicht. Das gilt nicht nur für die extremen Phänomene, wo den französischen blousons noirs die amerikanischen juvenile delinquents, die italienischen vitelloni, die australischen bodgies, die taiwanesischen tai-paos, die südafrikanischen ducktails, die polnischen und russischen hooligans entsprechen, sondern gerade auch für das normale Verhalten. Es besteht *eine Konvergenz der Jugend der industrialisierten Länder.* Sie liegt nicht in der Identität des Kulturgutes, die durch die internationale Verflechtung in der Form des Exports von materiellem und immateriellem Kulturgut ermöglicht wird. Damit ist höchstens erklärt, warum in Rom, London, New York, Warschau, Stockholm, Tokio, Johannesburg, Kairo die gleiche Schlagerplatte, der gleiche Sänger, die gleiche modische Neuheit, der gleiche Groschenroman, der gleiche Vergnügungsbetrieb begeistert. Verständlich wird dieser fast unbeschränkte Austausch von solchen Kulturgütern nur durch eine Gleichartigkeit der zugrunde liegenden Haltungen.

Die Gleichheit der industriellen Lebensbedingungen erzeugt Kräfte, vor denen nationale und andere Unterschiede zunehmend zurücktreten. Es bildet sich überall der gleiche Typ des Jugendlichen.

Damit rechtfertigt sich die Problemstellung dieses Beitrags. Er spricht nicht von irgendeinem Land, sondern von der industriellen Gesellschaft. Natürlich bestehen bedeutende Unterschiede fort. Sie erklären sich teils aus den unterschiedlichen Graden und Formen der materiellen und ideologischen Industrialisierung, teils aus zeitgeschichtlichen Umständen, teils aus nationalen Besonderheiten. So gesehen existieren industrielle Gesellschaft und moderne Jugend nirgendwo rein. Es handelt sich um das, was man in den Sozialwissenschaften als *Idealtyp* bezeichnet. Ihm nähern sich die Verhältnisse in den entwickelten Industrieländern. Deshalb ist die moderne Jugend auch nicht eine ephemere Erscheinung, die sich aus der Drohung des globalen Atomkrieges, aus dem Einfluß der amerikanischen Kultur oder anderen zeitgeschichtlichen Momenten erklären ließe. Hier wird ein Wesenszug der modernen Gesellschaft sichtbar. [...]

Jugend als soziale Gruppe

[...] Daß Menschen jung sind, ist eine unaufhebbare Tatsache. Daß die Gesellschaft auf gewisse Umstände des Jungseins, jedenfalls in der Kindheit, Rücksicht nimmt, ist ebenso selbstverständlich. Daß aber junge Menschen das sind, was wir mit Jugend unsicher meinen, ist durchaus nicht notwendig und universal. Wir werden im Gegenteil sogleich sehen, *daß Jugend eigentlich eine geschichtliche und zwar relativ neuartige Erscheinung ist.*[2]

---

2 Hierzu wie zur allgemeinen Einführung H. Plessner: Het probleem der generaties. In: Groenman, Heere und Vercruijsse (Hrsg.): Het sociale leven in al zijn facetten, Teil I, Assen 1958. Ganz unbrauchbar ist F.A. Kehrer: Der Wandel der Generationen, 1959. Neuere Literatur zum Generationenproblem bei R. Tartler: Die soziale Gestalt der heutigen Jugend und das Generationsproblem. In: H. Schelsky (Hrsg.): Arbeiterjugend – gestern und heute, 1955. Der bemerkenswerte frühe Versuch Tartlers, der eben auch eine Alterssoziologie vorgelegt hat (Das Alter in der modernen Gesellschaft, 1961), das Problem in seinen geschichtlichen Stufen zu sehen, bleibt leider in einer geistesgeschichtlichen Verdichtung der Phänomene stecken. In die Dimension der sozialen Analyse stößt dagegen das brillante Buch von N.S. Eisenstadt: From Generation to Generation. Age Groups and Social Structure, London 1956, vor, das für jede ernsthafte Beschäftigung mit den Problemen unerläßlich ist. Die Schwäche der Arbeit liegt in ihrem extremen Funktionalismus, der gegen die eigentlich historische Dimension blind macht und zuletzt am dem Gruppencharakter der Jugend vorbeigreift. – Im übrigen liegt dieser Schrift folgende Systematik implizit zugrunde: Jugend, als ein soziales Phänomen, bildet sich einmal dort, wo die Struktur der Gesellschaft wesentlich über Lokalgruppen hinausgeht und deshalb zu besonderen Institutionen der Sozialisierung führen muß, in denen sich unvermeidlich altershomogene Gruppen bilden. Zu unterscheiden davon ist der Fall, wo besondere historische Gründe dazu führen, daß den Jugendlichen als Gruppe eine *bestimmte* soziale Aufgabe übertragen wird, wie das bisweilen in Kriegerstaaten geschieht. Die Gruppenbildung folgt hier nicht schon notwendig bloß aus dem Strukturgrad der Gesellschaft. Eine dritte Form liegt dann vor, wenn bloß die *innere* Struktur der *Familie* das Nachrücken der Generationen blockiert. Da die Gruppenbildung hier nicht erforderlich ist

Was ist Jugend? Nach einer unter Laien verbreiteten, aber oft auch von Soziologen akzeptierten und gelegentlich gar systematisch ausgebauten Ansicht, die übrigens bereits unter den Philosophen des 18. Jahrhunderts ein locus communis war, ist sie das Ergebnis einer verzögerten Eingliederung in die erwachsenen Rollen. Während das Kind in der einfachen Gesellschaft die Kultur gewöhnlich mit dem Abschluß der körperlichen Reife absorbiert hat, wird der Sozialisierungsprozeß durch die höhere Arbeitsteilung in der differenzierten Gesellschaft über die Sexualreife hinaus verzögert, was sich in der europäischen Geschichte bereits zu Beginn der Neuzeit bemerkbar zu machen anhebt. Nun gibt es gewiß ohne diese Verzögerung keine Jugend: wo die Aufnahme in die erwachsenen Gruppen mit dem Eintritt der Mannbarkeit erfolgt, entsteht das Problem überhaupt nicht, weil es zwischen dem Kind und dem Mann die besondere Stufe der Jugend gar nicht gibt. Insofern unterstellt die obige These also nur eine Trivialität. Aber keineswegs folgt daraus nun, daß sich das Verhalten und die Verfassung der Jugend *als Folge* dieser Verzögerung begreifen lassen und aus vorgeblich natürlichen Problemen zu erklären sind, die dem Auseinandertreten von körperlicher und gesellschaftlicher Mündigkeit anhaften.

[...] Die entscheidende soziologische Tatsache, daß Jugend nur von den charakteristischen sozialen Gruppen her verstanden werden kann, in denen sich Jugend ereignet, wird kaum beachtet. Man versucht, die als typisch gel-

---

und sich bloß verschärfte Gegensätze zwischen individuellen Angehörigen der verschiedenen Generationen ergeben, handelt es sich hier um eine uneigentliche Form.

Was wir im allgemeinen mit Jugend meinen, wenngleich praktisch oft mit Erscheinungen der beiden anderen Formen vermischen, ist die erste Form, und von ihr handelt dieser Beitrag. Zu ihr gehört die moderne Jugend eindeutig. Wenn ihre Entstehung hier an Hand der europäischen Entwicklung skizziert wird, so rechtfertigt sich das aus dem Umstand, daß sie das Ergebnis des Strukturwachstums der Gesellschaft ist, für das die Entstehung der arbeitsteiligen Industriegesellschaft in Europa das konsequente Paradigma bietet.

Daß sich im übrigen auch die Daten aus anderen Gesellschaften in den hier vorgelegten Interpretationszusammenhang fügen, läßt sich aus der umfassenden Materialsammlung und Behandlung bei Eisenstadt ersehen, wenngleich dort die Systematik statisch-funktional bleibt, also auf den besonderen Gesichtspunkt der vorliegenden Arbeit umgedeutet werden muß. Der Kenner und Liebhaber der Antike wie auch der soziologisch interessierte Fachmann sei endlich auf die wertvollen Materialien hingewiesen, die in A. Bork: Der junge Grieche. Ein Beitrag zur vergleichenden Jugendpsychologie, 1959 (gekürzt 1961), stecken. Wenngleich die Arbeit mit ihrer Orientierung an einer auf zeitlose Typen gerichteten Jugendpsychologie keine gültige Deutung liefern kann, so bleibt die Übersicht über die Erscheinungen höchst verdienstlich. Achtet man auf die zeitliche Abfolge der zusammengestellten Phänomene, und parallelisiert man sie mit der Entwicklung der griechischen Gesellschaft, so erhält man eine Entwicklungsreihe, welche sowohl in bezug auf die eigentlichen Jugendphänomene wie in bezug auf die gesellschaftlichen und kulturellen Komplemente mit der hier im Grundzug dargelegten übereinstimmt und die vorgetragene Theorie unmittelbar bestätigt, wobei einzig zu berücksichtigen ist, daß sich die Vorgänge in kleineren Räumen abspielen und die Entwicklung über einen gewissen Punkt nicht hinausgeht, nämlich dort abbricht, wo höhere Organisierungsformen den Fortbestand der europäischen Gesellschaften weiterhin zu sichern vermochten. Von Borks Orientierung an einer zeitlosen Jugendpsychologie sticht Muchows neueste Arbeit (Jugend und Zeitgeist) vorteilhaft ab. Mit ihren Daten stützt sie die hier vertretene Theorie, während Muchows Erklärungen mir in bloß geistesgeschichtlichen Konstruktionen steckenzubleiben scheinen.

tenden Erscheinungen restlos aus einer für alle Jugendlichen als einzelne gleich-artigen Prägung herzuleiten, die sich aus der Problematik der verzögerten Ein-gliederung ergibt, und übersieht, *daß Jugend wesensmäßig eine soziale Gruppe ist.* Gewiß existiert sie im strengen Sinne nicht kompakt als eine einzige Gruppe, die alle Jugendlichen umschließt, sondern tritt in einer Mannigfaltigkeit von jugendlichen Gruppenbildungen in Erscheinung, die aber nun ihrerseits auf mannigfache Weise durch das Bewußtsein gemeinsamer Art, die Gleichartigkeit der sie ins Leben rufenden und auf sie einwirkenden Kräfte und Bedingungen sowie durch Überschneidungen zwischen den Gruppen verbunden sind. Erst in dieser Dimension der jugendlichen Gruppen bildet sich jugendliches Selbst-bewußtsein und Verhalten, und solange man sich den Jugendlichen auf die Familie als wesentliche Gruppe beschränkt vorstellt, läßt sich das Phänomen der Jugend gar nicht fassen. Wir wollen dabei nicht etwa übersehen, daß sich auch mit der Stellung des Jugendlichen in der Familie schon eine gewisse Problematik verbinden kann. Wir kennen sie aus manchen sehr einfachen Kulturen; sie lassen sich übrigens auch in der bäuerlichen Welt, etwa an der Einrichtung des Altenteils verfolgen; wir dürfen auch annehmen, daß die Ver-zögerung der sozialen Mündigkeit in unserer Gesellschaft, die auf Unabhän-gigkeit und Avancement so besonderes Gewicht legt, zu spezifischen Span-nungen selbst dann führen müßte, wenn keine jugendliche Gruppenbildung stattfände. Aber indem wir auf diese Erscheinungen aufmerksam machen, wird bereits deutlich, wie verschieden sie noch von dem sind, was wir mit Jugend meinen. Beschränkte Generationsgegensätze können unter verschiedensten strukturellen und kulturellen Bedingungen in Gesellschaften existieren. *Jugend aber ist das Ergebnis einer charakteristischen Gruppenbildung, die sich in der komplexen Gesellschaft unvermeidlich einstellen muß.* Erst wo die Gesellschaft Jugendliche miteinander in feste Beziehung setzt, entsteht Jugend.

Das läßt sich auch so ausdrücken: Jugend ist keine statistische, sondern eine soziale Gruppe. [...]

Das Minimalerfordernis für eine soziale Gruppe ist normalerweise dasjenige Maß von direkten und indirekten Verbindungen zwischen ihren Mitgliedern, das ihnen ein Bewußtsein ihrer Gemeinsamkeit und damit gemeinsames Han-deln erlaubt. Zur sozialen Gruppe im weiten Sinne ist also kein wirklicher und direkter Kontakt zwischen allen Mitgliedern erforderlich. So sind auch die großen Gebilde der sozialen Schichtung wie Stand, Kaste, Klasse in diesem Sinne durchaus soziale Gruppen, obgleich in ihnen kein durchgehender direkter Kontakt besteht, der immer nur wenige verbindet. Aber weil diese Beziehungen sich vielfältig überschneiden und so auch miteinander ausbalancieren müssen, ist ein umfassender indirekter Zusammenhang gegeben, in dem sich gemeinsame Interessen, Prägungen und Traditionen immer erneut zu einem Bewußtsein der Zusammengehörigkeit und Gemeinsamkeit und zu spezifischen Formen des Daseins aktualisieren. Diese Gebilde also sind keine statistischen Zusam-menfassungen, sondern echte soziale Gruppen und ohne die Dimension der sozialen Verbindungen gar nicht denkbar.

In diesem Sinne ist die Jugend eine soziale Gruppe, die überhaupt nur deshalb existiert, weil gewisse Kontakte ihre Angehörigen verbinden, weil die auf mannigfaltige Weise sich überschneidenden formellen und informellen Gruppen der Jugend einen durchgängigen indirekten Zusammenhang der Jugendlichen begründen, weil sie in diesem sozialen Lebensraum erst ihr Bewußtsein und die Formen ihres Daseins gefunden haben. Jugend ist eine soziale Gruppe – das heißt eben: ihre angebbaren Gemeinsamkeiten des Verhaltens, ihre innere Verfassung und ihr äußeres Tun lassen sich nicht als bloße Gleichartigkeiten von einzelnen, als rein individuelle Eigenschaften verstehen. Sie erweisen ihren Ursprung wie ihre Bedeutung wahrhaft erst dann, wenn man sie als Verkehrsformen einer sozialen Gruppe betrachtet und aus den inneren und äußeren Umständen und Notwendigkeiten der Gruppe begreift. Die Geschichte der Jugend ist deshalb auch zuoberst die Entstehung der Jugend als einer sozialen Gruppe, also ursprünglich die Geschichte der Bildung von altershomogenen Gruppen Jugendlicher. Und sie ist damit genauer die Geschichte der steigenden Ausgliederung der Jugendlichen aus altersheterogenen Gruppen, wie Familie und Gemeinde, die mehrere Generationen umschließen. *Je größer die Zahl der eigenen Gruppen, in denen sich der Jugendliche unter seinesgleichen bewegt, und je größer der Handlungsspielraum dieser Gruppen*, um so weniger sind sein Selbstbewußtsein, sein Verhalten, seine Verfassung in altersheterogene Gruppen verschränkt, um so mehr werden seine jugendlichen Gruppen seine eigentlichen sozialen Bezugsgruppen, von denen her er sich versteht und handelt, *um so deutlicher wird die Jugend als soziales Phänomen in Erscheinung treten.*

[...] Und dann besagt die These, daß die Jugend eine soziale Gruppe sei, weiter dies, daß die Jugendlichen in ihren eigenen Gruppen ihre Bezugsgruppe besitzen, von der her sie sich verstehen und handeln, wie das in den im Vorwort erwähnten Arbeiten von J.S. Coleman und L. Rosenmayr* deutlich wird. Bei aller Verflechtung in die weitere Gesellschaft und bei aller Einsicht in die Notwendigkeiten und Anforderungen des erwachsenen Daseins empfinden sie sich als Teil der jugendlichen Gruppen und ihrer Lebenswelt. [...]

Historische Perspektiven

[...] Tatsächlich aber stellt die Geschichte der Jugend eine einheitliche, zügige und gerichtete Entwicklung dar, deren eigentliches Substrat die Entstehung und das Wachstum jugendlicher Gruppen sind. Die letzten zwei Jahrhunderte der Entwicklung der westlichen Gesellschaft sind die Geschichte dieses Aufstiegs

---

* [Anm. d. Hrsg.: Tenbruck bezieht sich auf die – im hier nicht mit abgedruckten Vorwort zur zweiten Auflage erwähnten – Arbeiten von James S. Coleman: The Adolescent Society. The Social Life of the Teenager and its Impact on Education, Glencoe, Ill. 1962, und Leopold Rosenmayr: Familienbeziehungen und Freizeitgewohnheiten jugendlicher Arbeiter, Wien 1963.]

der Jugend. Ihr Kern ist die immer radikalere Verfestigung des jugendlichen Daseins in eigenen Gruppen. [...]

Damit öffnet sich die eine große Notwendigkeit, die hinter den mannigfaltigen Formen in dem Prozeß der jugendlichen Gruppenbildung steht. *Denn die Familie sinkt in der sich ausdehnenden und differenzierenden Struktur und Kultur der Gesellschaft zu einem untergeordneten Teilgebilde herab und verliert für den Jugendlichen immer stärker den Charakter des möglichen und natürlichen Identifikationsraumes.* Der Prozeß der strukturellen Ausgliederung aus der Familie verläuft also auf zwei Ebenen, die beide nur Aspekte des allgemeineren Prozesses der wachsenden Differenzierung von Gesellschaft und Kultur sind. Zum einen muß die Vorbereitung auf die greifbaren Rollen und gerade auf das Greifbare an ihnen, also vor allem die Vermittlung von grundlegend allgemeinen und spezifischen Kenntnissen und Fertigkeiten für die Berufsrollen endgültig aus Familie und Gemeinde herausgelagert und immer stärker von außen zentralisiert und organisiert werden, wodurch Jugendliche gleicher Altersstufen in geregelten und von der Gesellschaft institutionalisierten Kontakt gebracht werden. [...]

Diese Geschichte der Jugend, also die Geschichte der jugendlichen Gruppenbildung, wodurch sich die Jugend selbst als soziale Gruppe formiert, die sich als auferlegte und eigene Gruppenbildung abspielt und unter dem Gesichtspunkt der Tatsächlichkeit wie der Funktion zu erwägen ist – diese Geschichte spiegelt sich vielfältig in der Entwicklung der letzten zweihundert Jahre, und zwar nicht nur in den im Prinzip schon einbezogenen Tatsachen der Wirtschafts- und Sozialgeschichte, der Entwicklung der politischen und familialen Institutionen, in der Verbreitung und Organisation der Bildungsanstalten und des Ausbildungswesens, in der Kristallisation, dem Wachstum und der Wandlung der jugendlichen Gruppen, sondern gerade auch in der allgemeinen Geistesgeschichte. Sie ist seit Rousseau weitgehend von jungen Menschen geschrieben worden oder hat sich aus jugendlichen Erlebnissen gespeist oder hat um jugendliche Probleme gekreist. Überdeutlich tritt das in Deutschland in Erscheinung, wo der Sturm und Drang, die jugendlichen Helden der Klassik und Romantik, der für Deutschland typische Entwicklungsroman, ja die Problematik der jugendlichen Erfüllung in der Dichtung, die Idealgestalt des Jünglings der Romantik und seine unzähligen Nachfahren, das Jugendwesen der akademischen Kreise, das „junge Deutschland" die Situation bestimmen, deren Spätphasen der Aufbruch des Wandervogels, die Staatsjugend und die Teilkultur der modernen Jugend sind.

Damit soll gewiß keine Ursachenreihe konstruiert und Unvergleichliches vermengt werden. Was die Aufreihung dieser herausgegriffenen Momente rechtfertigt, ist nur dies: sie zeigen, daß die Jugend und ihre Problematik sich steigend in den Vordergrund geschoben und gleichzeitig von der Gesamtkultur gelöst und verselbständigt haben. Zwar tritt diese Entwicklung in Deutschland klarer hervor, weil der Mangel einer Überlieferung nationaler Lebensform die problematische Lage der Jugendlichen schärfer ans Licht bringen mußte. Das Fehlen traditioneller Modelle und Standardisierungen überlokalen Charakters verwies hier die Jugend radikaler an sich selbst in dem Moment, wo die Dysfunktionalität der Familie und Gemeinde Tatsache wurde, und es ist noch nicht beachtet worden, daß in diesem Umstand die sozialen Voraussetzungen (nicht aber die Erklärung) für jene sechs Jahrzehnte geistiger Blüte liegen, die die Bewegung von Klassik, Romantik und deutschem Idealismus ausmachen. Was immer sie sonst noch sind, sie sind auch der Versuch von erstmals in die Offenheit der Gesellschaft tretenden Generationen, die sich selbst in Freundschaften, Zirkeln, Gruppen und Kameradschaften einen sozialen Identifikationsraum und in ihrer geistigen Produktion den Bedeutungsraum von Verhaltensmodellen zu schaffen oder zu suchen wußten, ohne die sie sich in die neuen und unbestimmten Möglichkeiten einer sich ausdehnenden Gesellschaft nicht mehr hätten hineinfinden können.[3] Wenn Literatur, Wissenschaft, Kunst damals eine neue Bedeutung und Tiefe gewinnen, so wesentlich auch deshalb, weil sie zu Formen der Exploration und der Stabilisierung des Daseins werden. Darüber hinaus braucht man in der europäischen Entwicklung nicht lange nach Parallelen suchen. Werther und Lucinde sind so gut Zeitsignaturen wie Emile oder Le rouge et le noir; Albertis Die Alten und die Jungen, Leopardis I vecchi e i giovani, Turgenjews Väter und Söhne künden trotz aller qualitativen und übrigen inhaltlichen Unterschiede von der öffentlichen Kristallisation des gleichen Problems; Wandervogel- und Boy-scout-Bewegung antworten auf verschiedene Weise doch auf die gleiche Situation; die Entwicklung der Kinder- und Jugendliteratur zeigt gemeineuropäische Züge; pädagogische Gesichtspunkte und fürsorgerische Bekümmerung entwickeln sich unter gleichen Notwendigkeiten; die Wissenschaft bemächtigt sich etwa zur gleichen Zeit in verschiedenen Ländern der Jugend als Gegenstand ihres Interesses; ebenso zeigen die Versuche, die Geschichte mittels Theorien der Ablösung von Generationen, insbesondere literarischer und künstlerischer Generationen, zu verstehen, an, wie brennend, aber auch wie selbstverständlich die Diskontinuität der Generationen überall geworden ist; die Entwicklung der Freundschafts- und Gruppenbeziehungen unter den Jugendlichen belegt universale Tendenzen, und daß die organisierte Sozialisierung, sei es in der Übergangsform der Staatsjugend oder der eigentlichen Form der modernen Jugend, ein allgemeiner Ausdruck der Industriegesellschaft ist, bedarf keiner weiteren Belege mehr. [...]

---

3 Es wird also nicht nur unterstellt, daß die Geistesgeschichte der letzten zwei Jahrhunderte nach ihren Trägern, Gruppen, Themen und Problemen die Entstehung und das Anwachsen der Jugend und ihrer Situation spiegelt, sondern daß sie den Experimentierraum für die Lebensstabilisierung in einer gesellschaftlichen Offenheit darstellt und deshalb auch für die von dieser Offenheit stets am meisten betroffene Jugend eine besondere Funktion besitzt. Diesen für die Analyse zentralen Punkt habe ich in einem Beitrag zu D. Oberndörfer (Hrsg.): Wissenschaftliche Politik, ausführlicher entwickelt, als es hier geschehen kann.

Wie oben dargelegt, läßt sich Jugend soziologisch nur als ein Phänomen der Gruppenbildung verstehen. Damit soll nicht etwa gesagt sein, daß irgendwelche Prägungen, die sich summativ aus gleichartigen Einflüssen auf einzelne ergeben, soziologisch irrelevant sein müßten. Sie können unter bestimmten Umständen sogar so stark sein, daß wir diese Menschen als Gruppe anzusprechen geneigt sind, obschon sie kaum Verbindung untereinander haben. Das ist dann der Fall, wenn sie mit gleichartigen und zentralen Rollen in gleichartige Gruppen eingebunden sind, also unter gleichartigen sozialen Bedingungen stehen, die eine umfassende gleichartige Prägung und damit auch normalerweise ein Bewußtsein dieser Gemeinsamkeit bewirken. Ein instruktives Beispiel hierfür liefert die Entdeckung der Kindheit, die historisch dem Auskristallisieren der Jugend in Europa vorausging und recht eigentlich die Vorstufe der Entwicklung ist. Tatsächlich ist die Kindheit durchaus nicht immer und überall als eine eigenständige Lebensphase mit besonderen moralischen und emotionalen Werten angesehen worden. Wie wenig die Beachtung der handgreiflichen Merkmale der Kindheit zu dieser geläufigen positiven Einstellung führen muß, beweist das europäische Mittelalter, dem die Empfindung für eine der Kindheit eigene Lebenswelt mangelte. Das Kind wurde als ein durch Unfertigkeit an erwachsenem Handeln noch verhindertes Wesen aufgefaßt, wie das schon die malerische Darstellung des Kindes als Erwachsenen en miniature belegt. Erziehungsziel war die frühzeitige Imitation des Erwachsenen, mit dem die Lebensbereiche der Arbeit und des Vergnügens ungeschieden geteilt wurden. Erst zu Beginn der Neuzeit werden dem Kind eigene Aufgaben, Gefühle, Fähigkeiten und Träume überlassen, wodurch es von dem erwachsenen Lebensbereich vollständig oder teilweise isoliert wird. Diese positive Vorstellung von der Kindheit ist wesentlich das Ergebnis sozialer Kräfte.

Die bürgerliche Familie war, aus der Sippe und der Grundherrschaft der Landfamilie herausgenommen, eine relative Kleinfamilie geworden. Die Eherollen werden nun nicht mehr überwiegend von außen durch die stetigen Erwartungen der Arbeits- und Wohngemeinschaft definiert, sondern müssen in der personalen Beziehung der Ehepartner von innen her stabilisiert werden, was sich geschichtlich in der Gefühlsbetontheit der bürgerlichen Familie ausdrückt. Wichtiger noch ist die Entlastung der Kinder von den konkreten Realitäten. Der unmittelbare Erwerbswert, den das Kind in der agrarischen Gesellschaft hat, entfällt unter städtischen Bedingungen. An die Stelle der primären Beanspruchung durch Sachen tritt die Beanspruchung durch Personen. Die Bedeutung dieses Umstandes ist um so weniger zu unterschätzen, als das Kind gleichzeitig für einen ständigen Umgang mit den Eltern frei wird, in dem sich personhafte und affektive Bindungen dominant fixieren lassen. Erst in solchem Verhältnis gewinnt es Raum für die Entfaltung eigenen Wesens. Was wir heute Kind nennen, ist also Ergebnis einer identischen Bewußtseinsbildung und Personformung.

Allerdings blieb die Wirkung dieser Veränderung deshalb beschränkt, weil die Entlastung in den späteren Kinderjahren der üblichen Lehre Platz machen mußte, die kräftig in die Realität des erwachsenen Lebens zurückführte. Die weitere Ausdehnung der Kindheit geht denn auch auf einen ganz anderen Umstand zurück, nämlich die dem Mittelalter unbekannte Separierung der Kinder in altersmäßig gegliederte Schulen.[4] Hier liegt auch *eine* Wurzel der Jugend. Damit tritt aber das Problem auf eine neue Ebene, weil es nun nicht mehr um Bewußtseinsbildung, sondern um Gruppenbildung geht.

Solange die Familie die ausschließliche Lebensgruppe bleibt, kann sich eine Jugend im eigentlichen Sinne des Wortes nicht bilden. Erst wenn die soziale Struktur direkte Verbindungen unter den Jugendlichen ermöglicht, können sie aneinander ein gemeinsames Bewußtsein und miteinander feste Eigenarten entwickeln. *Solche Verbindungen werden nun überall dort notwendig, wo die Struktur der Gesellschaft wesentlich über Familien- und Verwandtschaftsbeziehungen hinausgeht, so daß die Sozialisierung nicht mehr innerhalb der Familie abgeschlossen werden kann.* Das ist der Fall in der arbeitsteiligen Gesellschaft. Sie war bereits im Mittelalter genügend ausgeprägt, um einige institutionalisierte Kontakte zwischen Jugendlichen zu erzwingen (Beispiel der Studenten und Lehrlinge), wobei denn auch sogleich jugendliche Phänomene auftreten. Sie blieben nach Umfang, aber auch nach Art meist begrenzt, weil diese Gruppen teils unmittelbar in altersheterogene Gemeinschaften eingebaut waren (Lehrlinge in Haushalt und Meisterfamilie), teils in sich selbst ganz altersheterogen blieben (Studenten). Erst die dem Mittelalter unbekannte *altersmäßig gegliederte* Schule beginnt in der Neuzeit Jugendliche gleichen Alters in genügender Zahl in einen stetigen und institutionalisierten Kontakt zu bringen. In dieser weiteren Entlastung von der erwachsenen Welt gründet die Chance, daß sich im Umgang mit Gleichaltrigen nun altersspezifische Tendenzen äußern und in Formen verfestigen, die sich vorher in altersheterogenen Gruppen gar nicht entwickeln, ja deren sich die Jugendlichen nicht einmal der Möglichkeit nach bewußt werden konnten. Diesem Gewinn an sozialem Freiheitsraum kommt entgegen, daß nun auch die Erwachsenen Kinder und Jugendliche altersmäßig gegliedert sehen lernen, was in der Pädagogik zu altersmäßiger Spezifizierung von Lehrstoff und Methode und allgemein zur Anerkennung einer gewissen jugendlichen Eigenständigkeit führt. Endlich müssen die Jugendlichen nun Normen und Gewohnheiten zur Regulierung ihrer Beziehungen entwickeln. Damit ist über die früheren Anfänge hinaus Jugend als eine Anzahl von kleinen Gruppen mit eigenem Bewußtsein, besonderen Anschauungen, Haltungen, Normen und Erwartungen konstituiert und durch die Anerkennung gewisser altersspezifischer Aufgaben und Eigenheiten seitens der Erwachsenen legitimiert.

Dennoch ist dies nur *eine* Wurzel der Jugend. Sie produziert gewissermaßen erst *ihre negative Erscheinung:* der von der Gesellschaft zu bestimmten Zwecken institutionalisierte Kontakt zwischen den Jugendlichen schafft als flüchtiges Nebenprodukt ein Gruppenleben mit eigenem Wesen und besonderen Sitten. Ohne gesamtgesellschaftliche Funktion dient es einzig den Jugendlichen, sofern

---

4 Hierzu ist grundlegend Philippe Ariès: L'enfant et la vie familiale, Paris 1960.

und solange sie gruppenmäßig von den Erwachsenen getrennt sind, für ihre eigenen Angelegenheiten. Weil es über die eigentlichen Zwecke des institutionalisierten Kontaktes (geistige, moralische und technische Ausbildung) und die darin liegende Anerkennung einer beschränkten Eigenständigkeit hinausgeht, wird es von den Erwachsenen als Unart betrachtet und von den Jugendlichen verborgen. Nun wird aber diese erste Gestalt der Jugendlichen überlagert und insofern selbst umgebildet durch weitere gesellschaftliche Veränderungen. Ihr Produkt könnte man *die positive Gestalt der Jugend* deshalb nennen, weil hier jugendliches Treiben und Gesellschaft eine positive Verbindung eingehen. Historisch entspricht das der Gewohnheit, von Jugend erst seit der Mitte des 18. Jahrhunderts zu sprechen.

Diese andere Wurzel der Jugend läßt sich an dem Wandel der Sozialisierung entdecken. In der arbeitsteiligen Gesellschaft muß der junge Mensch sich ja nicht nur auf einen Beruf, er muß sich auch auf eine soziale Umwelt vorbereiten, die zumindest in ihrer konkreten Eigenart unbekannt bleibt. Während er früher in die väterliche Tätigkeit hineinwachsen konnte, ohne die Lebensgruppen seiner Kindheit und Jugend aufgeben zu müssen, so gilt es nun, die zukünftigen Gruppen seines beruflichen wie privaten Umgangs imaginativ zu antizipieren. Sie unterscheiden sich von seinen bisherigen Lebensgruppen nicht nur nach den Personen und den beruflichen Anforderungen, sondern zeichnen sich durch Berufsethik, Standesformen, regionale Besonderheiten, Religion, Gesellschaftsverständnis, Prestigeformen, Moral aus. Man würde denn auch bereits die Entwicklung des Schulwesens viel zu eng sehen, wenn man darin einzig die Komponente der beruflichen Ausbildung erblicken würde. Es ist aufschlußreich, daß sich das Schwergewicht des europäischen Schulwesens um 1800 herum mit der steigenden Industrialisierung auf die Erziehung eines „allgemeinen Menschen" zu legen beginnt, während dem 18. Jahrhundert noch weitgehend pragmatische Vorbildung genügt hatte. Das ist keineswegs eine romantische Paradoxie der Geistesgeschichte, die sich mit der bequemen Formel des „cultural lag" beseitigen läßt, sondern gesellschaftlich überaus konsequent gewesen. Die wachsende Mobilität und Heterogenität der Gesellschaft hatten die alte, durch Familie, Gemeinde und Lernschule vollzogene Sozialisierung obsolet gemacht. Wie schwierig in der Tat die Sozialisierung in einer Gesellschaft, deren Strukturen nun weit über Familie und Gemeinde hinausgewachsen waren, gewesen ist, läßt sich schon aus der Flut des gesellschaftsethischen Schrifttums entnehmen, das bereits in den vorhergehenden Jahrhunderten von noch beschränkter Mobilität notwendig gewesen war, um die sich weitende Kluft zwischen den Prägungen der Familie und Gemeinde einerseits und dem Leben in der größeren Gesellschaft, sei es am Hofe oder in sonstigen Kreisen, andererseits überbrücken zu helfen.

[...] Solange Jugendphase und Erwachsenenphase sich wesentlich in den gleichen sozialen Gruppen abspielen, ist die Erziehung auf konkret vorhersehbare und sich wiederholende Situationen zugeschnitten. Sie findet deshalb an Sitte und Herkommen eine genugsame Rechtfertigung. Wo aber zukünftiger Beruf, soziale Stellung, Domizil der Erzogenen ebenso unterschiedlich wie unbekannt sind, muß auf allgemeine Situationen hin erzogen werden. *Die Ersetzung von festen Verhaltenstraditionen durch allgemeine Verhaltensprinzipien und Leitbilder* ist die natürliche, an der europäischen Geschichte im einzelnen nachweisbare Folge.[5]

Zum anderen muß ein solches Leitbild wirksam verinnerlicht werden. Da ihm die Überzeugungskraft des in der Gewohnheit übernommenen direkten und konkreten Vorbildes fehlt, ist es überwiegend idealer und abstrakter Natur. Es kann nur phantasiemäßig erlebt werden und fordert deshalb *eine stärkere Verinnerlichung.* Das ist um so mehr der Fall, als gleichzeitig Mobilität und Heterogenität nun auch noch die soziale Kontrolle der Verhaltenskonformität erschweren. Diese höhere Verinnerlichung eines Leitbildes kann nur mittels einer imaginativen Durchdringung und Identifikation geleistet werden. Das setzt eine *Entlastung von den unmittelbaren Realitäten des erwachsenen Lebens* voraus, deren Anspruch den Prozeß der Verinnerlichung psychologisch unmöglich machen würde und deren Forderungen inhaltlich einem idealen Leitbild widersprechen, weil sie ständig zu pragmatischen Haltungen und Kompromissen auffordern. Diese Entlastung muß eine partielle Befreiung nicht von den allgemeinen Werten, aber doch von den konkreten Prägungen der elterlichen Familie und anderer Sozialisierungsträger einschließen. Der Jugendliche darf sich nicht an ihren besonderen Mustern festhalten, um für ein allgemeines Leitbild und damit für ein Leben in der größeren Gesellschaft frei zu werden.

Damit erst wird die gesellschaftliche Funktion der neuen Altersphase sichtbar.[6] Was die physiologisch-psychologischen Tendenzen im jungen Menschen anlegen, was die institutionelle Separierung in altershomogenen Gruppen ihnen an Gemeinsamkeiten und Besonderheiten verleiht, was die altersspezifische Disziplin und Erziehung hinzufügen, was die verspätete Übernahme erwachsener Rollen beitragen kann, macht noch immer nicht das, was wir im eigensten Sinne Jugend zu nennen gewohnt sind. Erst die angedeutete *neue Sozialisierungsform* bewirkt jenen, der Entdeckung der Kindheit vergleichbaren Umschwung, wodurch die Jugend als ein Lebensabschnitt mit eigenständigen Aufgaben anerkannt wird. Hier ist Jugend nicht mehr bloß eine durch die wirtschaftliche Organisation der Gesellschaft geforderte Verzögerung der Übernahme erwachsener Rollen wegen einer zu leistenden Berufsvorbildung, die als unerwünschtes Nebenprodukt in den altershomogenen Jugendgruppen neuartige Gemeinschaftsformen erzeugt. Hier wird mit der Verzögerung eine umfassende positive Aufgabe verbunden. Hier bildet sich denn auch *ein neuer Typ des Jugendlichen.*

---

5 Deskriptiv ist das teils von D. Riesman: The Lonely Crowd, 1950, erfaßt worden, der aber den Ursachen des Phänomens gar nicht nachzugehen versucht. Anstatt sich auf die strukturellen Wandlungen, ihre kulturellen und personalen Folgen und Begleiterscheinungen zu konzentrieren und aus ihnen die fraglichen Phänomene zu erklären, beschränkt er sich auf die äußere Parallelisierung und Korrelation mit demographischen Daten, deren Ursachencharakter nirgendwo sichtbar wird.

6 Aus Platzgründen muß die Diskussion der positiven Gestalt der Jugend auf den funktionalen Aspekt beschränkt werden.

Zentral ist die Entlastung vom Alltäglich-Konkreten. Es muß ein Leitbild so angeeignet werden, daß der Jugendliche in den nicht vorhersehbaren Situationen des Lebens und in beliebigen sozialen Gruppen aus sich selbst heraus Entscheidungen treffen kann, die dennoch gesellschaftskonform sind. Weil er auf längere Sicht gewissermaßen aus sich selbst heraus leben soll, muß seine Durchformung tiefer sein, was eine längere Vorbereitung mittels einer teils wirklichen, teils phantasiemäßigen Isolierung von der erwachsenen Welt erforderlich macht. Damit wird die bereits durch die schulische Separierung bewirkte Entlastung nun funktionsmäßig überhöht. Wo so an die Stelle des Vaterbildes und konkreter Verhaltensmuster aus Familie und Gemeinde am Abschluß der Sozialisierung ein allgemeines und verinnerlichtes Leitbild treten soll, da verschiebt sich der Akzent der Lebenssicht. Wenn früher für den einzelnen nur die Richtigkeit oder Schicklichkeit der einzelnen Handlung zur Frage stehen konnte, so wird nun die Einheit der Lebensführung in Angemessenheit an ein Leitbild zum Problem. In der neuen Offenheit des jugendlichen Daseins liegt also ein Druck in Richtung einer Lebensphilosophie und von Lebensvorbildern, dem das 19. Jahrhundert denn auch überreichlich gerecht geworden ist. Die Bedeutung von Philosophie und Literatur für die Jugend, aber auch der neue Charakter einer den Menschen fordernden Philosophie, Literatur und Kunst, die Rolle der historischen Vorbilder – das und viele andere Erscheinungen muß man in Zusammenhang mit der neuen Offenheit der Gesellschaft, den Möglichkeiten und Ansprüchen einer solchen Gesellschaft, als explorative Versuche einer Daseinsstabilisierung sehen und insbesondere dann mit einer Jugend verbinden, deren Sozialisierung in dieser Gesellschaft nicht mehr geleistet werden konnte. Dabei devolviert nun auf den einzelnen die Last, aus der Summe einzelner Handlungen eine nicht mehr vorgegebene Lebenseinheit aufzubauen. [...]

Mit diesem Typus also, der sich um die Mitte des 18. Jahrhunderts in Europa bemerkbar macht, tritt ein Generationsgegensatz auf, wie er vorher nicht oder nur eingeschränkt und kurz unter besonderen Umständen bestanden hatte. Dabei machen die Bedingungen, unter denen sich dieser Typus entwickelt, darauf aufmerksam, daß man ihn unter denjenigen Schichten und Gruppen suchen muß, die durch ihre strukturelle und kulturelle Position von dem geschilderten gesellschaftlichen Wachstumsprozeß und seinen Folgen am stärksten betroffen waren, also unter denjenigen Teilen des Bürgertums, die durch Beruf, Wohnort und andere Umstände in die neue Beweglichkeit hereingezogen waren, welche nun vielfältig und auf den verschiedensten Gebieten Lebensmöglichkeiten und Daseinsformen jenseits der lokalen und residentiellen Gruppen erschloß und erforderte und entsprechend die Defizienz der tradierten Stabilisierungen offenbar machte. Aber gerade hier, wo freie Gruppenbildung, geistige Stabilisierung und imaginative Vorwegnahme des Daseins zu sozialen Erfordernissen der Daseinsvorbereitung und Daseinsführung des aus seinen residentiellen Primärgruppen heraustretenden Individuums werden und sich folgerichtig Lebensformen und Lebensanschauungen herausbilden, die die spezifisch jugendliche Problematik nicht verleugnen können, bleibt dieser jugendliche Typus noch einerseits auf die Altersgliederung und ihre spezifischen Momente, andererseits auf das Ganze der Kultur bezogen. Das liegt einmal daran, daß diese Jugend noch relativ geprägt blieb von den residentiellen Gruppen. In die weitere Offenheit der Gesellschaft konnte sie sich ursprünglich nur imaginativ vortasten und blieb für die Stabilisierung des Daseins auf die freie Ausformung des innerhalb der traditionellen Gruppen und Einrichtungen weitergereichten Kulturguts angewiesen. Zufolge ihrer idealen wie realen Abhängigkeit von den Erwachsenen verstand sie sich gerade als Jugend in der Spannung und damit auch noch in der Orientierung gegenüber der erwachsenen Welt. Jugend – das ist also ursprünglich eine Gleichzeitigkeit von Eigenständigkeit und Freiheit, deren man sich in seinen Gruppen konkret versichert, und einer neuen Orientierung an der Welt der Erwachsenen und der Kultur.

[...] So wie beim Übergang von der primitiven Gesellschaft zur Hochkultur der Verlust der unmittelbaren Kultureinheit einer räumlich eingegrenzten und im Handeln unmittelbar verschränkten Gruppe durch kulturelle Objektivationen ausgeglichen wird, die einer räumlich verstreuten und sozial differenzierten Bevölkerung mittelbar das Erlebnis gemeinsamer Kultur und dadurch erst bleibend die Gesellschaft ermöglichen, so machen die residentiellen Gruppen beim Übergang zur komplexen Gesellschaft ihren strukturellen Positionsverlust und die resultierende kulturelle Partikularität dadurch wett, daß sie neue Vorstellungen von der Gesamtgesellschaft und ihrer eigenen Stellung in derselben in sich hineinnehmen. Konkret in bezug auf die Jugend: die Funktionseinbuße, welche Familie und Gemeinde in dieser Phase des differentiellen Strukturwachstums der Gesellschaft erleiden, also die Verlagerung von allgemeiner wie beruflicher Bildung und Erziehung an Anstalten, Schulen, Universitäten, der Schwund wirtschaftlicher Solidarität und gesellschaftlichen Einflusses, der Verlust an Informationsmonopolen und kurzum die zunehmende Partikularität ihrer Prägungen und Inhalte, all das wird auf lange Zeit balanciert durch eine neue Funktion, die ihnen zuwächst, nämlich die Vermittlung von allgemeinen Vorstellungen und Normen des Daseins, die aber nun gerade auf ein Leben in den neuen sozialen Bezügen und Räumen zugeschnitten sind, welche jenseits von Familie und Gemeinde liegen, und deshalb auch eine Sicht ihrer eigenen partikularen Funktionen enthalten.

[...] Indem die Familie im 18. und 19. Jahrhundert von Staat und Individuum, Vaterland und Gesellschaft, Nation und Geschichte, Familie und Persönlichkeit reden lernt, indem sie sich selbst in dieser Matrix erlebt und sieht, indem sie in diesem Rahmen allgemeine Vorstellungen und Normen loziert und ein relativ explizites – richtiges oder falsches – Bild von Kultur und Gesellschaft entwirft, und das heißt auch, in dem Maße, wie in einer Gesellschaft noch ein ideales Selbstverständnis und Selbstbildnis ihrer sozialen und kulturellen Ordnung entwickelt und von der Familie vermittelt wird, wie das im Minimalfall noch die verschiedenen Nationalismen leisteten, in dem Maße bleibt die Familie noch ein maßgeblicher Sozialisierungsträger der Jugend.

Es ist dieser Umstand, der die Folgen der strukturellen Entmachtung der Familie für eine lange Zeit und bis tief in dieses Jahrhundert hinein überdeckt und zurückdrängt. Solange es den herkömmlichen Sozialisierungsgruppen gelingt, dem Jugendlichen ein Bild von den allgemeinen Vorstellungen und Zielen, Normen und Einrichtungen der Gesellschaft zu vermitteln, und solange dieses ideale Selbstverständnis nicht in einen offenbaren Konflikt mit den Realitäten führt, solange behält auch die Familie trotz struktureller Entmachtung und Defunktionalisierung eine gewichtige Bedeutung für die Sozialisierung der Jugendlichen über die Kindheit hinaus. [...]

Ursachen

[...] Nun hat sich erst einmal *die Bedeutung der jugendlichen Gruppe außerordentlich erhöht.* Durch die überall verlängerte Ausbildung ist der junge Mensch altershomogenen Tendenzen länger ausgesetzt. Durch das längere Zusammenbleiben erhöhen sich die Chancen, daß diese Tendenzen sich zu festen Formen der Gruppe versteifen. Da die Gruppen größer und heterogener geworden sind, können die Mitglieder weniger an häuslich-erwachsenen Prägungen in sie einbringen. Es entsteht ein starker Druck zu sozialen Formen, die in allen jugendlichen Gruppen Verkehrswert haben.

Überdies haben sich die Gruppen vervielfacht. Neben die Schul- und Freundesgruppen sind nun zahllose formelle und informelle Organisationen getreten: die von Staat, Gemeinde, Öffentlichkeit getragenen Organisationen, die Verbände und Vereinigungen der Jugend, die im Vergnügungs- und Freizeitbetrieb entstehenden flüchtigeren und dauerhafteren Gruppierungen. Zusammen ergeben sie eine kolossale Steigerung der in altershomogenen Gruppen verbrachten Zeit. Auch hier bewirken Mobilität und Heterogenität einen Zwang zu universalen und altersspezifischen Formen.

Neuartig ist ferner die *Verflechtung in sekundäre Strukturen,* also vorzüglich die rational organisierten Zweckverbände der Verwaltung, Wirtschaft, Industrie und Öffentlichkeit. Früher fand sich der Jugendliche auf primäre Gruppen (Familie, Freunde, Bekannte) beschränkt, in denen wenige Menschen in persönlichem Austausch stehen, der die ganze Daseinsbreite umfaßt. Selbst die Schule wurde als primäre Gruppe erlebt, obschon sie tatsächlich sekundäre Zweckorganisation war. Die enge Verbindung zwischen Eltern und Lehrern an zahlenmäßig begrenzten Anstalten ließen den Jugendlichen die Schule fast wie eine Verlängerung des Elternhauses, den Lehrer in einem kleinen Kollegium als Person erleben. Jede über die Grundschule hinausführende Bildung blieb individuelle Leistung der Familie. Heute werden Lehrer und Schule transparent auf die Gesellschaft, die durch sie betreuend und sorgend zum Partner des Jugendlichen wird. Höhere Bildung wird von Staat und Gesellschaft dem Jugendlichen direkt ermöglicht, sei es auch nur in der Form einer ungeschriebenen Verpflichtung für die Eltern. Daneben übernehmen nun die verschiedensten Organisationen der Verwaltung, der Öffentlichkeit, der Parteien, der Verbände Betreuungsfunktionen, gewöhnlich durch spezielle Abteilungen. Dieses Ansprechen der Jugendlichen als einer Gruppe setzt sich in der Spezialisierung des Wirtschafts- und Kulturbetriebes fort. So wird der Jugendliche *als ein Gruppenangehöriger* durch Gebote und Verbote, Förderungen, Schulungen, Dienste, Programme, Güter, Betreuung, Beratung ständig wirklich und bewußtseinsmäßig isoliert, wobei die Partner in diesem Treiben nicht mehr einzelne, mit den Lebensgruppen des Jugendlichen verbundene Erwachsene, sondern Funktionsträger von Organisationen oder anonymen Diensten sind. [...] *Ebenso geben die altersheterogenen Gruppen den Jugendlichen frei.* Die moderne Familie ist mit der Verwandtschaft durch keinerlei Wohngemeinschaft und kaum durch eine Verkehrsgemeinschaft verbunden. In dieser Isolierung fehlt die Großelterngeneration. Die Elternrollen büßen durch weitere Intimisierung den Generationscharakter ein. Generationsbeziehungen werden zu diffusen Gefühlsbindungen individueller Natur um so mehr, als die Familie auf wichtigen Gebieten (Erziehung, Freizeit, Religion, Erwerb) mindestens teilweise Funktionen verloren hat. Vom Jugendlichen wird eine affektive, aus der Situation bedingte Anpassung verlangt, die kaum altersspezifische Züge trägt. Nivellierung der Generationsunterschiede und Kameraderie treten so an die Stelle der Altersgliederung. Diese Tendenz wird gefördert durch das sinkende Durchschnittsalter der Eltern.[7] Ihrerseits aus der Generationenkette entlassen, weisen sie selbst jugendliche Züge auf. [...] Der Umgang der Jugendlichen spielt sich nicht mehr im festen Netz von Familienbeziehungen ab und kann deshalb auch nicht Gegenstand elterlichen Austauschs werden. So verliert der Jugendliche auch hier das Modell und den Spiegel erwachsenen Daseins. [...] Der Lebenserfolg in der Gesellschaft, nicht die Eingliederung in die Familie und ihre Werte bestimmt den Erziehungshorizont. Die Bestimmung des Ziels, die Wahl der Mittel und die Verantwortung bleiben wachsend dem Jugendlichen überlassen. *Freiheit von altersheterogenen Gruppen und strukturelle Verselbständigung in altershomogenen Gruppen ergänzen sich zu einer hochgradigen Unabhängigkeit der modernen Jugend.*

Damit gewinnt die Jugend einen *fast unbeschränkten Zugang zu der konkreten Wirklichkeit der erwachsenen Welt.* Die Bereiche des Sexus und des Erwerbs, der Unterhaltungs-, Vergnügungs- und Freizeitbetrieb der Erwachsenen, ja grundsätzlich die Benutzung der materiellen Kultur stehen ihr offen. Die Voraussetzungen werden teils durch Vorformen wirtschaftlicher Selbständigkeit, teils durch die mannigfachen Formen der Betreuung, teils durch eigene Organisation geschaffen. Dieser Zugang wird gefördert durch die Kommunikationsmittel, die eine Teilnahme wenn nicht an der Wirklichkeit erwachsener Lebensbereiche, so doch am Schein derselben befördern. In dem Maße, wie nun die Sozialisierung noch nicht abgeschlossen ist, wird damit *der Jugend die erwachsene Kultur zur selektiven Benutzung nach eigenen Zwecken überlassen.*

---

7 Für die USA wird vorhergesagt, daß das sinkende Heiratsalter und die frühe Geburt der Kinder bis 1980 dazu führen werden, daß Eltern in ihrem vierzigsten Lebensjahr ihre Kinder bereits endgültig in die Welt entlassen haben werden. Für die Kinder fällt dann der Lebensbereich über etwa 35 praktisch aus, und der Erwachsene gleitet von diesem Alter ab wieder in eine faktisch generationsfreie Welt hinein, was in dem Bericht uneingeschränkt positiv beurteilt zu werden scheint.

Es läßt sich aber in einem sozialen Vakuum ohne Akzentuierung von Zielen, Handlungsmustern, Erwartungen, Normen nicht existieren. Ganz konsequent verfallen deshalb alle Bereiche der Realität der Normierung durch die Jugend. Um in dem uferlosen Andrang und in der Exploration dieser Realität nicht unterzugehen, muß sie ihre eigenen Werte, Haltungen, Sitten und Normen entwickeln. Sie rückt damit in den Rang einer Teilkultur auf. Gerade in der strukturellen Unabhängigkeit verfällt der Jugendliche der potentiell einheitlichen Gruppe, die die Jugend heute darstellt.

[...] Dem entspricht es, daß sich der Jugendliche als Angehöriger einer Gruppe sieht, die sich selbständig neben die Erwachsenen geschoben hat. Da es nicht mehr um die Altersphase eines individuellen Lebensweges geht, schrumpft die Differenz zu den Erwachsenen auf die äußeren Zufälligkeiten zusammen. Deshalb versteht der Jugendliche das Erwachsensein als eine vor allem an Erwerbs- und Eherolle meßbare Freizügigkeit. Die Jugendzeit muß ihm dann wie eine bloße Verzögerung seiner gesellschaftlichen Volljährigkeit erscheinen, deren Substitute er sowieso besitzt. Tatsächlich hat sich hingegen *die Eingliederung der Jugendlichen in die Gesellschaft beschleunigt.* Verglichen mit dem 19. Jahrhundert sind Heiratsalter und wirtschaftliche Selbständigkeit vorverlegt. Aber auch im Vergleich mit früheren Jahrhunderten läßt sich nicht gut kategorisch von einer verzögerten Eingliederung sprechen, wenn man bedenkt, daß erhebliche Teile der erwachsenen Bevölkerung entweder nie diejenige wirtschaftliche Selbständigkeit erreichte, die Ehe und Familie ermöglichte, oder sie zu Lebzeiten der Eltern doch nur als bedingtes Nutzungsrecht gewann. Nicht das unleugbare Auseinandertreten von sexualer und sozialer Mündigkeit, sondern Gruppenbildung erklärt die Entstehung und Entwicklung der Jugend. Nur so läßt sich verstehen, daß die Eingliederung in Familie und Beruf heute nicht mehr das Ende der Jugend bedeutet. Der durch seine Gruppen geprägte Jugendliche bringt kaum Dispositionen mit, die ihm einen schnellen Wechsel zum weitgehend unverständlichen erwachsenen Habitus erlaubten. Er behält die Beziehungen zu seinen Altersgenossen, die Anhänglichkeit an ihre Welt und die Gewohnheiten ihrer Teilkultur übermäßig lange bei. Er bleibt denn auch im Beruf von älteren Mitarbeitern um so mehr isoliert, als die rationelle Organisation des modernen Berufslebens auch hier den Erwachsenen hinter der Funktion verhüllt.

Sozialisierung

[...] Der Familie bleibt kaum mehr als die Sozialisierung des Kindes, das hier die elementare Beherrschung des Körpers, der Sprache, der Triebe und Wünsche lernt. Darüber hinaus erwirbt es allerdings schon allgemeine Orientierungen und Motivationen, Erwartungen und Kenntnisse, die für sein späteres Dasein einen Rahmen setzen. Aber im ganzen muß man sagen, daß die erwachsenen Rollen nicht mehr in der Familie gelernt werden. Das leuchtet unmittelbar für diejenigen Rollen ein, die spezielle Kenntnisse voraussetzen (z.B. Berufsrollen) oder systematische Einweisung erfordern. Es ist auch evident für solche Rollen, die sich in sekundären Systemen abspielen: sie verlangen Formen des sachlich-unpersönlichen Verhaltens, auf die das Kind in der Intimität der persönlichen und affektiven Beziehungen der Familie nicht vorbereitet wird. Bezeichnend aber ist es, daß die Familie auch das Verständnis der Rollen primären Charakters (z.B. Ehe- und Freundschaftsrollen) nicht mehr entscheidend zu formen vermag.

Über das bloße Negativum muß man mit der Einsicht hinausgehen, daß *die Sozialisierung des Jugendlichen heute wesentlich in den jugendlichen Gruppen und durch ihre Teilkultur bewerkstelligt wird.* Das gilt deutlich für solche Sonderrollen, die in mit sekundären Strukturen verschränkten Gruppen gelernt werden. So werden etwa die Rollen für Religionsgemeinschaften oder Parteien heute weitgehend in und durch die besonderen Jugendorganisationen dieser Institutionen gelernt. Wichtiger aber ist, daß die jugendliche Teilkultur das allgemeine Rollenverständnis prägt. Dabei wird nicht übersehen, daß die verschiedenen Erziehungsinstitutionen zur Sozialisierung ebenso beisteuern wie die eigene Erfahrung und die auf dem freien Markt der Realitäten durch Radio, Sachbuch, Film, Fernsehen, Roman, Zeitschrift angebotenen Informationen. Aber alle hier erworbenen Kenntnisse und Orientierungen unterliegen zuletzt der Interpretation und Jurisdiktion der Jugend als einer Gruppe und Teilkultur. Das ist auch insofern durchaus zweckmäßig, als ohne sozialen Halt uns Spiegel der Jugendliche die sich ihm uferlos anbietende Realität gar nicht bewältigen könnte. [...]

Person

[...] Es handelt sich also um tiefgreifende Veränderungen, die auf einen Verlust in der Differenzierung und Integrierung der personalen Struktur hinauslaufen. Die Überformungen und Verschränkungen höherer Ordnung werden abgebaut, wodurch die mehr elementaren Momente des Handlungssystems eine größere Schwankungsbreite und Unabhängigkeit erwerben. Es kann denn auch nicht überraschen, daß Untersuchungen belegen, wie diese Veränderungen bis in die Merk- und Sinnenwelt der Kinder und Jugendlichen hineinreichen. Im übrigen ist die Bedeutung dieser Veränderungen für die verschiedensten Bereiche wie Politik, Familie, Erziehung im allgemeinen leicht zu überschauen und im einzelnen schwer anzugeben. Es mag deshalb hier genügen, abschließend einen anderen Gesichtspunkt summarisch herauszukehren. Man darf sich nur einmal überlegen, daß ein großer und wohl überwiegender Teil unseres geistigen Erbes, und zwar nicht etwa nur der europäischen Kultur, soweit es nicht bloße Kenntnisse oder Techniken zur Beherrschung der Umwelt betrifft, unlösbar mit Vorstellungen, Haltungen und Gefühlen verbunden ist, die entweder selbst spezifisch für höhere Altersstufen sind oder sich doch ohne Orientierung an ihnen gar nicht denken und erleben lassen. *Der Abbau der spezifischen Eigenschaften der höheren Altersstufen ist deshalb identisch mit dem Verlust wesentlicher*

Teile des geistigen und menschlichen Erbes. Das ist unmittelbar deutlich für das literarische Erbe, das zunehmend der Verständnislosigkeit und Wirkungslosigkeit begegnet, die weder mit Aperçus über die Interessenlosigkeit noch mit dem Hinweis auf die historische Kluft zu erklären sind. Es fehlen vielmehr jene inneren Voraussetzungen, die dem Inhalt Wirklichkeitscharakter verleihen können. Das Betroffensein und die Teilnahme setzen voraus, daß derjenige Seelenraum entwickelt ist, in dem sich Literatur abspielt. Der Bereich des Wirklichen wird subjektiv ja durch das umrissen, was als wirklich erlebt werden kann. Für ein situationsgebundenes Antriebssystem, dem höhere Ordnungsstrukturen fehlen, schrumpft die erlebbare Wirklichkeit auf das Hier und Jetzt zusammen. Man wird aber ganz allgemein behaupten dürfen, daß die Mehrzahl der komplizierteren Vorstellungen und Gefühle, ja wesentlich alle eigentlich geistigen Gebilde und Inhalte ganz andere Dimensionen und insbesondere ganz andere Raum- und Zeitperspektiven erfordern, um persönlicher Besitz zu werden. Sie können nur dort relevant werden, wo sie sich auf ein subjektiv als Ganzes überschautes Leben oder auf hochpersonalisierte individuelle Beziehungen projizieren lassen, in denen das Hier und Jetzt der unmittelbaren Existenz transzendiert wird.

Gesellschaft und Jugend

Sinn und Tragweite soziologischer Aussagen sind schwer abzuschätzen. Qualifikation ist deshalb geboten, und um so mehr, als selbst der Soziologe leicht versucht ist, den Ergebnissen seiner Arbeit eine Notwendigkeit und Bestimmtheit zuzuschreiben, die sie der Natur der Sache nach doch nicht haben können. Er sucht Zusammenhänge: zur Wirkung die Ursache, zum Grund die Folge, zum Bedingten das Bedingende, zur Mannigfaltigkeit der Erscheinungen die Einheit ihrer Figur. Indem er durch das zeitliche Nacheinander und Nebeneinander des unmittelbar Gegebenen hindurchstößt, enthüllen sich Abhängigkeiten; indem er mit dem Licht der Theorie in das Dämmer der Erscheinungen hineinleuchtet, treten die beherrschenden Linien des Gegenstandes in ihrer Bestimmtheit hervor. Doch Abhängigkeit und Bestimmtheit sind im Umkreis des menschlichen Seins und Tuns von besonderer Art. Hier findet sich keine Notwendigkeit von der Art des Naturgeschehens. Stets haftet der menschlichen Situation eine Offenheit an, mag ihr Freiheitsgrad auch jeweils sehr unterschiedlich sein.[8]

---

8 Da ich mich demnächst ausführlicher zu der Freiheit im Bereich des menschlichen Handelns äußern will, dürfen hier die wenigen im Text folgenden Erläuterungen genügen, die nur durch die Anmerkung ergänzt werden sollen, daß Freiheit hier weder ein ursachloses Handeln noch eine metaphysische Bestimmung meint. Es handelt sich darum, daß menschliches Handeln an Bedeutungen hängt, die zu ihren möglichen äußeren Ursachen grundsätzlich inadäquat bleiben, aus ihnen auch nicht vorhersagbar sind und zu ihren eigenen Bedeutungsursachen zwar adäquat, aber nicht eindeutig stehen. Man vgl. dazu neuerdings auch W. Rudolph: Die amerikanische Cultural Anthropology und das Wertproblem, besonders das letzte Kapitel.

So ist denn auch die Jugend der modernen Gesellschaft nicht nur und ausschließlich die moderne Jugend. Gewiß ist sie die aus der Alterskette wesentlich ausgegliederte, in der Offenheit der Gesellschaft stehende und von allen Punkten erreichbare Jugend. Gewiß ist sie gegen das, was zuerst wie ihre totale Machbarkeit aussieht, dadurch geschützt, daß die Formen der organisierten Sozialisierung wie die freien Zugriffe trotz ihrer im einzelnen gewichtigen und tiefgehenden momentanen Folgen im ganzen die Unabhängigkeit der Jugend unvermeidlich stärken.[9] Gewiß verstrebt sich deshalb die Lebenssicht des Jugendlichen nicht mehr in dem Schema einer personalen Daseinsentwicklung, sondern versteift sich in der Gegenwart einer jugendlichen Teilkultur, die faktisch oder ideologisch über die konkreten Inhalte und Elemente des erwachsenen Daseins verfügt. Gewiß ist diese Jugend damit von der Gesellschaft zu einer Selbstsozialisierung freigestellt, die eine genügende personale Durchformung und so auch Beherrschung der Kultur ausschließt. Gewiß ist das die moderne Jugend. Aber gewiß ist die gegenwärtige Jugend auch noch mehr und vieles andere.

[...] Es wäre denn auch einfach töricht, nach einer Formel und Bestimmung der Jugend zu suchen, die sich in allen einzelnen, inneren und äußeren Verhaltensweisen der Jugendlichen unmittelbar bestätigte. Diese Torheit, die denn bloß die normale Alltagsanschauung der Gesellschaft und des menschlichen Handelns wiederholt, wird ständig von einer sich als Soziologie mißverstehenden Sozialforschung begangen, sofern diese aus der schieren Summation einzelner Verhaltensweisen herauszulesen versucht, ob die Jugend nun materialistisch oder idealistisch, geistig oder ungeistig, politisch oder unpolitisch, dieses oder jenes ist. Sie vergißt dabei sowohl, daß das nicht durch die Addition und Subtraktion einzelner Verhaltensweisen entschieden werden kann, die gegeneinander aufgerechnet werden sollen und zuletzt in einem Einerseits-Andererseits steckenbleiben müssen, weil sie auf beiden Seiten endlos zu vermehren sind, sondern sie vergißt auch, daß es wegen der Natur des Gegenstandes als eines Bedeutungsgefüges keine eindeutige Formel geben kann. Bei der Erfassung von Sinnstrukturen, und also auch bei der inneren Verfassung von Menschen, kann es stets nur darum gehen, das beherrschende Gefüge zu ermitteln, das nicht ein Durchschnitt aus ermittelten einzelnen Verhaltensweisen, sondern eine dahinter liegende Sinn- und Bedeutungshierarchie ist. Sie gibt den mehr oder weniger festen Rahmen ab, der untergeordnete Elemente eingrenzt, welche für sich ganz andere und gegenteilige Sinnmomente und Bedeutungsvalenzen tragen können. In diesem Sinne ist die obige Analyse der Jugend in der modernen Gesellschaft sowenig wie irgendeine andere eine erschöpfende Charakteristik

---

Der Freiheitsgrad oder die Offenheit eines sozialen Systems ist keine feste Größe und läßt sich in ihren Grundzügen nur für jede Gesellschaft ermitteln.

9 Da durch die organisierte Sozialisierung unvermeidlich und vielfältig jugendliche Gruppen ins Leben gerufen werden und auf die eine oder andere Weise einen festen Zugang zu den Möglichkeiten und Wirklichkeiten des gesellschaftlichen Daseins gewinnen, führt die organisierte Sozialisierung ungeachtet ihrer besonderen und möglicherweise ganz andersartigen Ziele zur Stärkung der jugendlichen Unabhängigkeit und Teilkultur.

der modernen Jugend. Sie zeigt, in welche grundsätzliche Situation und damit Verfassung die moderne Gesellschaft die Jugend hineinzwingt. Aber sie übersieht nicht, daß dieser Rahmen auch ganz andere und prima facie gegenläufige Elemente und Tendenzen beherbergt und freilich denn auch eingrenzt.

[...] Keine Situation, in der der Mensch lebt, umfaßt ihn so völlig, daß er sie nicht grundsätzlich auch anders sehen und erleben, sie nicht durch neue Elemente sinnhafter Natur anreichern und verändern, sich nicht wiederum zu ihr verhalten könnte. Insofern steht er immer noch grundsätzlich vor der Situation. Gewiß sind die damit angedeuteten Vorgänge und Veränderungen ihrerseits von gesellschaftlichen Bedingungen abhängig. Aber die Notwendigkeiten und Bestimmtheiten, die der Soziologe heraushebt, bleiben doch grundsätzlich von dieser Offenheit der menschlichen Situation begrenzt. Gegebenheiten sind für den Menschen am Ende bedingt, weil er sich von ihnen distanzieren, sie interpretieren, zu ihnen verhalten kann; weil das Möglichkeitsfeld solcher produktiver Interpretation sich nicht a priori abstecken läßt; weil sich neue, unerhörte und unbekannte Bedürfnisse und Realitäten geistiger, seelischer, emotionaler Art bilden können.[10] Jede Veränderung und Entwicklung, die aus dieser, je größeren oder kleineren Unabgeschlossenheit und Offenheit der menschlichen Situation herauswächst, erweist sich nachher als erklärbar und verstehbar in Hinsicht auf die vorhergehenden Gegebenheiten und Bedingungen. Aber als ein Wandel, der immanent aus Sinnstrukturen hervorgeht, sind solche Veränderungen nicht Folgen aus Ursachen im Sinne der Naturwissenschaften. Und sie sind deshalb auch nicht eigentlich vorauszusagen.

In diesem Sinne nun ist die Jugend in der modernen Gesellschaft nicht nur die moderne Jugend, sondern auch die Jugend vor der Modernität. Sie ist das nicht nur deshalb, weil sie in der Folge der jugendlichen Generationen die erste ist, welche in der vollen Offenheit der Gesellschaft aufwächst. Sie ist es gerade auch deshalb, weil auch diese Situation sie nicht endgültig und vollständig determiniert: weil es auch hier ein Stück Freiheit gibt, mit dem sie die Situation so oder so übernehmen kann. Und sie ist es insbesondere, insofern sie grundsätzlich vor ihre eigene Situation geraten kann, wie das nahezu unumgänglich ist in einer weitverzweigten wissenschaftlichen Kultur, welche alle Teile der gesellschaftlichen Wirklichkeit geschäftig in der Erkenntnis verdoppelt und auf tausend Wegen jedermann ein wenn noch so verzerrtes und verdünntes Spiegelbild seines Daseins vorzuhalten unternimmt – worin der Vorteil liegen mag, daß der Mensch seinen eigenen Daseinsformen nicht leicht und lange verfällt, gewiß aber auch der Nachteil, daß kaum eine Daseinsstabilisierung ungestört aus den Notwendigkeiten herausreifen und tragfähig werden kann. [...]

Es heißt, die Wissenschaften vom Menschen seien hinter den Wissenschaften von der Natur zurückgeblieben, womit man ihnen die Rolle von Künsten zuschieben will, die ohne Forderungen an die Gesellschaft und ohne Zutun

---

10 Hierin liegt eine weitere Eigentümlichkeit der Freiheit. Nicht nur läßt sich zum menschlichen Handeln keine eindeutige äußere (Inadäquanz) oder innere (Mehrdeutigkeit) Ursache finden, sondern es können auch ganz neue Bedeutungen entstehen.

der Menschen die Übel durch die Manipulation technischer Patentrezepte heilen sollen. So erwartet man auch von der Jugendsoziologie billige Ratschläge. Und da es im sozialen Leben an mannigfaltigen Zusammenhängen nicht fehlen kann, läßt sich stets mit belegbaren Korrelationen für Vorschläge aufwarten, die von der sanitären Installation über erzieherische und fürsorgerische Bekümmerung bis zu diesen und jenen Diensten reichen. Teils wird dabei an Symptomen kuriert, teils muß man sich solcher Mittel bedienen, die den gewünschten Zweck vernichten. Die Quittung liegt in dem bestenfalls temporären Ergebnis der Bemühungen. Gerade diese Rolle aber müssen die Wissenschaften vom Menschen ablehnen, wenn sie ihrer Tradition und Aufgabe treu bleiben wollen. Als Wissenschaften vom Menschen müssen sie vor allem zeigen, daß dieses Wesen individuell wie sozial aus der Situation der Wahl, Verantwortung und Entscheidung nicht herausspringen kann. Das Bewußtsein für die grundsätzlichen Bedingungen menschlichen und gesellschaftlichen Daseins wachzuhalten, insbesondere die Komplexität und Schwierigkeit der menschlichen Personwerdung wie die prekären Grundlagen aller geistigen Existenz aufzuweisen, muß zu ihren vornehmsten Pflichten gehören in einer Zeit, die ihnen mit der Handlangerrolle des Zauberkünstlers die Verantwortung für die Folgen aufbürden will, die sich nicht aus ihren eigenen Mängeln, sondern aus einer Vernachlässigung der menschlichen Belange ergeben.

Soziologie und Planung: Grenzen der Planung*

Von A. Comte, der der Soziologie ihren Namen gegeben hat, stammt das berühmte Wort savoir pour prévoir, prévoir pour pouvoir. Der Satz legt nicht sosehr eine der historischen Wurzeln der Soziologie frei als er vielmehr eine Auffassung ausdrückt, die in der ganzen Geschichte dieses Faches wirksam geblieben ist. Denn diese Geschichte steckt voller Forderungen, die gesellschaftlichen Verhältnisse mittels soziologischer Erkenntnisse zu steuern, und voller Programme, die Soziologie für diese Aufgabe tauglich zu machen. Auch wo sich diese Auffassung nicht so programmatisch wie in der provokativen Frage des gleichnamigen Buches von R.S. Lynd Knowledge for what? oder im Konzept des „social engineering" niedergeschlagen hat, läßt sie sich bis in die einzelnen Untersuchungen hinein verfolgen – leben sie doch typisch von dem Versprechen, die Lösung eines gesellschaftlichen Problems zu fördern, und enden sie doch typisch mit der Feststellung, daß zur Lösung dieses Problems weitere Forschungen notwendig werden. [...]

Nun zeigt sich aber, daß zwischen den praktischen Verheißungen und den verwertbaren Kenntnissen kein rechtes Verhältnis besteht. Zwar kann die Soziologie auf fast ein Jahrhundert gewichtiger Fortschritte zurückblicken. Und doch scheint sie kaum einen Schritt dem verheißenen Ideal einer Wissenschaft von der Gesellschaft nähergekommen zu sein, die uns die Herrschaft über die gesellschaftlichen Bedingungen zuspielt. So ist die Soziologie in ein Dilemma geraten, das noch nicht hinreichend bewußt gemacht zu sein scheint. Sie muß nun entweder ihre alten Versprechungen zurücknehmen oder, bildlich gesprochen, die Einsätze wiederum erhöhen. Letzteres kündigt sich in den soziologisierten Heilsreligionen an, die in der sich als progressiv verstehenden Intelligenz so mächtigen Widerhall gefunden haben. Eine Steigerung der Versprechungen geht heute aber auch auf dem Gebiet der Planung vor sich; das „social planning" – die umfassende Gesellschaftsplanung – und das „normative planning" – die nicht an unseren Möglichkeiten, sondern an den Idealzuständen

---

* [Anm. d. Hrsg.: Auszüge aus dem Kapitel „Soziologie und Planung: Grenzen der Planung" aus Friedrich H. Tenbruck: Zur Kritik der planenden Vernunft, Freiburg/München 1972, S. 56–94. Die Gedanken dieses Kapitels hat Tenbruck erstmals auf dem Internationalen Soziologenkongreß 1970 in Varna (Bulgarien) unter dem Titel „Limits of Planning" vorgetragen. Der Abdruck erfolgt mit freundlicher Genehmigung des Verlages Karl Alber, Freiburg i. Br.]

unserer Wünsche oder Bedürfnisse ansetzende Planung – sind nun Trumpf geworden. [...]

Nun sind wir sicher mit älteren Konzepten unzufrieden. Das bloße Flickwerk des social engineering bestand aus unkoordinierten Einzelmaßnahmen, die bestenfalls ein Kurieren an Symptomen waren. Wir müssen vorausdenken und koordinieren. Heute haben alle Pläne massive Folgen, weil sie in kurzer Zeit über sich hinauswirken. Es verbietet sich heute, separat für einzelne Sektoren zu planen (Raumplanung, Wirtschaftsplanung, usw.). Denn je größer die technischen Mittel werden, die wir planend einsetzen, desto schneller und umfassender wirken sie sich auf den ganzen Gesellschaftskörper aus. Insofern ist der Gedanke einer sozialen Planung, die bei allen Plänen ihre weiteren gesellschaftlichen Wirkungen mitbedenkt, gar nicht von der Hand zu weisen.

Nur ist es eine Sache, die möglichste Berücksichtigung der gesellschaftlichen Folgen unserer Pläne zu fordern, und eine andere, nach der umfassenden Gesellschaftsplanung zu rufen, die Schritt für Schritt die Daseinsbedingungen auf das Konzept einer Gesellschaft hin entwickeln soll, welche den Bedürfnissen des Menschen, seinen Wünschen, seiner Bestimmung oder seinem Glück genügen soll. [...] Die Utopie, an deren Ende die auf die Bedürfnisse des Menschen maßgeschneiderte Gesellschaft steht, mag nicht auf allgemeine Zustimmung rechnen können. Die Erwartung jedoch, daß wir durch Planung die Daseinsbedingungen immer besser in den Griff bekommen und so beharrlich zur Steigerung des menschlichen Glücks beitragen könnten, durchzieht in dieser oder jener Form die Literatur zur Planung.

[...] Aber diese Hoffnungen beruhen nach wie vor auf den gleichen Annahmen, die schon Comte zu seinem Dictum, wie nachfolgend alle sonstigen Versprechungen inspiriert haben. Es sind die altehrwürdigen, aber kaum je ernsthaft geprüften Annahmen – teils laut verkündet, teils still geglaubt –, daß unser Wissen fortschreitet, daß Wissen Planung und Kontrolle bringt, daß Beherrschung der Umstände Glück bedeutet.

So ist die Planung in Theorie und Praxis vielfältig mit vagen Vorannahmen und Überzeugungen belastet. Im Hintergrund des modernen Bewußtseins schlummert ein Glaube an die Macht unseres Wissens und an die Machbarkeit der Dinge, der sich nirgendwo im Grundsatz mehr ausweisen muß. Es soll deshalb hier gezeigt werden, daß die Annahme, Wissen führe über Voraussicht und Kontrolle zum Glück, irrig ist. Unsere Fähigkeit zur Kontrolle und Einrichtung der Daseinsumstände ist trotz unserer riesigen Kapazität, sie zu verändern, gering, und noch geringer ist die Möglichkeit, aus solchen Veränderungen Glück zu gewinnen. Es scheint höchste Zeit, die unbestimmten, aber weitreichenden Versprechungen, die die Soziologie gemacht oder geduldet hat, zu korrigieren und ihren Status als Instrument der gesellschaftlichen Kontrolle und Planung neu zu definieren. [...]

Ozbekhan, ein Anwalt der normativen Planung, hat richtig darauf hingewiesen, daß für die moderne Technik ein „Kann" gewöhnlich ein „Soll" wird. Dinge werden häufig einfach deshalb getan, weil wir sie zu tun die Macht haben. Dies gilt jedoch mutatis mutandis auch für das normative Denken, das sich auf bloß wünschbare und mögliche Zukünfte einlassen will. Die Möglichkeiten, die es versuchsweise vor uns ausbreitet, gewinnen ein eigenes Gewicht und verwandeln sich in gesetzte Ziele und feste Erwartungen, die als öffentliche Meinung Planungen erzwingen.

Und mit dem höheren Erwartungsniveau erhöht sich auch das Risiko, das wir mit der durch Meinungsdruck oder Euphorie erzwungenen Planung eingehen. Korrekte Vorstellungen von den Grenzen der Planung sind deshalb ein Erfordernis in einer Gesellschaft, die über riesige technische und organisatorische Hilfsmittel zur Veränderung der Gegebenheiten verfügt und diese im Einklang mit der öffentlichen Meinung einsetzen muß. Aufgabe der Soziologie ist es deshalb nicht nur, auf mögliche Verbesserung der Planung zu sinnen, sondern auch die Grenzen der Planung aufzuzeigen.

1. Wissen, Prognose und Kontrolle

1.1 Die Rolle des Wissens

Alle Planung bedarf des Wissens, aus dem die Vorhersicht und die Kontrolle erwachsen sollen. Wie bereits geschildert, gründen sich die herkömmlichen Hoffnungen auf eine schließliche Herrschaft über die gesellschaftlichen Umstände auf den Glauben, daß der Wissensfortschritt notwendig zur Verbesserung der Vorhersicht und damit zur besseren Kontrolle der Bedingungen und Entwicklungen führen müsse. Es handelt sich bei diesem Glauben auch nicht etwa um eine Erfindung der Soziologie; vielmehr hat die Aufklärung diesen Glauben produziert, wonach der Mensch nach Vermehrung und Verbreitung des Wissens zur Herrschaft über seine Umstände gelangen werde und diese sich nach Wunsch und Willen einrichten könne. Diese nun in der Planungsdebatte wieder auftauchende Überzeugung scheint heute zur allgemeinen Selbstverständlichkeit geworden zu sein, welche denn auch als versteckte Prämisse in vielen wissenschaftlichen Beiträgen ohne weitere Rechtfertigung eingesetzt wird. Läßt man sich auf diesen Glauben einmal ein, so ist bei dem wohl nicht zu bezweifelnden Wissensfortschritt der endliche Erfolg im voraus sicher, so daß weder das geschichtliche Scheitern der Planung noch unsere offenbare Unfähigkeit, die Daseinsumstände nach Wunsch zu kontrollieren und einzurichten, zu Gegeninstanzen werden können. So erhebt sich die Idee der Planung, triumphierend und unerschütterbar, über alle Zweifel und Einwände. Diese automatisierte Assoziation von Wissensfortschritt, Voraussicht und Kontrolle ist in Wirklichkeit höchst brüchig, und es läßt sich zeigen, daß auch aus einem beharrlichen Wissensfortschritt weder eine Verbesserung der Voraussicht noch eine Verbesserung der Kontrolle notwendig folgen.

Zum Beweis dieser These sei einleitend darauf aufmerksam gemacht, daß das Wissen dem Handeln nicht in jeder Weise vorarbeitet. Handeln entspringt vielen Quellen und kann durch Wissen sogar gehindert werden, insofern dadurch der erforderliche Fluß von Initiative, Gewohnheiten und Sicherheit gestört werden mag. Ebenso ist es, wie H.A. Simon gezeigt hat, keineswegs schon erwiesen, daß rationales Handeln notwendig die überlegene Form des Handelns ist.

Von diesen Hinweisen abgesehen ist die erste Frage, ob Wissen stets auf ein besseres Vorherwissen hinausläuft. Wenn wir in der Hoffnung, größere Kontrolle über unsere Handlungssituation zu gewinnen, nach mehr Wissen streben, so verlangen wir ja tatsächlich nach mehr prognostischem Wissen. Aber auch prognostisches Wissen bedeutet nicht ohne weiteres Kontrolle. Vollständige Kontrolle jedenfalls besitzen wir nur dann, wenn sich mit jeder gegebenen Handlungsmöglichkeit ein einziger, also gewisser Ausgang verbindet. Inwieweit uns vermehrtes Wissen solche Entscheidungssituationen liefern kann, ist zuoberst eine Frage der Objektstruktur. Wenn das Geschehen in der Objektwelt durchgängig Zufallscharakter hat, so kann der Wissensfortschritt zwar zur Enthüllung dieser Eigenschaft führen, ohne deshalb schon Kontrolle zu ermöglichen. Unser Vertrauen, daß der Erkenntnisfortschritt eine Zunahme der Kontrollmöglichkeiten bringt, beruht also tatsächlich auf der Annahme, daß wir es bei der Objektwelt, jedenfalls was die relevanten Teile angeht, mit einem hinreichend determinierten System zu tun haben. Die Möglichkeit der Kontrolle hängt somit nicht vom Wissen als solchem ab, sondern davon, was dieses Wissen über die Objektzusammenhänge enthüllt. Wissen und Kontrolle sind nicht einfach gleichzusetzen. [...]

Ob nun die soziale Welt ein hinreichend determiniertes System ist, um prognostisches Wissen und Kontrolle zu gewähren – diese Frage sei noch aufgeschoben. Zuerst sei gezeigt, daß auch ein wirklicher Zugewinn an prognostischem Wissen sich nicht automatisch in bessere Kontrolle ummünzt. Selbst wenn Wissen und Prognose akkumulieren, bleibt noch die Frage, ob sie jemals Schritt halten können mit der zunehmenden Komplexität der gesellschaftlichen Probleme oder den gestiegenen Ansprüchen.

[...] Das sei an folgendem Beispiel illustriert: Ein Pendler fährt mit seinem Auto von der Wohnung in die Stadt auf enger, gewundener und verkehrsreicher Straße und fragt sich ständig, ob er andere Autos sicher überholen kann. Wahrscheinlich träumt er von einem schnelleren Wagen, der solche Situationen für ihn weniger riskant macht. Hat er schließlich ein solches Auto, kann er tatsächlich an den Autos vorbeirauschen, bei denen ein solcher Versuch zuvor gefährlich gewesen wäre. Aber jetzt wird er sich wahrscheinlich über die anderen Autos seiner Wagenklasse ärgern, die ihm die gleichen Hindernisse bieten wie vorher die langsameren Autos. Sein Wissen ist jetzt zufriedenstellend in bezug auf Ansprüche in der vergangenen Entscheidungssituation. Aber er hält jene Situation jetzt nicht mehr für befriedigend (so wie schon der Volksmund weiß: je mehr er hat, je mehr er will). Er hat eben seine Ansprüche erhöht und so die Sicherheitsmarge, welche die neue Situation ihm bot, nicht genutzt.

Erhöhtes Wissen und bessere Voraussicht führen also nicht zu besserer Kontrolle, wenn die Ansprüche gesteigert werden. Die Sicherheit, die das Wissen dem Menschen gewährt, hängt stets von den Zwecken ab, die er mit dessen Hilfe realisieren will. Wissen versetzt den Handelnden in die Lage, zwischen möglichen höheren Gewinnen („Auszahlungen" spieltheoretisch gesprochen) und mehr Sicherheit wählen zu können. Kein Wissenszuwachs kann ihn von diesem Dilemma befreien. Ein Zuwachs an prognostischem Wissen kann daher nur dann die Risiken des Handelns verringern, wenn nicht gleichzeitig die Erwartungen proportional steigen, worauf später noch zurückzukommen sein wird. [...] Steigende Ansprüche sind keineswegs die einzige Ursache, die den Kontrollwert des Wissens mindern kann. Der Nutzen des Wissens ist ebenfalls abhängig vom Ausmaß der jeweils gegebenen Probleme. [...]

Wissenszuwachs bringt nur dann bessere „Auszahlungen", wenn er nicht durch das wachsende Ausmaß und die steigende Komplexität gegebener Probleme aufgewogen wird. In dieser Hinsicht kann man wohl nur einfach feststellen, daß die Sozialgeschichte und die Soziologie eine Steigerung der Komplexität und des Umfanges der gesellschaftlichen Probleme belegen, wenn eine Gesellschaft komplexer wird, die Steigerung des Wissens aber wiederum mit der Komplexität der Gesellschaft Hand in Hand geht. In summa steht somit zu vermuten, daß verfügbares Wissen und gegebene Probleme stets ein labiles Gleichgewicht aufweisen, so daß sich der Wissensfortschritt auch aus diesem Grunde nicht in erhöhter Gesamtkontrolle auszahlt.

1.2 Prognose und Kontrolle: Ebenen der Unbestimmtheit

Ist die Gesellschaft ein genügend determiniertes System, um Vorhersage und Kontrolle zu ermöglichen? Diese Frage kann nicht in Bausch und Bogen beantwortet werden, und der anläßlich der Planungsdebatte in der Soziologie wieder aufgeflammte Streit hierüber ist noch in vollem Gang. Einige Aspekte, die für die Lösung erheblich sind, dürfen aber hier angeführt werden.

a) Der Fortschritt der Soziologie ist so beachtlich gewesen, daß viele Theoretiker glauben, extrapolieren zu können. Da nunmehr außer Zweifel steht, daß auch die soziale Welt, wie die physische, Determinanten besitzt, läßt sich erwarten, daß der Fortschritt des Wissens uns diese Determinanten noch besser enthüllen wird. Obwohl es sich nicht um eine durchgängig determinierte Welt handelt (in der es für Wahlentscheidungen und Planungen gar keinen Raum gäbe), so gibt es doch eindeutige Belege für determinierte Beziehungen. Weshalb sollte man also nicht annehmen, daß wir schließlich alle „Gesetze" der sozialen Welt kennen und sie mittels dieser Kenntnis kontrollieren können?

Unglücklicherweise ist dieses Argument unzulässig, wie bereits M. Weber bemerkte. Denn die soziale oder auch die physische Welt wird nicht schon deshalb kontrollierbar, weil man die sogenannten „Gesetze", die sie determinieren, kennt. Um Vorhersagen über Abläufe innerhalb der realen Welt treffen zu können, muß die gegebene Ausgangs-Konstellation bekannt sein. „Gesetze", die ja lediglich die Beziehungen zwischen Variablen festhalten, verwandeln sich erst dann in Prognosen, wenn man sie auf einen gegebenen und berechenbaren Ausgangszustand anwendet. Dessen gegebene Größen müssen in die gesetzliche Beziehung eingesetzt werden, um die Folgen berechnen zu können. Selbst die Beherrschung der Natur, die wir den Naturwissenschaften verdanken, entspringt ja weniger der Tatsache, daß diese Disziplinen fähig wären, aktuelle Zustandsentwicklungen zu prognostizieren, als ihre Leistung vielmehr darauf basiert, daß sie es uns gestatten, eine technische Welt zu erzeugen, in der wir selbst die Ausgangsbedingungen setzen können.

b) Prognostisches Wissen führt nur dann zu effektiver Kontrolle, wenn es genügend konkret ist. Es muß das operationale Niveau erreichen, welches Planung erfordert, um die jeweiligen Bedingungen der natürlichen oder sozialen Umwelt beherrschen zu können. Aber obwohl die Soziologie auf einen erheblichen Schatz von Prognosen und Korrelationen verweisen kann, werden die Planer damit zumeist wenig anfangen können. Die soziologischen Ergebnisse sind für sie zu vage und zu allgemein. Man kann also nicht sicher sein, daß ein Zuwachs an prognostischem Wissen zu besserer Kontrolle der menschlichen Welt führen wird, es sei denn, dieses Wissen wäre genügend konkret.

c) Wir haben übergenug Beweise dafür, daß die soziale Welt nicht ohne Determinanten ist. Aber ist sie auch genügend determiniert, um die Erlangung verläßlichen und befriedigenden prognostischen Wissens zu gestatten? Wir sehen mit Recht die Gesellschaft als soziales System an. Doch in welchem Ausmaß wird die Gesamtheit der sozialen Realität von diesem System umfaßt? Wir wissen es nicht genau, da das abschließende Kapitel über den sozialen Wandel noch nicht geschrieben wurde. Solange wir aber nicht wissen, ob aller Wandel aus dem sozialen System heraus determiniert ist oder vielmehr bei gegebener Offenheit des Systems auch systemäußere Ursachen haben kann, können wir uns auf soziologische Vorhersagen nicht verlassen.

Diese Überlegungen sollten uns vielleicht veranlassen, die Strategien der soziologischen Forschung zu überprüfen. Bis jetzt zielte die Forschung darauf ab, vorhersehbare und determinierte Abläufe und definite Korrelationen zu ermitteln. Wo man sie nicht fand, beeilte man sich, nach neuen Gründen zu suchen, die das fragliche Phänomen erklären könnten. Natürlich soll hier die Suche nach kausalen oder funktionalen Erklärungen nicht kritisiert werden. Eine Sozialwissenschaft muß nach Determinanten des sozialen Geschehens suchen.

Ebenso wenig soll übersehen werden, daß die moderne Soziologie auf mannigfache Weise eine „Offenheit" sozialer Systeme in Rechnung stellt. Es hat nicht an Gespür für das gefehlt, was man als (relativ) indeterminierte Situationen bezeichnen könnte. Empirische Studien, besonders wenn sie sich der Techniken der Beobachtung bedienten, haben fast immer ein beachtliches Verständnis für die Offenheit und Unbestimmtheit von Situationen und Entwicklungen bewiesen. Auch der soziologischen Theorie fehlt es keineswegs an Begriffen, die diese Indeterminiertheit berücksichtigen. Das Parsonssche Konzept der „sozial eingegrenzten Handlung" spiegelt diese Anerkennung der Indeterminiertheit wider. Wenn die Soziologen von „offenen" Systemen sprechen, die unterschiedlich große Freiheitsräume aufweisen, aber auch zur „Schließung" und „Eingrenzung" dieser Offenheiten tendieren, so lassen sie ebenfalls Raum für die Unbestimmtheit von sozialen Phänomenen und Abläufen. Jedoch konnten sich diese verschiedenen Ansätze noch nicht zu einem überzeugenden Konzept formieren. Aus naheliegenden und guten Gründen war die Soziologie mit der Konstruktion von Modellen befaßt, die determinierte Ereignisse, Beziehungen und Entwicklungen zum Gegenstand hatten. Eine komplementäre Strategie, welche die Bereiche der im Sozialen vorfindlichen Offenheiten und Unbestimmtheiten zu definieren und zu systematisieren versucht hätte, wurde demgegenüber bisher nicht entwickelt. Es gibt kein Programm, um die wahrscheinlichen Ebenen, Typen und Grade der sozialen Unbestimmtheit zu spezifizieren.

Bei einigen Gebieten, mit denen es die Soziologie zu tun hat, ist allerdings die relative Indeterminiertheit so offenkundig, daß sie trotz des deterministischen Gesamtkonzepts stillschweigend von den Soziologen respektiert wurde, so z.B. im Feld der Werte und Ideen, ja der Kultur im allgemeinen. Wir Soziologen sind schnell bei der Hand mit sogenannten Ex-post-Erklärungen, wenn es darum geht zu zeigen, wie existierende Ideen oder Werte funktional zu strukturellen Bedingungen passen. Aber aus guten Gründen hapert es mit Ex-ante-Erklärungen, die aus gegebenen Bedingungen die zukünftigen Werte und Ideen vorhersagen. Mit allem gegenwärtig verfügbaren Wissen hätte doch kein Soziologe – hätte er zu jener Zeit gelebt – die Entstehung der protestantischen Ethik und ihre entscheidende Rolle für die Entwicklung des Kapitalismus vorhersagen können. Und wie wenige Soziologen hatten denn auch nur eine Vorahnung von den tiefgehenden Veränderungen, die die Jugend im letzten Jahrzehnt durchmachte? Sogar jetzt und inmitten dieser Wandlungsprozesse haben wir noch keine genaue Vorstellung von dem, was wirklich geschieht und worin seine soziale Bedeutung liegt. Unsere Prognosen beschränken sich vorwiegend auf strukturelle Fakten und klammern die korrespondierenden Werte und Ideen aus.

Gewiß ist nichts von all dem völlig neu, aber es erhält heute eine neue Bedeutung. Denn die normative Planung, in deren Konzept sich mächtige Erwartungen des modernen Menschen spiegeln, verlangt ja, daß die Pläne den Werten und den Ideen zukünftiger Generationen angepaßt werden. Es sollen bei der Planung nicht die Präferenzen der heutigen Bevölkerung, sondern die Wünsche und Bedürfnisse der zukünftigen Bevölkerung berücksichtigt werden. Aber diese zukünftigen Ideen und Werte können wir weder vorhersagen noch planen; sind sie doch zuletzt sinnhafte Antworten von Handelnden auf bestimmte soziale Gegebenheiten, die sich unüberholbar erst aus der Mühsal des Umgangs mit diesen Gegebenheiten, aus der Auseinandersetzung mit ihnen, aus ihrem tatsächlichen Erlebnis in einem langsamen inneren Verarbeitungsprozeß ergeben, der nicht simuliert werden kann. Schließlich werden die Umstände für Menschen erst zur Realität, insofern der Mensch sie handelnd erlebt. Dieses Erlebnis hängt von den herrschenden Werten und Ideen ab und produziert neue Erlebnis- und Wertkategorien. Deshalb konstituieren Ideen und Werte ein bedeutendes Feld der Indeterminiertheit, und das gleiche gilt ganz allgemein von Bedeutungen. Neue Werte und Bedeutungen entstehen aus dem Erlebnis und aus der Verarbeitung von neuen Umständen, und wir werden niemals im voraus wissen können, welche spezifischen Bedeutungen aus dieser Konfrontation resultieren. Schon an dieser Tatsache scheitert die normative Planung.

[...] Wenn uns vorhergesagt wird, daß im Anfang des nächsten Jahrtausends alle Menschen einen Heimcomputer zur Verfügung haben und jederzeit zur Erweiterung ihrer geistigen Kapazität direkt an ihre Gehirnnerven anschalten können, so kontrastiert die Gewißheit dieser Vorhersage aufs äußerste mit der Ungewißheit der durch diese Entwicklung produzierten Wirklichkeit, wie sie der Mensch erleben wird. Welche Kämpfe, Auseinandersetzungen und Schicksale sich schon mit der Verwirklichung dieser technischen Entwicklung verbinden werden, wie unsicher es bleibt, in welchen Schritten und zu welchem Zeitpunkt und von welchem Land diese Entwicklung bewerkstelligt wird, welche sonstigen technischen und gesetzlichen Regelungen sich damit verbinden werden und in welchen politischen Kämpfen sie durchgesetzt werden müssen, welche sonstigen Folgen sich schließlich mit diesem technischen Fortschritt verbinden und wie endlich die Menschen alle diese Ungewißheiten, Umstände und Folgen erleben und bewerten werden, darüber weiß die Vorhersage nichts und kann sie nichts wissen. Die soziale Realität, die in den soziologischen Vorhersagen erfaßt wird, besagt über die Realität, die Menschen erleben werden, sehr wenig. Die Gewißheit einer Entwicklung von irgendwelchen Daseinsbedingungen behebt nicht die Ungewißheit, mit der der Mensch den konkreten Umständen dieser Entwicklung immer gegenüberstehen wird. Und den endlichen Erlebnis- und Glückswert des vorhergesagten Zustandes können wir deshalb nicht errechnen, weil die Werte und Ideen, mittels derer er erlebt und verarbeitet wird, sich ja erst in diesem Prozeß bilden können.

So kann man zusammenfassend nur zu dem Schluß kommen, daß der Fortschritt des Wissens keine Gewähr für befriedigende Prognosen leistet und daß ein soziales System nicht genügend determiniert ist, um befriedigende Prognosen zu ermöglichen. Statt zu unterstellen, daß unser Wissen eines Tages den Problemen der gesellschaftlichen Kontrolle und Steuerung völlig angemessen sein wird, sollten wir besser davon ausgehen, daß aus verschiedenen Gründen unser Wissen und unsere Probleme sich allemalen in einem höchst prekären Gleichgewicht befinden werden.

2. Ziele, Bedürfnisse und Glück

Grenzen können der Planung nicht nur auf der Seite des Wissens, sondern auch auf der Seite der Ziele entstehen. Alle Planung ist unnütz, wenn man sich über seine Ziele täuscht oder deren Ertrag falsch berechnet. Die Leistung der Planung wird also auch davon abhängen, ob wir uns die richtigen Ziele machen und machen können. [...]

In geschichtlicher Perspektive betrachtet, hat sich die Planung immer stärker an abstrakten Zielen zu orientieren begonnen. Es ist dies genau eine Folge der uns zugewachsenen Verfügungsmacht über die natürliche und soziale Umwelt. [...] So hat sich die Planung mit ihrer eigenen Entfaltung, die der Entwicklung der modernen Gesellschaft parallel läuft, fundamental gewandelt. Sie beschränkt sich nicht mehr auf die Lösung spezifischer und handgreiflicher Aufgaben, sondern tendiert dazu, das allgemeine Instrument zu werden, um „die gute Gesellschaft" zu planen, „die Demokratie" zu verwirklichen oder gar „das menschliche Glück" zu realisieren (wobei man auch Substitute wie „Mündigkeit" oder „Selbstverwirklichung" oder was sonst eben im Schwange steht, einsetzen kann). [...]

Wie gesagt ist dieser Wandel der Planung nicht zufällig. Wie die Dinge heute liegen, müssen wir bei planenden Entscheidungen immer häufiger zwischen Alternativen wählen, die von unserer Erfahrung immer weiter entfernt sind. Die für die Planung einsetzbaren Mittel und die fraglichen Zeiträume sind so groß, daß das ins Auge gefaßte Endprodukt weit von Zuständen entfernt ist, die wir erlebt haben und deren Erlebniswert wir deshalb aus der Erfahrung auch abschätzen können. So ist schon die technische Welt, die uns für das Ende des Jahrhunderts vorhergesagt wird, in ihrem Lebenswert von uns gar nicht mehr zu erfassen. Das gilt aber nicht nur für die technischen Planungen und Umstände. [...] Denn unbekannt ist uns weitgehend nicht nur die objektive Entwicklung. Unbekannt sind uns vor allem die Bedeutung, der Erlebniswert, die Gratifikation, die konkrete Lebenswirklichkeit, die sich mit den geplanten Zuständen verbindet, und zwar noch zu schweigen von eigentlich unvorhersehbaren Folgen. Deshalb nehmen Planungen im sozialen Feld immer mehr Reißbrettcharakter an: die Entwürfe müssen gezeichnet, sie müssen auch ausgeführt werden, obschon ihr Realitäts- und Gratifikationsgehalt unbekannt sind. [...]

2.1 Ziele und Bedürfnisse

Auf welche Weise bildet der Mensch sich Ziele, und inwieweit können solche Ziele seinen Bedürfnissen entsprechen? Diese Frage scheint insofern einfach, als der Mensch normalerweise jedenfalls nicht unter einem Mangel an Wünschen und Zielen leidet. Dennoch handelt es sich hier um ein dorniges Problem, dessen Schwierigkeit vorab auf die kürzeste Formel gebracht sei: der Mensch hat keine fixen Bedürfnisse, die sich von selbst verständen oder sonstwie ergründen ließen, aber er kann nicht umhin, sich die Vorstellung solcher Bedürfnisse zu bilden.

Die menschliche Natur ist plastisch, ihr entsprechen insofern keine fixen Bedürfnisse. Gewiß, es gibt fundamentale Antriebe; ebenfalls lassen sich gewisse Bereiche menschlicher Bedürfnisse abstecken, so jedenfalls aufgrund der physischen und physiologischen Bedingtheit des Menschen. Aber darüber hinaus lassen sich keine definitiven Bedürfnisse aufzählen, noch lassen sich bestimmte Bedingungen zu ihrer Befriedigung spezifizieren.

[...] Insofern findet sich der Handelnde vor einer Anzahl von Problemen, für die es keine rationale Antwort gibt. Welche Zeitspanne soll er den Nützlichkeitserwägungen seiner Handlungen zugrunde legen? Wie soll er gegenwärtige und zukünftige Gratifikationen im Gleichgewicht halten? Wie groß ist die Stabilität seiner Präferenzen über eine bestimmte Zeit hinweg? Das Dilemma, ob unter großen Risiken ein besonders hochgespanntes Ziel angestrebt werden soll oder ob man ein weniger erstrebenswertes Ziel mit größerer Sicherheit realisieren soll, ist ebenfalls unaufhebbar. (Der Spatz in der Hand oder die Taube auf dem Dach?) Aber welche Präferenzen auch immer der Handelnde entwickelt, sie bleiben für ihn voller Fragen und Zweifel, die nicht lediglich eine Folge seines unsicheren Wissens in bezug auf die möglichen Handlungsergebnisse sind.

[...] Der Mensch hat keine „wahren", ihm von Natur fest mitgegebenen Bedürfnisse, aber als Handelnder kann er nicht umhin, solche für sich zu definieren. Vorstellungen von solchen ihm angemessenen Bedürfnissen sind für den Menschen unverzichtbar, und er macht sie sich unter den verschiedensten Namen (seiner Natur, seiner Bestimmung, seines Charakters u.ä.). Nur im Rückgriff auf solche Vorstellungen von seinen Bedürfnissen, wie immer er sie bezeichnen mag, kann er Konsistenz in seine Entscheidungen bringen, und ohne solche Bezugspunkte würde er sich in widersprüchliche Ad-hoc-Entscheidungen verlieren, über deren Wert im ganzen er weder individuell noch sozial Rechenschaft leisten könnte. Der Mensch baut also Präferenzstrukturen auf, die er jedoch stets nur als Näherungen betrachten kann. Die sogenannte dialektische Soziologie hat sich zu der Annahme verleiten lassen, daß der Mensch sich in seiner Wahl an objektiven Bedürfnissen orientieren könne und müsse, deren Befriedigung ihm deshalb auch das Glück liefern würde. Dies ist eines der mancherlei Mißverständnisse, denen diese Schule unterlegen ist. Richtig aber bleibt, daß der Mensch nicht aufhören kann, seine Präferenzen (nicht nur auf jeweils wechselnde Situationen anzuwenden, sondern auch) zu überprüfen, zu verbessern, zu ordnen, und daß er sich dabei zwangsläufig an Vorstellungen von den ihm eigentlich angemessenen Bedürfnissen orientiert.

2.2 Über individuelle und soziale Bedürfnisse

[...] Die Soziologie hat die Frage der individuellen Zielbildung eigentlich ausgeklammert, seit ältere Versuche, Listen von „natürlichen" Bedürfnissen aufzustellen, zu nichts geführt hatten. Man hat sich deshalb darauf beschränkt, von Bedürfnissen immer in ihrer sozial vermittelten Gestalt auszugehen. Da jede Gesellschaft für ihre Mitglieder Bedürfnisse mittels verschiedener Mechanismen, wie Normen, Werte, Rollen, festlegt, schien das ein gangbarer Weg. In der Tat ist das Individuum dem vexierenden Problem, seine eigenen Bedürfnisse zu artikulieren, nicht voll ausgesetzt, jedenfalls muß es sich seine Präferenzstruktur nicht aus dem Nichts aufbauen. Es kann überall von soziokulturell vermittelten Bedürfnissen ausgehen. Diese vorgegebenen sozio-kulturellen Definitionen der Bedürfnisse sind nun allerdings keineswegs zufällig und beliebig. So groß der Spielraum einer Gesellschaft ist, die Bedürfnisse sozial zu artikulieren, so müssen diese Festlegungen doch in einem Verhältnis zu ihren strukturellen Gegebenheiten stehen. [...]

Diese soziologische Behandlung des Bedürfnisproblems hat die Frage, wie der Mensch sich seine Ziele bildet, in den Hintergrund und genauer in das Kapitel des sozialen Wandels abgeschoben, wo es dann als die Frage, wann und wie sich soziale Bedürfnisdefinitionen verändern, wieder auftaucht. Im sozialen Wandel bilden sich Bedürfnisverständnisse um, die sozial vorgegebenen Definitionen können nicht mehr als valide erlebt werden, Menschen bilden sich neue Vorstellungen von ihren Bedürfnissen. So fällt mit dem sozialen Wandel die Last der Artikulation der Bedürfnisse, also der Reinterpretation der Präferenzstruktur auf die Individuen zurück. Aber nicht erst dann. Sozial vorgegebene Bedürfnisdefinitionen können niemals vollständig die Handlungssituationen erschöpfen. Gesellschaften mit einfacher Struktur und hoher Kontinuität erreichen zwar eine erstaunliche Übereinstimmung der sozialen Bedürfnisdefinitionen und der sozialen Situationen; aber selbst hier müssen die Individuen innerhalb des fest gegebenen Rahmens Entscheidungen treffen und somit auch ihre Präferenzen setzen. Allerdings wird der Druck zur Ausbildung individualisierter Präferenzstrukturen offenbar mit der Komplexität und dem Wandel größer.

Die vorstehend erwähnten Tatsachen erlauben es nun jedenfalls, die Konstruktion der Bedürfnisse als ein individuelles Problem zu behandeln. Zwar muß die Planung aus sozial aggregierten Bedürfnissen, also gemeinsamen Zielen hervorgehen, die erst in sozialen Prozessen artikuliert werden können. Aber offenkundig kann die Chance, die Bedürfnisse auf der sozialen Ebene so zu definieren, daß sie Zieldefinitionen für die Verwirklichung menschlichen Glücks ergeben, nie größer sein als die Chance, dies auf der individuellen Ebene zu erreichen. So wird nachstehend die Frage, inwieweit wir unsere Bedürfnisse so gültig ermitteln können, daß sie uns zu hinlänglich sicheren Zielen werden, mittels derer wir unser Glück absichtsvoll verwirklichen können, als ein strikt individuelles Problem behandelt, dessen Ergebnis a fortiori für die soziale Ermittlung der Bedürfnisse gelten muß. Und auf die Definition der individuell-gattungsmäßigen Bedürfnisse zielen ja auch zweifellos alle die Planungstheorien und -ideologien, die jetzt eine umfassende Gesellschaftsplanung berufen, die an den menschlichen Bedürfnissen, an seinem Glück oder entsprechenden Substituten orientiert sein soll.

2.3 Über die Geltung von Bedürfniskonstruktionen

Wenn man nicht von der Annahme ausgehen will, daß der Mensch von Natur über echte und fixe Bedürfnisse verfügt und diese auch kennt, so besteht seine einzige Möglichkeit, seinen Bedürfnissen auf die Spur zu kommen, darin, daß er subjektive Empfindungen auf die sie verursachenden Gegebenheiten zurückführt. Das ist so lange einfach, wie die Empfindungen scharf umrissene

Eindrücke sind, die von definitiven Außenreizen kontrollierbar ausgelöst werden. Aber solche an die physiologische Natur des Menschen geheftete Eindrücke sind nicht häufig und für die Konstruktion seiner Bedürfnisse verhältnismäßig ephemer. In dieser Hinsicht hat er es meist mit vieldeutigen und unbestimmten Empfindungen zu tun, die auf komplexe Situationen erfolgen. Sowohl die Empfindungen wie die Situationen sind interpretationsbedürftige Größen. Eine eindeutige Rückführung spezifischer Eindrücke auf spezifische Bestandteile einer Situation ist meist gar nicht möglich, und die Kondensierung ähnlicher Empfindungen in ein sogenanntes Bedürfnis stellt noch einmal vor Probleme der Interpretation. So handelt es sich bei dem, was wir unsere Bedürfnisse nennen, um Konstrukte, die wir mittels Interpretation, Zuordnung und Vergleich abstrahierend aus unseren Empfindungen und den Situationen herausdestillieren. Für die Bedürfnisse gibt es also keine eindeutigen objektiven Bezugspunkte in der Wirklichkeit, durch welche sie kontrollierbar und sicher befriedigt würden, und wenn wir „Freiheit", „Gleichheit", „Mündigkeit", „emotionale Geborgenheit" sagen, so sind das vage Vorstellungen, die von einer sehr großen Zahl von Situationen affiziert, aber von keiner bestimmten eindeutig befriedigt werden. Es ist eher grundsätzlich damit zu rechnen, daß irgendwelche äußeren Gegebenheiten in mehrere Bedürfniskonstrukte eingehen und jedes Bedürfniskonstrukt aus vielfältigen Empfindungen und Gegebenheiten komponiert wird. So läßt sich weder befriedigend ermitteln, welche Gratifikationswerte für verschiedene Bedürfnisse in einer Situation stecken, noch welche Situationen eindeutig ein bestimmtes Bedürfnis befriedigen würden.

Daraus folgt, daß Bedürfnisse (wie der Handelnde sie definiert) interdependent sind. Man verkennt daher ihren eigentümlichen Charakter, wenn man sie als diskrete Entitäten behandelt, die enumeriert und unabhängig von einander befriedigt werden können. Es entspricht allgemeiner Beobachtung, daß einige Bedürfnisse nur in Verbindung miteinander befriedigt werden können, andere hingegen konkurrieren miteinander und können einander wechselseitig ersetzen. Man könnte also Bedürfnisse ähnlich behandeln wie die Nationalökonomie komplementäre und substituierbare Güter (abgesehen davon, daß solche Abhängigkeiten in der Ökonomie oftmals weniger komplex sind). Deshalb hat der Handelnde einen sehr begrenzten Spielraum für die Optimierung seiner Bedürfnisse. Der Versuch, die Befriedigung eines Bedürfnisses zu erhöhen, verändert in prinzipieller unvorhersehbarer Weise die Gratifikationen anderer Bedürfnisse und damit auch die subjektive Bedürfnislage. Bedürfnisse bilden eben ein System, das der Handelnde aufgrund der Konstruktionsart der Bedürfnisse nicht hinreichend durchschauen kann.

Schließlich folgt daraus aber auch, daß Bedürfnisse situationale Konstrukte sind. Sie kommen aufgrund der Empfindungen und Eindrücke zustande, die aus bestimmten Situationen stammen. Es sind die gegebenen Gratifikationen und Deprivationen, nach denen er seine Bedürfnisse konstruiert. Es gehen in die Konstrukte somit auch nur diejenigen positiven und negativen Eindrücke ein, die von den Gegebenheiten ausgelöst wurden. Bedürfnisse also, die erst bei Nichtbefriedigung subjektiv greifbar werden, spielen in dem subjektiven

Bedürfniskonzept keine Rolle, wie im folgenden näher begründet werden wird. Sie fallen erst an, sie werden erst angemessen veranschlagt, wenn ihre Befriedigung aussetzt. So ist jedes Bedürfniskonzept situational bedingt, indem es nur akute Gratifikationen und Deprivationen veranschlagt. Seine ohnehin prekäre Validität wird damit aber noch einmal eingeengt. Ein in Grenzen brauchbarer Mechanismus für die Optimierung der eigenen Präferenzstruktur sind die Bedürfniskonstrukte nur insoweit, wie die angestrebten Situationen nicht allzusehr von denjenigen abweichen, aus denen die Konstrukte gewonnen werden. Je weiter demnach die geplanten Situationen von den bisher erfahrenen abweichen, desto unsicherer muß die Vorhersehbarkeit der zu erreichenden Gratifikationen werden.

Aus allen diesen Gründen darf man die Möglichkeit, anhand von Bedürfnisdefinitionen Situationen zu schaffen, die die menschlichen Bedürfnisse definitiv befriedigen, einfach ausschließen.

3. Zur subjektiven Logik des Glücks

Es gibt endlich eine dritte Grenze, die keine Planung durchstoßen kann. Sie ist von feinerer Art, als es die Grenzen sind, welche mangelnde Vorhersicht und unsichere Zieldefinitionen uns setzen; aber sie ist vielleicht am Ende die effektivste. Sie liegt im eigenartigen Verhältnis, das der Mensch zu dem hat, was er als sein Glück bezeichnet oder betrachtet. Selbst wenn uns alle Vorhersicht und klare Bedürfniskonzepte zur Verfügung stünden, ließe sich nämlich die Glückssteigerung, von der heute geträumt wird, nicht erreichen; und dieses Verdikt gilt entsprechend auch für alle die substituierbaren Ziele, welche als Bestimmung des Menschen ausgegeben werden. Der Gedanke vom realisierbaren Glück, die Vorstellung von der fortschreitenden Selbstverwirklichung des Menschen, – sie müssen immer Träume bleiben. Wer darauf baut, wird im besten Falle sich selbst und andere narren. Eine öffentliche und politische Philosophie auf ihnen aufzubauen, muß aber als gefährlich gelten, weil damit irreparable Veränderungen in Gang gesetzt werden könnten.

Wer heute in die Zeit schaut und die großen Ideen und Programme Revue passieren läßt, die die Menschen faszinieren, der entdeckt in ihnen bald eine Glücksphilosophie, die sich in verschiedenen Nuancierungen durch die Planungsideologien, durch die politischen Programme und durch die öffentliche Meinung hindurchzieht und nicht weniger in den Köpfen und Herzen der einzelnen lebendig ist. Überall hält man es für ausgemacht, daß sich das Glück des Menschen unbegrenzt vermehren ließe, wenn man ihm nur möglichst viele Wünsche erfüllen würde. Wenn M. Weber noch schlankweg ablehnen konnte, über die Bestimmung des Menschen zum Glück auch nur zu reden, weil das zu absurd sei, so gilt es heute als sicher, daß der Mensch zum Glück bestimmt sei und sich diesem Zustand prinzipiell auch beliebig nähern könne. [...]

In dieser simplen Glücksphilosophie stechen zwei Momente hervor. Es ist, wie gesagt, eine Additionsphilosophie, die von der Kumulation und Vermehrbarkeit des Glückes ausgeht, als ob es ein quantitatives Gut sei, das in beliebiger Menge produziert werden könnte. Vielleicht hängt das mit der zweiten Eigentümlichkeit dieser Glückserwartungen zusammen. Sie ziehen nämlich als Ursachen und Bedingungen des Glücks ausschließlich äußere Umstände in Betracht, seien sie nun physischer oder sozialer Art. Irgendwelche Zweifel an der Befähigung des Menschen zum Glück können hier gar nicht aufkommen, weil das Glück aus äußeren Bedingungen resultiert. Es liegt dieser Glücksphilosophie also ein einfaches Schema von Wirkung und Ursache, von Reiz und Reaktion zugrunde, in welchem von einem Anteil des Menschen an der Erstellung seines Glücks überhaupt nicht die Rede sein kann. Soweit einzelnen diese Befähigung zum Glück tatsächlich abgeht, liegt es nicht etwa an ihnen, sondern an der Gesellschaft, die ihre Befähigung zur Verfolgung und Erreichung des Glücks hemmt, durch repressive Ideologien und Versagung der Mündigkeit. Uneingeschränkt wird damit das Glück zu einem Gut, das durch die Veränderung äußerer Bedingungen für den Menschen herstellbar ist und nicht etwa von ihm selbst geleistet werden muß. [...]

3.1 Hintergrundserfüllung und Gratifikationsverlust

A. Gehlen hat das Konzept der „Hintergrundserfüllung" entwickelt. Gemeint ist damit der Tatbestand, daß irgendwelche subjektiven Bedürfnisse in den Hintergrund des Bewußtseins treten, wenn ihre Befriedigung institutionell geregelt und also, subjektiv gesehen, gesichert ist. Reflektiert man diesen Tatbestand, so enthält er eine wichtige Aussage über die Art und Weise, wie der Mensch seine Befriedigungen und Entbehrungen erlebt, technisch gesprochen also seine Gratifikationen bilanziert. Offenbar haben Gegenstände oder Situationen keinen fixen Befriedigungswert. Diese Entdeckung ist ja auch aus der Grenznutzenlehre bekannt, die lehrt, daß sich der Wert (Preis) eines Gutes mindert, wenn es in großen Mengen vorhanden ist und wiederholt konsumiert wird. Diese Entdeckung, daß der Wert eines Gutes mit seiner Seltenheit steigt, wiederholbarer Konsum also den Wert mindert, darf nun als Spezifikation eines allgemeinen psychologischen Gesetzes gelten. Bei knappen Gütern empfinden wir akut den Mangel an Befriedigung. Er ist im Vordergrund des Bewußtseins. Seine Beschaffung beansprucht unser Denken und Fühlen, und zwar nicht nur deshalb, weil wir den Mangel empfinden, sondern weil wir Überlegung für seine Beschaffung aufwenden müssen. Ein knappes Gut ist insofern eine Spielart des unsicheren Gutes, das wir uns nicht ohne weiteres leisten können, über das wir nicht nach bloßem Wunsch verfügen können. Der Mangel an Befriedigung verbindet sich mit erhöhter Aufmerksamkeit, weil Umsicht zur Beschaffung notwendig ist. Deshalb eben tritt nun das Bedürfnis (oder das ihm entsprechende Gut) in den Hintergrund des Bewußtseins genau in dem Maße, wie wir es permanent in unseren Besitz bringen oder sonstwie jederzeit beliebig darüber verfügen können. Die Beschaffung dieses

Gutes (und die Befriedigung des Bedürfnisses) erfordert jetzt keinen Aufwand mehr. Die Verfolgung des Bedürfnisses kann im Maße seiner Sicherung an Gewohnheiten überstellt werden; denn sichere Verfügung heißt ja, daß vertraute, also gewohnheitsmäßig benutzbare Bedingungen zur Befriedigung des Bedürfnisses ausreichen, während unsichere Gratifikationen auf Umstände hindeuten, die wir nur durch Aufmerksamkeit und Überlegung zur Gewinnung des betreffenden Gutes ausnutzen können.

[...] Wenn der Mensch mit der Befriedigung irgendeines Bedürfnisses rechnen kann, so wird dieses nicht mehr als dringlich empfunden. Seine Befriedigung ist auf Routine gestellt, verlangt nicht mehr die Investition von Aufmerksamkeit und Energie. Damit figuriert das Bedürfnis nicht mehr an prominenter Stelle der Präferenzstruktur. Seine gesicherte Dauerbefriedigung sinkt deshalb auch in ihrem Wert. Es findet somit eine Abnutzung der Gratifikationen im Maße ihrer Sicherung statt. Je gesicherter eine Bedürfnisbefriedigung ist, desto weniger wirkt sie sich im subjektiven Glücksempfinden, in der subjektiven Gratifikationsbilanz aus.

Es bedarf nur ein wenig der heute so ganz in Verruf gekommenen Introspektion, um uns die Allgemeingültigkeit dieser Zusammenhänge zu lehren. Doch auch neuere Forschungen aus Psychologie und Verhaltensforschung stützen diesen Befund. Es sind nämlich unsichere Situationen, die erst die für das Handeln erforderliche Energie mobilisieren und die sonst schweifende Aufmerksamkeit konzentrieren. Nur unsichere Situationen erfordern Aufmerksamkeit und Steuerung, weshalb sie subjektiv notiert werden. Sichere Situationen werden in die Gewohnheit überstellt, um freie Energie und Aufmerksamkeit für unsichere Situationen zu gewinnen. Ihr Ertrag wird aber deshalb auch in den Hintergrund geschoben, taucht in der Bilanz nicht mehr auf. Es ist deshalb die unsichere, die prekäre, die überraschende und exzeptionelle Befriedigung, die eine hohe Gratifikation besitzt und eine akute Befriedigung verschafft. Sie besitzt einen außerordentlichen Wert, den sie unfehlbar einbüßt, sobald sie routinisiert werden kann. [...]

Für diese Erkenntnis spricht auch ein erdrückendes Tatsachenmaterial in der menschlichen Geschichte, mag man diese als Zeugen heute auch nicht mehr gelten lassen. Aber es stellt sich doch die Frage, wieso denn bei Zugrundelegung der oben gezeichneten Glücksphilosophie das subjektive Wohlbefinden, die subjektive Daseinsbefriedigung nicht immer gewachsen ist. Schließlich läßt sich doch ohne alle Frage ein beträchtlicher Teil der Geschichte als ein fortschreitender Prozeß konstruieren, in dem die Institutionen zur immer sichereren Befriedigung von immer mehr Bedürfnissen entwickelt worden sind. [...]

Das nun versetzt allen Planungsträumen den empfindlichsten Stoß. Was hinter allen diesen Vorstellungen von einer nach unseren Wünschen herzustellenden Gesellschaft steht, das ist eine ganz naive Verwechslung von zwei verschiedenen Ebenen, der institutionellen mit ihrem objektiven Gratifikationspotential und der individuellen, für die eigene Gesetze der Gratifikation gelten. Was uns alle diese seit der Aufklärung immer wieder angebotenen

Träume im besten Falle des Gelingens in Aussicht stellen können, das ist eine Steigerung des institutionellen Gratifikationspotentials. Die Auffassung aber, daß sich dieses in subjektive Befriedigung umsetzt, ist irrig. Die Vorstellung, durch Planung ließe sich menschliches Glück akkumulieren, ist falsch. Sie beruht auf einer Verwechslung von zwei Betrachtungsebenen.

3.2 Vom Charakter des menschlichen Glücks

[...] Es stimmt nicht, daß Glück und Befriedigung beliebig vermehrbar sind. Es stimmt nicht, daß der Mensch sein Glück äußeren Umständen verdankt wie die Reaktion dem Reiz. In der Apathie dieser Einstellung hat der Mensch auf die Eigentätigkeit verzichtet, der er schließlich sein Glück einzig verdanken kann. Es fehlt ihm schon an der Vorstellung, daß sein Glück in gewissen Grenzen immer und nur aus seiner eigenen Lebensbewältigung resultiert.

Dies auszusprechen mag nutzlos sein in einer Zeit, die schon die äußeren Glücksgüter und Lebenserfolge durch staatliche Vorsorge gesichert sehen will und die richtige Gleichheit der Chancen immer in die Gleichheit der Erfolge umzubiegen versucht. Es sei hier dahingestellt, inwieweit die völlige Sicherung der äußeren Daseinsvorsorge auf eine Entwertung der sozialen Sicherheiten hinauslaufen müßte. Die Monotonie und der Überdruß, die sich dort einzustellen scheinen, wo die Daseinsvorsorge am reichlichsten und dichtesten verwirklicht worden ist, würden dafür sprechen. Es wäre dies auch ganz im Einklang mit dem, was oben über die Entwertung sicherer Bedürfnisbefriedigungen und die für Aktivität, Antrieb und Befriedigung nötige Unsicherheit gesagt worden ist.

Wichtiger noch ist jedoch die ganz grundsätzliche Einsicht, daß sich das Glück in keiner Weise äußerlich herstellen läßt. Gewiß beeinflussen die äußeren Bedingungen natürlicher oder sozialer Art, unter denen wir leben, unser Wohlbefinden. Es lassen sich auch leicht extreme Situationen angeben, unter denen überhaupt keine Befriedigung aufkommen könnte. Dennoch sind äußere Bedingungen nicht einfach Ursachen, die das Glück von sich aus herstellen und bewirken können. Von den negativen Extremfällen abgesehen, schieben sich zwischen die Umstände und die Gratifikationen allemalen subjektive Innenbedingungen: die Art, wie der Mensch seine Umstände erlebt und verarbeitet. Denn es ist nicht nur das, was er sichtbar tut, sondern es sind auch seine Ziele, seine Erlebnisse und Erfahrungen, seine Gratifikationen und Deprivationen durch Innentätigkeiten bedingt. Das Glück wird dem Menschen nicht durch Umstände geliefert; es erwächst ihm aus der Art seiner Auseinandersetzung mit den Bedingungen, die ihm gesetzt sind. Die Fähigkeit, aus den Bedingungen äußerlich wie innerlich etwas zu machen, ist der Filter, durch den die Umstände erst zu subjektiver Wirkung gelangen. Insofern stellen alle Bedingungen innere Aufgaben dar. [...]

Arbeit – Existenzsicherung und Lebenswert: Schlußfolgerungen*

So vielfältig sich die Einstellungen zur Arbeit in den letzten Jahrzehnten verändert haben, so deutlich läßt sich darin ein Muster erkennen: eine Abwertung der Arbeit. Zwar fallen nicht alle Befunde unter diese Formel, und es gibt anscheinend sogar gegenläufige Vorgänge – so Frauen und Jugendliche, die ohne Not in Berufe drängen, oder Führungskräfte, die willig Lasten auf sich nehmen, welche der Frühkapitalismus kaum seinen Arbeitern zuzumuten wagte. Man darf den Befund also nicht voreilig zu einer durchgängigen Verachtung oder Verweigerung der Arbeit vergröbern. Es geht erst einmal um einen inneren Rückzug von der Arbeit, die, ihren Eigenwert verlierend, als bloßes Mittel persönlicher Existenzsicherung übrig zu bleiben droht. Die Entleerung der Arbeit zum Job und die Verketzerung der Leistung zum Leistungsdruck werfen ein Licht auf diese Szene innerer Vergleichgültigung. Die Tugenden, welche bislang Beruf und Leben auszeichneten, sind unverkennbar auf dem Rückzug und durch die Kulturrevolution bereits ihrer öffentlichen Legitimation beraubt.

1. Inwieweit ist die Einstellung zur Arbeit das Ergebnis individueller Meinung?

Dieser Befund hat sich über Jahrzehnte hinweg in allen vergleichbaren Industrieländern verfestigt, stellt also keine Momentaufnahme dar. Und doch fehlen dem Bild die nötigen Konturen, weil Ziel und Dynamik des Vorgangs, sozusagen sein geschichtlicher Ernst offen bleiben. Die Tatsache bleibt so unbestimmt wie ihre Bedeutung. Wie tief und wie weit geht diese Abwertung? Betrifft sie nur die allgemeinen Lebensziele oder beeinträchtigt sie die zur gemeinsamen Existenzsicherung nötige Arbeitsbereitschaft selbst? Was sind die näheren und weiteren Folgen? Wie ist der Vorgang zu bewerten? Und ist er unaufhaltsam oder beeinflußbar? Auf solche Fragen antwortet der Befund nicht, solange

---

* [Anm. d. Hrsg.: Der Beitrag ist ursprünglich nur unter dem Titel „Schlußfolgerungen" erschienen in: Arbeit – Existenzsicherung und Lebenswert. 18. Kolloquium München, 3. – 5. März 1980 (Veröffentlichungen der Walter-Raymond-Stiftung 19), Köln 1981, S. 211–231, und geht auf einen Vortrag aus dem Jahre 1980 auf dem 18. Kolloquium der Walter-Raymond-Stiftung zurück. Der Abdruck erfolgt mit freundlicher Genehmigung der Walter-Raymond-Stiftung und des Wirtschaftsverlags Bachem, Köln.]

man seine Bedeutung nicht bestimmen und seine Ursachen nicht erklären kann.

Das klingt, jedenfalls im Zeitalter der Sozialwissenschaften, einfach genug. Es gibt denn auch viele Erklärungsversuche, darunter manche hilfreiche und treffende Beiträge. Im Ganzen herrschen jedoch bedenkliche Einseitigkeiten vor, welche das Problem eher versperren. Der allgemeine Grund hierfür ist in dem Umstand zu suchen, daß auch unsere Zeit gewisse Vorstellungen vom Charakter der Arbeit hat, die natürlich in die Erklärung des Wandels der Einstellung zur Arbeit einfließen. Man sucht und erkennt eben leicht solche Ursachen, die der (oder einer) herrschenden Auffassung genügen. So fallen die Erklärungen im Ganzen eher einseitig aus, weil sie vorwiegend die Zeitbezogenheiten detaillieren, explizieren, typologisieren.

Da helfen sozialwissenschaftliche Untersuchungen, insbesondere Befragungen, entgegen geläufigem Urteil, kaum weiter. Ihre vieldeutigen Daten besitzen keine Tiefenschärfe, weil sie unvermeidlich die Unbestimmtheit der Situation reproduzieren. Und ihre Verfahren leisten fragwürdigen Annahmen insofern geradezu Vorschub, als eine neutrale Methodologie in die Versuchung führt, geradewegs auf die Phänomene, also auf die Meinungen von Befragten loszu- und deshalb um die Frage herumzugehen, was Arbeit eigentlich sei. Infolgedessen kommen dann bei der Erfassung und Erklärung der Phänomene Zeitbefangenheiten ungehemmt ins Spiel.

In der Zeit befangen ist, wer die geltenden Ordnungen und Auffassungen, anstatt sie in ihrem Wert zu erkennen, für „natürlich" hält, folglich die historischen Ursachen ihrer Entstehung wie die sozialen und kulturellen Ursachen ihrer Erhaltung ausklammert. Eben in diesem Sinn erweist sich die heutige Befassung mit dem Problem der Arbeit als vielfach zeitbefangen, fehlt es doch schon am Bewußtsein der historischen Genese der Auffassung von Arbeit und Leben. Man weiß zwar noch, daß der Kapitalismus für sein Arbeitsethos der Lebensauffassung des radikalen Protestantismus verpflichtet war, veranschlagt dafür jedoch nur noch das religiöse Weltbild, obschon dieses ja erst durch die praktische Umsetzung in eine Erziehung zu einschlägigen Lebenstugenden wirksam wurde, deren Selbstdisziplin selbst dann noch hielt, als der Glaube sich bereits zu verflüchtigen begann. Wir sehen uns dann als die Erben, die nach der Säkularisierung unfähig oder unwillig sind, eine religiös begründete Arbeitsauffassung zu übernehmen.

Tatsächlich jedoch entwickelte bereits das vorige Jahrhundert – wie noch näher zu zeigen sein wird – eine durchaus neue Lebensauffassung, welche für die alten Arbeitstugenden eine ganz säkulare Begründung vorsah. Denn Arbeit sollte nun zum rein menschlichen Werk werden, das, aus der Vernunft entworfen, auch von der Vernunft bejaht werden mußte, weil jeder darin zugleich sich selbst wie den Fortschritt aller verwirklichen sollte. Die Idee trug die Züge eines rationalen und liberalen Individualismus, der die Arbeit nicht länger als Gegebenheit hinzunehmen bereit war, vielmehr ihre vernünftige Einrichtung forderte, die zu beurteilen jedermann überlassen bleiben sollte. Sie bejahte nicht mehr die Arbeit als solche, die sie als Nötigung empfand, sondern nur das vernünftige Werk, das die freudige Bereitschaft zu seiner Erledigung erzeugen sollte. Obgleich man dafür die alten Arbeitstugenden pries, wurden diese nun durch ihre säkulare Legitimation in neue Richtungen gedrängt und an spezifische Bedingungen geknüpft.

Diese säkulare Idee der Arbeit hat sich – über das Wie und Warum später – mit der Zeit durchgesetzt. Im 19. Jahrhundert war denn auch das bürgerliche Arbeitsethos bereits ein Amalgam, das anfangs noch an Kraft gewann, weil es von dem alten wie dem neuen Verständnis der Arbeit getragen wurde. Doch entstand, je mehr sich die rationale Auffassung über die religiöse schob, um diese schließlich zu verdrängen, eine neue Lage. Denn nunmehr war das Urteil über den Wert der Arbeit (und grundsätzlich auch die Gestaltung des eigenen Lebens) einerseits in jedermanns Kompetenz gestellt, andererseits an die Bedingung der Vernünftigkeit des Werks geknüpft. Seither streiten Liberalismus und Sozialismus darüber, wie die Arbeit eingerichtet werden muß, um dieser Bedingung zu genügen; aber seither sind sie auch darüber einig, daß die Arbeit, wenn vernünftig eingerichtet, die nötige Zufriedenheit und Bereitschaft, also die nötigen Arbeitstugenden erzeugt. Der Wert der Arbeit gilt als die Summe der Erfahrungen, welche die einzelnen mit ihrer Arbeit in der Gesamtheit der Umstände machen.

Wir sind die Erben dieser Auffassung von der Arbeit, die sich folgerichtig bei Verlaß auf neutrale Methoden in den Untersuchungen durchsetzt. Das beginnt bereits, wenn die Arbeit vielfach kurzerhand mit ihren Verrichtungen und Bedingungen gleichgesetzt, ihr Wert also als die Zufriedenheit mit diesen Tatsächlichkeiten verstanden wird. Der Geist unserer Zeit steckt schon in der modernen Denkfigur, welche die Arbeit von weiteren Zusammenhängen isoliert, um sie nach dem Schema von Reiz und Reaktion zum Auslöser einer Wertempfindung zu machen. Hat hier das naturalistische Wirklichkeitsverständnis der Wissenschaft Pate gestanden, so kommt die rationale Idee der Arbeit in den näheren Annahmen zum Zuge. So etwa werden erhobene Einstellungen zur Arbeit als individuelle Erfahrungen und Urteile aufgefaßt. Der Verdacht, daß überindividuelle Mächte im Spiel sein könnten, regt sich allenfalls, wenn zur Erklärung alter Arbeitstugenden noch auf Religion oder Erziehung abgehoben wird. Sonst aber scheint man davon auszugehen, daß die Angaben der Befragten aus eigener Erfahrung stammen. Zweifellos entspricht das der über die Lager hinweg herrschenden Vorstellung, daß es jedem anheimgestellt sein müsse, wie er seine Arbeit bewerten will, ja daß solches individuelle Urteil gerade zu fordern ist. Die Befragungen, welche diese individuellen Bewertungen erheben, klassifizieren und summieren, sind insofern der perfekte Ausdruck des rationalen Konzepts der Arbeit, in dem die Einstellungen zur Arbeit als die Summen individueller Bewertungen gelten, die sich, wie man meint, frei aus eigener Erfahrung und eigenem Urteil bilden. Die Untersuchungen folgen diesem Konzept dann auch weiters in der Hoffnung, daß die Arbeit zur allgemeinen Zufriedenheit eingerichtet werden kann, ja sie rechtfertigen sich doch mit der Absicht, jene speziellen Umstände der Arbeit zu entdecken, welche zur Unzufriedenheit Anlaß geben. Auch damit vollstrecken sie nur die

Hoffnung, die Arbeit durch Beseitigung dieser Umstände so zum vernünftigen Werk zu machen, daß jeder selbst ihren Wert erfährt. Kurzum, unsere einschlägigen Betrachtungen setzen gewöhnlich voraus, daß diejenigen Annahmen, die wir mit dem säkularen Konzept der Arbeit geerbt haben, richtig sind.

Aber wenn sie richtig sind, so ist das jedenfalls alles andere als selbstverständlich. Ist jeder einzelne in der Lage, sich aus eigener Kraft ein Urteil über den Wert der Arbeit derart zu bilden, daß es ihn praktisch in Arbeit und Leben trägt? Und kann eine Gesellschaft sich ernsthaft erlauben, die Einstellung zur Arbeit völlig dem individuellen Belieben zu überlassen? Die Geschichte der Arbeit spricht dagegen. Denn alle Gesellschaften haben in kultureller Anstrengung Arbeit und Leben in eine sinn- und werthafte Ordnung gebracht, für deren Aufrechterhaltung Mächte und Autoritäten sorgen mußten. Einstellungen zur Arbeit sind – wie noch zu zeigen sein wird – kein natürliches Produkt, sondern eine kulturelle Überformung der Arbeit, die sich, um zu gelten, zwar im Erlebnis der Arbeit bewähren muß, aber nicht aus dem ungeformten Erlebnis hervorgehen kann. Stets ist die Arbeit eine so elementare Tatsache gewesen, daß sie nach einer Deutung im Ganzen des Lebens verlangte, die der einzelne nicht zu leisten, ohne welche er aber auch mit seinem Leben schwer fertig zu werden vermag.

Davon jedoch ist heute kaum die Rede. Zwar werden die altbürgerlichen Arbeitstugenden bei Vorkommnis oft noch als das Ergebnis von Erziehung und Tradition eingestuft, andere Einstellungen gelten jedoch als freie individuelle Bewertungen der Gegebenheiten. Während überall sonst die „Sozialisation" zur Erklärung des Verhaltens herangezogen wird, scheint es derartige Einflüsse in diesem Bereich gar nicht zu geben. Gewiß entspricht solche Auffassung dem normativen Anspruch unseres säkularen, liberalen und individuellen Verständnisses von Arbeit, aber doch deshalb nicht auch unbedingt den Tatsachen. Denn die prägende Kraft der Verhältnisse, wie mächtig sie auch sein mag, gewinnt ja selbst erst dauernden Einfluß, wenn sie sich in Konzepte übersetzt, die formuliert, vertreten und verbreitet werden können. Unser säkulares Verständnis von Arbeit, welches deren Einschätzung den einzelnen überläßt und zutraut, rechnet auf die starken Triebfedern von Interessen. Aber auf irgendwelche Triebfedern haben auch frühere Auffassungen von Arbeit rechnen müssen, solange sie nicht bloß der Verhüllung von äußeren Zwängen dienten. Und jedenfalls ist auch das moderne Arbeitsverständnis mit seinem liberalen Individualismus nicht stumm aus den Verhältnissen selbst hervorgegangen; es ist vielmehr als eine Lebensanschauung formuliert, durchgesetzt und den Verhältnissen wie den Menschen vielfältig gegen deren Willen auferlegt und anerzogen worden. Wie immer die Verhältnisse oder Interessen das begünstigt haben mögen, stets bleibt zu fragen, welche Mächte diese Lebensanschauung formuliert, legitimiert und getragen haben.

Solchen Fragen ist die Zeit nicht gewogen. Selbst die unterschiedlichen Einschätzungen der Arbeit werden eher auf Interessenlagen als auf erzieherisch weitergegebene Lebensauffassungen zurückgeführt. Und welche Vorstellungen von der Arbeit unsere verschiedenen Bildungsinstitutionen und einschlägigen

Jugendorganisationen vermitteln, das interessiert vielleicht einige Spezialisten, aber anscheinend nicht die Politik und die Wissenschaft. Wenn ausgerechnet eine Industriegesellschaft an einer solchen Bestandsaufnahme nicht interessiert ist, so darf man den Grund wohl in der Überzeugung suchen, daß am Ende die Arbeit ihren Wert aus sich selbst für jedermann erklärt, so wie es das rationale Konzept fordert.

Diese Forderung steht jedoch mit den Tatsachen in einem seltsamen Widerspruch. Denn die gesamte Arbeit ist ja auf so mannigfache Weise organisiert, daß es schon deshalb die verschiedensten Befugnisse geben muß, über sie zu befinden und zu reden. Wer arbeitet, gehört Gewerkschaften oder Verbänden an, die zwar Interessen zur Geltung bringen, aber das ja dauerhaft und wirksam doch nur tun können, wenn sie die tatsächlich divergierenden Interessen ihrer Mitglieder nicht bloß registrieren, sondern interpretieren, um sie nach innen und außen vertreten zu können. Der Grad, in dem das nötig ist, wechselt mit der Art des Verbandes; er läßt sich aber erkennen an dem Maß der (direkten oder indirekten) Schulungsarbeit, die betrieben wird. Damit aber bestehen Autoritäten, die ihren Mitgliedern sagen müssen, was es mit der Arbeit auf sich hat, ihnen also die Muster für die Auslegung ihrer Erfahrung an die Hand geben und ihnen Einstellungen zur Arbeit ansinnen.

Seit mehr als einem Jahrhundert ist ferner die Politik mit der Einrichtung der Arbeit befaßt, gewinnen doch auch die Parteien ihre Anhänger nicht zuletzt durch das, was sie darüber zu sagen haben. Wiederum gilt, daß sie dabei nicht einfach natürlichen Interessen Stimme verleihen, sondern programmatische Vorstellungen und Vorschläge entwickeln, die für viele Wähler ebenso schwer in die Waagschale fallen wie ihre persönlichen Interessen und ihnen vielfach auch erst Muster für die Auslegung ihrer persönlichen Interessen an die Hand geben.

Zweifellos gibt es also auch heute gesellschaftliche Autoritäten, die auf die eine oder andere Weise befugt oder in der Lage sind, durch Wort oder Tat Vorstellungen über Arbeit, ihren Sinn und Wert, zu verbreiten. Unvermeidlich stellt sich die Frage, welche Vorstellungen sie verbreiten und wie wirksam sie das tun. Mit solchem Einfluß nicht zu rechnen, entspricht allerdings dem heutigen Selbstverständnis, nach dem jeder sich im Pluralismus der Deutungsangebote aussucht, was seiner Vernunft und Erfahrung entspricht. Doch darf man daran zweifeln, ob dieses postulierte Marktmodell der Meinungsbildung nun gerade in diesem Bereich zutrifft. Wenn schon am ökonomischen Markt die Transparenz fraglich ist, so wohl erst recht hier. Auch ist es möglich, daß hinter dem Pluralismus doch eine gemeinsame Grundidee der Arbeit und ihres Sinns steht. Schließlich sei wenigstens vermerkt, daß in dem heutigen Selbstverständnis eine Reihe von geschichtlichen Vereinfachungen steckt. Jedenfalls darf man den Unterschied zwischen dem institutionellen Monopol, das die Kirche früher einmal beanspruchen durfte, und dem Pluralismus, der heute durch die Verfassung verbürgt ist, nicht so verstehen, als ob es früher eine Autorität gegeben habe, die nach einheitlichem Willen frei über Meinungen verfügen konnte, heute aber, weil dies nicht mehr möglich sei, auch keine

Autorität mehr existiere. Beides ist unrichtig, so wenig damit natürlich fundamentale Unterschiede in Abrede gestellt werden sollen.

Aus all dem folgt nun, daß man die Befunde über die heutigen Einstellungen zur Arbeit schwerlich deuten kann, ohne die Frage zu stellen, welche diesbezüglichen Vorstellungen denn heute gesellschaftlich produziert werden und welche Mächte daran beteiligt sind. Es ist klar, daß ich diese Frage hier nicht beantworten kann, scheinen doch auch die nötigen Vorarbeiten zu fehlen. Es darf aber vielleicht als eine lohnende Aufgabe gelten zu fragen, wie sich denn sonst in der Geschichte die Einstellungen zur Arbeit gebildet haben und wie denn insbesondere unsere heutige Auffassung entstanden ist, daß solche Einstellungen eigentlich das Produkt individueller Erfahrungen und Bewertungen der tatsächlichen Gegebenheiten seien.

Es ist also das Interesse am Verständnis der Gegenwart, welches zur historischen Betrachtung zwingt. Ohne diese Perspektive reproduzieren die Daten die Vieldeutigkeit der Situation, aus der sie stammen; ohne sie bleibt der Betrachter selbst in der kontroversen Situation befangen, die er objektivieren sollte. Er muß, um seine Zeit verstehen zu können, hinter sie zurückgehen mit der Frage, wie und warum sich denn Einstellungen zur Arbeit bilden und verändern.

2. Arbeit als Verarbeitung des Nötigen

Die Einstellung zur Arbeit ist nämlich nicht eine mechanische Folge von objektiv beschreibbaren Merkmalen, Umständen und Erträgen der Tätigkeit, ansonsten nicht zu erklären wäre, warum einzelne wie Völker der gleichen Arbeit einen sehr verschiedenen Wert beimessen. So weisen die zur Lebensfristung nötigen Verrichtungen in den Ackerbaukulturen keine größeren Unterschiede auf, wohl aber die Auffassungen der verschiedenen Kulturen über Sinn und Wert dieser Tätigkeiten. Und wenn man uns lange nachgesagt hat, daß wir lebten, um zu arbeiten, anstatt es umgekehrt zu halten, so wird darin deutlich, daß Sinn und Wert der Arbeit sich auch bei moderner Wirtschaftsweise nicht hinreichend aus den objektiven Verhältnissen errechnen lassen. Der Mensch bringt zur Arbeit eine Einstellung mit, die, wenn er sie an seiner Arbeit formt, doch nicht rein aus ihr zu entnehmen ist. Sein Arbeiten wird umgekehrt durch eine Einstellung zu dieser Tätigkeit beeinflußt, in der Vorstellungen vom Sinn und Wert des Arbeitens enthalten sind.

Das ist deshalb so, weil Zwang und Mühe der Daseinssicherung zu den elementaren Tatsachen des Lebens gehören, die nicht nur äußerlich erledigt, sondern auch innerlich bewältigt werden müssen. Arbeit tritt zwar als der äußere Zwang des Nötigen entgegen, ohne doch durch diese Einsicht bereits erledigt, geschweige denn bewältigt werden zu können. Denn sie ist ja spezifisch jene geregelte Vorsorge, die bereits vom unmittelbaren Druck der Nötigung wie von der unmittelbaren Aussicht auf Befriedigung akuter Bedürfnisse gelöst ist. Deshalb erfordert sie mehr als Einsicht in das Nötige, nämlich eine Disziplinierung, welche nur durch die Ausbildung der entsprechenden Fertigkeiten, Gewohnheiten und Einstellungen erreicht werden kann.

Ferner nimmt nun die Arbeit im Leben einen so breiten Raum ein und übt darauf einen so durchdringenden Einfluß, daß sich jedem unvermeidlich die Frage aufdrängt, welche Stellung und Bedeutung im Leben dieser Tätigkeit über das Besorgen des Nötigen hinaus zukommt, welchen Lebenswert sie hat und welche Lebensmacht sie ist. Damit aber gerät die Arbeit in den Bereich der Sinnfragen, die sich der Mensch über seine Existenz in einer am Ende rätselhaften Welt immer gestellt hat. In diesem Sinn also ist die Arbeit zwar Einsicht in das Nötige, doch stets mehr, nämlich mit Haltungen und Einstellungen, mit Bedeutung, Wert und Sinn besetzt, die von Weltbild und Lebensauffassung beeinflußt werden.

Von hier aus ergeben sich zwei wichtige Korrekturen landläufiger Vorstellungen von der Geschichte der Arbeit. Es ist nämlich zuerst daran zu erinnern, daß die Arbeit ein kultureller Erwerb, kein natürliches Faktum ist. Gewiß hat man sich stets um den Unterhalt kümmern und plagen, also in diesem Sinn auch wirtschaften und arbeiten müssen, doch hat man diese Anstrengungen anfangs nicht als Arbeit aufgefaßt. Für die Sammler, Wildbeuter, Jäger und Hirtennomaden waren die der Lebensfristung dienenden Tätigkeiten so in ihre Lebensordnung verschlungen, daß sie nicht als ein eigener Bereich ausgegliedert werden konnten. Erst mit dem seßhaften Ackerbau rückte die Arbeit in das Bewußtsein, weil sie nun eine unveränderliche Routine wurde, die weder auf die Antriebe unmittelbarer Bedürfnisbefriedigung noch auf die unmittelbaren Anforderungen wechselnder Situationen rechnen konnte, also der früheren Reize der Überraschung und Bewährung, oft auch des sozialen Zusammenspiels entbehrte, wie sie bei Jägern und Hirten die Sinne und Aufmerksamkeit fordern oder führen. Hier erst mußte die Routine der Lebensfristung ganz aus innerer Disziplin geführt werden, und hier erst wurden die Anstrengungen als äußerer Zwang der Arbeit empfunden, weshalb Jäger und Viehnomaden auch bei Kargheit ihrer Existenz mit Verachtung auf das unfreie Leben der Ackerbauern herabzusehen pflegen. Dahingestellt, ob die Erinnerung an eine solche nomadische Urzeit, wo Mensch und Tier ohne Arbeit zusammenlebten, im Bild vom Garten Eden weiterlebte, so spielte sich wohl im Fluch, den Gott nach dem Sündenfall bei der Vertreibung aus dem Paradies ausspricht, der Übergang zum Ackerbau mit seiner neuen Erfahrung der Arbeit: „Verflucht sei der Acker um Deinetwillen, mit Kummer sollst Du Dich darauf nähren Dein Leben lang ... Im Schweiße Deines Angesichts sollst Du Dein Brot essen, bis daß Du wieder zur Erde werdest, davon Du genommen bist" (1. Buch Moses, Kap. 3, Verse 17 u. 19).

Die Schöpfungsgeschichte zeigt, daß der Mensch die Urtatsache der Arbeit selbst verarbeiten muß. Sie stellt nicht platt den Zwang des Nötigen fest, erhebt ihn vielmehr zum Rang einer verständlichen Ordnung, in die das Dasein gehört, so daß der Mensch seine Arbeit nicht nur hinnehmen muß, sondern auch annehmen kann. Die Bibel führt das mit dem Gedanken aus, daß die Arbeit, zu der der Mensch verflucht wurde, Segen bringt, wenn sie als Gottesdienst getan wird. So war schon vom Alten Testament her eine völlige Abwertung der Arbeit ausgeschlossen und damit der Grund für jene spätere Aufwertung gelegt, die sich in verschiedenen Epochen des Christentums durchsetzte, um dann in das neuzeitliche Arbeitsethos einzugehen.

So einmalig diese Auffassung auch war, haben auch andere Völker nicht bei der Arbeit als dem bloß Nötigen stehen bleiben können. Allerdings hat Arbeit (ausweislich der ursprünglichen Bedeutung von πóνος, labor, travail, arebeit) überall für Not, Mühsal, Plage gestanden. Doch gerade deshalb haben alle Völker verläßliche Arbeitstugenden ausbilden, anerziehen, fordern, kontrollieren und prämiieren müssen. Wenn einzelne Völker sich auf Raub und Beute verließen, so war das nur möglich, weil andere es mit der Arbeit hielten, und wenn gewisse Stände von diesen Pflichten der Arbeit, aber deshalb noch nicht von sozialen Pflichten einer Lebensform freigestellt waren, so pflegte das – den prekären Zwang der Sklaverei einmal beiseitegesetzt – meist nur solange gut zu gehen, wie diese Stände auch soziale Aufgaben übernahmen, die von der äußeren und inneren Friedenssicherung bis zu den geistigen und geistlichen Funktionen reichten, – Tatsachen, die von einer reinen Sozialgeschichte, welche oft nicht einmal über die ökonomischen Umstände hinausblickt, heute beständig übersehen werden. In diesem Sinne haben alle Völker, jeweils im Rahmen ihrer eingelebten Bedürfnisse und Befriedigungen, aus der Not der Arbeit eine Tugend machen müssen, indem sie jene Eigenschaften, Fähigkeiten und Bereitschaften ausbildeten, welche sicherstellen, daß die Last der Arbeit in geregelter vorsorgender Praxis verläßlich erledigt wird. Stets hat gute, also: durch bestimmte Tugenden charakterisierte Arbeit Ansehen verliehen und Selbstbewußtsein gestiftet. Wo die Arbeit ohne solche innere Bereitschaft zum bloß äußeren Zwang wird, da entwickeln sich unvermeidlich praktische Sperren und Widerstände gegen ihre zeit- und sachgerechte Erledigung, die durch bloße Einsicht in ihre Nötigkeit nicht übernommen werden können. Die Geschichte lehrt also, daß die unvermeidliche Mühe um die Lebensfristung stets als eine grundlegende Tatsache des Daseins empfunden worden ist. Arbeit mußte zwar als das Nötige anerkannt, sie konnte jedoch nicht platt als das bloß Nötige hingenommen werden. Um praktisch erledigt und um existentiell bewältigt zu werden, bedurfte die Arbeit selbst der Verarbeitung. Das Nötige zwingt zu der Frage, was getan werden muß, um die Existenz zu sichern. Doch das Nötige kann nur getan werden, wenn es eine Antwort auf die weitere Frage gibt, was solches Tun im Ganzen des Lebens bedeutet.

Daraus folgen nun einige grundsätzliche Einsichten, welche in den gegenwärtigen Erörterungen nicht immer hinreichend beachtet werden. Es folgt nämlich einmal, daß keine Wirtschaftsweise allein auf die Einsicht in das Nötige gegründet war, vielmehr stets einer Kultur der zu dessen Erledigung erforderlichen praktischen Tugenden und weiters einer Bestimmung des Lebenswertes einer an diesen Tugenden orientierten Arbeit bedurfte.

Und es folgt nun zweitens, daß die Einstellung zur Arbeit kein reines Produkt der objektiven Eigenschaften der Arbeit ist. Als menschliche Realität ist Arbeit durch objektive Beschreibung der jeweiligen Tätigkeit und ihrer jeweiligen

Umstände und Bedingungen nicht hinreichend zu erfassen. Die wirkliche Arbeit in ihren objektiven Eigenschaften, ist bereits ein Produkt von Einstellungen zur Arbeit, die ihrerseits nicht bloßes Produkt der Arbeit sind. Die Geschichte der Arbeit läßt sich demnach nicht auf eine Geschichte der objektiven Tätigkeiten, Umstände und Verhältnisse der Arbeit reduzieren, so wichtig diese auch immer sein mögen und gewiß auch gewesen sind. Wert, Sinn und Bedeutung der Arbeit ergeben sich nicht schon aus dem objektiven Charakter der Arbeit. Sie bleibt eine Tatsache des Bewußtseins, die sich erst aus der Deutung der Arbeit im Zusammenhang des ganzen Daseins, also aus grundlegenden Lebensverständnissen ergibt. Als menschliche und gesellschaftliche Wirklichkeit geht die Arbeit stets über das technisch und wirtschaftlich Nötige hinaus, weil sie stets eingefaßt werden muß in die Lebens- und Weltdeutung.

3. Zur Entstehung und Bedeutung des bürgerlichen Arbeitsethos

Nur weil der Wert der Arbeit nicht durch den Charakter der Arbeit bestimmt wird, läßt sich denn auch verstehen, warum sich in Israel eine Auffassung entwickeln konnte, welche die Mühe der Arbeit in der Vorstellung aufhob, daß die Arbeit, um gottgefällig und segensreich zu sein, als Gebot Gottes auszuführen sei. Diese Idee einer Pflicht zur Arbeit hat sich im Christentum in wechselnden Formen und mit wichtigen Einschränkungen, welche den geistlichen und geistigen Stand, überhaupt die Armut und den Weltverzicht betrafen, durchgehalten, um dann in den reformatorischen Bewegungen erneut zu der Vorstellung radikalisiert zu werden, daß, wer nicht arbeite, auch nicht essen solle. Die Kehrseite dieser Polemik gegen das arbeitsfreie Leben der Mönche und des Adels, das nun nicht mehr als löbliche Muße, sondern als unbrüderlicher und sündhafter Müßiggang angesehen wurde, war jenes bürgerliche Arbeitsethos, das sich nun durchzusetzen begann.

Wie sich das des Näheren vollzogen hat, darf hier beiseite bleiben. Fest steht jedoch, daß sich die moderne Wirtschaftsweise ohne jene spezifisch bürgerlichen Tugenden, welche der Arbeit einen durchgängigen Lebenswert beimaßen, gar nicht hätte entwickeln können. Waren schon alle früheren Wirtschaftsformen auf eine Kultur der Arbeitstugenden angewiesen, so erst recht die industrielle, eben auf der *industria*, dem Fleiß, errichtete Gesellschaft, welche sogar die wissenschaftlichen Erkenntnisse ohne die wachsende wirtschaftliche Produktivität nicht in allgemeine, und nicht bloß wirtschaftliche Daseinsverbesserungen hätte umsetzen können. Und diese Entwicklung der wirtschaftlichen Produktivität zog ihre Kraft aus ungewöhnlichen Bereitschaften, welche quer durch die Berufe und Stände in der Überzeugung erbracht wurden, daß die Arbeit einen über die pflichtmäßige Sorge für das Nötige hinausgehenden Wert für die Lebensführung besitze. Der Mehrwert der Arbeit, auf dem unsere Gesellschaft errichtet wurde, bildete sich, als die aus der christlichen Überlieferung stammende qualifizierte Bejahung der Arbeit im Rahmen eingelebter Bedürfnisse und standesmäßiger Pflichten zu einem unbedingten

Kanon von Tugenden von Fleiß, Ausdauer, Disziplin, Sorgfalt, Leistung, Ordnung verselbständigt wurde, der zugleich Ansporn für die Arbeit und Mäßigung für das Leben vorschrieb.

Es ist eben die moderne Wirtschaftsweise nicht zufällig in der westlichen Kultur, und nur hier entstand sie, und nicht etwa deshalb, weil sich allein hier die nötigen wirtschaftlichen Voraussetzungen herausgebildet hatten, sondern eben deshalb, weil sich allein hier jene Arbeitsgesinnung entwickelt hatte, welche zu den entsprechenden Arbeitsbedingungen hinzutreten mußte, damit diese neue Wirtschaftsweise entstehen konnte, die an diese Arbeitsgesinnungen und nicht nur an die Arbeitsbedingungen gebunden bleibt. Bei ihrer weltweiten Ausbreitung hatte sie denn auch eher mit dem Mangel der nötigen Arbeitsgesinnungen, als mit dem Mangel der erforderlichen Arbeitsbedingungen zu kämpfen, wie noch heute in den Entwicklungsländern.

Bei dieser Genese unserer Gesellschaft stellt sich nun in der Tat die Frage, ob die Existenzsicherung auf dem Niveau gestiegener Leistungsanforderungen und -erwartungen gewährleistet ist, wenn das Leben nicht mehr an solchen Tugenden orientiert und die Arbeit zum bloßen Mittel, wo nicht verhaßten Zwang entwertet wird. Die Berechtigung dieser Sorge läßt sich in diesem Ausmaß jedoch nur dann abschätzen, wenn es gelingt, den gegenwärtigen Rückzug von der Arbeit richtig zu deuten. Ihre nötige Bestimmtheit gewinnen die bekannten Veränderungen eben nur dann, wenn man ihre Ursachen kennt. Vor jeder Therapie kommt die Diagnose, die, wie die Dinge liegen, nicht allein durch Ermittlung weiterer Gegenwartsbefunde zu bewerkstelligen ist, welche die Frage nach historischen Ursachen offen lassen müssen, um die Erklärung in den gegenwärtigen Verhältnissen der Arbeit zu suchen.

Eine solche Betrachtung übersieht, daß die moderne Wirtschaftsweise zwar auf die bürgerlichen Tugenden gegründet war, diese jedoch bereits im vorigen Jahrhundert in einem neuen Konzept der rationalen Arbeit umgedeutet wurden, als nach einer rein säkularen Legitimation gesucht wurde, welche die Arbeit vom Zwang des Nötigen befreien und zur vernünftigen Selbstverwirklichung des Menschen machen sollte. Von dieser folgenträchtigen Entwicklung muß nun die Rede sein.

4. Vom Lebenswert der Arbeit zum rationalen Werk der Arbeit

Das heutige System von Technik, Wirtschaft und Arbeit hat sich nämlich in (aber nicht notwendig auch allein aus) der Überzeugung herausgebildet, für die dem Menschen durch seine Bedürftigkeit gestellten Aufgaben die einzig vernünftige Lösung anzubieten. Ausdruck hierfür war das Selbstbewußtsein, daß man nicht irgendeinen Fortschritt bewerkstellige, sondern den Fortschritt selbst auf Dauer gestellt habe. Dabei schien das Ziel – die stetige Verbesserung der Befriedigung der Bedürfnisse – wie auch das Mittel – die rationale Gestaltung der Arbeit mittels Technik zwecks Produktivitätssteigerung – so selbstverständlich, daß alle Einsprüche sich als unvernünftiger Traditionalismus oder reaktionäres Interesse von selbst disqualifizierten. In diesem Programm, den Menschen durch Nutzung der Wissenschaft aus den Zwängen der Natur zu befreien, fanden sich denn auch Liberalismus und Kommunismus völlig einig, so erbittert sie auch über die rechtlichen Formen der Arbeit und die soziale Verteilung ihres Ertrags stritten. Irgendwelche Bedenken gegen die konsequente Rationalität der Produktivitätssteigerung durch Technik, der Organisation der Wirtschaft und der Gestaltung der Arbeit, wie sie die neue Linke heute vertritt, lagen Marx völlig fern, der nicht anders als die Vertreter des Liberalismus gerade auf den „wissenschaftlichen" Charakter der Arbeit setzte. Seine Behauptung, daß das Reich der Notwendigkeit nun zum Reich der Freiheit würde, bildete Figur mit der liberalen Feststellung, daß die freie Arbeit nunmehr als heilig gelten müsse. Man war kurzum davon überzeugt, daß die Arbeit durch die rationale Einrichtung mittels Wissenschaft den Charakter des Nötigen verlieren würde, weil der Mensch in ihr sich als Meister der Natur selbst verwirkliche.

Damit aber war eine rein säkulare Rechtfertigung gefunden, welche der Arbeit eine neue Bedeutung verlieh, weil sie nun aus der eigenen Vernunft geboren und in den Dienst eines Fortschritts als eines Menschheitswerks gestellt war, in dem die äußeren Verbesserungen nur die Voraussetzungen für jene Selbstverwicklichung schaffen sollten, die man ineins im Leben wie in der Arbeit erwartete. Und nicht bloß die Hoffnung auf sinkende Arbeitszeit und wachsenden Arbeitsertrag inspirierte diesen, die politischen Lager übergreifenden Glauben an den Fortschritt, der seine ansteckende Kraft vielmehr aus einer Vision zog, welche den Menschen durchaus über den Alltag zu erheben versprach. Es war der die feindlichen Brüder des Fortschritts verbindende Glaube, daß die Arbeit durch rationale Einrichtung zunehmend zum eigenen Werk aus freier Vernunft und untrennbar mit der Erfüllung des Lebens verbunden sein werde.

So nahm der Gedanke der rationalen Einrichtung der Arbeit und der Wirtschaft in der neuen Fortschrittsreligion des 19. Jahrhunderts eine zentrale Stelle ein. Über die älteren, aus der christlichen Tradition geformten Arbeitstugenden schob sich nun eine Auffassung, welche die Arbeit ihrer Mühsal und, radikaler noch: ihres Zwangs zu entkleiden, also letztlich eines fernen Tages zur Freude zu machen versprach. Die unterschiedlichen Auffassungen über die für diese Entwicklungen nötigen politischen Bedingungen beiseitegesetzt, konnte es hier einen Zweifel am Lebenswert der Arbeit, zu schweigen von der Arbeitsbereitschaft, gar nicht geben. Denn was die Arbeit noch an Mühsal und Zwang enthielt, war schon aufgehoben in dem Bewußtsein, an einer anderen Zukunft mitzuarbeiten. In unübersichtlichen Mischungen flossen, was hier nur erwähnt werden kann, nun die alten Bürgertugenden mit dem neuen, säkularen Evangelium der Arbeit zusammen, welches die Arbeit als reinen Selbstvollzug zum Leben, wie umgekehrt das Leben zum ständigen Selbstvollzug machen wollte.

Man mag sich darüber streiten, ob diese im Gedanken des Fortschritts zusammengeschlossenen Auffassungen sozusagen dem Geist der Zeit entsprachen, oder ob sie diesen erst machen. Man sollte sich aber nicht über die Wirksamkeit dieser Vorstellungen täuschen, waren doch sogar die jeweiligen politischen und wirtschaftlichen Auseinandersetzungen von ihnen umstellt. Die „Poetisierung" der Technik durch bürgerliche, liberale oder sozialistische Intellektuelle, Literaten und Architekten, die noch jetzt im „sozialistischen Realismus" weltweit fortgesetzt wird, symbolisierte die Faszination der Zeit mit der Erhebung der Arbeit zum freien Selbstvollzug. In den Dokumenten der Arbeiterbildungsvereine, den Programmen und Äußerungen der Sozialdemokratie, in den phantastischen Träumen des Bolschewismus von einer alle Zeiten in den Schatten stellenden sofortigen Blüte der proletarischen Kultur wurde der materielle Fortschritt ebenso an die Erwartung einer neuen Lebenskultur gebunden wie in den liberalen Hoffnungen, daß die Arbeiter sich in die Bildungstradition eingliedern würden. Vollends Gemeingut aber war die Überzeugung, daß das System rationaler Arbeit aus sich selbst heraus die nötige Arbeitsbereitschaft erzeugen werde. Fassungslos stand der Europäer den Widerständen gegenüber, welche sich der globalen Verbreitung der Wissenschaft, mit ihr der rationalen Wirtschaft und der entsprechenden Arbeits- und Lebenshaltungen in dem Rest der Welt, und besonders in den Kolonien in den Weg stellten. Der grundsätzlich humanitäre und missionarische Auftrag der rationalen Kultur Europas wurde von keiner Partei bestritten, so laut die wechselseitigen Verdächtigungen waren, die Pflicht in den Dienst jeweiliger Interessen zu stellen. Einigkeit herrschte denn auch darüber, daß jene Widerstände das Ergebnis der durch Aufklärung zu überwindenden Dummheit, Faulheit und Rückständigkeit waren.

Unmerklich war damit der überlieferten, ursprünglich religiös begründeten Wertschätzung der Arbeit, mochte sie auch noch mächtig weiterwirken, der Boden entzogen. Denn indem man die Arbeit nicht mehr als eine dem Menschen auferlegte Aufgabe begreifen, sondern sie ganz zum freien Vollzug seiner Vernunft machen wollte, konnte es keine anderen Arbeitspflichten und -tugenden mehr geben, als jene, die jeder im System der Arbeit zu entdecken vermochte. Die neue Religion der Arbeit war somit in jedermanns Hand gegeben, derweil ihre Auslegung nun jenen zufallen mußte, welche das System rationaler Arbeit im Sinn des versprochenen Fortschritts einzurichten oder zu beurteilen legitimiert erschienen.

Dieses neue Konzept, das so radikal mit der christlichen, ja gar mit der menschheitsgeschichtlichen Überlieferung vom Zwang des Nötigen brach, entsprang eher der Logik der Aufklärung als der (späteren!) wirtschaftlichen, industriellen und technischen Entwicklung. Es zielte auf anthropologische und kulturelle, nicht auf ökonomische Tatbestände. Und es stammte ursprünglich von einer Intelligenz, die keinerlei Verhältnis zur, ja nicht einmal ein Interesse an der Wirklichkeit besaß. Es war eher ein Ergebnis der Deutung, und nicht der Veränderung der Arbeit. Denn unter dem Druck der Aufklärung, die alle Überlieferung mit der Forderung nach völliger Rationalität verwarf, war auch der Zwang des Nötigen zur empörenden Einschränkung der Freiheit geworden, so daß eine neue Legitimation der Arbeit nötig wurde, die nur auf die Forderung nach ihrer völligen Vernünftigkeit hinauslaufen konnte. Schon 1796 hatte Fichte verlangt, die Arbeit solle „immer durchschaubarer und durchsichtiger" werden, sie müsse „aufhören, Last zu sein; – denn das vernünftige Wesen ist nicht zum Lastträger bestimmt". Ähnlich hieß es 1799 bei Schleiermacher: „Jetzt seufzen Millionen von Menschen beider Geschlechter aller Stände unter dem Druck mechanischer und unwürdiger Arbeiten ... Das hoffen wir von der Vollendung der Wissenschaften und Künste, daß sie uns diese toten Kräfte werden dienstbar machen, daß sie die körperliche Welt, und alles von der geistigen, was sich regieren läßt, in ein Zauberschloß verwandeln werde, wo der Gott der Erde nur ein magisches Wort auszusprechen, nur eine Feder zu drücken braucht, wenn geschehen soll, was er gebeut. Dann erst wird jeder Mensch ein Freigeborener sein, dann ist jedes Leben praktisch und beschaulich zugleich." So lag der Keim für eine – jedenfalls scheinbar – rein säkulare Legitimation der Arbeit bereit, welche deren Umwandlung in ein reines Werk der Vernunft fordern mußte. Liberalismus und Sozialismus haben später diese Forderung in ihre Lehren vom Fortschrittsversprechen der Wirtschaft einge-arbeitet, aber sie haben sie nicht erfunden.

In jedem Fall war mit diesem Konzept – was die Legitimation der Arbeit angeht – eine völlig neue Lage entstanden, weil der Wert der Arbeit nun rein rational aus ihr selbst entwickelt werden sollte, folglich die Zuständigkeit für die Deutung der Arbeit auch an eine säkulare Intelligenz übergehen mußte, der die Arbeit einerseits, als Zwang des Nötigen, zum Joch der Entfremdung geworden war, für das es keine Rechtfertigung gab, und andererseits, als ver-nünftiges Werk im Dienst des Fortschritts, eben Selbstverwirklichung sein sollte, die keiner weiteren Rechtfertigung bedurfte. Einen Wert konnte sie alsdann nur aus ihrer Transformation in ein ganz durch Vernunft bestimmtes und rein auf den Fortschritt gerichtetes Werk gewinnen. Jede Deutung der Arbeit als Lebenswert war unmöglich geworden. Vielmehr hieß Deutung der Arbeit nun entweder: Nachweis ihrer vernünftigen Einrichtung oder: Nachweis ihrer Fortschrittsdienlichkeit. Auf diesen beiden Linien haben sich seither alle neuen Bemühungen bewegt.

Es wurden nämlich zum einen die Wissenschaften nacheinander aufgeboten, um die Arbeit technisch, ökonomisch, organisatorisch, physiologisch, medi-zinisch, psychologisch, betrieblich, soziologisch rational zu gestalten, damit der Mensch sie als sein freies Werk übernehmen könne. Daraus sind die ver-schiedensten Disziplinen, Einrichtungen und Programme hervorgegangen, dar-unter ebensowohl das Akkord- und Fließbandsystem und der Taylorismus wie die Human Relations oder neuerdings die Mitbestimmung und die Humani-sierung der Arbeitswelt. Einig in der Absicht, die Arbeit zum vernünftigen Werk zu machen, zogen diese Entwicklungen doch in verschiedener Richtung, weil alle Arbeit eben unter einer Vielzahl divergierender Gesichtspunkte „ra-tionalisiert" werden kann. So unvereinbar diese Anstrengungen auch sind, so gemeinsam ist ihnen die Überzeugung, daß der Mensch den Wert seiner Arbeit aus dieser selbst, also aus der Art seiner Tätigkeit, den technischen, physischen, psychischen, rechtlichen und sozialen Bedingungen, der Arbeitszeit und dem

Arbeitsertrag entnehmen solle. Und da die Arbeit, so wie sie eben ist, zu jedem einzelnen für oder gegen sich selbst sprechen soll, braucht man, ja darf man nicht über den Wert der Arbeit, sondern nur über deren Einrichtung sprechen. Alle Deutung der Arbeit, die nach ihrem Lebenswert fragt, ist hier von vornherein ausgeschlossen. Die Arbeitsbereitschaft, soweit sie nicht schmachvoller Zwang des Nötigen ist, wird zum Ergebnis der Arbeitsbedingungen, wie sie auf jeden einzelnen einwirken; sie läßt sich durch vernünftige Einrichtung dieser Bedingungen erzeugen.

Allerdings stand nun diese Forderung nach freier vernünftiger Arbeit in hartem Widerspruch zur Wirklichkeit, gegen die man, wie die Ludditen mit ihrem Maschinensturm oder wie Paul Lafargue, Karl Marx' Schwiegersohn, mit seinem Recht auf Faulheit anrennen konnte. Erfolgreich aber waren jene Bewegungen, welche den Widerspruch durch den Fortschritt zu überbrücken versuchten. Die Liberalen und die Sozialisten fanden sich mit dem übrigen progressiven Bürgertum einig in der Überzeugung, daß jeder die jetzige Last der Arbeit auf sich nehmen müsse, damit später einmal daraus die freie Lust der Arbeit werde. Hier fiel das neue Konzept der Arbeit praktisch mit der bürgerlichen Arbeitsmoral, die auf anderem Boden gewachsen war, zusammen. Auf beiden Seiten wurde der Zwang des Nötigen zur inneren Pflicht erhoben, die hier letztlich dem Seelenheil in einer anderen, dort dem zukünftigen Glück in dieser Welt diente. So ruhte die Religion der Arbeit, zu der sich das 19. Jahrhundert bekannte, auf sehr verschiedenen Fundamenten. In der säkularen Theologie des Fortschritts wiederholte sich damit jene Paradoxie, welche auf andere Weise schon den Erlösungsreligionen zu schaffen gemacht hatte, entstand doch nun die Frage, aus welchen Gründen die Lebenden eine Last auf sich nehmen sollten, um damit bloß Späteren zu dienen. Denn auch hier wurde ja den Lebenden eine Mehrarbeit im Dienste des allgemeinen Fortschritts abverlangt, der ihnen einen Verzicht auf sonst verfügbare Glücksgüter auferlegte. Sie sollten, kurz gesagt, mehr arbeiten als nötig, auf daß einmal Spätere nicht mehr zu arbeiten brauchten. Und sie sollten im Dienst dieses Werks mit Eifer und Bereitschaft arbeiten.

Die Kraft einer solchen im Dienst einer gemeinsamen Zukunft zu leistenden Arbeit mußte dann auch davon abhängen, inwieweit die einzelnen die Arbeit als ein gemeinsames Werk verstehen und sich denen verbunden fühlen konnten, die erst nach ihnen in das Werk eintreten würden. Für die Intelligenz, einschließlich der Arbeiterintelligenz, mochte schon der Gedanke, am großen Werk der Erlösung und Bestimmung der Menschheit zu bauen, diese Kraft besitzen. Überwiegend jedoch setzte die Idee erst insoweit Bereitschaft frei, wie die einzelnen sich tatsächlich miteinander verbunden fühlten. Die Arbeitstugenden haben sich deshalb in hohem Maße aus sozialen Identitäten genährt. Wer noch für seine Kinder und Enkel, wer noch für Volk und Nation oder wer denn auch für seine Gruppe oder Klasse arbeitete, der war zu Anstrengung und Disziplin bereit, die er sich sonst nicht auferlegt hätte. Die Geschichte hat unmißverständlich gezeigt, zu welchen außergewöhnlichen Leistungen die „sozialistische" oder die „nationale Arbeit" selbst unter widrigsten

Umständen führen konnten. Wo es am Gefühl sozialer Zugehörigkeit ganz fehlte, da mußte folglich der Arbeitswille herabsinken auf das, was der einzelne für sich brauchte oder an Vorteil gewinnen konnte.

Wenn der Fortschritt vom Joch der Arbeit befreien sollte, dann bedurfte es schließlich auch einer Idee von dem Leben, das dadurch möglich werden sollte, andernfalls die Befreiung vom Zwang des Nötigen allenfalls den Wert brüderlichen Mitleids und äußerer Annehmlichkeiten gehabt hätte. Der Zwang des Nötigen sollte ja aufgehoben werden, weil er die Möglichkeit einer würdigen Existenz in Selbstverwirklichung beschnitt. Der Fortschritt sollte jenem wahren Leben dienen, in dem der Mensch seinen höheren Zwecken folgen konnte. Von dieser Hoffnung war der Fortschrittsglaube quer durch seine verschiedenen Lager überall inspiriert. Hinter ihm stand, wie früher schon gezeigt, eine Kulturidee der Lebenserfüllung und des Lebenssinns, die sich nicht mit der Verbesserung der äußeren Daseinsumstände und dem Gewinn an persönlicher Freizügigkeit begnügte.

So trat mit der Intelligenz bereits früh im 19. Jahrhundert eine Gegenmacht auf, welche in der Arbeit nicht mehr einen dauernden und grundlegenden Lebenswert fand, den sie vielmehr in dem auf die Abschaffung der unfreiwilligen Arbeit gerichteten Fortschritt suchte. Mochten auch beide Auffassungen anfänglich der gleichen Leistungsbereitschaft zugute kommen, so war die neue Fortschrittsreligion doch letztlich mit den älteren Überzeugungen nicht vereinbar.

5. Die Folgen

Die rationale Auffassung der Arbeit hat sich am Ende durchgesetzt, freilich auf sehr verschlungenen Wegen.

a) Indem die Einrichtung der Arbeit zum dauernden Problem und Gegenstand öffentlicher Auseinandersetzungen wurde, verschoben sich alle Kompetenzen und Autoritäten. Es kamen nun die neuen hierfür zuständigen Stellen und Gruppen zu Wort, welche unter den Zwängen der rationalen Gestaltung und politischen Auseinandersetzung für Fragen nach dem Lebenswert der Arbeit schwerlich einen öffentlichen Platz finden konnten. So setzte sich eine rationale Auffassung durch, die sich rein an der Arbeit selbst orientieren mußte. Von Politikern, Gewerkschaftlern, Unternehmen, Parteien und Verbänden übernommen, hat diese Auffassung stetig auf die Bevölkerung gewirkt, sei es auch nur durch das Erlebnis der unaufhörlichen Bemühungen, die Arbeit technisch, wirtschaftlich, psychologisch, sozial, politisch, human einzurichten. Sie eben sind ja die praktische Ausführung des Grundsatzes, daß die Arbeit nur als vernünftiges Werk Sinn haben kann und sich eigentlich am Ende selbst abschaffen müßte.

b) Der Glaube an einen Lebenswert der Arbeit mußte dann bloß aus der Kraft überlieferter Lebensanschauung und deren Bestätigung im sozialen Verkehr leben. Dem aber hat die Entwicklung überall entgegengewirkt. Zunehmend wurde ja die Arbeit vom sozialen Leben abgetrennt, wo Arbeitstugenden immer weniger sichtbar wurden und immer weniger zählten. Sie konnten aber auch im Arbeitsleben immer weniger honoriert werden, weil bei gegebener Organisation eingeschulte und abrufbare Fertigkeiten und unpersönliche Zeugnisse den Qualitäten der persönlichen Arbeitseinstellungen den Rang abzulaufen begannen. Insoweit entspricht die Abwertung der Arbeit den tatsächlichen Erfahrungen über den sozialen Wert der Arbeitseinstellungen. Hinzu kommt, daß die rationale Organisation der Tätigkeiten vielfach zu einer Monotonie führt, welche eine Disziplin erfordert, die nicht mehr durch den Reiz des Könnens und das Erlebnis der Leistung belebt wird.

c) Aus realsoziologischen und ideologischen Gründen hat die Entwicklung zu einer Auflösung sozialer Identitäten geführt. Nicht mehr in der Kette von Generationen, in der Verbindung mit einer Nation oder der Tradition einer Kultur sieht sich der Mensch heute. In diesem Zustand einer sozialen Amorphie schrumpft die Bedeutung der Arbeit auf das ein, was sie dem einzelnen selbst und jetzt einträgt.

d) Die auf den Fortschritt gebaute Arbeitsbereitschaft motivierte sich unmittelbar durch die Hoffnung auf eine Verbesserung der Lebensumstände, war aber doch letztlich auf die Erwartung einer Erfüllung im Leben angewiesen, die gerade bei laufender Verbesserung der Lebenslagen steigend zum Zuge kommen mußte. Dafür bot die Gesellschaft vordem das Vorbild der Bildungsschicht an. Über eine solche durch ihren Lebensstil repräsentative Schicht verfügt die heutige Gesellschaft nicht mehr. Als Lebensform, für die sich zu arbeiten lohnt, bleibt dann nur die Freizeit, die aber selbst nicht geeignet ist, Arbeitstugenden zu entwickeln und die Arbeit als einen Wert zu schätzen. Schwerlich läßt sich übersehen, daß die öffentliche Kultur heute die Freizeit als Lebensvorbild darstellt, in der nicht Arbeit, Leistung und Lebensführung, sondern Unterhaltung und Konsum gepriesen werden.

e) Nicht zu vergessen ist schließlich, daß das ausgebaute System der sozialen und kollektiven Sicherung, zumal in Verbindung mit naiven Hoffnungen auf die Wunder der Technik und Wissenschaft, das Bewußtsein für die Arbeit als das Nötige mindert und dadurch eine neue Lage für die Einstellung zur Arbeit schafft.

Die Musik zwischen europäischer Kultur und globaler Zivilisation[*]

Vorbemerkung

Der (unveränderte) Text soll an den bedeutenden Einfluß erinnern, den die Musik auf Gesellschaft, Kultur und Geschichte auszuüben vermag. Er führt deshalb einen Kreis von Tatsachen und Problemen vor, die der heutigen Musiksoziologie fremd geworden sind.

1. Es sollte anhand von Beispielen illustriert werden, wie die Musik in ihrer jeweiligen Eigenart nicht nur durch ihre eigene Gesellschaft und Kultur bedingt ist, sondern beide auch ihrerseits mitgestaltet. Heute wird diese geschichtliche Macht der Musik etwa an der internationalen Jugendkultur sichtbar, die sich um Jazz, Rock usw. gruppiert.

2. Das führt auf die Frage, durch welche außermusikalischen Bedeutungen die Musik ihre Macht gewinnt. Auf eine systematische Antwort mußte schon aus Raumgründen verzichtet werden. Nur so viel soll gezeigt werden, daß es hierfür einer anthropologischen Perspektive bedarf, die dem menschlichen Handeln auf den Grund geht. Eine solche Betrachtung verlangt, die Musik wieder mehr im Rahmen einer vergleichenden Kunstästhetik zu erwägen.

3. Im Vordergrund jedoch stehen die globalen Vorgänge der Begegnung, Wanderung, Ausbreitung, Konkurrenz, Veränderung, Vermischung, Verdrängung oder Vernichtung von „national" geprägten Musiken. Beachtet man die Bedeutung, die die Musik in ihrer Eigenart jeweils für die Gestaltung ihrer Kultur und damit für den Gang der Geschichte besitzt, dann wird klar, daß die globale Begegnung aller (man muß sagen:) „Musiken" ein nicht nur musikgeschichtlicher, sondern auch kulturgeschichtlicher Vorgang ist, weil er über Fortgang und Fortbestand der verschiedenen Kulturen mitbestimmen wird.

* * *

Der Pluralismus des heutigen Musiklebens sprengt nachgerade die überkommene Zweiteilung in „ernste" und „unterhaltende" Musik. Das gängige Schema war ein charakteristisches Ergebnis der europäischen Musikkultur und paßt

* [Anm. d. Hrsg.: Der Beitrag ist ursprünglich erschienen in „Annali di Sociologia/Soziologisches Jahrbuch" 5 (1989) Bd. I, S. 21–32. Der Abdruck erfolgt mit freundlicher Genehmigung des Verlages Duncker & Humblot, Berlin.]

deshalb kaum auf die „exotischen" Musiken, denen diese Polarität meist ganz fremd blieb. Hier zeigt sich eine Grenze aller Versuche, die Musikbestände mittels rein musikalischer Begriffe kulturunabhängig zu erfassen und zu ordnen. Es beansprucht die Tatsache ihr Recht, daß alle Musik in der Regel als charakteristisches Produkt ihrer Kultur entsteht und charakteristische Züge ihrer Kultur sowohl prägt wie ausdrückt. Dieser Zusammenhang zwischen Musik und Kultur, der zu wenig beachtet wird, soll hier anhand des heutigen Pluralismus der Musiken dargestellt und in seiner Bedeutung für Kultur und Musik erläutert werden.

Der Grundbefund ist dieser: Es konkurrieren heute nicht mehr nur verschiedene Musikarten einer Kultur miteinander, wie die überkommene Zweiteilung suggeriert; es konkurrieren vielmehr die Musiken verschiedener Kulturen miteinander. Dies jedenfalls ist das eigentlich Neue, das unsere spezifische Lage charakterisiert.

Nun hat es solche Konkurrenz zeitweilig auch früher gegeben, wenn Musik aus einer fremden Kultur willig entlehnt oder von dieser beharrlich verbreitet und aufgedrängt wurde, was oft zur Bereicherung, aber auch zur Überfremdung, ja sogar zum Verlust der eigenen Musik führen konnte. Doch das blieben Einzelfälle gegenüber der Regel, daß jede Kultur selbständig ihre eigene Musik ausbildete. Zumindest ist die Geschichte der Musik von den Kulturen geschrieben worden, die kraft ihrer Autonomie eine charakteristisch eigene Musik schufen. Wir hingegen leben im Zeitalter der Globalisierung, das an jedem Ort die Musiken aller Kulturen präsentiert und konfrontiert. Die musikalische Konfrontation der Kulturen zeichnet sich als globaler Totalvorgang ab. Wie ist diese Lage zustande gekommen? Was hat sie, einerseits für die Musik, andererseits für die Kultur, zu bedeuten?

Zur Beantwortung dieser Fragen beginne ich mit einigen grundsätzlichen Ausführungen über das Verhältnis von Musik und Kultur, erörtere dann die Entstehung dieses globalen Pluralismus und schließe mit summarischen Folgerungen.

1. Über den Zusammenhang von Musik und Kultur

Daß er ein soziales Wesen ist, teilt der Mensch mit den meisten Tieren. Doch spezifisch ist er ein Kulturwesen, das nicht nach angeborenen Verhaltensschemata handelt, sondern nach sinn- und werthaften Bedeutungen, die er selbst schaffen muß. Deshalb gestaltet sich sein Zusammenleben konkret in der charakteristischen Bedeutungswelt einer besonderen, seiner eigenen Kultur und verwirklicht sich daher generell in einer Vielfalt verschiedener Kulturen.

Auch die Musik ist eine kulturelle Schöpfung, also objektiv eine kulturgebundene und kulturgestaltende Auswahl aus der Gesamtheit der rein musikalischen Möglichkeiten. *Als kulturelle Schöpfung ist sie unvermeidlich auch Träger von außermusikalischen Bedeutungen.* Diese werden faßlich, wo sich die Musik mit dem Wort, dem Bild oder dem Gestus verbindet oder sonstwie auf besondere Handlungen (Tanz, Marsch u.ä.) oder Situationen (Feier, Gottesdienst u.a.) mit ihren charakteristischen Stimmungen, Gefühlen, Einstellungen und Haltungen zugeschnitten ist. Aber auch rein für sich ist die Musik mit Bedeutungen behaftet durch die Klangqualität ihrer Töne und deren Beziehungen im Tonwerk (Melodie, Harmonie, Rhythmus). *Diese Bedeutungen sind zwar wenig faßlich, häufig auch mehrwertig oder unbestimmt, dennoch aber (ja teils gerade deswegen) handlungswirksam und kulturbedeutend.* Das erfordert eine Erläuterung, die sich auf breites empirisches Material gründet, aber hier auf Grundsätzliches beschränken muß.

Alles Handeln ruht auf körperlichen Befindlichkeiten, deren Tonus wir selbst als unseren jeweiligen oder gar habituellen Zustand empfinden und mit zahlreichen Begriffen zu erfassen versuchen, die das Grundschema Spannung-Lösung mehrdimensional variieren und qualifizieren[1]. Diese mit „Stimmungen" verbundenen „Innenlagen" werden auch durch den Aufforderungscharakter der Außenlagen beeinflußt, die unsere Affekte berühren und Kräfte mobilisieren. So oder so sind sie jedoch willentlich kaum direkt zu beherrschen, weshalb alle Kulturen die verschiedensten Techniken und Mittel zu ihrer indirekten Beeinflussung kennen. Denn diese an die körperlichen Befindlichkeiten gebundenen „Innenlagen" prädisponieren ja für bestimmte Aktivitäten (oder Passivitäten) und stehen insofern bereits für Präferenzen und Dispositionen für sinn- und werthafte Lebenshaltungen und -einstellungen.

In mehrfacher Weise greift nun auch die „pure" Musik in diese Innenlagen ein. Sie hat Macht über uns, weil Töne und Tonus korrespondieren[2]. Schon die Klangqualitäten der Töne erregen punktuelle Assoziationen und Stimmungen. Und indem wir einer Musik folgen, werden unsere eigenen Kräfte und Aufmerksamkeiten im Einklang mit Melodie, Harmonie und Rhythmus erregt und geordnet. Deshalb beeinflußt die Musik unsere handlungsrelevanten Innenlagen, indem sie den Körpertonus mit seinen charakteristischen Stimmungen erzeugt, die bereits Gefühls- und Affektdispositionen enthalten. In diesem Sinn steht die Musik für undeutlich vorbewußte Innenlagen, die wiederum für schwer faßliche, aber höchst wirksame Richtungen von Handlungsbereitschaften und Lebenseinstellungen stehen. Diese sinn- und werthaften Bedeutungen hören wir, erleben wir in der Musik mit. Dabei läuft die Macht der Musik in doppelter Richtung. Oft hat man gemeint, daß der Gesang aus der seelischen Erregung, aus dem Überschwang des Gefühls aufsteigt. Dagegen

---

1 Daß diese mehrschichtigen Innenlagen wichtig sind, schlägt sich überall in dem Reichtum einschlägiger Ausdrücke nieder, die, wo es um habituelle Lagen geht, bereits Charaktereigenschaften bezeichnen: ein ausgeglichener, ein sprunghafter, ein energischer, ein träger Charakter. Man vgl. zu allem meine Abhandlung *Zur Anthropologie des Handelns*, in: Hans Lenk (Hrsg.), *Handlungstheorien – interdisziplinär*, Bd. 2: *Handlungserklärungen und philosophische Handlungsinterpretationen.* Erster Halbband, München 1978, S. 89–138 [jetzt in gekürzter Fassung auch in: Friedrich H. Tenbruck: Die kulturellen Grundlagen der Gesellschaft. Der Fall der Moderne, Opladen 1989, S. 21–44; d. Hrsg.].

2 Dies übrigens nicht zuletzt deshalb, weil Tonhöhe und Tonstärke an Stimmqualitäten erinnern, die typisch mit Körperformen, Körperhaltungen und Körpertonus verbunden sind, also insofern auch schon für Lebenshaltungen stehen.

befand Hornbostel, daß nicht der Affekt die Menschen zum Singen, sondern das Singen sie zum Affekt bringt. Beides ist möglich, beides aber auch, wie gezeigt, zu einfach. Doch Einfluß übt die Musik so oder so, ob sie nun handlungsrelevante Innenlagen erst selbst erzeugt oder ihnen nur Ausdruck verleiht, wodurch sie ja erst geformt und wirksam werden. Soweit über die „anthropologischen" und nun zu den „kulturellen" Bedeutungen der Musik.

All dies gewinnt nun in dem Maße Gewicht, wie es nicht um einzelne Musikwerke, sondern um ganze Musikarten und zumal, wie hier, um charakteristische Musikstile ganzer Kulturen geht. Denn in diesen bezeugen sich auch die dominanten Lebenseinstellungen der Kulturen mit ihren charakteristischen Sinn-, Wert- und Bedeutungsmustern, so daß die Musik einer Kultur selbst ihr höchst wesentlicher Ausdruck, Bestandteil und Bürge ist, was durch die Vielfalt ihrer Musik in der Regel nur bekräftigt wird, weil diese selbst werthaft geordnet ist.

Hier ist nun davon Notiz zu nehmen, daß die an der Musik haftenden, in ihr „mitgehörten" Bedeutungen immer schon durch die in ihrer Kultur charakteristischen Bedeutungsmuster beeinflußt oder jedenfalls überformt sind. Sie sind um so kulturabhängiger, desto weniger die Musik an bloße Stimmungs- und Affektlagen appelliert, die, weil ganz körperbezogen, sozusagen überall verstanden werden können. Die Bedeutungen, die wir mit einem Musikstück, mit einer Musikart, mit einem Musikstil assoziieren, sind unvermeidlich gefärbt durch die Bedeutungen, mit denen wir durch unsere Kultur vertraut sind. Dies gilt natürlich ebenfalls für die Wertungen und Wirkungen. Ja selbst die Komposition oder Ausführung von Musik ist auf die Bedeutungswelt der eigenen Kultur bezogen. Die dominanten und charakteristischen Daseinshaltungen und Lebensauffassungen einer Kultur, ihre typischen Wert- und Gefühlsmuster erzeugen korrespondierende musikalische Präferenzen, Bedeutungen und Bewertungen.

Deshalb hat auch ein Musikwerk keinen festen „Sinn", noch eine gleichbleibende Wirkung. Ältere Musikarten befremden uns nicht nur deshalb, weil wir „anders hören". Alle Musik bleibt in ihrer ursprünglichen Bedeutung (in der sie durchschnittlich gemeint war oder überwiegend verstanden wurde) nur insoweit lebendig erhalten, wie die sie tragenden Lebensauffassungen und Lebensideale der damaligen Kultur noch von unserem eigenen Kulturwillen bestätigt werden. Auch hinter der „autonomen" Musik der Neuzeit standen Lebensideale, Werthaltungen und Kulturziele, denen die Musik gerade durch ihre „Autonomie" dienen sollte. Wer sie nicht mehr teilt, kann die „klassische" Musik auch bei „originaler" Wiedergabe nicht mehr mit den sinn- und werthaften Bedeutungen erfassen, die bei ihr damals im Spiel waren. Davon muß man ausgehen, daß die klassische Musik, so sehr sie gepflegt wird, heute mit anderen Empfindungen, Bewertungen und Bedeutungen und aus anderen Gründen gehört wird als damals. Sie hat ihren Stellenwert als Lebensmacht verändert und damit auch ihre Kulturbedeutung als Ausdruck eines verbindlichen Kulturwillens.

Weil Musik in einer bestimmten Kultur geschaffen und geübt wird, stehen die von beiden vermittelten Bedeutungen in sinnhafter Korrespondenz, die freilich schon deshalb nicht eindeutig sein kann, weil alle Bedeutungen relativ unbestimmt sind. Überdies sind ihre Mittel und Medien spezifisch verschieden, so daß ihre Erzeugnisse sich an die unterschiedlichen Sinne und Vermögen wenden, durch die wir „Bedeutungen" einerseits aufnehmen, andererseits ausdrücken. Schon deshalb bildet die Musik nicht etwa die charakteristischen Daseinshaltungen ihrer Kultur ab, sondern sie artikuliert jene zugehörigen Innenlagen, welche die typischen Antriebsvoraussetzungen zu deren Einübung und Ausführung liefern. Darin eben liegt die eigentümliche Macht der Musik, daß sie, bis auf den Körpertonus durchgreifend, Antriebe, Bereitschaften und Stimmungen für charakteristische Lebensformen bereitstellt. Die Korrespondenz zwischen Musik und Kultur folgt also dem *„principle of limited possibilities"* und dem *„strain towards consistency"*: Sie sind nicht beliebig kombinierbar.

Aus all dem erhellt aber auch, daß die Freiheit der Musik nicht auf die Entwicklung ihrer rein musikalischen Möglichkeiten eingegrenzt ist. Eben weil die Musik ihre außermusikalischen Bedeutungen nicht benennen, vielmehr nur die (unentbehrlichen und unbeherrschbaren) zugehörigen „Innenlagen" versinnlichen kann, ist sie an keine spezifischen Handlungsfelder gebunden und für alle wichtig. Auf mancherlei Weise ist sie deshalb eine eigene kulturgestaltende, ja sogar kulturverändernde Kraft. Dies zumal dort, wo sie ihre Kraft in den Dienst neuer Ideen, neuer Bewegungen, neuer Lebensformen stellt. Darüber hinaus eignet sich die Musik, eben weil sie ihre Bedeutungen nicht benennen kann, vorzüglich als das Medium, wo noch unbestimmte Strebungen nach neuen Daseinshaltungen ihren ersten Anspruch anmelden oder neue Gefühlslagen einen vorbewußten Ausdruck suchen. „Andere" Musik propagiert „andere" Daseinshaltungen, "fremde" Musik ist, wo sie zur Faszination wird, Träger "fremder" Kultur. Dabei bleibt zu beachten, daß die Musik durch ihr Vermögen, die körperlich bedingten Befindlichkeiten zu „stimmen", vorzüglich geeignet ist, körperliche Tätigkeiten zu mobilisieren und zu regulieren (Tanz, Arbeit, Marsch), insbesondere aber auch das spezifische Medium ekstatischer Lebensauffassungen ist.

Ich fasse die Ausführungen über den Zusammenhang zwischen Kultur und Musik in folgenden Thesen zusammen:

1. Die Musik ist eine universale Kulturerscheinung, weil sie in allen Kulturen vorkommt.
2. Die Musik ist eine totale Kulturerscheinung, weil sie sich an beliebige Tätigkeiten, Gelegenheiten, Beziehungen, Einrichtungen, Gruppen, Bedürfnisse, Zwecke und Situationen anzuheften vermag.
3. Die Musik ist eine zentrale Kulturerscheinung, weil sie durch ihre jeweilige Eigenart den Charakter, den Bestand und die Entwicklung der eigenen Kultur wesentlich mitbestimmt.

2. Zur geschichtlichen Rolle der Musik

Die erläuterte Kulturbedeutung der Musik wird durch ihre geschichtliche Rolle bestätigt. Es haben ja auch die frühen Kulturen diese Bedeutung der Musik sicher erkannt. Der Glaube an den „göttlichen" Ursprung der Musik, der sich nicht nur bei den Griechen findet, hängt stets mit dem Wissen um ihre Wirkung zusammen. Daß Orpheus sich durch Gesang und Saitenspiel Menschen, Tiere und Pflanzen, ja sogar die unbelebte Natur gefügig macht, ist ein Motiv, das sich durch Mythen, Sagen und Märchen der Völker hindurchzieht. Es entsprach höchst realen Erfahrungen mit den durch Musik ausgelösten Trancezuständen, Bewegungszwängen und Stimmungslagen, die entweder als feste Praxis in die Kultur eingebaut waren oder als spontane Ausbrüche mit sozialer Ansteckung auftraten. Diese Erscheinungen sind schon in den archaischen Kulturen nicht etwa auf die Tänze mit ihren Dauerzwanghaftigkeiten beschränkt; sie finden sich in fast allen Lebensbereichen, in Kulten, Zeremonien, Herrschaftsritualen, sozialen Tätigkeiten und Beziehungen.

Entsprechend wird größter Wert auf die Ausübung der „richtigen" Musik gelegt. In den frühen Staatsphilosophien tritt die „Musik" (noch mit Dichtung und Tanz gekoppelt) als entscheidende Bildungsmacht auf, die mit dem Bürger auch den Staat formt. Man weiß, welche Bedeutung Platon der Musik als einer „sittlichen" Macht zuschrieb, die zur Herrschaft über die Affekte, wie zu deren Entfesselung führen könne; seine „Ethos-Lehre" ist immer wieder aufgegriffen worden. Aber zur gleichen Zeit wiederholte Konfuzius in seiner Schrift über die Musik unaufhörlich, daß der gute Staat auf den Grundlagen des Rituals und der Musik beruhe, welche den guten Menschen, den guten Bürger und den guten Herrscher erzeugten. Das „Ethos" der Musik – das sind natürlich jene grundsätzlichen Lebenseinstellungen, zu denen sie durch ihre außermusikalischen Bedeutungen Körper und Geist bildet.

Die Macht der Musik läßt sich jedoch unmittelbar an ihrer selten gewürdigten geschichtlichen Rolle ablesen. Carl Schneider, ein Kenner der Spätantike, schreibt: „Zu einem großen Teil hat sich das Christentum seinen Sieg ersungen"[3]. Und er schildert dann eindringlich, wie das Christentum, auf der alten griechischen Musik aufbauend, sich mit einer neuen Musik für alle gegen die „orientalischen" Mysterien und Sekten stemmte, die sich mit ihrer „orientalischen" Musik präsentierten. Eindrucksvoll zeigt er, wie die Musik zum Medium der kulturellen Vergesellschaftung und religiösen Identifizierung wird, woraus sich die gestaltenden Kräfte der Geschichte erheben. Ich finde diese Rolle der Musik ebensowenig unter den historischen Kennern der Antike wie unter den systematischen Kennern der Musikwissenschaft (und sogar: der Musikgeschichte) berücksichtigt.

Ähnlich findet sich aber auch sonst, daß geschichtliche Vorgänge sich mit einer charakteristisch neuen Musik verbinden, ja ihr einen Teil ihres Erfolgs verdanken. Es ist die Regel, daß neue religiöse, politische, nationale oder

---

3 C. Schneider, *Geistesgeschichte der christlichen Antike*, München 1970, S. 474.

staatliche Formationen sich auch mittels einer neuen Musik durchsetzen. Je größer der Bruch mit Kulturtraditionen, je revolutionärer die Bewegung, desto eigener ihre Musik.

Aus all dem ziehe ich den Schluß, daß eine Betrachtung der Musik, die sich auf die rein musikalischen Befunde beschränkt, über die Kulturbedeutung und Geschichtsrolle der Musik nichts auszusagen vermag. Sie ist deshalb auch nicht in der Lage, die heutigen Vorgänge in ihrer Bedeutung zu erfassen. Der rein musikalische Vergleich der vielen „Musiken“, zwischen die wir uns nun hineingestellt finden, läßt außer acht, daß die Vielheit der Musiken Teil einer globalen Begegnung der Kulturen ist und hierdurch in ihrem Charakter und in ihrer Bedeutung bestimmt ist. Dies soll nun dargestellt werden.

3. Zur Entstehung des globalen Musikpluralismus

Der heutige Musikpluralismus ist das Resultat der globalen Ausbreitung der europäischen Kultur, mit der auch die europäische Musik in fremde Kontinente gelangte. Hierfür war der Kolonialismus das wichtigste Medium, aber auch nicht mehr. Zumindest verfälscht die von der Musikethnologie vertretene These vom „Imperialismus“ der europäischen Musik die Tatsachen. Zum einen hält jede Kultur in der Regel ihre eigene Lebensform für „richtig“, und so auch ihre eigene Musik. Zum anderen sind wesentliche „Güter“ der europäischen Kultur anderwärts dringlich begehrt und frei übernommen worden. Nicht nur in den Kolonien drängten sich Regierung und Kulturintelligenz nach der modernen Bildung und Wissenschaft, wie sie in Westeuropa entstanden war. Schon die osteuropäischen Länder fanden sich durch die Übernahme der westeuropäischen Ideen vor Fragen der Selbstbehauptung und Entfremdung gestellt; man denke nur an die erregte und folgenschwere Diskussion zwischen „Westlern“ und „Panslawisten“ in Rußland. Kolonialismus und Imperialismus sind eben nur die Beschleuniger und Vereinfacher einer Lage gewesen, die durch die unerhörte Neuheit (und den unerhörten Erfolg) der modernen europäischen Kultur geschaffen worden war. Nicht zwar diese Kultur insgesamt, wohl aber deren Bestandteile „von universeller Bedeutung und Gültigkeit“[4] waren das natürliche Objekt fremden Interesses. Mit der Wissenschaft und Technik, die man erwerben wollte, kamen auch die charakteristischen Ideen und Ideologien der europäischen Kultur weltweit in Umlauf, aus denen neue Führungseliten neue Lehren für ihre eigenen Völker schmiedeten. Und mit der europäischen Bildung und Erziehung wanderten auch andere Teile der europäischen Kultur um die Welt, darunter die europäische Musik, die nun global präsent ist.

Zugleich vollzogen sich aber in der europäischen Musik selbst tiefe Wandlungen, von denen hier nur der Siegeszug der „Unterhaltungsmusik“ interessiert. Schon im 19. Jahrhundert breitete sich die Salon- und Unterhaltungsmusik aus, bezog aber ihre Anregungen aus der Kunstmusik, ohne eine gleichwertige

---

4 M. Weber, *Gesammelte Aufsätze zur Religionssoziologie*, Bd. 1, Tübingen 1947[4], S. 1.

Geltung zu beanspruchen. Hingegen orientiert sich heute die neuere Unterhaltungsmusik als Massenindustrie an der Tanz- und Jazzmusik, wobei sie bewußt auf den rohen Geschmack, die primitiven Effekte und die niederen Affekte spekuliert, also die „Kunstmusik" hier aus ihrer ehemaligen Leitstellung verdrängt. Inzwischen beansprucht der Jazz seinerseits musikalische Geltung. Durch Rückbindung an die Kunstmusik präsentiert er sich nun als „serious jazz", der seinen Platz im Konzertsaal fordert. Nur die Zeit kann lehren, ob hierdurch die europäische Tradition bereichert und bekräftigt, oder nicht doch verdrängt und zerstört wird. Hingegen steht schon jetzt fest, daß der ursprüngliche Jazz mit seinen zahlreichen Erben (Rock) effektiv Musikgeschichte gemacht hat und weltweit zu einer Lebensmacht geworden ist[5]. Dabei stellt er elementare Maßstäbe der europäischen Musik in Frage, indem er bewußt den unreinen Klang *(dirty sound)* an die Stelle der Intonationsreinheit setzt, auf die Improvisation setzt, eine harmonische Entwicklung umgeht, wesentlich schematisch bleibt und die Zeit im Rhythmus *(rag-time)* zerreißt. Dennoch beansprucht auch er praktisch ein Eigenrecht als gleichwertige Musik im Sinne der Bestrebungen, „ernste" und „unterhaltende" Musik gleichzustellen, spekuliert aber weniger auf seinen Unterhaltungswert, als auf seine sinnfällige Macht, neuartige Daseinshaltungen und elementare Lebensgefühle musikalisch auszudrücken und weltweit zu formieren.

Der Jazz ist bekanntlich eine eigene Schöpfung der amerikanischen Neger, die Elemente europäischer Musik und afrikanischer Kultur verbindet. Uns interessiert hier nur die Frage, wie diese Schöpfung einer amerikanischen Subkultur sich zuerst in Amerika, dann in Europa und in der Welt durchsetzen konnte, obschon sie dem Geist der europäischen Musik völlig entgegengesetzt war.

Die Antike bietet eine einschlägige Parallele. Denn in den Randgebieten Griechenlands, in seinen überseeischen Kolonien entstand unter orientalischem Einfluß eine neue Musik oder setzte sich jedenfalls seit dem 5. Jahrhundert v. Chr. stürmisch im Mutterland durch. Es genügt, an Dionysos und den Dithyrambos zu erinnern, an den Kult, der sich mit Mysterienvereinen und Einweihungsriten bewußt missionarisch verbreitete, an die Orphik mit ihrer neuen Jenseits- und Seelenlehre und dem Totengericht[6]. Gegen das alte Ethos-Verständnis, das von der Musik die Versittlichung der Affekte verlangte, setzt diese neue Musik, deren eifrigste Verehrerinnen die Mänaden sind, auf Rausch, Wahnsinn, Verzückung und Ekstase. Seit dem 4. Jahrhundert kämpfte die „neue" gegen die „alte" Musik und verselbständigte sich im neuen Stil zur professionellen Virtuosenleistung, die sich vom Wort der Dichtung löste,

---

5 Es genügt hier der Hinweis, daß der Jazz – und zumal dessen spätere Varianten – auch den „eisernen Vorhang" überwunden hat und auch in Moskau 20.000 Fans der Rockmusik anzieht, vor deren Erwartungen schließlich auch die offizielle Politik kapitulieren muß.

6 Vgl. u.a. *Der kleine Pauly,* „Musik"; *Religion in Geschichte und Gegenwart,* „Musik"; C. Schneider, a.a.O., S. 474ff.; Johannes Leipoldt/W. Grundmann, *Umwelt des Urchristentums,* Bd. 1, Berlin 1965, S. 106ff.; entsprechende Schilderungen u.a. bei Livius, *Mysterienvereine,* XXXIX, 8, 3ff. oder Ovid, *Metamorphosen,* III, 511 bis IV, 415.

um reine Musik zu werden, derweil aus Syrien und Ägypten eine Schlager- und Programm-Musik eindrang (Schneider), die von den „namenlosen Schichten"[7] bereitwillig aufgenommen wurde. Zugleich erfolgt die gründliche Umwertung. Schon bei Demokrit wird die Musik zum privaten Luxus verfeinerten Lebens ohne sittliche Aufgabe und Möglichkeit. Das Ethos-Verständnis kehrt erst mit dem Christentum zurück, das ja dann auch seine Musik aus der „klassischen" Tradition erzeugt. Ein tiefer Wandel der griechischen Kultur, die im Hellenismus ausläuft, kündigte sich also in einer neuen Musik an, die sich von den klassischen Lebenseinstellungen abwandte. Ähnlich müssen wir auch im Triumph des Jazz (nebst Rock u.a.) den Sieg von Daseinshaltungen erkennen, denen die „klassische" Musik Europas keinen Raum gelassen hatte. Auch hier setzte sich die neue Gegenmusik in Amerika, der ursprünglichen Kolonie durch, die mit ihrem Aufstieg zur Weltmacht auch dem Jazz zu seinem globalen Erfolg verhalf. In beiden Fällen wandelt sich mit der Musik der Geist der ganzen Kultur, verändern sich zugleich die elementaren seelischen Muster und Energien.

Inzwischen strömen in die europäische Kultur alle Arten exotischer Musik ein, die ihre Verkünder, Liebhaber und Gemeinden finden. Im Zentrum der Städte hört man auf den Straßen und Plätzen fremde Musik, die nicht etwa von fremdländischen Asylanten, sondern von einheimischen Laienmusikanten dargeboten wird, die ihren eigenen Landsleuten bekennerhaft mit (wirklichem oder vermeintlichem) amerikanischen Country- und Folk-Song, mit den Hits einer international-amerikanischen Jugendmusik-Kultur, mit karibischem Reggae, mit afrikanischen Bongo-Trommeln, mit indischen oder arabischen Instrumenten und Melodien aufwarten, aus eigenem Trieb oder als Mitglied einer Sekte mit eigener Musik. Im Grundsatz kann heute jede Musik überall auftauchen, kann jede Bewegung oder Sekte oder Modemachart jeden beliebigen Punkt der Erde erreichen. In der Einen Welt sind prinzipiell alle Schranken gefallen; der musikalische Pluralismus ist global.

Indem sich Europa nun fremden Musiken zuwendet, bezeugt es den Rangverlust der eigenen Musik. Die Musikanten an den Straßenecken machen mit ihrer fremden Musik die Tatsache sichtbar, daß viele Europäer sich heute in ihrer eigenen Musik nicht mehr wiedererkennen und ausdrücken können oder wollen. Die charakteristische Musik, die Europa geschaffen hat, wird in Europa kaum noch als gültig und verpflichtend empfunden. Die übermusikalischen Bedeutungen, die sie einst inspirierten, sind abgeblaßt, wo nicht verloren gegangen.

Ursprünglich war die „autonome" europäische Musik selbst an außermusikalische Bedeutungen gebunden. Gerade mit ihrem Verzicht auf fremde Beimischungen und Dienste wollte sie selbst nicht nur der reinen Kunst dienen oder tat dies doch jedenfalls in der Erwartung, hierdurch den Menschen auch über den Kunstgenuß hinaus reiner zu sich selbst zu erheben. In diesem Sinne war sie lebensverpflichtend und charakterprägend im Dienst bestimmter Da-

---

7 *Religion in Geschichte und Gegenwart*, S. 1208.

seinshaltungen der europäischen Kultur, was hier nicht näher erläutert werden kann und wohl jetzt auch gar nicht näher erörtert zu werden braucht. In dem Maße, wie der sie tragende Kulturwille mit seiner spezifisch europäischen Daseinseinstellung schwand, bleibt nur die Musik als momentaner Kunstgenuß, als Ausnahmebezirk, als Virtuosität und Artistik übrig.

Gleichzeitig fanden sich die übrigen Kulturen durch die europäische Expansion zunehmend vor Identitätsfragen gestellt, die sie veranlaßten, ihr eigenes musikalisches Erbe zu pflegen und nunmehr selbst zu verbreiten, wofür das fortschreitende Zusammenrücken in Einer Welt genügend Anlaß und Chance bot. Wie auch sonst in der Geschichte haben die großen Wanderungs- und Asylbewegungen, verstärkt durch die berufliche und touristische Mobilität, die Konfrontation der Kulturen und ihrer Musiken zur unmittelbaren Betroffenheit der Menschen radikalisiert, die sich in den Massenmedien noch einmal spiegelt.

4. Zusammenfassung und Ausblick

Ich bin von der Feststellung ausgegangen, daß die heutige Vielfalt der Musiken weniger das Ergebnis musikalischer Entwicklungen als vielmehr einer globalen Begegnung und Konfrontation der Kulturen und folglich auch ihrer Musiken ist, wie in Punkt 3 näher ausgeführt. Diese beispiellose Lage zwingt dazu, den Zusammenhang von Musik und Kultur neu zu überdenken.

1. Es gilt vor allem daran zu erinnern, daß alle Musik Träger von außermusikalischen „Bedeutungen" ist, die heute wenig beachtet und durch das „Autonomieprinzip" nahezu verbannt werden. Diese „Bedeutungen" sind allerdings weder im Sinn einer „Inhaltsästhetik" in faßliche Aussagen zu übersetzen, noch bloß als sinnlicher Ausdruck von Gefühlen zu bestimmen. Vielmehr ist die Musik – und das behandelt Punkt 1 – das einzige oder jedenfalls das ideale Medium, um jene „Innenlagen" nicht nur darzustellen, sondern auch herzustellen, die unserem Handeln eine charakteristische Disposition geben, aber keiner direkten Kontrolle zugänglich sind. Anthropologisch gesehen beruht die Macht der Musik darauf, daß ihre Töne bis auf den Tonus unserer körperlichen Befindlichkeiten durchgreifen, welche die Basis unserer verschiedenen „Innenlagen" abgeben und hierdurch Handlungsdispositionen setzen.

2. Die eigentliche Kulturbedeutung der Musik ergibt sich daraus, daß Kulturen charakteristische Lebenseinstellungen und Daseinshaltungen ausbilden und verlangen, die ihrerseits charakteristische „Innenlagen" fordern und fördern, so daß die Musik selbst einen wesentlichen Einfluß auf Gang und Bestand ihrer jeweiligen Kultur hat, wie des näheren in Punkt 2 vorgeführt wird.

3. Anknüpfend an Punkt 2 läßt sich das Ergebnis auf den (hier nicht weiter zu erläuternden) Hinweis zuspitzen, daß die charakteristischen Musiken der Kulturen (und gegebenenfalls: Subkulturen) auch Träger charakteristischer Lebenseinstellungen und Daseinshaltungen sind, in denen ein eigener „Kultur-

wille" seine charakteristischen Tendenzen, Präferenzen und Werthierarchien ausdrückt.

Wie heute die verschiedenen Kulturen sich die verschiedenen Musiken aneignen oder eingliedern werden; wie diese Musiken selbst sich zueinander stellen oder einander beeinflussen; ob sich auf die Länge sozusagen ein neuer „Weltkanon" herausbildet oder wohin die Beliebigkeit der individuellen Wahlmöglichkeiten am Ende führen wird, das alles sind offene Fragen, die hier nur angedeutet werden können. Die Bedeutung dieser offenen Lagen dürfen wir uns jedoch nicht verbergen. Denn es liegt in dieser Lage auch die Herausforderung an unseren eigenen „Kulturwillen", so wie E.H. Gombrich[8] das einmal im Blick auf andere Künste formuliert hat: „The humanities certainly draw their strenght, their nourishment, and their raison d'être from the traditions and general concern of the culture"[9]. Gerade die wesentlichen Fragen wachsen diesen Wissenschaften aus den Werten und Überlieferungen ihrer eigenen Kultur zu. Gombrich schreibt Max Webers dürre Feststellung von der unvermeidlichen Wertvoraussetzung aller Kulturwissenschaft zur lebendigen Forderung im neuen Zeitalter der Globalisierung um. So hofft er am Ende, daß alle Kulturen sich bewußt auf ihre eigene Tradition besinnen und so zu ihr bekennen werden, wie Gombrich selbst es schließlich für sich tut: „I belong to Western Civilization ..."[10].

Exkurs: Bemerkungen zum globalen Musikpluralismus

a) Der „Rangverlust" der europäischen Musik in den europäischen Kulturen konstatiert nur den Befund, daß diese Musik effektiv nicht mehr durchgängig als verpflichtendes musikalisches Leitbild fungiert. Es geht nicht darum, wie groß die Nachfrage nach dieser Musik ist. Entscheidend ist vielmehr nur, 1. ob sie noch als Leitbild für alle Musik gilt und 2. wie sie gehört wird, d.h. ob man in ihr noch lebensverpflichtende Haltungen wahrnimmt, die ihr auch dann Geltung sichern, wenn man an ihr persönlich nicht teilnimmt. Breite Massen sind früher wohl nur mit den Varianten der Vereins-, Marschmusik usw. in Berührung gekommen, hätten aber in den ihnen fremden Stücken der „großen" Musik sofort den Anspruch des Ranges gehört und honoriert.

b) Gewarnt werden muß vor der gedankenlosen Meinung, daß die heutige „Globalisierung" der Kulturen (und: ihrer Musiken) eine unvermeidliche Folge der technisch-wissenschaftlichen Entwicklung sei. Vielmehr ist die Eine Welt bewußt aufgrund des Glaubens an die einheitliche Entwicklung der Menschheit zu einer gemeinsamen Weltzivilisation geschaffen worden[11].

---

8 E.H. Gombrich, *Ideals and Idols. Essays on Values in History and in Art,* Oxford 1979.
9 Ebenda, S. 18.
10 Ebenda, S. 22.
11 Vgl. dazu meinen Beitrag *Der Traum der säkularen Ökumene,* in: „Annali di Sociologia – Soziologisches Jahrbuch", 3 (I), 1987, S. 11–36 [jetzt in gekürzter Fassung auch in: Friedrich

c) Schließlich hat Europa die Begegnung der Kulturen geistesgeschichtlich vorbereitet.

Jedenfalls trat die europäische Moderne mit dem universalen Blick auf die ganze Welt und mit dem Willen zum geschichtlichen Verständnis an. Für diese Zwecke entwickelte sie die Geisteswissenschaften als die spezifischen (natürlich nicht: einzigen) Organe ihres Welt- und Selbstverständnisses. Ehe die Eine Welt wirklich entstand, wurde ihre Globalisierung sozusagen geistig vorweggenommen. Indem die Geisteswissenschaften Religion, Literatur, Kunst, Weltbild, Recht oder Sitte aller Völker erfaßten, wurde das Fremde zuerst bekannt, dann verstehbar. Europa berief sich auf seine eigene Geschichte, auf Antike, Christentum und Mittelalter, aber es reicherte sich auch mit Fremdem an, nicht nur im Gegenbild des „edlen Wilden" und in der Romantik. Die „Universalgeschichte", die wir nun am eigenen Leib erleben, wurde geistig vorweggenommen. Herder erfaßte die Lieder der Völker, Humboldt die Sprachen; Goethe erfand die „Weltliteratur", Schopenhauer bürgerte die indische Philosophie und Religion ein. Derweil Europa weltweit seine Kulturmission betrieb, eignete es sich geistig alle fremden Kulturen an und zog daraus Anregungen für seine Kunst und Literatur, für seine Weltanschauung und Philosophien. Indem der Historismus alle Völker und Zeiten aus sich selbst verstehen und beurteilen lehrte, entdeckte er sie in ihrem sinnhaften Eigenrecht, so daß sich schließlich auch die eigene Kultur wie ein historischer Zufall ausnahm. Um 1900 tauchten bei Dilthey, Simmel, Weber und Troeltsch die Probleme des Historismus theoretisch in der Relativität der Werte auf, die sich praktisch zu Zweifeln an der Geltung der europäischen Kultur auswuchsen. So war die „Europäisierung" der Welt ein vielschichtiger Vorgang, in dem Europa sich dem Reiz fremder Kulturen öffnete, weil es sie geistig durchdrang. Umgekehrt vermittelte es fremden Kulturen nicht nur seine eigenen Ideen, sondern auch das Bewußtsein ihrer eigenen Kultur und Geschichte.

H. Tenbruck: Die kulturellen Grundlagen der Gesellschaft. Der Fall der Moderne, Opladen 1989, S. 291–307; d. Hrsg.].

Die Bedeutung der Medien für die gesellschaftliche und kulturelle Entwicklung*

1. Die Massenmedien und ihr Umfeld

Die Massenmedien haben sich im Gleichschritt mit den übrigen charakteristischen Institutionen des modernen Lebens entwickelt und sind mit diesen durchgängig verflochten. Trotz eigener Einrichtungen bilden sie jedoch weniger einen besonderen Sektor der Gesellschaft als vielmehr ihr allgegenwärtiges Medium für die öffentliche Mitteilung und Darstellung beliebiger Inhalte, weil sie jederzeit alle über alles zu unterrichten vermögen. Ihre Macht und Bedeutung beruhen darauf, daß sie wie eine vierte Gewalt alle Zustände und Vorgänge, reale und imaginäre, öffentlich vermitteln und dadurch auch bedingen. Indem sie das tun, erzeugen sie durch Publizität eine neue öffentliche Wirklichkeit. Deshalb sind mit ihnen so neue Tätigkeitsfelder wie Propaganda, Werbung und Öffentlichkeitsarbeit entstanden, die alsbald institutionalisiert und professionalisiert wurden. In dieser Weise sind Massenmedien der Hauptmotor der modernen Bedürfnisweckung und speziell auch der Informationsbedürfnisse gewesen, die zum größten Teil erst durch die Massenmedien erzeugt und dann befriedigt werden, weshalb sie mit ihnen unaufhörlich wachsen.

Entsprechend dringlich ist stets das Interesse an Zustand und Rolle der Medien, um die sich deshalb weitere Einrichtungen herumlagern. Zwar kümmern sich die Bürger nur um die Qualität, Wirkung und Zuverlässigkeit der Medien. Doch die auf Publizität und öffentliche Meinung angewiesenen Gruppen, Verbände, Betriebe und Institutionen sind gezwungen, ihre Verbindung mit den Medien und ihren Einfluß auf sie zwecks Darstellung in ihnen zu pflegen. Dafür benötigen sie hauseigene Pressestellen und Spezialisten, dazu Beratungsfirmen und andere Agenturen. Zugleich suchen sie laufend Auskunft über die Wirkung der Medien bei der kommerziellen Meinungsforschung und durch gelegentliche Aufträge an sie. Schließlich erwarten sie Aufklärung über

* [Anm. d. Hrsg.: Der Beitrag ist ursprünglich erschienen in: Die modernen Medien und die Zukunft der Gesellschaft. 27. Kolloquium München, 13. bis 15. März 1989 (Veröffentlichungen der Walter-Raymond-Stiftung 29), Köln 1990, S. 57–77 (mit Auszügen aus Tenbrucks Wortbeiträgen in der anschließenden Diskussion: S. 82f., 84, 97f.) und geht auf einen Vortrag aus dem Jahre 1989 auf dem 27. Kolloquium der Walter-Raymond-Stiftung zurück. Der Abdruck erfolgt mit freundlicher Genehmigung der Walter-Raymond-Stiftung und des Wirtschaftsverlags Bachem, Köln.]

die langfristige Macht und Möglichkeit der Medien. Deshalb fördern und schaffen sie ein ganzes Bündel neuer akademischer Fächer und Institute – die Kommunikations-, Medien-, Meinungs- und Informationswissenschaften –, die alsbald mit Empirie und Theorie pausenlos hinter jener Wirklichkeit herjagen, die sie selbst mit dem Plastikwort „Kommunikation" geschaffen haben. Da reicht ihre Arbeit von Beobachtungen der Einschaltquoten oder des Anstiegs der Wasserspülung nach Schluß einer Sendung über weitere Schnüffeleien und Befragungen bis zu künstlichen Modellen, Experimenten und Theorien.

Lieblingskind ist dabei die Medienforschung, die ergründen soll, ob und wie bestimmte Sendungen die Meinungen, Einstellungen, Gefühle und Gewohnheiten und Aktivitäten verändern. Darüber hört der Bürger bald dies, bald das. Doch das Ergebnis ist – wie jedes Handbuch lehrt – kaum mehr als ein Tohuwabohu von stets strittigen, immer wechselnden und ganz disparaten Einzelbefunden, deren Systematisierung zu ebenso strittigen, wechselnden und disparaten Theorien führt. Ich bezweifle, daß dabei jemals mehr als momentane Anhaltspunkte, Moden und Orakel herauskommen. Dennoch müssen sowohl die Medien einerseits, die Parteien, Verbände, Unternehmen und Kirchen andererseits die Macht dieser Fächer nicht nur nutzen, sondern respektieren. So etwa hat sich die Politik, indem sie die Wissenschaft zu Hilfe rief, selbst die Hände gebunden, weil es für Maßnahmen keine empirisch schlüssigen Beweise – z.B. für die Wirkung von Horror- oder Porno-Filmen – gibt und bei Fächern, die nach kurzfristigen Einzelwirkungen spezieller Sendungen auf ihr jeweiliges Publikum suchen, auch nie geben kann.

Doch darauf kommt es hier gar nicht an. Denn wie immer man darüber denkt, lassen sich so jedenfalls nicht die langfristige Wirkung und Bedeutung in den Blick bringen, die die Massenmedien zweifellos von Anfang an gehabt und in ihrer Entwicklung immer neu bewiesen haben. Es kann ja auch nicht anders sein, als daß die Art der Öffentlichkeit jeweils den Raum und die Lage der möglichen gesellschaftlichen Beziehungen und kulturellen Bewußtseinsinhalte absteckt und durch stetige Eingewöhnung die Menschen ebenso prägt und verändert wie ihre überindividuellen Kulturgüter. Es genügt, vorgreifend darauf hinzuweisen, daß gerade das Fernsehen alles verändert hat, die Politik und die Parteien, Schule und Erziehung, Bildung und Wissenschaft, Wirtschaft und Freizeit, Urlaub und Sport, Sprache und Gefühle, Kirchen und Kulturen und obendrein Laster und Verbrechen. Es gilt deshalb doch wohl, zuerst den Massenmedien und ihrer Entwicklung das geschichtliche Maß zu nehmen. Demgegenüber sind die Fragen, über die heute so heftig gestritten wird, sekundär. Denn ob die Anstalten öffentlich-rechtlich oder privat sind, ob sie fusionieren oder nicht und wie immer sie ihre Programme gestalten, werden wir jedenfalls die Medien behalten und immer mehr davon haben. Was das bedeutet, zeigt uns erst die geschichtliche Perspektive.

2. Über die geschichtliche Bedeutung der Massenmedien

Die Geschichte der Massenmedien zeigt bei ständiger Vergrößerung ihrer räumlichen und sozialen Reichweite wie ihrer zeitlichen und sachlichen Präsenz ein klares Gefälle. War die Presse noch ganz an die Schrift gebunden, so stellte das Radio auf das gesprochene Wort und den Ton um, denen das Fernsehen noch das bewegte Bild des Films hinzufügte. Aber man greift zu kurz, wenn man das Fernsehen als den Schritt hinaus über den Buchdruck einstuft. Denn dieser war bloß ein technisches Verfahren, das trotz langfristiger Folgen die überlieferten Kulturgüter verbreitete und die Autorität der Schrift bestätigte, während das Fernsehen mit der Kombination von Sprache, Ton und Bild die Darstellung und Vermittlung der Wirklichkeit revolutionierte. Die Bedeutung dieses Vorgangs läßt sich nur mit der Erfindung der Schrift vergleichen, auf der alle Hochkulturen und zumal die unsere beruhen. Mit ihr erst wurde der Mythos durch objektivierte Kultursysteme verdrängt, die aus eigener Kraft weitertrieben. Sie erst drängte die Religionen zur Lehre und Theologie, die mündliche Überlieferung zum Bewußtsein der Geschichte, die Einfälle und Beobachtungen zur Anstrengung der Wissenschaft, die Praxis des Rechts zur systematischen Reflexion und erweiterte und vertiefte so alle Seiten der Kultur, für die sie nun zur gültigen Mitte und Instanz wurde. Auf der Schrift beruhen alle Leistungen und Güter unserer bisherigen Kultur. Indem nun das schriftlose Fernsehen zum wichtigsten Medium öffentlicher Unterrichtung und Verständigung wird, erhebt sich die Frage, was aus den spezifisch durch die Eigenheiten der schriftlichen Festlegung bedingten überindividuellen Kulturgütern wird, wenn wir uns wieder am gesprochenen Wort, am Ton und am Bild orientieren, die nun auch noch künstlich erzeugt und vermittelt werden können.

Um diese Frage kommt man nämlich nicht mit der alten Weisheit herum, daß kein neues Medium die älteren überflüssig macht. Mit der beliebten Beruhigungsformel, es gehe um Komplementarität und nicht um Substitution, verdeckt man nur die Probleme. Denn kein neues Medium tritt bloß als Erweiterung zu den älteren hinzu, sondern überlagert, verändert, relativiert und deklassiert sie – und damit die bisherige Kultur. Deshalb ist die Lage stets von jenem neuen Medium her zu bedenken, das die älteren zwar nicht abschafft, aber überspielt, und das ist heute das Fernsehen nebst seinen elektronischen Verwandten. Schrift und Buch bleiben auch im Zeitalter des Fernsehens so unentbehrlich wie die Rede nach der Erfindung der Schrift. Aber so wie einst die Schrift die ganz auf das Wort gegründete Kultur auf den zweiten Platz schob, so droht nun das Fernsehen mit seinen elektronischen Verwandten die Schriftkultur zu überrunden. Wie prägt das Fernsehen, ganz generell als Medium, indem es zu den älteren Medien hinzutritt, langfristig Mensch und Kultur? Das ist die Frage, die von allen Bemühungen um die rechtliche, organisatorische und sonstige Lage und Gestaltung der Medienanstalten und Programme hier im ersten Teil zu stellen ist und im zweiten Teil auf die konkrete Situation der Massenmedien führt.

Vorher aber ist es wohl nötig, sich gegen den gängigen Vorwurf zu verwahren, mit unnützer „Kulturkritik" – so das billige Schlagwort – am harten Zwang der Sachen vorbei zu sehen. Konkret ist zu vermerken, daß ja gerade die Medien jene harten Tatsachen sind, die den angeblichen Zwang der Sachen deuten und dadurch beeinflussen. Grundsätzlich ist zu bemerken, daß auch der Zwang der Sachen kein Naturereignis ist, das ohne uns abläuft, sondern erst durch unser Handeln eintritt, weshalb uns zumindest seine konkrete Gestaltung überlassen bleibt. Wer nur den „Zwang der Sachen" kennt, der übersieht, daß die Sachen die Menschen beeinflussen und wieder von diesen beeinflußt werden. Dieser vermeintliche Realismus, der sich nur stets dem Nächstliegenden anpaßt, engt den Spielraum der Gestaltung gefährlich ein. Denn er verstärkt, beschleunigt und verwirklicht erst jenen vorgeblichen Zwang, den er als unaufhaltsam antizipiert, ohne mit jenen Folgen und Kräften zu rechnen, die er dadurch erst selbst ins Leben ruft. Auch die „harten Tatsachen" wirken nur so lange und nur so weit, wie die Menschen ihnen Bedeutung beimessen, die sie ja nicht von selbst besitzen. Selbst die Maschine läuft nur so lange, wie Menschen ihren geronnenen Geist verstehen und bejahen. Auch das Räderwerk unseres Daseins, das überall von Fach- und Berufsmenschen in Gang gehalten werden muß, hat seine Wirklichkeit am Ende in einer Kultur und für sie.

3. Von der Macht des Mediums über die Kultur

Die Macht der Medien über die Kultur ist durch ihre technischen Eigenarten und Möglichkeiten bedingt und deshalb nur bedingt nach Absicht und Willen zu ändern. Wer dies übersieht, endet bei falschen Fragen und unsinnigen Forderungen. So hat man stets gerne die Illusion genährt, die Massenmedien seien ganz neutrale Mittel zur Verbreitung beliebiger Inhalte und ließen sich deshalb frei nach unseren Zwecken einsetzen. Daran haben sich immer wieder mächtige Hoffnungen geknüpft, Bildung und Kultur ins breite Volk zu tragen und die Demokratie durch bessere Information und Aufklärung zu sichern. Jedoch sind den Medien durch ihre Technik und Umstände jeweils Grenze und Richtung vorgezeichnet.

So kann etwa das Fernsehen wesentliche Bestände der bisherigen Kultur nicht vermitteln, ohne sie zu verstümmeln. Faust, Macbeth oder Antigone können auf dem Bildschirm nicht leben. Es fehlt dem Hörer, der in Freizeitkostüm mit Knabberkeks in seinen vier Wänden auf den Knopf drückt, schon die Vorbereitung auf das Ungewöhnliche. Er sitzt zwar auf seinem Sessel, aber er sieht die Bühne aus den wechselnden Perspektiven und Einstellungen der herumfahrenden Kamera, so wie ein neugieriger Müßiggänger einen Vorgang von allen Seiten inspiziert. Doch wenn die Kamera das Stück starr von einem Punkt filmte, wirkte es nur noch gestellt und ermüdend, weil das Mißverhältnis von großer Handlung, nahem Bild, Guckkastenformat und vollen Stimmen – und alles im trauten Heim und Kreis – peinlich zum Tragen käme. Nicht anders, wenn Karajan mit den Philharmonikern gebracht wird. Der Bildschirm kann nicht bloß die Musik bringen, er muß die Darbietung inszenieren, den Raum, das Publikum, die Musiker und vor allem den Dirigenten. Das Fernsehen folgt nur seinem eigenen Gesetz, wenn es den Star und das „Ambiente" schafft, wozu die Musik bloß noch die Begleitung liefert. Beethoven wies einen adeligen Zuhörer, der sich während der Darbietung mit Nachbarn unterhielt, mit der drastischen Bemerkung zurecht, für Schweine werde er nicht wieder Klavier spielen. Vor der demokratischen Fernseher-Gemeinde wäre dieser Aufruf, Ohr und Geist zu sammeln, unverständlich, sinnlos und auch ganz ungerecht. Denn die Musik, die Beethoven meinte, kann das Fernsehen nicht bringen. Und so liegt es überall. Denn je mehr sich das Fernsehen mit Kennern und Könnern bemüht, das Erbe der Kultur, die Schätze der Kunst, die Bestände der Museen zu vermitteln, desto mehr verwandelt sich alles in die Perspektive des Bildschirms.

Das ist kein Tadel, sondern eine nötige Feststellung, weil man doch wissen sollte, was das Fernsehen nicht kann und wovon es vielleicht sogar besser die Finger lassen sollte, um sich an seine eigenen Möglichkeiten zu halten. Vielleicht würde die Luft wieder reiner, wenn man dem Fernsehen die Illusion und den Nimbus nähme, es sei befähigt und berufen, die Kulturgüter an den Jedermann zu bringen. Es wäre wohl wenig verloren.

Hingegen ist es wichtig, daß das Fernsehen, bloß weil es da ist, alles verändert hat, weil es institutionell umfassend in das Geschehen selbst eingebaut ist. Indem es über die Vorgänge berichtet, richten diese sich schon nach der Publizität des Berichtens. Dabei ist es eine Sache, daß dem Fernsehen alles, was es anfaßt, nur wieder zum Fernsehen wird. Es ist eine andere Sache, daß im Zeitalter des Fernsehens alles, auch wenn das Fernsehen es nicht anfaßt, schon mit den Augen des Fernsehens betrachtet, erlebt und gemessen wird. Denn nach kaum zwei Generationen steckt in allem schon das Fernsehen darin, weil seine Existenz überall berücksichtigt, seine Perspektiven eingewöhnt, seine Manier erwartet, sein Rhythmus verinnerlicht, kurzum die Nerven und Sinne darauf eingeschult sind, alles mit dem Sensorium desjenigen Mediums zu erfassen, das wie kein anderes heute Wirklichkeit öffentlich vermittelt, darstellt und beglaubigt. Seine überwältigende Macht geht ganz hinaus über das, was es selbst bringt, weil es unsere Gewohnheiten, Bedürfnisse und Erwartungen im Umgang mit allem und jedem konditioniert hat. Der Zeitgenosse erlebt alles aus der Perspektive und Logik des Fernsehens, ohne daß er den Apparat erst einschalten muß, weil er ihn schon selbst im Kopf trägt. Auf diese Weise verändert das Fernsehen die gesamte Wirklichkeit, weil es den Menschen verändert, der die Wirklichkeit erfaßt. Seine Wirkung hat sich mit der Erweiterung der Programme, mit der Zahl der Geräte und ihrer elektronischen Abkömmlinge vergrößert. Sie ist auch deshalb gewachsen, weil das Fernsehen die Technik seiner spezifischen Darstellung konsequent und effizient perfektioniert und professionalisiert hat. Aber vor allem hat das Fernsehen als das Medium für die öffentliche Darstellung und Beglaubigung der Wirklichkeit mit der Zeit jedermann in seine Sichtweise eingewöhnt. Anfangs saß auf den Schulbänken eine Generation, die das Fernsehen als etwas Neues erlebte und am Früheren messen konnte, bald gefolgt von der Generation, der das Fernsehen von der Wiege an selbstverständlich war. Heute unterrichten Lehrer, die die Welt vor dem Fernsehen nicht mehr kennen und selbst darüber erst vom Fernsehen unterrichtet wurden. Ganz ähnlich hat sich die Wirkung des Fernsehens auch in allen anderen Bereichen erst mit der Zeit eingestellt und verstärkt.

In dieser Weise hat also das Fernsehen Politik und Parteien, Schule und Erziehung, Bildung und Wissenschaft, Ehe und Familie, Wirtschaft und Freizeit, Urlaub und Sport, Kirche und Religion, Sprache und Denken und obendrein Laster und Verbrechen verändert. Und es hat insbesondere auch – worum es hier geht – die spezifisch auf die Schrift gebauten Kulturgüter mit jeder Generation mehr verändert. Wer das Theater noch vor dem Fernsehen gekannt hat, der sah das Stück im Fernsehen noch mit anderen Augen als jener, der es erst im Fernsehen erlebte. Und ähnlich steht es mit der klassischen Musik, die auch nur in einer Schriftkultur entstehen konnte. Schon vor vierzig Jahren wurde sie im amerikanischen Radio zur Hintergrundserfüllung in der Serie „Music to read by" des berühmten Arthur Fiedler mit seinem „Boston Pops Philharmonic Orchestra" und wurde mit den Phonogeräten vollends zur Kulisse des Ambiente. Ähnlich steht es in allen übrigen Bereichen. Die neue Generation erkennt und verständigt sich wortlos, weil alle die gleichen Bilder und Schlüsselszenen aus Kino und Fernsehen und die gleichen Rock- und Jazzfestivals erlebt haben. Wer damit nicht groß wurde, kann ihre Reden und Reaktionen nicht verstehen, so wie sie umgekehrt das Denken und Fühlen einer Generation, die noch mit der Schrift lebte, nicht verstehen können oder verstehen wollen.

Entsprechend geraten im Zeitalter des Fernsehens die alten Träger der Schriftkultur unter Druck. Sogar die Presse muß dem Fernsehen Tribut zollen. Schwerlich hätte die Sucht nach immer fülligeren Illustrierten und Magazinen sich ohne die Eingewöhnung in das Bilderkaleidoskop des Fernsehens so ungehemmt entfalten können. Man braucht bloß an die Reisenden im Zug oder im Flugzeug zu denken, die mit einem Stoß solcher Journale anrücken, um sie binnen einiger Minuten – mit etwa 4 Sekunden pro Seite – durchzublättern und das nach einer Pause der Langeweile zu wiederholen. Die Sucht nach der Folge beliebiger Bilder, die Unruhe der Augen, die an nichts zu haften vermögen, wenn es nicht gleich weitergeht – das ist die Lesegewohnheit des Fernsehens, der sich sogar die respektablen Zeitungen mit ihren Magazinen fügen müssen. Und je teurer und gekonnter sie das machen, desto klarer wird es, daß hier die Kultur zu Fernsehpreisen an eine Sondergruppe verhökert wird, die die Kultur erst interessant findet, wenn sie in Fernseh-Manier präsentiert wird, aber gerade deshalb auch das Abgeschmackteste schätzt, sobald es so präsentiert wird. Mit der Eingewöhnung in das Fernsehen war eben die Postmoderne fällig, weil die objektiven Verhältnisse und die subjektiven Erfahrungen von ihren endlosen Spiegelungen überlagert und verfremdet wurden, so daß sich die Wirklichkeit nur noch als ihre eigene Collage und Montage zitieren läßt. Sie wird in dem Sinne ästhetisiert, daß das Erlebnis der Darbietung sich vor die Erfahrung der Sache setzt.

So auch im Magazin der Unkultur, das die FAZ – in gutem Glauben und höchster Vollendung – für Managersalons, Wirtschaftsvillen, Yuppi-Heime, Prominenzvoyeurs, Publizitätstrabanten und die ganze Kulturszene als Insiderlook herausbringt. Denn es lebt von der Verfeinerung der Künste des Fernsehens, das Nichtige noch besser und das Wichtige noch prätentiöser zu bringen als andere, aus Banalitäten Schaum zu schlagen und in Trivialitäten Tiefsinn zu finden. Die Mittel sind im Prinzip einfach, aber teuer: Photographen, die den Gegenstand zuverlässig so zeigen, wie das Auge ihn nie sehen kann; Illustratoren, die zuverlässig die Menschen verunstalten; Texte, die zuverlässig keine verbindliche Stellung beziehen. Die Wirklichkeit löst sich in endlose Spiegelungen von Eindrücken, Meinungen, Beobachtungen und Kommentaren auf, reichert sich mit solchen Valeurs an und erweitert das Bewußtsein durch Verfremdungen, die nun zur authentischen Wirklichkeit werden. Der Gegenstand wird beliebig, weil sich aus allem neue Effekte in endloser Variation herauspressen lassen.

Stärker unter Druck geriet das Theater, ob politisch oder absurd, wo Regisseur und Vermittler dafür bejubelt werden, wie sie Autor und Werk nach Perspektive und Logik der Bildmedien plündern und arrangieren. Die Schriftkultur vermochte Wort und Text exemplarisch in einem verstehbaren Handlungszusammenhang zu verdichten, um die Zuschauer fürs Leben gegen die stumpfe Hinnahme des Alltags zu rüsten. Im Zeitalter des Fernsehens wird solche Selbstbesinnung sinnlos – man kann das Stück nur noch dekomponieren, um dann durch überraschende Arrangements Effekte zu erzielen. Die Handlung verflüchtigt sich in einer Folge von Bildern, neben denen die Worte wie fremde Zugaben erscheinen.

Noch deutlicher wird die Auslaugung des Kulturerbes an der Literatur, die, ob alt oder neu, keine verbindliche Bedeutung mehr besitzt, kein Maß der Bildung mehr setzt und kein Mittel der Verständigung mehr liefert. Sie wird gekauft, wohl gar gelesen, hat vielleicht Qualität, aber eine Lebensmacht ist sie nicht mehr. Zumal das literarische Erbe wird – von Professionellen und Sonderlingen abgesehen – weder als eigene Verpflichtung noch als Lebenszurüstung begriffen. Ähnlich kümmern auch die Buchreligionen in der Fernseh-Kultur dahin, wo sie nicht schon versuchen, sich in diesem Medium zu inszenieren.

Die Beispiele verdeutlichen, wie das Fernsehen Teile der Schriftkultur entwertet. Manche begrüßen das als das Ende von Privilegien. Doch die Oberschicht war selten Träger der Schriftkultur; die Unterschicht selten unbeteiligt. Überhaupt geht es nicht um Kulturgenuß, sondern um Kulturbestände, die moralische Vergewisserung und bürgerliche Verständigung ermöglichen. Die Schrift bot das Mittel, aus der Erfahrung Beständiges auszufiltern und zu tradieren – wie etwa bei uns die zehn Gebote. Erst recht zielte die Schriftkultur auf tradierbare Bestände, weil sie von Urhebern namentlich verantwortet und vom Publikum stets neu geprüft wurde. So war sie eigentlich das Gedächtnis, Bewußtsein und Gewissen der Gesellschaft; Hugo von Hofmannsthal konnte speziell der Literatur kurzweg den geistigen Raum einer Nation nennen. Das alles kann die Fernsehkultur nicht. Ihr Medium ist flüchtig, ihre künstlich arbeitsteiligen Produkte bleiben Eindrücke, die momentane Meinungen und Gefühle bewegen, vielleicht Schlüsselerlebnisse für eine Generation bilden, aber nichts Beständiges ausfiltern. Es ist im Gegenteil das Medium des Tages, in dem die Wirklichkeit in immer mehr Spiegelungen gebrochen und deshalb immer undurchsichtiger wird. Und es ist deshalb insbesondere der Vermittler, Verstärker, Erzeuger des modernen Pluralismus. Denn jene Komplexität und Pluralität, die das Fernsehen darstellt, entsteht ja erst dadurch, daß sie so veröffentlicht wird. Die Verschiedenheiten, die sonst nebeneinander existierten, werden dadurch nicht bloß bekannt, sondern wählbar, nachahmbar, darstellungswert und erörterungswert. Ohne das Fernsehen würde der Pluralismus bald auf sein normales Maß zurückgehen.

Von hier aus fällt Licht auf die Frage „Bildung oder Unterhaltung", um die so endlos wie erbittert gestritten wird. Zuerst einmal ist das sowieso eine falsche Alternative. Denn Bildung und Unterhaltung haben meist friedlich nebeneinandergestanden, weil beide ihr gutes Recht und ihre rechte Zeit hatten. Man konnte kaum auf den Gedanken verfallen, der Unterhaltung, der leichten Muse oder der Zerstreuung ihren Wert abzusprechen. Bei beiden kam es auf Qualität und Rang an. Erst die neuen Generalanbieter und ihre Interessenten finden sich vor eine programmatische Alternative gestellt, so daß vor und hinter den Kulissen um die relativen Programmanteile und Sendezeiten gekämpft wird. Das ist nicht unwichtig, aber zweitrangig, weil es von der Illusion ausgeht, das Fernsehen könne, wenn es nur wolle, Bildung vermitteln, ja, sei eigentlich berufen, sie jedermann zu liefern. Das aber lenkt nur von der Hauptfrage ab, was aus Bildung und Unterhaltung im Zeitalter der schriftlosen Medien wird. Denn sie haben eine neue Situation geschaffen, indem sie beides pausenlos für jedermann mit Knopfdruck als ständige Massenschau verfügbar halten. Und sie verändern beides, weil sie in ihren unwirklichen Guckkästen eine zweite Wirklichkeit mit ihren spezifischen Mitteln produzieren, die ihren eigenen Gesetzen gehorchen. Bei grenzenlosem Angebot kann nur ein Allerlei von Beliebigkeiten herauskommen, das auch mit noch besseren Köchen der Bildung nicht bekömmlich wird. Nichts gegen den Wunsch, die Bildung durch gefällige Präsentation eingängig zu machen. Doch selbst wenn das überall gelänge, würde aus dem Fernsehen kein Bildungsträger, weil alles im Überangebot der Beliebigkeit und in der Überflutung mit Eindrücken endet. Die tibetanische Kapelle mag so faszinierend sein wie das javanische Theater, die griechische Architektur oder das mittelalterliche Kloster. Aber vom Fernsehen als Bildungsmacht bleibt doch nur das Allerweltswissen übrig, das der Fernsehquiz abfragen kann. Jede einzelne Sendung ist nur Teil der anonymen Botschaft des Mediums, daß die Wirklichkeit beliebig gespiegelt werden kann, während Bildung die Sammlung am Beständigen verlangt. Deshalb kann das Fernsehen im Ganzen trotz guter Programme im einzelnen Information und Berufswissen, aber keine Bildung vermitteln, und man sollte das deshalb auch nicht groß verlangen. Es wäre auch nicht weiter schlimm, wenn das Fernsehen nicht zum Medium für die soziale Vergegenwärtigung der Wirklichkeit geworden wäre und dadurch die Schriftkultur als Mittel der moralischen Vergewisserung und bürgerlichen Verständigung entwertet hätte. Und entsprechend steht es mit der Unterhaltung, die niemand dem Fernsehen verbieten will oder darf. Aber das Fernsehen hat eben, wie die Bildung, so auch die Unterhaltung verändert. Da genügen wohl Stichworte: funnies, Blödeleien, Albernheiten, Geschmacklosigkeiten, Banalitäten, Monster wie E.T. oder Alf, und das alles in professioneller Darbietung als Dauerangebot. Das ist die veranstaltete zweite Wirklichkeit, aus der die Postmoderne herauskriecht, in der nichts ernst ist, weil alles beliebig bleibt.

So schafft das Fernsehen überall seine eigene Kultur und hat deshalb alles verändert. Nur seine Wirkung auf die Politik kann hier noch erörtert werden.

4. Politisierung und Entpolitisierung

Die Rolle des Radios in der Politik hatte schon Roosevelt mit seinen fireside chats, Göbbels mit seinen Sportpalastauftritten vorexerziert. Aber noch umfassender hat das Fernsehen die Politik verändert. Der Wahlkampf in den USA wird weitgehend im Fernsehen entschieden, unsere Parteitage sind vor allem Medienereignisse. Die Auswahl der Politiker im öffentlichen Rang fördert den Typus, der sich im Fernsehen mit Erfolg darstellen kann oder darstellen läßt. Die Wahlplakate zeigen sie alle gleich im vertrauenerweckenden Brustbild des zuverlässigen Fernseh-Informators in telegener Farbe und Aufmachung. Ihre erste Pflicht ist es, im Fernsehen zu erscheinen, ihre zweite, dort erwähnt, ihre dritte, darüber informiert zu werden, falls sie politischen Einfluß gewinnen oder erhalten wollen. Vor dem Zwang und Bedürfnis, sich ins Bild zu schieben, schwinden (nicht nur, aber eben auch und gerade) bei den Politikern alle Hemmungen. Der Generalsekretär der CDU betrachtet es lächelnd als Pflicht und Erfolg, wenn ihm die Sahnetorte in der Show telegen – aber gewiß kostenpflichtig – auf Gesicht und Anzug geschleudert wird, und die anderen Parteien und Politiker haben ihr eigenes Rezept, um an der Show teilzunehmen. So generell diese Hinweise bleiben, zeigen sie doch, wie sich die Politik im Zwang ihrer medialen Darstellung verändert hat.

Es ist wohl richtig, daß die Sachfragen größer, schwerer und drängender geworden sind. Aber noch schneller wachsen die Aufgaben der Vermittlung, mit der immer größere Teile der Politik befaßt sind. Die politische Perspektive wandert von den Entscheidungen zu den Durchsetzungsstrategien, von den Überzeugungen zu den Meinungsberechnungen, von den Sachen zur Darstellungskunst. Das stetige Wachstum der Mitarbeiterstäbe geht denn auch weit über die Sachaufgaben und sogar noch über die Pfründenansprüche hinaus und zielt auf die Dauerpräsenz bei der Darstellung und Vermittlung der Wirklichkeit. Und das eben ist erst durch die Massenmedien möglich und laufend verstärkt worden. Nun wird die Wahl zum Feldzug mit Generalstabsarbeit, die einen immer verzweigteren Parteiapparat von Stiftungen, Institutionen, Experten, Forschungen, Gutachten, Verbindungen und Beziehungen mit Blick auf die Öffentlichkeitsarbeit, also auf die Massenmedien und zumal das Fernsehen verlangt. Strategie und Technik der Vermittlung für kurzfristigen Machtgewinn zählen. Aus dem Kampf um politische Überzeugungen wird *hier* der Wettlauf um Versprechungen und Gefälligkeiten, *dort* die Kunst der wissenschaftlich angeleiteten Zivilisationstechniken der Meinungsbeeinflussung. Die „Volkspartei" wird zur Losung, das heißt aber in der Praxis kaum mehr als der Entschluß, die Mehrheit zu suchen, wo sie sich finden läßt. Den inneren Regieanweisungen der Apparate, welche die Mittel und Wege höchst kunstvoll mittels wissenschaftlicher Erkenntnisse austarieren und detaillieren, tritt außen der öffentliche Dauereinsatz in den eigenen und fremden Medien zur Seite. Denn je größer und ständiger ihr Angebot, desto mehr stehen die Politiker mit allen ihren Helfern im dauernden Fronteinsatz, mit dem Ergebnis, daß die Bürger unter eine politische Dauerberieselung geraten.

Darin sehen Parteien, Parlamente, Verbände und Kirchen die Erfüllung eines Verfassungsauftrages, zu dem sie sich so gerne drängen wie Wissenschaftler, Journalisten und wer sonst noch. Aber die Verfassung spricht nur generell von der Mitwirkung der Parteien bei der Meinungsbildung. Die Praxis hingegen beruht, wo nicht bloß auf Interessen, auf dem Glauben, durch mehr Information die Politik transparent und den Bürger mündig zu machen. Aber alles weist darauf hin, daß wir mit diesem Glauben in eine Falle geraten, weil das zu einer Schraube ohne Ende wird, indem mehr Information nach mehr Kommentar, mehr Diskussion und noch mehr Information rufen. In dieser Flut, die niemand überblicken kann, entwertet sich alle Information, so daß jeder auf mehr Vermittlung angewiesen ist. Großenteils werden die Probleme erst dadurch erzeugt, daß die Politiker sich zu ihrer Lösung anbieten. Das generiert zwar Interessen, aber auch den Verdacht, daß die Probleme mit der Zahl und Publizität der Politiker wachsen. Die Berufung auf die Komplexität der Probleme wird kaum auf Dauer die Einsicht verhindern, daß sie erst durch den Dauereinsatz der Politiker erzeugt wird, so daß wir mit der Hälfte der Politiker auch die Hälfte der Probleme los würden. Von den Informationen bleibt sowieso wenig übrig, weil sie hier personalisiert und dramatisiert, dort spezialisiert und professionalisiert werden, so daß meist nur Allgemeinheiten und Verlautbarungen herauskommen, die in bester Fernsehmanier an- und durchgesagt werden. Reiz, Zwang und Gewohnheit, bei dieser veranstalteten Authentizität dabei zu sein, mögen unausrottbar sein. Dennoch wird der Eindruck zunehmen, daß die Dinge trotz (oder wegen) aller Information undurchsichtig bleiben und niemand weiß, wovon er redet. Wohin das führt, steht offen. Aber unverkennbar ist es, daß die Massenmedien, nachdem sie alles politisiert haben, nun eine Entpolitisierung bewirken. Jeder weiß, daß es ohne Politik, Parteien und Staat nicht geht, aber die Verdrossenheit an ihnen wird wachsen. Mag man sie hier mit den säkularen Gnadengaben der Unterhaltung und Wahlgeschenke domestizieren oder dort mit dem fröhlichen Zynismus der Postmoderne beiseite legen, der sich auf den bewußten Genuß der abwechslungsreichen Möglichkeiten dieser Zivilisation begrenzt, mag sie auch sonst sinnlos weiter oder sogar auf die Katastrophe zulaufen – in beiden Fällen zeigt die Postmoderne ihre andere Seite, den sogenannten Irrationalismus.

Denn dieser Irrationalismus sucht ja eher nach einem eigenen Halt in den Realitäten, als daß er gegen sie protestiert. Es ist die Reaktion auf die Überflutung mit Beliebigkeiten, die Ersetzung der Öffentlichkeit durch ihre Fernseh-Spiegelungen, die Vermischung von Realität und Fiktion, die Auflösung der Wirklichkeit der Meinungen. Diese Lage ist nicht überholt, weil die Gläubigkeit und Faszination des Fernsehens der Skepsis zu weichen beginnen. Denn die Leere bleibt. Wenn die Wirklichkeit undurchsichtig wird, kann man sich an nichts halten. Dann blüht der fröhliche Zynismus, der sich mit allem abfindet, solange sich daraus ein Erlebnis sublimieren läßt, wofür das Fernsehen allemal gut ist. Wen wundert es dann, daß dieser Zustand der Kultur bis in die Kulturwissenschaften durchschlägt. Denn alle Theorien, die heute die Köpfe bewegen, gehen ja davon aus, daß es keine Wahrheit gibt, weil alles, ob die Wirklichkeit selbst oder die Texte zu ihrer Entzifferung, endlos interpretierbar sind, so daß uns nicht der Gehalt interessiert, den sie doch nicht haben, sondern nur die Konstruktion und Dekonstruktion. Im Dekonstruktivismus – dem neuen Schlüsselwort der Geisteswissenschaften – wird die Wirklichkeit genau so zum Spiegelkabinett wie in den elektronischen Medien. Hier wie dort herrscht die Postmoderne, die nur noch verweisen und zitieren kann.

Insofern produziert die undurchschaute Realität selbst den neuen Irrationalismus in seinen vielen Spielarten, vom fröhlichen Zynismus bis zu den neuen Sektierern.

5. Globales Fernsehen – globaler Kulturkampf

Doch ihre wichtigste Wirkung üben die schriftlosen Medien erst durch ihren spezifisch internationalen Charakter aus. Deshalb verändern sie nicht nur Kultur und Gesellschaft zutiefst, sondern erst recht das Verhältnis zwischen den Kulturen wie zwischen den Gesellschaften, und werden es erst recht weiter verändern.

Solange die Medien an die Schrift gebunden waren, wirkten und zielten sie direkt nur auf den Raum der eigenen Sprache und Kultur. In diesem Sinne waren sie alle primär nationale Medien, die deshalb auch so besondere, jeweils durch Kultur und Gesellschaft bedingte Formen annahmen, wie sie uns noch heute in den Unterschieden der Presse in England, Frankreich, Amerika, Italien oder Deutschland entgegentreten. Noch heute erreichen die Schrift- und Wortmedien das Ausland nur durch besondere Veranstaltungen. Technisch lassen sie sich raumgreifend global so gut verbreiten wie Ton und Bild, aber nur diese können, weil sprachlos, Kulturgrenzen frei überspringen. Den Anfang hatten schon Film und Schallplatte gemacht, doch erst das jederzeit mit Knopfdruck abrufbare Fernsehen konnte den Bildern globale Dauerpräsenz verleihen. Unter dem Zwang dieser Möglichkeit mußten die elektronischen Medien die Kunst kultivieren, ein sprachloses Publikum durch Bild und Ton zu fesseln.

Als globale Massenmedien für internationale Publika angelegt, stehen sie in einer neuen Konkurrenz und Verbindung, die den Spielraum der eigenen Gestaltung durch die Tendenz zur Uniformierung einengen, um sich in Form und Inhalt an einer allgemeinen Entwicklung zu orientieren und damit von der eigenen Kultur und Gesellschaft zu lösen.

Hier nun finden sich die neuen Medien in die konkrete historische Situation gestellt, nämlich in die globale Verflechtung der Staaten und Völker in der Einen Welt. Dieser epochale Vorgang fußt zwar auf der Expansion von Wirtschaft und Technik, ist aber nicht das blinde Werk ihrer unaufhaltsamen Entwicklung. Es wurde vielmehr nach dem Krieg nach Willen und Absicht ins Werk gesetzt, um die Welt neu zu ordnen nach dem Konzept der Menschheit als einer solidarischen Entwicklungs- und Kulturgemeinschaft, die konkret auf einem Netz internationaler Institutionen und Organisationen ruht. In dieser Einen Welt sind nicht bloß die Völker durch die Begegnung von Personen, sondern auch die Kulturen durch ihre internationale Kopräsenz in einer multikulturellen Weltzivilisation miteinander verflochten. Diese Entwicklung läuft also auf verschiedenen Ebenen und Wegen auf die wechselseitige und allseitige Öffnung, Durchdringung und Vermischung der Kulturen hinaus. Weil dabei den schriftlosen Medien und zumal dem Fernsehen eine entscheidende historische Rolle zufällt, beginnt hier ein neues, das wichtigste Kapitel, das besondere Aufmerksamkeit verdient.

Kultur existiert konkret nur als Vielfalt historisch eigener, in diesem Sinne: nationaler Kulturen mit kultureller Identität und Souveränität. Sie leben so lange, wie sie die Kraft und die Freiheit besitzen, Bestände aus fremden Kulturen nicht zu beachten, abzulehnen oder sonst nach eigener Art zu übernehmen, zu verarbeiten und zu deuten. Sie sterben, sobald sie ganz auf Bestände angewiesen sind, die von einer anderen Kultur geschaffen werden. Davor schützte oft die räumliche Distanz, die Seltenheit der Begegnung, die politische Grenze, die sprachliche Barriere und die kulturelle Fremdheit. Wo und wie immer aber dieser Schutz entfiel, da entstand mit der Durchmischung von Kulturen die Frage nach ihrem Überleben. Es ist deshalb ein unerhörter Vorgang, daß die elektronischen Medien die sprachlichen und kulturellen Grenzen global zu überspringen vermögen. Sie ermöglichen es, daß alle Kulturen überall und jederzeit präsent sind und deshalb auch in globaler Öffentlichkeitsarbeit um diese Präsenz konkurrieren. So sind sie zu den Mächten der globalen kulturellen Vermittlung und Vermischung geworden. Erst sie ermöglichen weltweit gleiche und gleichzeitige Vorgänge wie die internationale Studentenrevolte oder den Siegeszug von Jazz und Rock, der mit seinen Festivals in Moskau und Tokio eine interkulturelle Vergesellschaftung erzeugt, mit deren Lebensgefühl jede Politik zu rechnen hat. Sie befördern andererseits die multikulturelle Gesellschaft, mit der global die Frage auftaucht, welche Kultur überleben wird und welche nicht.

Es ist nun selbst ein Zeichen der Zeit, daß wir, in diese Situation hineingestellt, den historischen Ernst dieser Lage nicht sehen. Dazu bedarf es auch ein wenig Geschichtskenntnis statt des ideologischen Geredes und Geträumes von den Segnungen und Möglichkeiten der weltweiten Kommunikation. Ich darf deshalb daran erinnern, daß die multikulturelle Gesellschaft – schaut man dem Plastikwort unter die Haut – kein Novum ist. Seit Urzeiten hat sich fortwirkende Geschichte in raumgreifenden Vorgängen abgespielt, also in der Begegnung und Auseinandersetzung von Völkern und Kulturen mittels Wanderungen, Eroberungen, Asylantenströmen, Missionen oder sonstigen Expansionen. Nur so konnten ja auch erst jeweils neue und größere Einheiten entstehen, ansonsten wir noch heute in Stammeshorden lebten. Alle Völker, Staaten, Reiche und Kulturen sind aus kleineren Gebilden zusammengewachsen, wobei einige stets auf der Strecke blieben. Das römische Volk, das später ein Weltreich schuf, entstand aus Überlagerungen und Asylanten kleinster Stämme. Immer haben sich Kulturen gemischt und dabei verdrängt, überwältigt und ausgelöscht. Die Weltgeschichte ist eine Schädelstätte nicht nur der Staaten, sondern auch der Völker, Sprachen und Kulturen, die dabei zugrunde gingen. Multikulturelle Gesellschaften gab es nur, wenn die Teile gesondert, also meist bloß Subkulturen blieben oder sonst in trügerischen Übergangszeiten, die auf den Sieger warteten. Denn wo immer Kulturen in umfassenderen Austausch geraten, da erhebt sich die Frage, welche Kultur, weil sie die übrigen dominiert, prägt und vereinnahmt, überleben wird.

Diese Frage wurde schon früher nicht bloß durch Kriege entschieden und steht auch in einer Zukunft ohne Kriege an, ja, sie ist nur dringlicher als je geworden. Denn je näher die Kulturen sich rücken, desto mehr werden sie füreinander zur Herausforderung und Konfrontation. So haben die elektronischen Medien eine unerhörte Situation geschaffen, weil sie für die universale Kopräsenz aller Kulturen sorgen, die eben deshalb in einen globalen Kulturkampf geraten, in dem es um ihre Identität und Selbstbehauptung geht. Denn jede Kultur stirbt, wenn sie bloß übernimmt, wie andere ihre Weltbilder und Lebensgefühle darstellen. Und keine kann sich darstellen, ohne – gewollt oder ungewollt – ihr Daseinsverständnis zu verbreiten. Jede Sendung, die um die Welt geht, ist nicht bloß Unterhaltung, Information, Angebot, sondern Träger, Zeugnis und Botschaft einer Kultur. Die schriftlosen Medien ermöglichen die erlebbare Kopräsenz und Konkurrenz der Kulturen. Ihre Botschaften verbreiten sich schneller, weiter, wirksamer und massenhafter als Waren. Das amerikanische Fernsehen braucht weder auf Coca Cola und McDonald's noch auf Sprachkurs und Volkshochschule zu warten, um alle Zelte, Weiler, Krals und Slums zu erreichen. In jedem Programm dieser Medien aber steckt, gewollt oder ungewollt, die Botschaft einer bestimmten Kultur, im amerikanischen Fernsehen also des American way of life. Deshalb sind diese Medien nicht bloß Anlieferer von Programmen, sondern Schaltstellen in einem globalen Kulturkampf.

Wer nicht sieht, daß wir schon mittendarin stehen, weiß nicht, was vor sich geht. Für die Entwicklungsländer ist, wie die UNESCO bezeugt, die Erhaltung ihrer kulturellen Identität vielfach bereits wichtiger als die Entwicklung. Die „Satanischen Verse" wären vormals eine innere Angelegenheit jeweiliger Kulturen geblieben; sie wurden zu einem internationalen Fall wegen der globalen Kopräsenz und Konfrontation der Kulturen, die erst die schriftlosen

Medien zu einem Massenerlebnis machen. Dabei gerät nicht bloß der Süden unter den Druck des Nordens. Umgekehrt ist die Dritte Welt bei uns in den Bild- und Tonmedien und durch sie in unserem Straßenalltag gegenwärtig, den uns weniger die fremden Gäste als die eigenen Landsleute vorführen. Und überall sind die schriftlosen Mittel der Musik und die Bilder des Gehabens die Träger dieser Kulturbotschaften und Kulturbekehrungen.

Aber das sind nur Ausschnitte aus der globalen Präsenz und Konfrontation der Kulturen im Zeitalter der elektronischen Massenmedien. Die Großmächte zählen als Zentren mit Kulturprestige, über die kulturelle Entwicklungen laufen. Die Amerikanisierung vollzieht sich vor allem über die Massenmedien, aber auch die Sowjetunion beginnt zu begreifen, daß man die eigene Ideologie am besten als Kulturunterhaltung präsentiert. Die kulturelle Kolonialisierung der europäischen Altkulturen zeichnet sich bereits ab. Wie einst im Imperium Romanum das Lateinische zur Lingua franca wurde, so avancieren heute Englisch – oder dann auch Russisch – in ihrem Einflußbereich zur Gemeinsprache der Kulturintelligenz, oft schon zur Sprache der Wissenschaft, und dringen bereits auf vielen Wegen in die Umgangssprache ein. Jede vergleichende Betrachtung über die Verkümmerung der Sprache überfremdeter Völker könnte heute schon lehren, daß in Europa die deutsche Sprache das erste Opfer dieser Entwicklung sein wird.

Aus alledem ergibt sich der Umriß einer globalen Konfrontation, deren ferner Ausgang offen steht. Aber ganz sicher ist es, daß sich dabei die Kulturen weder bloß durch Geben und Nehmen wechselseitig befruchten und entfalten noch durch ihren Austausch zu einer einzigen Weltzivilisation zusammenwachsen, zu der alle ihr Bestes beigesteuert haben. Solche Hoffnungen hat man auch früher genährt, wo immer ein Großreich die übrigen Völker und Staaten bis auf ein paar belanglose Randstämme überwältigt hatte. Ich erinnere nur an den antiken Traum von der Ökumene – so hieß die bewohnte Erde –, der im Imperium Romanum wirklich zu werden schien, um den Preis von nationalen Sprachen und Kulturen. Aber früher oder später entstand doch immer wieder die Vielheit der Kulturen, Völker und Sprachen. Falls uns diesmal doch die Eine Weltkultur bevorstünde, in der alle freien aufgingen, so wird sie jedenfalls nicht aus einer freien Verschmelzung hervorgehen, sondern den Stempel der einen Kultur tragen, welche die übrigen geprägt, überformt, beiseite gedrängt, bekehrt oder aufgesogen hat. Dies ist das ausnahmslose Zeugnis aller Geschichte.

Dies ist die Lage, die vor allem erst die schriftlosen Medien geschaffen haben und nicht etwa schon die technische, wirtschaftliche oder politische Entwicklung. Es ist töricht, in ihnen die bloßen Anbieter von Programmen zu sehen. Das amerikanische Fernsehen leistet eine ständige Eingewöhnung in die amerikanische Folklore und Geschichte, in den amerikanischen way of life; es internationalisiert – und das heißt: es amerikanisiert – die Loyalitäten der verschiedensten Führungseliten und zumal der Kulturintelligenz der neuen Massenmedien. Die Frage, welche Völker, Sprachen und Kulturen überleben werden, steht weltweit an und geht zumal uns selbst an. Wer da bloß von der Unaufhaltsamkeit oder gar von den Segnungen der Telekommunikation spricht, täuscht sich selbst und die Öffentlichkeit.

6. Schluß

Gewiß ist das nicht das ganze Bild, doch das vermag gar niemand zu geben. Es geht vielmehr darum, ob wir die tiefere Wirkung und langfristige Bedeutung der neuen Medien ausklammern dürfen. Aber das geschieht, wenn der Blick nur auf die nächsten Wahlen, Sitzungen, Maßnahmen und Entwicklungen fällt, so daß Anläufe zu längeren Perspektiven in technischen Generalitäten stecken bleiben, wie der Bericht über Telekommunikation (1976) oder die anstehenden Erwägungen über Vernetzung und Satelliten.

Das ist nicht zufällig, weil mit zuviel Politikern, zuviel Information und zuviel Publizität die Kurzfristigkeit förmlich in den Betrieb eingebaut ist und zumal durch den Verlaß auf Wissenschaft befördert wird. Es genügt, an den Wahn zu erinnern, daß sich der Wert von Schulreformen durch Begleituntersuchungen und Meinungsforschung ermitteln lasse. Offenbar hat man vergessen, daß sich ein Bildungssystem erst in dem Ertrag bewährt, den es über Generationen hinweg deshalb erbringt, weil es in allem Wandel auf den Vorrang eines Zieles beharrt. Bei solcher Kurzfristigkeit kommt sogar das Gedächtnis für die eigene Mitwirkung am Geschehen abhanden. Man ließ einer Generation in der Schule ständig eindrillen, daß sie – und zumal in unserem Land – für die Verwirklichung der Demokratie zu sorgen habe, und wunderte sich, als diese Generation in der sogenannten Studentenrevolte eines Tages zur Tat schritt.

Ähnlich steht es mit dem geheimnisvollen Wertewandel, an dem die Politik samt den Medien kräftig mitwirkt. So wird die Politik ständig von den Folgen ihres eigenen Tuns eingeholt und will das partout nicht wahrhaben. Statt dessen werden eilig Forschungsaufträge erteilt und neue Disziplinen erfunden, die herausfinden sollen, welche geheimnisvollen Kräfte – sie heißen dann „Faktoren" – hinter der Revolte oder dem Wertewandel stecken. Wie nach rückwärts das Gedächtnis, so geht nach vorwärts das Urteil verloren. Wer mit seinem Urteil über die Wirkung der überall verfügbaren Darstellung von Gewalt und Pornographie erst auf die wissenschaftliche Ermittlung der dadurch direkt verursachten Straftaten warten muß, hat kein Urteil und wird es nie haben.

Nun ist es aber wahr, daß, wie wir alle, so auch die „Entscheidungsträger" unter Unsicherheit handeln. Doch eben deshalb darf sich ein verantwortliches Handeln nicht bloß an den, soweit überhaupt absehbaren, eben kurzfristigen Einzelfolgen orientieren, sondern muß wissen, was im unberechenbaren Gang der Dinge bewahrt werden soll. Ohne solchen Haltepunkt der Gesinnung verkommt die Verantwortungsethik zur Anpassung an jeweilige Lagen, der man auch mit den Leerformeln von freier Information und demokratischer Meinungsbildung nicht entgehen kann. Eine Politik, welche die Kunst des Möglichen auf das Anstehende und Machbare begrenzt, engt den Spielraum der Gestaltung ein. Alsdann klebt die Erörterung so an den Aktualitäten, daß nur noch zählt, was sich jetzt pragmatisch entscheiden läßt. Niemand will mehr wissen, welche schicksalhaften geschichtlichen Prozesse im Gang sind und welches Gewicht sie haben. Wer danach fragt, gilt als überflüssiger Störer, weil er den allseitigen Glauben an die Pragmatik verunsichert.

Demgegenüber ist hier festzustellen, daß die Politik erst dort zu verantwortlichem Handeln gedeihen kann, wo sie weiß, in welche geschichtlichen Entwicklungen sie hineingestellt ist, weil sie erst dann Halt und Entschiedenheit gewinnt. Der Sinn einer solchen langfristigen Betrachtung ist ja nicht etwa, uns hilflos dem Unausweichlichen auszuliefern, sondern gerade umgekehrt, durch Kenntnis dieser Lage die Freiheit zu gewinnen, ihr mit eigenem Wollen zu begegnen, um sie gestalten zu können.

All das gilt doppelt angesichts der globalen Rolle, die die schriftlosen Medien mit ihren weiteren Entwicklungen spielen werden. Die Handlungsfreiheit gewinnen wir nicht durch schöne Reden oder durch laute Klagen über das Zeitalter der Telekommunikation, sondern nur dadurch, daß wir die langfristigen Folgen begreifen und als Herausforderung erfassen. Es stünde also – um praktisch zu reden – besser, wenn wir alle, und zumal die Politiker, anstatt täglich auf das Fernsehen zu schauen und auf die Meinungsforschung zu hören, Gelegenheit nähmen, uns wieder über die Entstehung und den Untergang von Völkern, Sprachen und Kulturen zu informieren und speziell über die wichtige Rolle, die dabei vor allem Wanderungen und Asylbewegungen gespielt haben. Vielleicht würde man dann nicht länger übersehen, daß alle diese Vorgänge sich überall beschleunigt abspielen und doch gerade mitten unter uns sind.

In dieser Lage ist einfacher Rat nicht zu haben; jedenfalls nicht von fixen Gutachten, Konferenzen, Kommissionen und Programmen. So wichtig und drängend die pragmatischen Entscheidungen anstehen, ist es doch wichtiger, die über der bloßen Pragmatik vergessenen Fragen zu entdecken, die tiefer greifen und auf Länge anstehen. Dafür zu sorgen, daß diese Fragen wieder ins Gespräch kommen, gehört zur Verantwortung der Politik, und daran wird sie einmal von späteren Historikern – und nicht jetzt von der Zeitgeschichte – gemessen werden. Sie daran zu mahnen, daß auch die Geschichte weitergeht und für den denkt, der sie nicht bedenkt, gehört deshalb zu unserer aller Verantwortung, die wir nicht durch Mitmachen in Konferenzen, Kommissionen und Gremien abdienen können.

Die Wirtschaft ist da in anderer Lage, weil sie zwar für die ökonomischen Grundlagen sorgen muß, aber die Dinge nicht direkt gestalten kann wie die Politik. Doch trägt auch sie Verantwortung über die ökonomische Sicherung hinaus, schon deshalb, weil nicht nur die wirtschaftlichen Folgen ihres Tuns auf sie selbst zurückfallen. Auch da muß Sorge getragen werden, daß die geschichtliche Bedeutung und Wirkung der elektronischen Massenmedien jenseits von Werbung und Absatz bedacht werden. Da wird es mit guten Vorsätzen nicht getan sein.

Über alldem wollen wir nicht vergessen, mit dem Kehren vor der eigenen

Tür anzufangen, also in unserem eigenen Umgang mit dem Fernsehen, der jedem freigestellt ist, aber praktisch aufgezwungen wird. Mir jedenfalls scheint es nicht nur eine Pflicht der seelischen Gesundheit, im eigenen Haus auf Distanz zum Fernsehen zu halten, sondern auch eine soziale Pflicht, diese Haltung im Umgang mit anderen still zu markieren.

Da wäre es uns allen gut, wenn wir uns wieder an die Lebenszurüstung erinnerten, wie sie einst die Literatur mit dem Rat bereit hielt:

„Denn der Mensch, der zur schwankenden Zeit auch schwankend gesinnt ist,
Der vermehrt das Übel, und breitet es weiter und weiter,
Aber wer fest auf dem Sinne beharrt, der bildet die Welt sich".

Aber denen, die handelnd die Dinge gestalten, rufen wir zu:

„Die rechte Zeit zum Handeln stets verpassen,
Nennt ihr die Dinge sich entwickeln lassen.
Was hat sich denn verändert, sagt mir an,
Das ihr nicht selbst zur rechten Zeit getan".

Auszüge aus Tenbrucks Wortbeiträgen in der anschließenden Diskussion

Vielen Dank für Ihre Äußerungen. Dazu kann ich nur sagen, daß mein Vortrag von A bis Z auf die realistische Frage angelegt war, mit welchen Folgen bei der Entwicklung der Massenmedien langfristig zu rechnen ist. Ich meine, daß die Wissenschaft gerade denjenigen, die hier und jetzt praktische Entscheidungen treffen müssen, dazu eine Antwort schuldet, damit sie wissen, was dabei auf dem Spiel steht. Leider ist die Frage nicht aufgenommen worden, obschon hier so viele Wissenschaftler von Rang sitzen. Da stehen wohl auch verschiedene Auffassungen von der politischen Verantwortung des Wissenschaftlers an. Ich kann es nicht für unsere Aufgabe halten, wie Staatssekretäre in spe den Politikern ihre täglichen Entscheidungen anzudienen oder aufzureden. Uns ist die Chance gegeben und deshalb die Pflicht auferlegt, aus der Distanz zu den Entscheidungszwängen zu verdeutlichen, was dabei auf dem Spiel steht. Das aber ist dann nicht mehr möglich, wenn die Wissenschaft nur noch praktische Maßnahmen liefern soll und will. Ich fürchte, daß man dies heute für „Realismus" hält, worüber das Nötige bei Max Weber nachzulesen ist. [...]

Niemals hat die lateinische Sprache prägekräftig so viele neue Wörter erfunden oder umgedeutet wie damals, als die letzten römischen Legionen mit ihren fremden Hilfstruppen durch Europa zogen und das Soldatenlatein als Gemeinsprache – um nicht zu sagen: als Form kommunikativer Kompetenz – im Völkergemisch schufen. Aber 100 Jahre später begannen die europäischen Volkssprachen – ausgenommen die germanischen und die slawischen – zu sterben, und es entstanden neue Sprachen: Französisch, Spanisch, Portugiesisch, Rumänisch, Katalanisch usw. Anstatt ahnungslos von der multilingualen und multikulturellen Gesellschaft zu schwärmen, anstatt sie in kurzatmigen Befunden zu untersuchen, sollten wir uns bei den Historikern erkundigen, warum diese Gemengelagen mit der Dominanz einer Sprache und Kultur endigen, welche die übrigen überspielt oder beseitigt. Für ein solches Forschungsprogramm, wo es auch um die Zukunft unserer Sprache und Kultur ginge, fehlt es bei uns an Geld, weil an Interesse. [...]

Gewiß kann die empirische Sozialforschung irgendwelche Hilfen liefern. Doch tut sie das mit so höchst künstlichen Begriffen und Operationen, daß man zweifeln darf, ob sie das Beiwort „empirisch" zu Recht trägt und kurzweg monopolisieren darf. Ich jedenfalls halte mich für einen entschiedenen Empiriker, weil ich mich auf die Tatsachen verlasse, welche die Geschichtswissenschaften in 150 Jahren zuverlässig erarbeitet und bestätigt haben. Dabei handelt es sich hier um die langfristigen Vorgänge, die, weil sie abgeschlossen vorliegen, unzweideutig sind und deshalb zuverlässig verglichen werden können. Demgegenüber hat es die Meinungs- und Sozialforschung, weil sie nur Momentaufnahmen von der stets offenen Zeitgeschichte gibt, mit einer Vielzahl verschiedener Trends zu tun, über deren Bedeutung und Fortgang sich nur Mutmaßungen anstellen lassen. Entsprechend widersprüchlich und wechselnd fallen die laufenden Ergebnisse aus, was sich in den Handbüchern spiegelt, die in einem Tohuwabohu von Befunden stecken bleiben, ohne ein festes Ergebnis anführen zu können. Darin werden die in der Natur der Sozialforschung liegenden Grenzen sichtbar, die noch einmal dadurch verstärkt werden, daß die Sozialforschung ihre Verfahren der Momentaufnahmen für den einzig verläßlichen Zugang zur gesellschaftlichen Wirklichkeit erklärt. Denn dadurch schließt sie die weiteren Fragen langfristiger Vorgänge von vornherein aus und schiebt die einschlägigen historischen Befunde, anstatt sich ihrer zu bedienen als „Geschichtsphilosophie" beiseite [...]. Ich kann es im Blick auf die Sache nur tief bedauern, daß man in der Meinungs- und Sozialforschung wie in der Kommunikationswissenschaft mit den Methoden und Befunden der historischen Forschung so gar nicht vertraut ist und auch nicht sein will.

Inhaltlich war es nun meine These, daß Völker und Kulturen nie ursprüngliche Gegebenheiten waren, vielmehr alle aus der Verschmelzung früherer Völker, Stämme, Gesellschaften oder Kulturen entstanden sind mittels Wanderungen, Asylbewegungen, Eroberungen, Überfremdungen und ähnlichen Vorgängen, durch die langfristig neue und größere Einheiten entstehen. Und da ist es nun die einhellige Lehre der ganzen Weltgeschichte, daß mit dieser neuen Kultur die alten Kulturen mit ihren Sprachen und Völkern abzusterben beginnen oder nur eine von ihnen als prägende Kraft weiterlebt. Darum geht es, weil nun die neuen Massenmedien die Verschmelzung und Durchdringung der Kulturen zu globalen Gemengelagen steigern, in der nicht alle Kulturen und Sprachen überleben werden. Die Idylle der Weltzivilisation, in der alle Kulturen brüderlich zusammenleben werden, ist die Ideologie von Intellektuellen, die glauben, aus der Geschichte aussteigen zu können.

Ansonsten darf ich darauf hinweisen, daß ich nirgends, wie mir vorgeworfen wurde, von „Kulturverfall" und auch nicht von „elitärer" Kultur gesprochen habe, was sowieso bloß der Kampfbegriff einer neuen Kulturintelligenz ist, die nun bestimmen möchte. Historisch darf ich an die Arbeiterbildungsvereine erinnern, die zu den wesentlichen sozialen Bewegungen des vorigen Jahrhunderts gehören. Die Programme und Bibliotheken dieser Vereine zeigen, daß diese Arbeiter nicht Groschenromane lasen, sondern Bildung erwerben wollten, um in der Welt einen Halt zu finden. Ihr Lieblingsautor war übrigens Friedrich Schiller. Das Beispiel zeigt, daß es sich bei der Bildung nicht um ein elitäres Wissen, sondern um das gemeinsame Selbstverständnis der Menschen in ihrer Zeit und Kultur handelt. [...]

Friedrich H. Tenbruck – vita academica und ausgewählte Schriften

I. Zur vita academica

Als Friedrich H. Tenbruck am 9. Februar 1994 nach kurzer Krankheit in Tübingen verstarb, endete ein mit aller existentiellen Entschiedenheit für die ‚Wissenschaft als Beruf' geführtes Gelehrtenleben im Spannungsfeld der traditionsreichen Kultur- und der modernen Sozialwissenschaften unter den besonderen deutschen Bedingungen des 20. Jahrhunderts.

Am 22. September 1919 in Essen geboren, beginnt er nach dem Abitur ein Studium (insbesondere) der Philosophie, Geschichte und Germanistik, das ihn zunächst zu Heidegger nach Freiburg führt. Vom „Heideggerianismus" enttäuscht, geht er über Berlin, Köln und Greifswald schließlich nach Marburg. In Marburg lebt er im Hause des bekannten Literaturwissenschaftlers und Schriftstellers Max Kommerell und promoviert 1944 bei Julius Ebbinghaus über Kants „Kritik der reinen Vernunft" zum Dr. phil. im Fach Philosophie.

1946 bis 1949 ist er als wissenschaftliche Hilfskraft am Philosophischen Seminar in Marburg tätig, entscheidet sich aber gegen den ursprünglichen Plan einer philosophischen Habilitation und geht 1950 bis 1951 zu *post-doctoral studies* in die USA an die University of Virginia in Charlottesville, um sich dort intensiv mit den amerikanischen Sozialwissenschaften und ihren empirischen Methoden und Verfahren zu beschäftigen. Im Anschluß wird Tenbruck in Frankfurt persönlicher Assistent von Max Horkheimer am Institut für Sozialforschung und geht 1957 erneut in die USA, diesmal als Assistant Professor für Soziologie an die Hobart and William Smith Colleges in Geneva im Staate New York.

1960 kommt er mit einem Stipendium der Deutschen Forschungsgemeinschaft nach Freiburg zu Arnold Bergstraesser, der die Disziplinen Soziologie und Politikwissenschaft zu verbinden verstand. Bereits in Freiburg schart Tenbruck einen Kreis von ungewöhnlich begabten Schülern um sich, aus dem sich lebenslange intellektuelle und persönliche Bindungen ergeben sollten. Mit einer grundlegenden Arbeit über „Geschichte und Gesellschaft" aus dem Jahre 1962 an der Universität Freiburg i. Br. habilitiert, erhält Tenbruck einen Ruf auf die Professur für Amerikanistik der Universität Erlangen, entscheidet sich aber dafür, 1963 als Ordinarius für Soziologie an die Wirtschafts- und Sozialwissenschaftliche Fakultät der Johann Wolfgang Goethe-Universität Frankfurt zu gehen.

1967 nimmt Tenbruck den Ruf der Philosophischen und der Rechts- und Wirtschaftswissenschaftlichen Fakultät der Eberhard-Karls-Universität Tübingen an, wo er bis zu seiner Emeritierung (und darüber hinaus) als ordentlicher Professor für Soziologie in der späteren Fakultät für Sozial- und Verhaltenswissenschaften und als kooptiertes Mitglied der Wirtschaftswissenschaftlichen Fakultät gewirkt hat.

Bekannt ist ferner, wie dezidiert Tenbruck, der nach dem Krieg in der amerikanisch besetzten Zone als Berater für „Higher Education" an der Reorganisation des deutschen Hochschulwesens auf demokratischer Grundlage mitgewirkt hatte, gegen die sogenannte Studentenrevolution Stellung bezog, wobei insbesondere auch seine Bedeutung für den „Bund Freiheit der Wissenschaft" Erwähnung verdient.

Nachzutragen wären Gastprofessuren in Heidelberg, Zürich und als Theodor-Heuss-Professor an der New School for Social Research in New York (1973) und Tenbrucks Tätigkeit als Deutschlandvertreter bei der UNESCO.

Jeder, der mit den Lagen des Faches vertraut ist, wird darüber hinaus die Bedeutung Tenbrucks für die Sektion „Kultursoziologie" der „Deutschen Gesellschaft für Soziologie" kennen. Ergänzend ist freilich auch sein Wirken im wissenschaftlichen Beirat der Walter-Raymond-Stiftung und im Rahmen der Görres-Gesellschaft zu erwähnen, für deren „Sozialwissenschaftliche Abhandlungen" er zum erweiterten Herausgeberkreis zählte. Tenbruck war außerdem Mitherausgeber der Schriftenreihen „Soziologische Gegenwartsfragen" und „Herkunft und Zukunft".

Schließlich sei aus der Vielzahl seiner internationalen Kontakte und Wirkungen für Asien besonders auf Korea und Japan verwiesen: Die Vortragsreise, zu der Tenbruck, bereits über 70jährig, nach Japan eingeladen wird, bietet ihm u. a. Gelegenheit zu einer erneuten Beschäftigung mit der Religionssoziologie Max Webers.

Für Europa ist insbesondere sein enger Kontakt zu italienischen Kollegen zu erwähnen. So war er beispielsweise Mitglied der Jury des renommierten Preises „Premio Amalfi" und Mitglied des wissenschaftlichen Beirats der auf Deutsch und Italienisch erscheinenden „Annali di Sociologia/Soziologisches Jahrbuch", die als transnationales Organ für die kultursoziologische Perspektive einen bedeutenden Beitrag leistet und die Tenbruck von Anfang an als Mentor begleitet und gefördert hat. Durch Krankheit wurde er gehindert, die Ehrendoktorwürde der Universität Lecce in Italien in Empfang zu nehmen, deren Verleihung daher verschoben werden mußte. Tenbruck erlebte die Feier nicht mehr: Am 27. Mai 1994 wurde ihm diese akademische Ehrung posthum verliehen.

II. Ausgewählte Schriften von Friedrich H. Tenbruck*

A. Monographien und Sammelbände

1. *Die transzendentale Deduktion der Kategorien nach der zweiten Auflage der „Kritik der reinen Vernunft"*, Diss. Marburg 1944, 92 S.
2. *Jugend und Gesellschaft. Soziologische Perspektiven*, Freiburg i. Br. 1962, 127 S.; zweite, durchgesehene und erweiterte Auflage Freiburg i. Br. 1965, 135 S.
3. *Zur Kritik der planenden Vernunft*, Freiburg/München 1972, 157 S.
4. *Die unbewältigten Sozialwissenschaften oder Die Abschaffung des Menschen*, Graz/Wien/Köln 1984 (Herkunft und Zukunft 2), 328 S.
5. *Geschichte und Gesellschaft*, Berlin 1986 (Sozialwissenschaftliche Abhandlungen der Görres-Gesellschaft 14), 347 S. [Habilitationsschrift von 1962]
6. *Die kulturellen Grundlagen der Gesellschaft. Der Fall der Moderne*, Opladen 1989 [zweite Auflage 1990], 322 S.

B. Herausgeberschaften

1. (zusammen mit Arnold Bergstraesser †, Barbara Fülgraff und Hans Oswald:) *Soziale Verflechtung und Gliederung im Raum Karlsruhe. Grundlagen zur Neuordnung eines Großstadtbereiches* (Schriftenreihe der Industrie- und Handelskammer Karlsruhe 2), Karlsruhe 1965
2. (zusammen mit Wolfgang Lipp): *Heft 3 der Kölner Zeitschrift für Soziologie und Sozialpsychologie 31 (1979)* [Schwerpunktheft Kultursoziologie]
3. (zusammen mit Pierangelo Schiera:) *Gustav Schmoller e il suo tempo: la nascita delle scienze sociali in Germania e in Italia/Gustav Schmoller in seiner Zeit: die Enstehung der Sozialwissenschaften in Deutschland und Italien* (Annali dell' Istituto storico italo-germanico in Trento/Jahrbuch des italienisch-deutschen historischen Instituts in Trient. Contributi/Beiträge 5), Bologna/Berlin 1989
4. (zusammen mit Knut Wolfgang Nörr und Bertram Schefold:) *Geisteswissenschaften zwischen Kaiserreich und Republik. Zur Entwicklung von Nationalökonomie, Rechtswissenschaft und Sozialwissenschaft im 20. Jahrhundert*, Stuttgart 1994

---

* Dieses Verzeichnis stellt lediglich eine Auswahl der für die hier relevanten kultursoziologischen Gesichtspunkte besonders einschlägigen Arbeiten dar. Zudem wurden weder die Wiederabdrucke noch die zahlreichen Übersetzungen ins Englische, Französische, Italienische, Spanische, Griechische, Japanische, Koreanische und Arabische mit einbezogen. Ebenso wurde auf eine Nennung der von Friedrich H. Tenbruck später in seine Bücher aufgenommenen Beiträge und der im vorliegenden Band wiederabgedruckten zehn Aufsätze verzichtet.
Die Schriften von Friedrich H. Tenbruck bis zum Jahre 1989 verzeichnet fast komplett die von Volker Kalisch zusammengestellte „Festgabe für Friedrich H. Tenbruck zum 70. Geburtstag am 22. September 1989 – Vollständiges Schriftenverzeichnis", Graz/Wien/Köln 1989, die bis zum August 1989 (strikt chronologisch) bereits 143 publizierte Titel umfaßt, wobei Kalisch ergänzend auch noch die Vielzahl der Wiederabdrucke und Übersetzungen sorgfältig mit auflistet. Nachzutragen wären für diesen Zeitraum die hier erfaßten Titel unter den Nummern B.2, E.3 und E.32. Einige kleinere Ungenauigkeiten wurden im vorliegenden Verzeichnis beseitigt.

C. Beiträge zu Kant und zum Neukantianismus

1. *Über eine notwendige Textkorrektur in Kants „Metaphysik der Sitten";* in: Archiv für Philosophie 3 (1949), S. 216–220

2. *Bemerkungen zu H. Reiners Textkorrektur;* in: Zeitschrift für Philosophische Forschung 4 (1949), S. 572–574

3. *Eine Bemerkung zu einer Fußnote Kants;* in: Archiv für Philosophie 5 (1954–1956) [Heft 5/3 vom April 1955], S. 338–340

4. *Geschichte und Geschichtsschreibung der Philosophie am Beispiel des Neukantianismus;* in: Philosophische Rundschau 35 (1988), S. 1–15

5. *Heinrich Rickert in seiner Zeit. Zur europäischen Diskussion über Wissenschaft und Weltanschauung;* in: Jürgen Oelkers/Wolfgang K. Schulz/Heinz-Elmar Tenorth (Hrsg.): Neukantianismus. Kulturtheorie, Pädagogik und Philosophie (Beiträge zur Theorie und Geschichte der Erziehungswissenschaft 4), Weinheim 1989, S. 79–105

6. *Neukantianismus als Philosophie der modernen Kultur;* in: Ernst Wolfgang Orth/Helmut Holzhey (Hrsg.): Neukantianismus. Perspektiven und Probleme (Studien und Materialien zum Neukantianismus 1), Würzburg 1994, S. 71–87

D. Beiträge zu Max Weber und Georg Simmel

1. *Georg Simmel (1858–1918);* in: Kölner Zeitschrift für Soziologie und Sozialpsychologie 10 (1958), S. 587–614

2. *Die Genesis der Methodologie Max Webers;* in: Kölner Zeitschrift für Soziologie und Sozialpsychologie 11 (1959), S. 573–630

3. *Formal Sociology;* in: Kurt H. Wolff (Hrsg.), Georg Simmel, 1858–1918. A Collection of Essays, with Translations and a Bibliography, Columbus, Ohio 1959, S. 61–99

4. *Georg Simmel [Sammelrezension];* in: Kölner Zeitschrift für Soziologie und Sozialpsychologie 12 (1960), S. 542–547

5. Im Art. *Weber, Max* die Abschnitte „*1. Leben und Werk*", „*2. Methodologie*" und „*3. Allgemeine Soziologie*"; in: Staatslexikon. Recht-Wirtschaft-Gesellschaft, Bd. 8, hrsg. von der Görres-Gesellschaft, Freiburg, sechste Auflage 1963, Sp. 466–471

6. *‚Science as a Vocation'* – *Revisited;* in: Ernst Forsthoff/Reinhard Hörstel (Hrsg.), Standorte im Zeitstrom. Festschrift für Arnold Gehlen zum 70. Geburtstag am 29. Januar 1974, Frankfurt a. M. 1974, S. 351–364

7. *Max Weber and the Sociology of Science: A Case Reopened;* in: Zeitschrift für Soziologie 3 (1974), S. 312–321

8. *Das Werk Max Webers;* in: Kölner Zeitschrift für Soziologie und Sozialpsychologie 27 (1975), S. 663–702

9. *Wie gut kennen wir Max Weber? Über Maßstäbe der Weber-Forschung im Spiegel der Maßstäbe der Weber-Ausgaben;* in: Zeitschrift für die gesamte Staatswissenschaft 131 (1975), S. 719–742

10. *Abschied von Wirtschaft und Gesellschaft. Zur Besprechung der 5. revidierten Auflage mit textkritischen Erläuterungen herausgegeben von Johannes Winckelmann, Tübingen 1976;* in: Zeitschrift für die gesamte Staatswissenschaft 133 (1977), S. 703–736

11. *Art. Weber, Max;* in: Katholisches Soziallexikon, hrsg. von Alfred Klose/Wolfgang Mantl/Valentin Zsifkovits, Innsbruck u. a., zweite Auflage 1980, Sp. 3308–3313

12. *Art. Werturteilsfreiheit;* in: Wilhelm Arnold/Hans Jürgen Eysenck/Richard Meili (Hrsg.), Lexikon der Psychologie, Neuausgabe Bd. 3, Freiburg/Basel/Wien 1980 [zehnte Auflage 1993], Sp. 2545–2547

13. *Das Werk Max Webers. Methodologie und Sozialwissenschaften;* in: Kölner Zeitschrift für Soziologie und Sozialpsychologie 38 (1986), S. 13–31

14. *Ein Diskussionsbeitrag? Erwiderung auf Gerhard Wagner und Heinz Zipprian;* in: Kölner Zeitschrift für Soziologie und Sozialpsychologie 39 (1987), S. 150–155

15. *Max Weber und Eduard Meyer;* in: Wolfgang J. Mommsen/Wolfgang Schwentker (Hrsg.), Max Weber und seine Zeitgenossen (Veröffentlichungen des Deutschen Historischen Instituts/Publications of the German Historical Institute London 21), Göttingen/Zürich 1988, S. 337–379

16. *Abschied von der „Wissenschaftslehre"?;* in: Johannes Weiß (Hrsg.), Max Weber heute. Erträge und Probleme der Forschung, Frankfurt a. M. 1989, S. 90–115

17. *Max Webers Religionssoziologie – damals und heute;* in: Bulletin No. 2 der Seigakuin University. General Research Institute, Saitama (Japan) 1991, S. 28–49

18. *Die Wissenschaftslehre Max Webers. Voraussetzungen zu ihrem Verständnis;* in: Gerhard Wagner/Heinz Zipprian (Hrsg.), Max Webers Wissenschaftslehre. Interpretation und Kritik, Frankfurt a. M. 1994, S. 367–389

19. *Nachwort;* in: Max Weber: Wissenschaft als Beruf, hrsg. von Harald Homann und Michael Sukale, Stuttgart 1995, S. 47–77

E. Beiträge zu soziologischen Einzelthemen

1. *David Riesman. Kritik und Würdigung;* in: Jahrbuch für Amerikastudien 2 (1956), S. 213–230

2. *Geist und Geschichte in Amerika;* in: Jahrbuch für Amerikastudien 4 (1959), S. 107–142

3. Anger, Hans: Probleme der deutschen Universität. Bericht über eine Erhebung unter Professoren und Dozenten. Unter zeitweiliger Mitarbeit von Allen S. Davis, Ilse Mächtle-Davis, Dorothee Neff, Friedrich H. Tenbruck, Paul Worlitzky, Hermann Vetter. Mit einem Geleitwort von Gerd Tellenbach und einem Nachwort von Eduard Baumgarten, hrsg. vom Institut für empirische Soziologie der Wirtschaftshochschule Mannheim in Verbindung mit der George-Washington-Stiftung für vergleichende Sozialwissenschaften in Stuttgart, Tübingen 1960

4. *Die Kirchengemeinde in der entkirchlichten Gesellschaft. Ergebnisse und Deutung der „Reutlingen-Studie";* in: D. Goldschmidt/F. Greiner/H. Schelsky (Hrsg.), Soziologie der Kirchengemeinde, Stuttgart 1960, S. 122–132

5. *Zur deutschen Rezeption der Rollentheorie;* in: Kölner Zeitschrift für Soziologie und Sozialpsychologie 13 (1961), S. 1–40

6. *Art. Soziale Kontrolle;* in: Staatslexikon. Recht-Wirtschaft-Gesellschaft, Bd. 7, hrsg. von der Görres-Gesellschaft, Freiburg, sechste Auflage 1962, Sp. 226–231

7. *Bildung, Gesellschaft, Wissenschaft;* in: Dieter Oberndörfer (Hrsg.), Wissenschaftliche Politik. Eine Einführung in Grundfragen ihrer Tradition und Theorie, Freiburg 1962 [zweite Auflage 1966], S. 365–420

8. *Väter und Söhne. Das Generationenproblem in neuer Perspektive;* in: Georg Böse (Hrsg.), Unsere Freiheit morgen. Gefahren und Chancen der modernen Gesellschaft, Düsseldorf/Köln 1963, S. 125–139

9. *Soziale Normen;* in: Ludwig Raiser/Heinz Sauermann/Erich Schneider (Hrsg.), Das Verhältnis der Wirtschaftswissenschaft zur Rechtswissenschaft, Soziologie und Statistik (Schriften des Vereins für Socialpolitik, Neue Folge 33), Berlin 1964, S. 270–281

10. *Vorbemerkung; Einleitung: Raumordnung; Kapitel 6.6: Das Ineinanderspiel der Bevölkerungsentwicklung und Planung: Erwägungen am Beispiel der „Lagunenstadt";* in: Arnold Bergstraesser †/Friedrich E. [sic] Tenbruck/Barbara Fülgraff/Hans Oswald (Hrsg.): Soziale Verflechtung und Gliederung im Raum Karlsruhe. Grundlagen zur Neuordnung eines Großstadtbereiches (Schriftenreihe der Industrie- und Handelskammer Karlsruhe 2), Karlsruhe 1965, S. I–III; S. V–XXXI; S. 279–285

11. *Über soziale Gebilde;* in: Gerd Kadelbach (Hrsg.), Wissenschaft und Gesellschaft. Einführung in das Studium von Politikwissenschaft, Neuere Geschichte, Volkswirtschaft, Recht, Soziologie, Frankfurt a. M. 1967 (Fischer Bücherei. Funk-Kolleg zum Verständnis der modernen Gesellschaft Bd. 1), S. 293–306

12. *Über den gesellschaftlichen Wandel;* in: Gerd Kadelbach (Hrsg.), Wissenschaft und Gesellschaft. Einführung in das Studium von Politikwissenschaft, Neuere Geschichte, Volkswirtschaft, Recht, Soziologie, Frankfurt a. M. 1967 (Fischer Bücherei. Funk-Kolleg zum Verständnis der modernen Gesellschaft Bd. 1), S. 321–333

13. *Die Rolle der Wirtschaftsgesinnung in der Entwicklung;* in: Zeitschrift für die gesamte Staatswissenschaft 124 (1968), S. 569–585

14. *Regulative Funktionen der Wissenschaft in der pluralistischen Gesellschaft;* in: Herbert Scholz (Hrsg.), Die Rolle der Wissenschaft in der modernen Gesellschaft. Internationale Tagung der Sozialakademie Dortmund, Berlin 1969, S. 61–85

15. *Die Funktionen der Wissenschaft;* in: Gerhard Schulz (Hrsg.), Was wird aus der Universität? Standpunkte zur Hochschulreform, Tübingen 1969, S. 55–76

16. *Art. Rolle;* in: Handwörterbuch der Organisation, hrsg. von Erwin Grochla, Stuttgart 1969 [ungekürzte Studienausgabe 1973], Sp. 1466–1472

17. *Art. Status;* in: Handwörterbuch der Organisation, hrsg. von Erwin Grochla, Stuttgart 1969 [ungekürzte Studienausgabe 1973], Sp. 1575–1577

18. *Wissenschaft, Politik und Öffentlichkeit;* in: Hans Maier/Klaus Ritter/Ulrich Matz (Hrsg.), Politik und Wissenschaft, München 1971, S. 323–356

19. *Wissenschaft und Religion;* in: J[akobus] Wössner (Hrsg.), Religion im Umbruch. Soziologische Beiträge zur Situation von Religion und Kirche in der gegenwärtigen Gesellschaft, Stuttgart 1972, S. 217–244

20. *Geschichtserfahrung und Religion in der heutigen Gesellschaft;* in: Spricht Gott in der Geschichte? Mit Beiträgen von Friedrich H. Tenbruck, Günter Klein, Eberhard Jüngel, Alexander Sand (Weltgespräch bei Herder), Freiburg/Basel/Wien 1972, S. 9–94

21. *Die Soziologie vor der Geschichte;* in: Peter Christian Ludz (Hrsg.), Soziologie und Sozialgeschichte. Aspekte und Probleme (Kölner Zeitschrift für Soziologie und Sozialpsychologie. Sonderheft 16), Opladen 1972, S. 29–58

22. *Planung in der Geschichte;* in: Alfred Bellebaum (Hrsg.), Die moderne Gesellschaft. Formen des menschlichen Zusammenlebens: Familie, Beruf und Freizeit, Verkehr, Wirtschaft und Politik, Umwelt und Planung, Freiburg/Basel/Wien 1972 [zweite Auflage 1974], S. 607–629

23. *Politik und Planung. Vom Sinn und Unsinn der Programme;* in: Die politische Meinung 18 (1973), Heft 151, S. 9–30

24. *Frieden durch Friedensforschung?;* in: Manfred Funke (Hrsg.), Friedensforschung. Entscheidungshilfe gegen Gewalt, Bonn 1975 (Schriftenreihe der Bundeszentrale für politische Bildung 103), S. 425–439 [erweiterte Fassung eines Artikels in der Frankfurter Allgemeinen Zeitung vom 22. Dezember 1973]

25. *Erziehung als private und gesellschaftliche Aufgabe;* in: Landeszentrale für politische Bildung des Landes Nordrhein-Westfalen (Hrsg.), Erziehungsnotstand? Sozialisation und Erziehung in Konsens und Dissens, Köln 1976, S. 279–293 [mit einer Einführung von Hermann-Josef Nachtwey: S. 279f.]

26. *Wissenschaft und Verwissenschaftlichung;* in: Kurt Hübner/Nikolaus Lobkowicz/Hermann Lübbe/Gerard Radnitzky (Hrsg.), Die politische Herausforderung der Wissenschaft. Gegen eine ideologisch verplante Forschung, Hamburg 1976, S. 213–220

27. *Grenzen der staatlichen Planung;* in: Wilhelm Hennis/Peter Graf Kielmansegg/Ulrich Matz (Hrsg.), Regierbarkeit. Studien zu ihrer Problematisierung, Bd. 1, Stuttgart 1977, S. 134–149

28. *Die Theologie aus der Sicht der Soziologie;* in: Theologische Quartalschrift 157 (1977), S. 217–218

29. *Changement et continuité des religions sous l'aspect des développements récents;* in: Archivio di Filosofia 45 (1977), Nr. 2–3: L'ermeneutica della filosofia della religione, S. 357–367

30. *Die „wahren" Bedürfnisse des Menschen und die Entwicklung der Sozialwissenschaften;* in: Simon Moser/Günter Ropohl/Walther Ch. Zimmerli (Hrsg.), Die „wahren" Bedürfnisse oder: wissen wir, was wir brauchen?, Basel/Stuttgart 1978 (Philosophie aktuell 11), S. 67–78

31. *Deutsche Soziologie im internationalen Kontext. Ihre Ideengeschichte und ihr Gesellschaftsbezug;* in: Günther Lüschen (Hrsg.), Deutsche Soziologie seit 1945. Entwicklungsrichtungen und Praxisbezug (Kölner Zeitschrift für Soziologie und Sozialpsychologie. Sonderheft 21), Opladen 1979, S. 71–107

32. *Die Aufgaben der Kultursoziologie;* in: Rainer Mackensen/Felizitas Sagebiel (Hrsg.), Soziologische Analysen. Referate aus den Veranstaltungen der Sektionen der Deutschen Gesellschaft für Soziologie und der ad-hoc-Gruppen beim 19. Deutschen Soziologentag (Berlin, 17.–20. April 1979) (TUB-Dokumentation Kongresse und Tagungen 1), Berlin 1979, S. 900–904

33. (zusammen mit Wolfgang Lipp:) *Zum Neubeginn der Kultursoziologie;* in: Kölner Zeitschrift für Soziologie und Sozialpsychologie 31 (1979), S. 393–398

34. *Mut zur Erziehung;* in: Mut zur Erziehung. Beiträge zu einem Forum am 9./10. Januar 1978 im Wissenschaftszentrum Bonn-Bad Godesberg, Stuttgart 1979, S. 58–79

35. *Der alte und der neue Fortschritt: Mythos und Realität;* in: G[ünter] Rohrmoser/E[lke] Lindenlaub (Hrsg.), Fortschritt und Sicherheit. Symposium Hotel Schloß Fuschl, Österreich 25.–29. September 1979, Stuttgart/New York 1980, (Symposia Medica Hoechst 15), S. 147–161 [Diskussionsbeiträge von Tenbruck: S. 101f., 105f., 177f., 179f., 182, 316–318, 347f., 348f., 359f., 361–363]

36. *Anatomie der Wissenschaft. Zur Frage einer anderen Wissenschaft;* in: Oskar Schatz (Hrsg.), Brauchen wir eine andere Wissenschaft? X. Salzburger Humanismusgespräch 1980, Graz/Wien/Köln 1981, S. 89–99

37. *Die unbewältigten Sozialwissenschaften;* in: Heine von Alemann/Hans Peter Thurn (Hrsg.), Soziologie in weltbürgerlicher Absicht. Festschrift für René König zum 75. Geburtstag, Opladen 1981, S. 359–374 [fortgeführt in E.40]

38. *George Herbert Mead und die Ursprünge der Soziologie in Deutschland und Amerika. Ein Kapitel über die Gültigkeit und Vergleichbarkeit soziologischer Theorien;* in: Hans Joas (Hrsg.), Das Problem der Intersubjektivität. Neuere Beiträge zum Werk George Herbert Meads, Frankfurt a. M. 1985, S. 179–243

39. *Jugend: Gesellschaftliche Lagen oder gesellschaftliches Versagen?;* in: Helmut Rem-schmidt (Hrsg.), Jugend und Gesellschaft. Realitätsbewältigung, Krisen und Aus-wege (Marburger Forum Philippinum 17), Stuttgart/Frankfurt 1986, S. 29–44 [mit Diskussionsbeitrag von Tenbruck: S. 60f.]

40. *Die unbewältigten Sozialwissenschaften;* in: Marian Heitger (Hrsg.), Vom Verlust des Subjekts in Wissenschaft und Bildung der Gegenwart (Münstersche Gespräche zu Themen der wissenschaftlichen Pädagogik 4), Münster 1987, S. 41–54 [mit einem neuem Vorwort versehener Wiederabdruck des gleichnamigen Beitrags in: Michael Zöller (Hrsg.), Aufklärung heute. Bedingungen unserer Freiheit, Zürich 1980, S. 28–49]

41. *Sinn und Unsinn der Interdisziplinarität;* in: Universitas 43 (1988) [H. 500: Mark-steine], S. 16–20

42. *Zusammenfassung und Vorblick;* in: Pierangelo Schiera/Friedrich Tenbruck (Hrsg.), Gustav Schmoller e il suo tempo: la nascita delle scienze sociali in Germania e in Italia/Gustav Schmoller in seiner Zeit: die Enstehung der Sozialwissenschaften in Deutschland und Italien (Annali dell' Istituto storico italo-germanico in Trento/ Jahrbuch des italienisch-deutschen historischen Instituts in Trient. Contributi/Bei-träge 5), Bologna/Berlin 1989, S. 253–260

43. *Leben: Natur, Kultur und Gesellschaft. Was die Wissenschaft vom Menschen weiß und was sie nie wissen wird;* in: Winfried Böhm/Martin Lindauer (Hrsg.), Woher, Wozu, Wohin? Fragen nach dem menschlichen Leben. Viertes Symposium der Universität Würzburg, Stuttgart 1990, S. 223–235

44. *Die Christen haben sich den Sieg ersungen. Im Kampf der Musiken und Religionen. Soziologische Beobachtungen zur Kulturbedeutung der Musik;* in: Frankfurter Allge-meine Zeitung vom 24. Dezember 1990, S. 19

45. *Welchen Wert haben die Klassiker heute?;* in: Annali di Sociologia/Soziologisches Jahrbuch 7 (1991) Bd. I, S. 35–42

46. *Was war der Kulturvergleich, ehe es den Kulturvergleich gab?;* in: Joachim Matthes (Hrsg.), Zwischen den Kulturen? Die Sozialwissenschaften vor dem Problem des Kulturvergleichs (Soziale Welt. Sonderband 8), Göttingen 1992, S. 13–35

47. *Der Anfang vom Ende;* in: Otthein Rammstedt/Gert Schmidt (Hrsg.), BRD ade! Vierzig Jahre in Rück-Ansichten von Sozial- und Kulturwissenschaftlern, Frankfurt a. M. 1992, S. 41–61

48. *Übergangsprobleme jenseits von Angebot und Nachfrage;* in: Vom Zentralplan zur Sozialen Marktwirtschaft. Erfahrungen der Deutschen beim Systemwechsel (XXX. Symposion der Ludwig-Erhard-Stiftung am 6. November 1991), Stuttgart/Jena/ New York 1992, S. 7–28

49. *Gesellschaft – Soziologie – Kultur. Eine Handreichung;* in: Kultursoziologie 2 (1993), S. 4–14

50. *Die Religion im Maelstrom der Reflexion;* in: Jörg Bergmann/Alois Hahn/Thomas Luckmann (Hrsg.), Religion und Kultur (Sonderheft der Kölner Zeitschrift für Soziologie und Sozialpsychologie 33), Opladen 1993, S. 31–67

51. *Wie kann man die Geschichte der Sozialwissenschaft in den 20er Jahren schreiben?;* in: Knut Wolfgang Nörr/Bertram Schefold/Friedrich Tenbruck (Hrsg.), Geisteswissenschaften zwischen Kaiserreich und Republik. Zur Entwicklung von Nationalökonomie, Rechtswissenschaft und Sozialwissenschaft im 20. Jahrhundert, Stuttgart 1994, S. 23–46

52. *Das Werden Europas in Eintracht und Zwietracht;* in: Dodone 23 (1994), Heft 3: Die Idee von Europa, hrsg. von Georgia Apostolopoulou, Ioannina (Griechenland) 1994, S. 15–24